Die Rechtstellung des qualifizierten Treugebers

Europäische Hochschulschriften Recht

European University Studies in Law

Publications Universitaires Européennes de Droit

Band/Volume **6809**

Marcel Peters

Die Rechtstellung des qualifizierten Treugebers

PETER LANG

Berlin - Bruxelles - Chennai - Lausanne - New York - Oxford

Bibliografische Information der Deutschen Nationalbibliothek
Die Deutsche Nationalbibliothek verzeichnet diese Publikation in der Deutschen Nationalbibliografie; detaillierte bibliografische Daten sind im Internet über http://dnb.d-nb.de abrufbar.

Zugl.: Münster (Westf.), Univ., Diss. der Rechtswissenschaftlichen Fakultät, 2024

D 6
ISSN 0531-7312
ISBN 978-3-631-92652-9
E-BOOK 978-3-631-92654-3
E-PUB 978-3-631-92655-0
DOI 10.3726/b22341

Verlegt durch: Peter Lang GmbH, Berlin, Deutschland

info@peterlang.com www.peterlang.com

Diese Publikation wurde begutachtet.

Meinen Eltern

Vorwort

Die Arbeit, aus der dieses Buch hervorgegangen ist, wurde im Wintersemester 2023/2024 von der Rechtswissenschaftlichen Fakultät der Universität Münster (Westf.) als Dissertation angenommen. Aktualisierungen für die Drucklegung befinden sich auf dem Stand von Juni 2024. Insbesondere hat die Arbeit leichte Anpassungen durch das zwischenzeitlich am 1. Januar 2024 in Kraft getretene Gesetz zur Modernisierung des Personengesellschaftsrechts (MoPeG) erfahren.

Dieses Vorwort möchte ich nutzen, um allen zu danken, die mich auf dem Weg zu dieser Arbeit und somit letztlich zu meiner Promotion in unterschiedlicher Form unterstützt und begleitet haben.

Zunächst gilt großer Dank meiner Doktormutter, Frau *Professorin Dr. Frauke Wedemann*, für die Betreuung meines Promotionsvorhabens. Sie hat mir einerseits viel Freiraum zum Verfassen der Arbeit gelassen, stand andererseits für sämtliche Fragen jederzeit zur Verfügung und lieferte wertvolle Hinweise. Danken möchte ich zudem Herrn *Professor Dr. Johann Kindl* für die äußerst zügige Erstellung des Zweitgutachtens.

Besonderer Dank gilt meiner Familie und meinen Freunden, die mich mit Verständnis und viel Geduld begleitet und motiviert haben. Allen voran meiner Lebensgefährtin *Alina Oßenbrügge*, die während meiner juristischen Ausbildung und der Erstellung dieser Arbeit am meisten zurückstecken musste, danke ich für ihre unermüdliche Unterstützung und Geduld.

Mein größter und wichtigster Dank gilt jedoch meinen Eltern *Petra Peters* und *Frank Peters*. Sie haben mir nicht nur das Studium und somit schließlich auch die Erstellung dieser Arbeit ermöglicht. Ihre liebevolle Fürsorge und uneingeschränkte Unterstützung ist die Grundlage für meine persönliche und berufliche Entwicklung. Dafür bin ich unendlich dankbar. Ihnen ist dieses Buch gewidmet.

Hamburg, im September 2024 *Marcel Peters*

Inhaltsverzeichnis

Abkürzungen

a.A.	andere Ansicht
Abs.	Absatz
AcP	Archiv für die civilistische Praxis
AG	Aktiengesellschaft
AGB	Allgemeine Geschäftsbedingungen
AGBG	Gesetz zur Regelung des Rechts der Allgemeinen Geschäftsbedingungen (AGB-Gesetz)
AIF	Alternativer Investmentfonds
AktG	Aktiengesetz
allg.M.	allgemeine Meinung
Alt.	Alternative
AnfG	Anfechtungsgesetz
Anh.	Anhang
AO	Abgabenordnung
Art.	Artikel
Aufl.	Auflage
BaFiN	Bundesanstalt für Finanzdienstleistungsaufsicht
BB	Betriebs-Berater
Bd.	Band
BDSG	Bundesdatenschutzgesetz
BeckRS	Beck-Rechtsprechung
Begr.	Begründer
BegrRegE	Begründung des Regierungsentwurfs
BFH	Bundesfinanzhof
BGB	Bürgerliches Gesetzbuch
BGBl.	Bundesgesetzblatt
BGH	Bundesgerichtshof
BGHZ	Entscheidungen des Bundesgerichtshofs in Zivilsachen
BKR	Zeitschrift für Bank- und Kapitalmarktrecht
BMG	Bundesmeldegesetz
BR-Drucks.	Drucksachen des Bundesrates
bspw.	beispielsweise
BT-Drucks.	Drucksachen des Deutschen Bundestages
Buchst.	Buchstabe
bzw.	beziehungsweise

Co.	Compagnie
DB	Der Betrieb
ders.	derselbe
dies.	dieselbe
DNotZ	Deutsche Notar-Zeitschrift
DSGVO	Datenschutz-Grundverordnung
DStR	Deutsches Steuerrecht
DZWiR	Deutsche Zeitschrift für Wirtschafts- und Insolvenzrecht
Ed.	Edition
eGbR	Eingetragene Gesellschaft bürgerlichen Rechts
Erglf.	Ergänzungslieferung
EStG	Einkommensteuergesetz
EWiR	Entscheidungen zum Wirtschaftsrecht
f. / ff.	folgende
Fn.	Fußnote
FS	Festschrift
GBO	Grundbuchordnung
GbR	Gesellschaft bürgerlichen Rechts
GesRV	Gesellschaftsregisterverordnung
GmbHG	Gesetz betreffend die Gesellschaft mit beschränkter Haftung
GmbHR	GmbH-Rundschau
grds.	grundsätzlich
GWB	Gesetz gegen Wettbewerbsbeschränkungen
GWR	Gesellschafts- und Wirtschaftsrecht
HaustürWG	Haustürwiderrufsgesetz
HGB	Handelsgesetzbuch
Hrsg.	Herausgeber
HRV	Verordnung über die Einrichtung und Führung des Handelsregisters
HS.	Halbsatz
i.d.F.	in der Fassung
i.E.	im Ergebnis
i.S.d.	im Sinne des/der
i.S.v.	im Sinne von
insb.	insbesondere
InsO	Insolvenzordnung
jurisPR-HaGesR	juris PraxisReport Handels- und Gesellschaftsrecht
JuS	Juristische Schulung

JW	Juristische Wochenschrift
JZ	Juristenzeitung
KAGB	Kapitalanlagegesetzbuch
KG	Kommanditgesellschaft / Kammergericht (Berlin)
krit.	kritisch
LG	Landgericht
LM	Lindenmaier-Möhring, Nachschlagewerk des Bundesgerichtshofes
LMK	Lindenmaier-Möhring Kommentierte BGH-Rechtsprechung
m.w.N.	mit weiteren Nachweisen
MDR	Monatsschrift für Deutsches Recht
MittBayNot	Mitteilungen des Bayerischen Notarvereins, der Notarkasse und der Landesnotarkammer Bayern
MittRhNotK	Mitteilungen der Rheinischen Notarkammer
MoMiG	Gesetz zur Modernisierung des GmbH-Rechts und zur Bekämpfung von Missbräuchen
MoPeG	Gesetz zur Modernisierung des Personengesellschaftsrechts (Personengesellschaftsrechtsmodernisierungsgesetz)
NJW	Neue Juristische Wochenschrift
NJW-RR	NJW-Rechtsprechungs-Report Zivilrecht
NZG	Neue Zeitschrift für Gesellschaftsrecht
OLG	Oberlandesgericht
RGBl.	Reichsgesetzblatt
Rn.	Randnummer
RNotZ	Rheinische Notar-Zeitschrift
RT-Drucks.	Drucksachen des deutschen Reichstages
RVG	Rechtsanwaltsvergütungsgesetz
S.	Seite
Unterabs.	Unterabsatz
Urt.	Urteil
v.	von/vom
Var.	Variante
vgl.	vergleiche
Vorb.	Vorbemerkung
WM	Wertpapier-Mitteilungen / Zeitschrift für Wirtschafts- und Bankrecht
WuB	Entscheidungssammlung zum Wirtschafts- und Bankrecht
z.B.	zum Beispiel
ZEV	Zeitschrift für Erbrecht und Vermögensnachfolge

ZfIR	Zeitschrift für Immobilienrecht
ZfPW	Zeitschrift für die gesamte Privatrechtswissenschaft
ZGR	Zeitschrift für Unternehmens- und Gesellschaftsrecht
ZHR	Zeitschrift für das gesamte Handels- und Wirtschaftsrecht
Ziff.	Ziffer
ZInsO	Zeitschrift für das gesamte Insolvenzrecht
ZIP	Zeitschrift für Wirtschaftsrecht
zit.	zitiert
ZPO	Zivilprozessordnung

§ 1 Einführung und Grundlagen

A. Untersuchungsgegenstand

Treuhandkonstruktionen sind ein in der Praxis nicht selten genutztes Instrument bei der Gestaltung gesellschaftsrechtlicher Beteiligungen.[1] Die Anteilstreuhand[2] als Form der mittelbaren Unternehmensbeteiligung[3] findet sich überwiegend bei (geschlossenen) Publikumsgesellschaften,[4] zumeist in der Rechtsform der GmbH & Co. KG[5], zuweilen aber auch bei der OHG oder GbR,[6] seltener im Zusammenhang mit Kapitalgesellschaften.

Im Zusammenhang mit Treugeberbeteiligungen häufig anzutreffende Einzweckgesellschaften dienen zumeist der rechtlichen Verselbständigung einer Investition in hochpreisige Wirtschaftsgüter[7] wie Immobilien, Schiffe, Flugzeuge oder Energieanlagen. Einst vor allem als sogenannte Abschreibungsgesellschaften aus steuerrechtlichen Gründen konzipiert, erfreuen sich diese, auch nachdem der Gesetzgeber die Möglichkeit der Steuerersparnis durch Verlustzuweisung in hohem Maße eingeschränkt hat[8], weiterhin einiger Beliebtheit.[9] Durch die Finanz- und Wirtschaftskrise ab dem Jahre 2008 gerieten viele dieser Fonds in wirtschaftliche Schwierigkeiten. So verwundert es nicht, dass einige Jahre später Streitigkeiten im Zusammenhang mit solchen Gesellschaften vermehrt Gegenstand höchstrichterlicher Entscheidungen waren[10] und es bis heute sind. Jene Entscheidungen haben der Fortentwicklung des in Deutschland nicht explizit normierten Rechts der Treuhand an Gesellschaftsanteilen

---

1 *Breuer*, MittRhNotK 1988, 79; MüKo/*Schäfer*, BGB, § 705 Rn. 90.

2 Sofern in dieser Arbeit von einem (Gesellschafts-) Anteil gesprochen wird, sind damit zur Vereinfachung mitgliedschaftliche Beteiligungen an sämtlichen Verbänden, seien es Personengesellschaften oder Körperschaften, gemeint.

3 Zu dieser Klassifizierung siehe sogleich, S. 26.

4 *Armbrüster*, S. 37; *Dogan*, S. 82; Hopt/*Roth*, HGB, § 105 Rn. 87; *Seitz*, S. 72.

5 Zur Wahl dieser Rechtsform bei geschlossenen Fonds Lüdicke/Arndt/*Bost/Halfpap*, Geschlossene Fonds, S. 6 ff.; *Dogan*, S. 83 f.

6 MüKo/*K. Schmidt*, HGB, vor § 230 Rn. 79; MüKo/*Schäfer*, BGB, § 705 Rn. 90.

7 Lüdicke/Arndt/*Bost/Halfpap*, Geschlossene Fonds, S. 5.

8 Vgl. Brandis/Heuermann/*Bode*, EStG, § 15 Rn. 264; ausführlich dazu *Ehmke*, Steueranwalt 2006/2007, 119 (119 f.; 129 ff.).

9 Ebenso *Dogan*, S. 85 f.

10 So auch die Feststellung von *Tebben*, Gesellschaftsrecht in der Diskussion 2010 (2011), 161 (162); vgl. auch *Dogan*, S. 25.

durch Rechtsprechung und Wissenschaft neuen Schub gegeben.[11] Diese Arbeit soll dazu einen weiteren Beitrag leisten. Sie greift dabei die Problematiken um eine spezielle, aber weit verbreitete und vom Gesetzgeber vor einigen Jahren ausdrücklich für geschlossene Investmentkommanditgesellschaften angeordnete[12] Ausgestaltung der Beteiligungstreuhand, der sogenannten qualifizierten Treuhand, heraus.

Die qualifizierte Treugeberbeteiligung ist nach hiesigem Begriffsverständnis dadurch gekennzeichnet, dass der Treugeber über seine Rechtsbeziehung zum Treuhänder hinaus unmittelbar in den Rechts- und Pflichtenkreis des Verbandsverhältnisses einbezogen wird.[13] Durch entsprechende Vertragsgestaltungen, im Falle der treuhänderischen Investmentkommanditbeteiligung durch gesetzliche Anordnung,[14] wird der grundsätzlich geltende Trennungsgrundsatz[15], das heißt die Trennung von Treuhand- und Gesellschaftsverhältnis, wenigstens aufgeweicht. Ausgehend von der Frage, welche rechtskonstruktiven Möglichkeiten für jene Einbeziehung in das Verbandsverhältnis bestehen – eine Art allgemeiner Teil dieser Arbeit – soll anschließend untersucht werden, inwiefern eine Annäherung der Rechtstellung qualifizierter Treugeber mit der eines unmittelbar beteiligten Gesellschafters zulässig oder – bei einer Gesamtbetrachtung der Gestaltung im Einzelfall – aufgrund allgemein zivilrechtlicher und gesellschaftsrechtlicher Wertungen und Prinzipien gar zwingend ist. Darüber hinaus stellt sich für jede Rechts- oder Pflichtenposition die Frage, ob der Treugeber bei entsprechenden Gestaltungen den Treuhänder in seiner Position verdrängt oder ergänzt.[16]

---

11 Vgl. *Schäfer*, Gutachten, S. 111.

12 Siehe § 152 Abs. 1 Satz 3 KAGB.

13 Zum Begriffsverständnis ausführlicher sogleich unten, § 2A, S. 33 f.

14 Es ist umstritten, ob allein die gesetzliche Anordnung zu einer qualifizierten Stellung des Treugebers führt oder diese lediglich Vorgaben für die Vertragsgestaltung macht, hierzu siehe unten, S. 48 f.

15 Zu diesem Begriff *Tebben*, S. 78 f.; vgl. auch WBA/*Paul*, KAGB, § 152 Rn. 6; *Ulmer*, ZHR 156 (1992), 377 (388).

16 *Wiedemann*, NZG 2013, 1041 (1045).

B. Die Anteilstreuhand als Form der mittelbaren Unternehmensbeteiligung im deutschen Recht

I. Zur Treuhand im deutschen Recht

Die Treuhand stellt im deutschen Recht kein allgemeines Rechtsinstitut dar und es gibt weder einen gesetzlichen noch einen allgemein anerkannten Treuhandbegriff.[17] Ob der Vielzahl von Gestaltungen, die bereits als treuhänderische Rechtsverhältnisse bezeichnet wurden, scheint die Treuhand einer aussagekräftigen allgemeingültigen Definition auch kaum zugänglich zu sein.[18] Gleichwohl hat sich selbst der Gesetzgeber verschiedentlich des Begriffes bedient, etwa in § 847a ZPO, § 39 Abs. 2 Nr. 1 Satz 2 AO, § 1 Abs. 2 Satz 2 RVG, § 41 Abs. 4 Nr. 3 GWB oder § 152 Abs. 1 KAGB.

Maßgeblich für dasjenige, was zumeist als Treuhandverhältnis bezeichnet wird, ist (i) das Vorhandensein eines Treugebers auf der einen, (ii) mindestens eines Treuhänders auf der anderen Seite, (iii) das den Gegenstand der Treuhand bildende Treugut, welches irgendein Vermögensgegenstand sein kann, und (iv) die Verpflichtung des Treuhänders, aufgrund der im Innenverhältnis wirkenden Treuhandabrede mit dem Treugut auf eine bestimmte Art und Weise zu verfahren.[19] Überwiegend wird es als charakteristisch angesehen, dass bei einer treuhänderischen Gestaltung die dem Treuhänder im Außenverhältnis zustehende Rechtsmacht größer ist als das durch den Treuhandvertrag schuldrechtlich begrenzte „rechtliche Dürfen".[20] Die hier einzig interessierende *fiduziarische* Treuhand ist in Abgrenzung zu einer Vollmachts- oder Ermächtigungstreuhand zudem dadurch gekennzeichnet, dass der Treuhänder in Bezug auf das Treugut Vollrechtsinhaber wird oder bleibt.[21] Je nachdem, ob

---

17 MüKo/*Heermann*, BGB, § 675 Rn. 113; BeckOGK/*Riesenhuber*, BGB, Stand: 01.04.2024, § 662 Rn. 70.

18 *Gernhuber*, JuS 1988, 355. *Beuthien*, ZGR 1974, 26 (28), weist in diesem Zusammenhang darauf hin, dass vermehrt auch Personen und Gesellschaften, die bestimmte wirtschaftliche Tätigkeiten wie Buch- und Bilanzprüfung oder Steuer- und Wirtschaftsberatung vornehmen, sich als Treuhänder bezeichnen, ohne ein solcher im Rechtssinne (selbst nach dem weitesten Begriffsverständnis) zu sein.

19 Vgl. *Coing*, S. 1; *Dogan*, S. 72; BeckOGK/*Riesenhuber*, BGB, Stand: 01.04.2024, § 662 Rn. 71.

20 So z.B. BGH, NJW 2004, 1382 (1383); *Henssler*, AcP 196 (1996), 37 (41 f.); *Medicus/Petersen*, Rn. 488; MüKo/*Schubert*, BGB, § 164 Rn. 59.

21 Zu dieser Unterscheidung *Coing*, S. 90; *Henssler*, AcP 196 (1996), 37 (42), BeckOGK/*Riesenhuber*, BGB, Stand: 01.04.2024, § 662 Rn. 71.1; *Siebert*, S. 146; *Tebben*, S. 46 f.

das Treugut dem Treuhänder vom Treugeber übertragen, vom Treuhänder für den Treugeber originär erworben wird, oder der Treuhänder für ein ihn bereits dinglich zugeordnetes Treugut erklärt, dieses zukünftig für Rechnung des Treugebers halten zu wollen, spricht man entsprechend von Übertragungs-, Erwerbs- oder Vereinbarungstreuhand.[22]

Das Halten und Verwalten des Treuguts durch den Treuhänder für den Treugeber ist regelmäßig als Geschäftsbesorgung zu qualifizieren.[23] Das deutsche Recht hält für rechtsgeschäftlich[24] begründete Treuhandverhältnisse mit dem Auftrags- und Geschäftsbesorgungsrecht passende Normen bereit, die Anwendung finden, sofern die Vertragsparteien keine expliziten Regelungen getroffen haben.[25] Dies gilt insbesondere für die bedeutsamen Ansprüche des Treugebers auf Auskunft gemäß § 666 BGB,[26] auf Herausgabe des Treuguts nach Beendigung des Treuhandverhältnisses gemäß § 667 BGB,[27] für den Aufwendungsersatzanspruch des Treuhänders aus § 670 BGB[28] sowie für das von § 665 BGB vorausgesetzte Weisungsrecht des Treugebers[29].

Wie ein eigenes Rechtsinstitut wird die Treuhand dagegen behandelt, soweit dem Treugeber wegen des ihm wirtschaftlich zuzuordnenden Treuguts im Falle der Insolvenz des Treuhänders ein Aussonderungsrecht[30] eingeräumt, oder ihm

---

22 *Armbrüster*, DZWiR 2003, 485 (485 f.); MüKo/*K. Schmidt*, HGB, vor § 230 Rn. 52; *Tebben*, S. 29.

23 MüKo/*Heermann*, BGB, § 675 Rn. 114; BeckOGK/*Riesenhuber*, BGB, Stand: 01.04.2024, § 662 Rn. 72.

24 Daneben ordnet das Gesetz auch treuhänderische Rechtsverhältnisse selbst an, wie bspw. die Vor- und Nacherbschaft (vgl. Grüneberg/*Weidlich*, BGB, § 2100 Rn. 11), die Testamentsvollstreckung (Grüneberg/*Weidlich*, BGB, Einf. v. § 2197 Rn. 2; Schulze/*Hoeren*, BGB, Vorbemerkungen zu §§ 2197–2228 Rn. 4) oder die Leistung erfüllungshalber (*Gernhuber*, JuS 1988, 355 (356)); ausführlich zu den gesetzlich geregelten Institutionen mit Treuhandcharakter *Coing*, S. 17 ff.

25 *Coing*, S. 92; Saenger/Aderhold/*Eickhoff*, § 7 Rn. 238; BeckOGK/*Riesenhuber*, BGB, Stand: 01.04.2024, § 662 Rn. 72; MüKo/*F. Schäfer*, BGB, § 662 Rn. 38.

26 Saenger/Aderhold/*Eickhoff*, § 7 Rn. 278; MüKo/*K. Schmidt*, HGB, vor § 230 Rn. 74; BeckOGK/*Teichmann*, BGB, Stand: 15.04.2024, § 675 Rn. 132.

27 BGH, NJW 1999, 2594 (2595); OLG Stuttgart, BeckRS 2016, 14941 [Rn. 12]; BeckOGK/*Riesenhuber*, BGB, Stand: 01.04.2024, § 662 Rn. 73.

28 BGH, NJW 2010, 2197 [Rn. 11]; MüKo/*K. Schmidt*, HGB, vor § 230 Rn. 75.

29 Saenger/Aderhold/*Eickhoff*, § 7 Rn. 275; allgemein dazu, dass § 665 BGB das Weisungsrecht lediglich voraussetzt, BeckOGK/*Riesenhuber*, BGB, Stand: 01.04.2024, § 665 Rn. 14.

30 BGH, NJW 2003, 3414 (3415 f.); Braun/*Bäuerle*, InsO, § 47 Rn. 68; MüKo/*Schubert*, BGB, § 164 Rn. 65.

bei einer Einzelzwangsvollstreckung gegen den Treuhänder in das Treugut ein Interventionsrecht[31] zugestanden wird.

II. Die treuhänderische Beteiligung an einer Gesellschaft

Bei der Anteilstreuhand besteht das Treugut in einem Gesellschaftsanteil beziehungsweise der Mitgliedschaft als Zusammenfassung aller sich aus dem Verbandsverhältnis ergebenden Rechte und Pflichten.[32] Gegenstand der Anteilstreuhand können grundsätzlich Beteiligungen an Gesellschaften jeder Rechtsform, auch stille und Unterbeteiligungen, sein.[33] Teilweise werden nicht frei übertragbare Anteile pauschal ausgenommen.[34] Richtig ist jedenfalls, dass die fehlende Übertragbarkeit einer Beteiligung Auswirkungen auf die Durchführung eines Treuhandvertrages haben kann. Das liegt bei der Übertragungstreuhand aufgrund des Erfordernisses einer dinglichen Übertragung des Treuguts auf der Hand. Für die Erwerbs- und Vereinbarungstreuhand kann für die hiesige Untersuchung dahinstehen, ob eine treuhänderische, das heißt wirtschaftliche Übertragung von (rechtsgeschäftlich) vinkulierten Beteiligungen einer Zustimmung der Gesellschaft oder Gesellschafter bedarf[35] und welche Rechtsfolgen sich beim Fehlen dergleichen ergeben[36]. Der qualifizierten Treuhand ist eine solche Zustimmung ob der hier verwendeten Definition[37] immanent.[38]

---

31 BGH, NJW 1954, 190 (192); Saenger/*Kindl*, ZPO, § 771 Rn. 9.

32 *Beuthien*, ZGR 1974, 26 (30); zum Begriff der Mitgliedschaft wie hier BGH, NZG 2020, 1304 [Rn. 9]; Oetker/*Lieder*, HGB, § 105 Rn. 96; Habersack/Schäfer/*Schäfer*, HGB, § 105 Rn. 204.

33 Saenger/Aderhold/*Eickhoff*, § 7 Rn. 239; MüKo/*K. Schmidt*, HGB, vor § 230 Rn. 37.

34 So z.B. bei Saenger/Aderhold/*Eickhoff*, § 7 Rn. 239; MüKo/*K. Schmidt*, HGB, vor § 230 Rn. 37.

35 Dazu ausführlich *Armbrüster*, S. 117 ff.

36 Dies dürfte eine Frage des Einzelfalls sein. In Betracht kommen in Ausnahmefällen eine Nichtigkeit der Treuhandabrede gemäß §§ 138, 134 BGB, ansonsten Schadenersatzansprüche gegenüber dem Treuhänder aus der Verletzung seiner gesellschaftsrechtlichen Treuepflicht, vgl. *Armbrüster*, S. 120; *Beuthien*, ZGR 1974, 26 (39, 47), MüKo/*Schäfer*, BGB, § 705 Rn. 93. In der Praxis sehen die Gesellschaftsverträge bei Verstoß gegen ein explizites Verbot der Treuhandbegründung auch ein Recht zur Einziehung oder außerordentlichen Kündigung des Anteils vor.

37 Siehe unten, § 2A, S. 33 f.

38 Ebenso *Armbrüster*, S. 119.

III. Andere Formen der mittelbaren (Unternehmens-) Beteiligung

Von der Treuhand sind andere, teils gesetzlich geregelte Formen der mittelbaren Beteiligung an einem Gesellschaftsanteil zu unterscheiden:[39] Die mittelbare Beteiligung an einem Gesellschaftsanteil kann auch dadurch begründet werden, dass der Anteil zum Gegenstand eines Nießbrauchs oder einer Unterbeteiligung gemacht wird. Zu differenzieren ist ferner zwischen mittelbarer Beteiligung an einem Gesellschaftsanteil und an einem Unternehmen. Handelt es sich um einen Anteil an einer unternehmenstragenden Gesellschaft, liegt mit der mittelbaren Anteilsbeteiligung zugleich eine mittelbare Unternehmensbeteiligung vor. Letztere kann jedoch auch dadurch begründet werden, dass eine Unternehmung selbst ganz oder teilweise zum Gegenstand eines Treuhandverhältnisses oder eines Nießbrauchs gemacht wird.[40] Darüber hinaus stellt auch die stille Gesellschaft gemäß §§ 230 ff. HGB einen Fall der mittelbaren Unternehmensbeteiligung dar.[41]

Wie bei der qualifizierten Treuhand wird bisweilen auch bei der stillen Gesellschaft, dem Anteilsnießbrauch oder der Unterbeteiligung die Trennung der jeweiligen Rechtsverhältnisse durch atypische Gestaltung überwunden, der oben genannte Trennungsgrundsatz mithin durchbrochen. Man kann insgesamt von qualifizierten mittelbaren Beteiligungen sprechen.

1. Einfache und qualifizierte stille Beteiligung

Die stille Gesellschaft ist keine besondere Gesellschaftsform, sondern bezeichnet die vermögensmäßige Beteiligung an dem Handelsgewerbe eines anderen, § 230 Abs. 1 HGB. Gesellschaftsrechtlich liegt eine Innengesellschaft des bürgerlichen Rechts, genauer, eine nicht rechtsfähige Gesellschaft nach den §§ 705, 740 ff. BGB zwischen dem Beteiligten und dem Inhaber des Handelsgewerbes vor.[42] Betreibt eine Gesellschaft das Handelsgewerbe, kontrahiert der stille Gesellschafter also mit der unternehmenstragenden Handelsgesellschaft selbst.[43] Deshalb liegt zwar eine mittelbare Unternehmensbeteiligung

---

39 Systematisierung im Folgenden nach *K. Schmidt*, GesR, § 61 [S. 1819 ff.]; MüKo/*K. Schmidt*, HGB, vor § 230 Rn. 1 ff.

40 Saenger/Aderhold/*Eickhoff*, § 7 Rn. 38; MüKo/*K. Schmidt*, HGB, vor § 230 Rn. 34; zum Unternehmen als Rechtsobjekt siehe *K. Schmidt*, HandelsR, § 5 I [S. 163 ff.]; zur Unternehmenstreuhand ausführlich *K. Schmidt*, HandelsR, § 5 III 4 [S. 191 ff.].

41 MüKo/*K. Schmidt*, HGB, vor § 230 Rn. 94.

42 Blaurock/*Blaurock*, Hdb. Stille Gesellschaft, Rn. 4.3; *Schäfer*, GesR, § 28 Rn. 4; *K. Schmidt*, GesR, § 62 I 1c) [S. 1837]; Oetker/*Wedemann*, HGB, § 230 Rn. 1.

43 MüKo/*K. Schmidt*, HGB, vor § 230 Rn. 95.

vor, nicht jedoch eine mittelbare Gesellschaftsbeteiligung. Zu unterscheiden ist somit stets die nach außen auftretende Handelsgesellschaft von der zwischen dieser und dem Beteiligten geschlossenen Innengesellschaft. Auch insofern gilt grundsätzlich der oben erwähnte Trennungsgrundsatz.

Während die Rechtstellung des Stillen durch die §§ 230 ff. HGB, ergänzend durch die §§ 705, 740 ff. BGB, grundsätzlich geregelt ist, lässt die Privatautonomie Spielraum für die Gestaltung der Innenbeziehung zwischen stillem Gesellschafter und Unternehmensträger.[44] Bei (jedenfalls strukturellen) Abweichungen von der gesetzlichen Ausgestaltung bei gleichzeitiger Beibehaltung der Mindestmerkmale, wird gemeinhin von einer atypischen stillen Gesellschaft gesprochen.[45] Im Steuerrecht sind damit vor allem solche Gestaltungen gemeint, die dem Stillen im genügenden Maße Initiativmöglichkeiten einräumen und unternehmerisches Risiko zuweisen, sodass er als Mitunternehmer i.S.v. § 15 Abs. 1 Nr. 2 EStG anzusehen ist.[46]

Werden dem stillen Gesellschafter Informations-, Kontroll- und Mitwirkungsrechte in der unternehmenstragenden Außengesellschaft eingeräumt, was grundsätzlich für möglich gehalten wird,[47] stellen sich die gleichen Fragen wie bei der hier zu behandelnden qualifizierten Treuhand. So werden beispielsweise ebenfalls das Erfordernis und die Herleitung einer Außenhaftung[48] oder,

---

44 Hopt/*Roth*, HGB, § 230 Rn. 3; *Saenger*, GesR, Rn. 395; vgl. auch *Wiedemann*, GesR II, § 10 I 4 [S. 880 ff.].

45 *H. P. Westermann*, Vertragsfreiheit, S. 308 ff.; *Berninger*, DStR 2010, 2359 (2360); Hopt/*Roth*, HGB, § 230 Rn. 3; vgl. krit. zum Begriff der atypischen stillen Gesellschaft MüKo/*K. Schmidt*, HGB, § 230 Rn. 74.

46 *Saenger*, GesR, Rn. 395; Oetker/*Wedemann*, HGB, § 230 Rn. 40; ausführlich dazu Blaurock/*Levedag*, Hdb. Stille Gesellschaft, Rn. 20.59.

47 *Berninger*, DStR 2010, 2359 (2361); Blaurock/*Blaurock*, Hdb. Stille Gesellschaft, Rn. 10.20; Blaurock/*Lamprecht*, Hdb. Stille Gesellschaft, Rn. 12.36 ff.; Oetker/*Wedemann*, HGB, § 230 Rn. 42; vgl. auch MüKo/*K. Schmidt*, HGB, § 230 Rn. 77 ff., der mit seinem Modell der „Innen-KG" zugleich versucht, die Überwindung des Trennungsgrundsatzes dogmatisch zu erklären, dazu ausführlicher unten, § 3C.I, S. 81 ff.

48 Eine unmittelbare Außenhaftung, abgesehen von einer möglichen schuldrechtlichen Mitverpflichtung, Rechtschein- oder Deliktshaftung, ablehnend: BGH, NZG 2010, 823; *Berninger*, DStR 2010, 2359 (2361); *Blaurock*, NZG 2010, 974 (975); Blaurock/*Lamprecht*, Hdb. Stille Gesellschaft, Rn. 12.65 ff.; *K. Schmidt*, GesR, § 62 IV 1b) [S. 1855 f.]; MüKo/*K. Schmidt*, HGB, § 230 Rn. 13; *Singhof*/Seiler/Schlitt, Mittelbare Gesellschaftsbeteiligungen, Rn. 94; Oetker/*Wedemann*, HGB, § 230 Rn. 97; *H. P. Westermann*, Vertragsfreiheit, S. 325 f.; a.A. wohl *Paulick*, Hdb. der stillen Gesellschaft, 4. Aufl. 1988, § 9 II S. 132 f.

im Falle der stillen Beteiligung an einer Kapitalgesellschaft, die Anwendung der Eigenkapitalersatzregeln[49] diskutiert.

2. *Einfache und qualifizierte Unterbeteiligung*

Im Gegensatz zur stillen Gesellschaft handelt es sich bei der Unterbeteiligung um eine Beteiligung an einem Gesellschaftsanteil, nicht an einem Handelsgeschäft.[50] Plastisch ausgedrückt geht es um eine (stille) Beteiligung an der Beteiligung.[51] Weil nach außen nur der Hauptbeteiligte auftritt, liegt im Verhältnis zwischen dem Haupt- und Unterbeteiligten ebenfalls eine Innen-GbR vor.[52] Wegen der Vergleichbarkeit mit einer stillen Gesellschaft können neben den §§ 705, 740 ff. BGB aber auch die §§ 230 ff. HGB analog zur Anwendung kommen.[53]

Auch im Falle der Unterbeteiligung gilt für das Verhältnis zwischen Hauptgesellschaft und Innengesellschaft, letztere bestehend aus dem Anteilsinhaber (Hauptbeteiligter) sowie dem Unterbeteiligten, der Trennungsgrundsatz.[54] Obwohl es mangels gesetzlicher Regelungen zumindest keine (gesetzes-) „typische" Unterbeteiligung geben kann, wird in manchen Fällen von einer atypischen Unterbeteiligung gesprochen.[55] So beispielsweise bereits dann, wenn der Unterbeteiligte durch schuldrechtliche Abreden wirtschaftlich wie ein unmittelbar beteiligter Gesellschafter gestellt wird.[56] Gerade bei Gestaltungen dieser Art kann die Abgrenzung zur Treuhand schwierig sein.[57] Maßgebliches Abgrenzungskriterium ist, ob der vermeintliche Treuhänder/Hauptbeteiligte den Gesellschaftsanteil nach außen ausschließlich im fremden Interesse und auf fremde Rechnung hält.[58] In diesem Fall fehlte es an einer gemeinsamen

---

49 In Einzelfällen bejahend BGH, NJW 1989, 982; zuletzt bspw. BGH, NJW-RR 2014, 147.

50 *K. Schmidt*, GesR, § 63 I 2a) [S. 1866]; Oetker/*Wedemann*, HGB, § 230 Rn. 122.

51 *K. Schmidt*, GesR, § 61 IV 2 [S. 1834].

52 *K. Schmidt*, GesR, § 63 II 1 [S. 1868 f.]; Oetker/*Wedemann*, HGB, § 230 Rn. 122; *Wiedemann*, GesR II, § 10 V 1c) [S. 914].

53 *Blaurock*, Unterbeteiligung und Treuhand, S. 114; *K. Schmidt*, GesR, § 63 II 1 [S. 1869]; ausführlich Blaurock/*Blaurock*, Hdb. Stille Gesellschaft, Rn. 30.21 ff.

54 Hopt/*Roth*, HGB, § 105 Rn. 94; *Tebben*, S. 78 f.

55 Krit. zu diesem irreführenden Begriff *Blaurock*, S. 115.

56 Vgl. *K. Schmidt*, GesR, § 63 I 3 [S. 1867]; Singhof/*Seiler/Schlitt*, Mittelbare Gesellschaftsbeteiligungen, Rn. 445 ff.; Oetker/*Wedemann*, HGB, § 230 Rn. 122.

57 Vgl. *Blaurock*, S. 115; Blaurock/*Blaurock*, Hdb. Stille Gesellschaft, Rn. 30.17.

58 Oetker/*Wedemann*, HGB, § 230 Rn. 125.

Zweckverfolgung, sodass das Innenverhältnis nach Auftrags- statt nach Gesellschaftsrecht zu beurteilen und daher von einer treuhänderischen Beteiligung auszugehen ist.[59] Gleichwohl schließen Anteilstreuhand und Unterbeteiligung nicht zwingend einander aus.[60]

Eine atypische Gestaltung derart, dass von einer „qualifizierten" Unterbeteiligung gesprochen werden kann, liegt in den Fällen lediglich schuldrechtlicher Gleichstellungsabreden mangels Durchbrechung des Trennungsgrundsatzes noch nicht vor. In Anlehnung an das hiesige Begriffsverständnis[61] für die qualifizierte Treuhand bedarf es der Begründung unmittelbarer Rechte und Pflichten des Unterbeteiligten in und gegenüber der Hauptgesellschaft.[62] Zu denken ist etwa an die Einräumung von Geschäftsführungsrechten zugunsten des Unterbeteiligten durch den Gesellschaftsvertrag der Hauptgesellschaft oder die explizite Anordnung einer Mithaftung.[63]

3. *Einfacher und qualifizierter Anteilsnießbrauch*

Eine weitere Möglichkeit der mittelbaren Unternehmensbeteiligung ist die Bestellung eines Nießbrauchs. Die Bestellung eines Nießbrauchs am Unternehmen selbst stellt eine Art Unternehmensüberlassung auf Zeit dar, hat den Wechsel der Unternehmensträgerschaft zur Folge und ist damit nicht als mittelbare Unternehmensbeteiligung einzuordnen.[64] Davon zu unterscheiden ist der Nießbrauch an einem Gesellschaftsanteil. Diese Form der mittelbaren Gesellschafts- und zumeist auch Unternehmensbeteiligung ist gesetzlich nicht ausdrücklich geregelt. Der Anteilsnießbrauch wird als Nießbrauchbestellung an einem Recht i.S.v. § 1068 BGB nach heute ganz herrschender Meinung als

---

59 Assmann/Schütze/Buck-Heeb/*Wagner*, KapitalanlageR, § 17 Rn. 353.

60 MüKo/*K. Schmidt*, HGB, vor § 230 Rn. 45 m.w.N.

61 Zum Begriffsverständnis siehe sogleich, S. 33 ff.

62 Vgl. Hopt/*Roth*, HGB, § 105 Rn. 94, 97; MüKo/*Schäfer*, BGB, vor § 705 Rn. 106; den Begriff „qualifizierte Unterbeteiligung" verwendet in diesem Zusammenhang auch *Wiedemann*, GesR II, § 10 V 4 [S. 919].

63 Vgl. Hopt/*Roth*, HGB, § 105 Rn. 97; MüKo/*Schäfer*, BGB, Vor § 705 Rn. 106.

64 *K. Schmidt*, GesR, § 61 II 1 [S. 1822]; zum Nießbrauch am Unternehmen ausführlich Staudinger/*Heinze*, BGB, Neubearbeitung 2021, Anh. zu §§ 1068, 1069 Rn. 20 ff.; *K. Schmidt*, HandelsR, § 5 III 3 [187 ff.].

sachen- und gesellschaftsrechtlich zulässig erachtet.[65] Belastetes Recht ist in dem Fall die Mitgliedschaft.[66]

Steht seit der Anerkennung der Verkehrsfähigkeit eines Personengesellschaftsanteils dessen Belastung mit einem Nießbrauch jedenfalls § 1069 Abs. 2 BGB nicht mehr entgegen,[67] wurde die Nießbrauchbestellung an einem Personengesellschaftsanteil als Ganzem teilweise dennoch aufgrund des in § 711a BGB normierten Abspaltungsverbots für unzulässig gehalten.[68] Der Streit um die Auswirkungen des Abspaltungsverbots hat sich nunmehr auf eine andere Ebene verlagert. Auf dieser wird gefragt, welche einzelnen Rechte aus der Mitgliedschaft dem Nießbraucher zur Nutzung überlassen werden können, mithin welchen Inhalt der Anteilsnießbrauch hat oder haben kann.[69]

Der Vergleich zwischen dem Anteilsnießbrauch und der qualifizierten Treuhand ist deshalb besonders interessant, weil dem Nießbrauch aufgrund seiner gesetzlich vorgesehenen dinglichen Wirkung das „qualifizierende" Element immanent ist. Die dingliche Berechtigung am Gesellschaftsanteil begründet für sich genommen schon die Einbeziehung des Nießbrauchers in den Gesellschaftsverband.[70] Allein aus diesem Grund wird überwiegend angenommen, dass die wirksame Bestellung eines Anteilsnießbrauchs nicht ausschließlich vom Willen des Nießbrauchers und Anteilsinhabers abhängen könne, sondern in jedem Fall eine zumindest vorweggenommene Zustimmung der anderen Verbandsmitglieder bedürfe.[71] Welche Rechtstellung der Anteilsnießbraucher im Verhältnis zum Anteilsinhaber, zu den anderen Verbandsmitgliedern, zur

---

65 Staudinger/*Heinze*, BGB, Anh. zu §§ 1068, 1069 Rn. 57; MüKo/*Pohlmann*, BGB, § 1068 Rn. 24; *K. Schmidt*, GesR, § 61 II 1 b) [S. 1823]; MüKo/*K. Schmidt*, HGB, vor § 230 Rn. 14, 25, 29; a.A. Hadding/Schneider/*Hadding*, Gesellschaftsanteile als Kreditsicherheit, S. 67 f.

66 *K. Schmidt*, GesR, § 61 II 1b) [S. 1823]; MüKo/*Pohlmann*, BGB, § 1068 Rn. 25.

67 Staudinger/*Heinze*, BGB, Anh. zu §§ 1068, 1069 Rn. 57; *Schön*, ZHR 158 (1994), 229 (238).

68 Bspw. *Petzold*, GmbHR 1987, 381 (383); *Sudhoff*, NJW 1971, 481 f.; zur Entwicklung des Meinungsstands ausführlich Staudinger/*Heinze*, BGB, Anh. zu §§ 1068, 1069 Rn. 57 ff; zum Abspaltungsverbot siehe ausführlich unten § 3B.I.1, S. 55 ff.

69 Vgl. *Kruse*, RNotZ 2002, 69 (74); Staudinger/*Heinze*, BGB, Anh. zu §§ 1068, 1069 Rn. 61; MüKo/*Pohlmann*, BGB, § 1068 Rn. 26.

70 MüKo/*Schäfer*, BGB, § 705 Rn. 101 [„quasidingliche Wirkung"]; *Schön*, ZHR 158 (1994), 229 (237).

71 MüKo/*Pohlmann*, BGB, § 1068 Rn. 35; MüKo/*Schäfer*, BGB, § 705 Rn. 102; *K. Schmidt*, GesR, § 61 II 2) [S. 1824]; a.A. Staudinger/*Heinze*, BGB, Anh. zu §§ 1068, 1069 Rn. 63; *Frank*, MittBayNot 2010, 96 (97).

Gesellschaft sowie zu außenstehenden Dritten (Stichwort: Haftung im Außenverhältnis) einnimmt, ist Gegenstand kontroverser Diskussionen.[72] Dabei wird davon ausgegangen, dass diese Rechtstellung zumindest grundsätzlich der Gestaltung zugänglich ist – und zwar, trotz des im Sachenrecht geltenden Typenzwangs, auch über das Verhältnis zwischen dem Anteilsinhaber als Besteller und dem Nießbraucher hinaus.[73] Insofern ist an späterer Stelle zu klären, ob die Annahme einer verdinglichten Rechtsposition als Folge eines Verfügungsgeschäfts zugunsten eines qualifizierten Treugebers auch im Rahmen der Treuhand die Durchbrechung des Trennungsgrundsatzes dogmatisch zu begründen vermag.[74]

72 Umfassende, über Einzelfragen hinausgehende Untersuchung bei *Wedemann*, ZGR 2016, 798.

73 Vgl. nur MüKo/*Pohlmann*, BGB, § 1068 Rn. 95 ff.; MüKo/*K. Schmidt*, HGB, vor § 230 Rn. 21; *Wedemann*, ZGR 2016, 798 (826), im Hinblick auf die Verteilung des Stimmrechts: „dispositive Regelung".

74 Siehe unten, § 3B.I.4, S. 68 ff.

§ 2 Die qualifizierte Treuhand in Rechtsprechung, Rechtswissenschaft, Kautelarpraxis und im KAGB – ein Überblick

Da es sich bei der „qualifizierten Treuhand" um eine Gestaltung der Praxis handelt, kann es nicht „die eine" qualifizierte Treuhand geben.[75] Im Folgenden soll daher zunächst klargestellt werden, welche Gestaltungen vom hiesigen Begriffsverständnis umfasst sind. Sodann ist zu skizzieren, welche Gestaltungen in der Praxis gehäuft zu beobachten sind, welche Gemeinsamkeiten diese aufweisen und welche Motive die Beteiligten zu derartigen Gestaltungen veranlassen. Weiter soll die Entwicklung der qualifizierten Treuhand in der Rechtsprechung überblicksartig dargestellt werden. Zuletzt ist auf die wenigen Regelungen betreffend die qualifizierte Treuhand einzugehen, die Eingang in das Kapitalanlagegesetzbuch gefunden haben.

A. Zum Begriffsverständnis

Für bestimmte Treuhandverhältnisse, insbesondere solche, die Gesellschaftsanteile als Treugut zum Gegenstand haben, werden zur näheren Beschreibung unterschiedliche Bezeichnungen verwendet. Häufig ist neben der „qualifizierten" etwa von der „offenen" oder „verdeckten", zuweilen auch von der „offengelegten" oder „einvernehmlichen" Treuhand zu lesen.[76] Dabei werden diese Begriffe nicht einheitlich, sondern teils zur Beschreibung unterschiedlicher Gestaltungen oder Sachverhalte gebraucht. Das ist zumindest dann problematisch, wenn zwischen den damit beschriebenen Gestaltungen nicht auch der Sache nach differenziert wird. So kann beispielsweise die Tatsache, dass die Gesellschafter der Begründung eines Treuhandverhältnisses mit einem Dritten zugestimmt haben, durchaus Bedeutung erlangen für die Beurteilung dessen Rechtstellung.[77] Insofern macht es auch einen Unterschied, ob man in diesem Fall von einer „offenen" Treuhand spricht, oder den Begriff bereits verwendet, wenn die Treuhand den Gesellschaftern – in Abgrenzung zur geheim

75 Ebenso *Casper*, ZHR 179 (2015), 44 (70).
76 Siehe Nachweise in den folgenden Fußnoten.
77 Vgl. *Blaurock*, S. 181.

gehaltenen Treuhand – lediglich offengelegt wurde.[78] Es liegt zudem auf der Hand, dass gerade für die Beurteilung der Rechtstellung des Treugebers im Hinblick auf das Außenverhältnis der Aspekt Bedeutung erlangen kann, ob das Treuhandverhältnis auch Dritten gegenüber offenbart wird.[79]

Der hier vor allem relevante Begriff der „qualifizierten" Treuhand wird nicht selten mit dem der „offenen" Treuhand gleichgesetzt.[80] Von einer „qualifizierten" Treuhand wird teilweise bereits dann gesprochen, wenn die Begründung des Treuhandverhältnisses von den Gesellschaftern lediglich gebilligt wird.[81] Für die Zwecke dieser Arbeit sollen von dem Begriff jedoch nur solche Gestaltungen umfasst sein, bei denen der Treugeber mit expliziter Zustimmung der Gesellschafter diesen gegenüber sowie der Gesellschaft selbst zumindest teilweise unmittelbar berechtigt und verpflichtet wird.[82] Diese Einbeziehung in das Verbandsverhältnis kann sich auf einige wenige Rechte und Pflichten beschränken. Sie kann aber auch zu einer weitestgehenden Gleichstellung mit den Gesellschaftern reichen. Davon negativ abzugrenzen sind alle Formen der einfachen Treuhand, sei diese mit oder ohne Kenntnis der Gesellschafter, in deren Einvernehmen oder sogar gegen deren Willen begründet worden.

---

78 So auch *Armbrüster*, S. 20 f., und *Eden*, S. 34 f., die deshalb zwischen „offengelegter" und „einvernehmlicher" Treuhand unterscheiden; *Ulmer*, FS Odersky (1996), 873 (878), hält die Billigung der Treuhand durch die Gesellschafter hingegen maßgeblich für die Unterscheidung zwischen „verdeckter" und „offener" Treuhand und setzt diese Begriffe dann jeweils noch mit der „einfachen" und „qualifizierten" Treuhand gleich.

79 So ist bei Saenger/Aderhold/*Eickhoff*, § 7 Rn. 243, von einer offenen Treuhand die Rede, wenn der Treugeber „Dritten" offen gegenüber in Erscheinung trete.

80 Bspw. in BGH, NZG 2011, 1432 (1433) [Rn. 16]; NZG 2015, 269 (270) [Rn. 13]; bei *Dogan*, S. 35; Habersack/Schäfer/*Schäfer*, HGB, § 105 Rn. 107; *Schäfer*, Gutachten, S. 111 f.; *Ulmer*, FS Odersky (1996), 873 (875 ff.).

81 *Tebben*, ZGR 2001, 586 [dortige Fn. 1]; *Ulmer*, FS Odersky (1996), 873 (878); *Wiedemann*, ZIP 2012, 1786.

82 Ebenso *Armbrüster*, S. 20; *Eden*, S. 35; Saenger/Aderhold/*Eickhoff*, § 7 Rn. 243; vgl. auch MüKo/*K. Schmidt*, HGB, vor § 230 Rn. 42 f.; ähnlich *Sojka*, S. 11, der von einer qualifizierten mittelbaren Beteiligung dann spricht, wenn zwischen dem Verband oder seinen Mitgliedern eine unmittelbare Rechtsbeziehung zum mittelbar Beteiligten besteht.

B. Kautelarpraxis

Nachfolgend ist zunächst ein Überblick darüber zu geben, wie qualifizierte Treuhandbeteiligungen in der Praxis häufig ausgestaltet sind. Daran schließt sich die Frage an, was die Beteiligten zu einer solchen Gestaltung überhaupt veranlasst. Es wird im weiteren Verlauf dieser Arbeit schließlich zu untersuchen sein, wie entsprechende Vertragsklauseln regelmäßig in zulässiger Weise auszulegen sind und ob die Beteiligten ihre Gestaltungsziele durch diese Art der Beteiligungsform überhaupt erreichen können.

I. Überblick über häufige Gestaltungen

Um sich einen Überblick über die Gestaltungspraxis zu verschaffen, bieten sich in erster Linie drei Quellen an: Gesellschafts- und Treuhandverträge, die eine qualifizierte Treuhandbeteiligung vorsehen, finden sich häufig in veröffentlichten Beteiligungsprospekten zu Publikumsfonds. Zudem lassen sich die hier beschriebenen Passagen den Tatbeständen und Entscheidungsgründen einschlägiger Gerichtsentscheidungen entnehmen. Zuletzt enthalten vereinzelt Formularbücher Muster für entsprechende Vertragswerke.[83]

Sucht man nach Vertragswerken, die die Begründung einer qualifizierten Treugeberbeteiligung vorsehen, so ist zunächst festzustellen, dass diese Beteiligungsform ganz überwiegend im Rahmen von Publikumsfonds in der Rechtsform der GmbH & Co. KG gewählt wird. Gelegentlich begegnet man dieser Beteiligungsform jedoch auch bei der OHG[84] und der GbR[85]. Auch hier handelt es sich zumeist um Publikumsgesellschaften. Die Auflegung von Publikumsfonds ist in der Rechtsform einer GbR oder OHG aufgrund des durch § 139 KAGB eingeführten Rechtsformzwangs zugunsten einer Investment-Kommanditgesellschaft jedoch nur noch außerhalb des Anwendungsbereichs des KAGB möglich.[86] Der Anwendungsbereich ist mangels Vorliegens eines Investmentvermögens gemäß § 1 Satz 1 KAGB insbesondere nicht eröffnet, wenn die Gesellschaft ein operativ tätiges Unternehmen außerhalb des Finanzsektors ist. Dies kann unter Umständen der Fall sein, wenn der Unternehmensgegenstand im Betrieb eines Schiffes (Schiffsfonds) oder

---

83 Siehe bspw. Beck`sche Online-Formulare Vertrag/*Giehl*, Stand: 01.01.2023, Formular 7.6.1.5.1 Gesellschaftsvertrag eines Fonds (GmbH & Co KG).

84 Z.B. BGH, DStR 2012, 2396; NZG 2011, 1432.

85 Z.B. BGH, NZG 2009, 57; OLG Köln, NJW-RR 1997, 487.

86 EBJ/*Paefgen/Franke*, HGB, Anhang 3 zu § 179, Vorbemerkungen Rn. 3; *Serviatius*, ZfIR 2014, 134 (135).

einer Energieanlage (Energiefonds) besteht.[87] Wenngleich die qualifizierte Beteiligung eines Treugebers an GmbH-Geschäftsanteilen zwar vereinzelt Gegenstand rechtswissenschaftlicher Untersuchungen ist[88], dürfte die qualifizierte Treuhand an Kapitalgesellschaftsanteilen gemessen an dazu ergangenen gerichtlichen Entscheidungen lediglich eine untergeordnete Rolle spielen.

1. Konstruktion der Beteiligung

Maßgeblich für eine qualifizierte Treugeberbeteiligung sind jedenfalls zwei aufeinander abgestimmte Verträge: der Gesellschafts- und der Treuhandvertrag. Zumeist sehen beide Verträge – teilweise sich wiederholende – Regelungen zur Rechtstellung der qualifizierten Anteilstreugeber vor. Bei den Publikumsgesellschaften, die von vornhinein auf den Beitritt qualifizierter Treugeber angelegt sind, erfolgt die Einbeziehung des Treugebers in diese Verträge zumeist über eine Beitrittserklärung, die von der Treuhänderin, manchmal auch im Namen der Gesellschaft, oder der Gesellschaft selbst angenommen wird.[89] Der beitretende Treugeber erkennt den Gesellschaftsvertrag entweder in der Beitrittserklärung oder in dem Treuhandvertrag auch für sich als verbindlich an.[90]

Beispielhaft soll aus dem Vertragswerk eines Windparkfonds in Form der GmbH & Co. KG zitiert werden, in dem die Nichtbeachtung des Trennungsgrundsatzes sowie das Zusammenspiel zwischen Gesellschafts- und Treuhandvertrage besonders deutlich wird.[91]

---

87 Vgl. das Auslegungsschreiben zum Anwendungsbereich des KAGB und zum Begriff des „Investmentvermögens“ der BaFiN vom 14.06.2013, geändert am 09.03.2015; EBJ/*Paefgen/Franke*, HGB, Anhang 3 zu § 179, § 1 KAGB Rn. 33 ff. m.w.N.

88 Z.B. *Ulmer*, FS Odersky (1996) 873; *Walch*, NZG 2015, 1259.

89 Exemplarisch § 6 Ziff. 3 des Gesellschaftsvertrages der *Private Equity Portfolio 2017 GmbH & Co. – geschlossene Invest KG*, wo ein solcher Beitrittsmechanismus explizit vorgesehen ist, https://www.fondsdiscount.de/download/geschlossene-fonds/fonds/feri-private-equity-portfolio-2017/16629/feri-private-equity-portfolio-2017-prospekt.pdf (zuletzt abgerufen am 27.06.2024); vgl. auch *Friedrichs/Wegner/Richter*, in Grundlagen der Schiffsfinanzierung, S. 1397.

90 Eine Anerkennung durch die Beitrittserklärung erfolgte bspw. in dem BGH, ZIP 2011, 2299 [Rn. 4] zugrundeliegenden Fall; vgl. auch *Friedrichs/Wegner/Richter*, in Grundlagen der Schiffsfinanzierung, S. 1397.

91 Es handelt sich hierbei um die Fondsgesellschaft Green City Energy Windpark Bayerischer Odenwald GmbH & Co. KG, das Vertragswerk ist frei zugänglich unter https://www.vcd-service.de/fileadmin/user_upload/redaktion/beteiligung/pdf/windpark_odenwald/Verkaufsprospekt_Windpark_Bayerischer_Odenwwald.pdf (zuletzt abgerufen am 27.06.2024).

Unter Ziffer 4.2.1 (Rechtsstellung und Rechte der Treugeber) des Gesellschaftsvertrages heißt es dort unter anderem:

> *„Im Innenverhältniss zwischen Gesellschaft, dem Komplementär, den Kommanditisten und den Treugebern werden die Treugeber wie Kommanditisten der Gesellschaft behandelt und es gilt der Gesellschaftsvertrag für die Treugeber insoweit entsprechend, als Gesellschafterrechte und Gesellschafterpflichten betroffen sind. Diese Gleichbehandlung betrifft sämtliche Gesellschafterrechte und Gesellschafterpflichten, soweit nicht abweichend in diesem Gesellschaftsvertrag und/oder Treuhandvertrag geregelt […].“*

> *„Die Treugeber haben eigene Rechte und Pflichten gegenüber der Gesellschaft und den Gesellschaftern, die im Treuhandvertrag gemäß den Regelungen dieses Gesellschaftsvertrags geregelt sind. […].“*

Nicht nur in diesem Gesellschaftsvertrag ist im Übrigen explizit von einem Beitritt des Treugebers zur Gesellschaft (!) die Rede.[92]

In dem dazugehörigen Treuhandvertrag heißt es sodann unter Ziffer 2 Abs. 3:

> *„Für die Treuhandbeteiligung gelten im Verhältnis des Treugebers zur Gesellschaft, den weiteren Treugebern und den Gesellschaftern die Bestimmungen des Gesellschaftsvertrages, soweit sie anwendbar sind.“*

2. *Umfassende oder teilweise Gleichstellung*

Die Beschreibung der Rechtstellung der Treugeber erfolgt nicht selten dadurch, dass der Gesellschaftsvertrag eine Klausel enthält, nach der die Treugeber im Innenverhältnis den unmittelbar beteiligten Gesellschaftern gleichgestellt sein sollen (Gleichstellungsklausel).[93]

Neben oder anstatt einer solchen abstrakten Beschreibung der Rechtstellung der Treugeber werden diesen in einigen Vertragswerken auch konkrete Rechte und Pflichten zugewiesen.[94] Dies betrifft besonders häufig das Recht

---

92 So unter Ziff. 4.2.2 des soeben erwähnten Gesellschaftsvertrages; vgl. außerdem beispielhaft für eine geschlossene Investment-KG nach dem KAGB § 4 Abs. 3 des Gesellschaftsvertrags der *Beteiligungsfonds 41 GmbH & Co. geschlossene Investment KG*, http://www.ilg-gruppe.de/fileadmin/user_upload/docs/ILG-Fonds_Nr41_Verkaufsprospekt.pdf (zuletzt abgerufen am 27.06.2024).

93 Siehe exemplarisch bereits die oben unter § 2B.I.1 zitierte Klausel; weiter § 4 des Gesellschaftsvertrages bei BGH, ZIP 2013, 619 [Rn. 3]; außerdem Graf von Westphalen/Thüsing/*Lehmann-Richter*, Vertragsrecht und Klauselwerke, 50. Erglf. 2020, Teil „Klauselwerke“, Publikumsgesellschaften Rn. 63.

94 So auch die Beobachtung von Baur/Tappen/*Könnecke*, KAGB, § 152 Rn. 38.

auf Teilnahme an der Gesellschafterversammlung, das Recht zur Ausübung von Stimmrechten, Informationsrechte, Anonymitätsklauseln oder ein Recht zur Umwandlung der mittelbaren in eine unmittelbare Beteiligung.[95] Auf der Pflichtenseite ist im Gesellschaftsvertrag oder im Treuhandvertrag zumeist explizit geregelt, dass der Treugeber selbst zur Erbringung einer Einlage oder sonstiger Beiträge direkt gegenüber der Gesellschaft verpflichtet sei.[96] Hierzu findet sich teilweise eine explizite Abtretung eines der Treuhänderin zustehenden Anspruches gegen den Treugeber an die Gesellschaft.[97]

3. *Weitere Regelungen in Gesellschafts- und Treuhandvertrag*

Der Treuhandvertrag enthält als eigenständige Regelung zumeist einen umfassenden Anspruch der Treuhänderin gegen den jeweiligen Treugeber auf Freistellung von sämtlichen Verbindlichkeiten, die aus oder im Zusammenhang mit dem Erwerb und der Verwaltung der Beteiligung stehen.[98] Zudem tritt die Treuhänderin häufig ihre Vermögensrechte aus der Mitgliedschaft an den Treugeber ab.[99]

Weiter ist zu beobachten, dass sich Treugeber und Treuhänderin in den Treuhandverträgen oftmals gegenseitig zur Ausübung bestimmter Mitgliedschaftsrechte ermächtigen. Hier fällt nicht selten auf, dass der Treugeber von der Treuhänderin zur Ausübung bestimmter Rechte, insbesondere des Stimmrechts, ermächtigt wird, obwohl dem Treugeber im Gesellschaftsvertrag – wie im obigen Beispiel – diese Rechte explizit als „eigene" Rechte gegen die Gesellschaft eingeräumt werden. So heißt es beispielsweise in dem Treuhandvertrag zu dem oben genannten Windparkfonds[100] in dessen Ziffer 6.2 (Ermächtigung):

> *„Der Treuhandkommanditist ermächtigt hiermit den Treugeber, sämtliche die Treuhandbeteiligung betreffenden Verwaltungsrechte, insbesondere die Kontrollrechte, die*

---

95 Jeweilige Beispiele werden bei der nachfolgenden Erörterung sich daraus ergebender (Folge-) Fragen genannt.

96 Bspw. § 2 Nr. 2 des Treuhandvertrages, der BGH, ZIP 2011, 2299 (2300) [Rn. 5] zugrunde lag [Direktanspruch auf Zahlung der Einlage]; § 3 Ziff. 4. c) des Gesellschaftsvertrages in LG Hamburg, BeckRS 2018, 4254 [Rn. 5] [Direktanspruch auf Zahlung eines Agios].

97 Siehe bspw. Ziff. 5.1 Abs. 1 des Treuhandvertrages des unter Fn. 91 genannten Windparkfonds.

98 Bspw. § 1 Ziff. 7 des Treuhandvertrages in LG Hamburg, BeckRS 2018, 4254 [Rn. 9]; § 5 des Treuhandvertrages in OLG München, BeckRS 2009, 26423.

99 Bspw. § 2 Ziff. 4 des Treuhandvertrages in BGH, ZIP 2011, 2299 (2300) [Rn. 5].

100 Siehe oben, Fn. 91.

Stimmrechte, die Teilnahme an Beschlussfassungen im Umlaufverfahren und die Teilnahme an den Gesellschafterversammlungen und das Stimmrecht selbst auszuüben bzw. durch einen Bevollmächtigten nach Maßgabe des Gesellschaftsvertrages ausüben zu lassen. Soweit der Treugeber die ihm hiernach eingeräumten Rechte selbst wahrnimmt, übt er seine mitgliedschaftlichen Rechte aus der betreffenden Treuhandbeteiligung nicht aus.“

Zuletzt können der Treuhand- oder der Gesellschaftsvertrag bei Publikumsgesellschaften vorsehen, dass die Treuhänderin eine Art Treugeberregister führt.[101] Damit verbunden ist in der Regel die Pflicht der Treuhänderin, Informationen über die Identität der Treugeber nur in bestimmten Ausnahmefällen weiterzugeben.[102]

4. *(Keine) eigene Gesellschaft zwischen den Treugebern*

In einigen Treuhandverträgen wird explizit klargestellt, dass zwischen den Treugebern keine Gesellschaft bürgerlichen Rechts bestehen soll.[103] Tatsächlich gibt es Gestaltungen, bei denen von einem von der Hauptgesellschaft zu unterscheidenden „Zusammenschluss“[104] lediglich der mittelbar Beteiligten – gegebenenfalls unter Einbeziehung des den Anteil mittelnden Gesellschafters – auszugehen ist. Dies betrifft beispielsweise Fälle, in denen der die Beteiligung mittelnde Gesellschafter seine Rechte in der Gesellschaft nicht gespalten, sondern einheitlich auszuüben hat und die mittelbar Beteiligten daher in einer eigenen „Treugeberversammlung“ zunächst einen einheitlichen Willen bilden müssen.[105] In diesen Fällen liegt zumindest dann keine qualifizierte Treuhand im hier verstandenen Sinne vor, wenn und weil nach außen, auch gegenüber

---

101 § 12 Abs. 2 des Mustervertrages in Beck`sche Online-Formulare Vertrag/*Giehl*, Stand: 01.01.2023, Formular 7.6.1.5.1 Gesellschaftsvertrag eines Fonds (GmbH & Co KG).

102 Bspw. § 15 des Gesellschafts- und § 13 des Treuhandvertrages in BGH, NJW 2013, 2190; § 18 des Gesellschaftsvertrages in BGH, ZIP 2013, 619; zur damit einhergehenden Problematik von Ansprüchen auf Auskunft über die Identität der Mitbeteiligten siehe unten, § 6E.II, S. 172 ff.

103 Bspw. Ziff. 5.3 des Treuhandvertrages zu dem in Fn. 91 erwähnten Windparkfonds; eine entsprechende Empfehlung findet sich bei Lüdicke/Arndt/*Bost/Halfpap*, Geschlossene Fonds, S. 21.

104 Assmann/Schütze/Buck-Heeb/*Wagner*, KapitalanlageR, § 17 Rn. 381 ff.; vgl. auch *Beuthien*, ZGR 1974, 26 (35); *Klöhn*, Gesellschaftsrecht in der Diskussion 2012 (2013), 143 (146); *Schäfer*, ZHR 177 (2013), 619 (621 f.).

105 Assmann/Schütze/Buck-Heeb/*Wagner*, KapitalanlageR, § 17 Rn. 383; *Fest*, FS Makoto Arai (2015), 274 (284).

der (Haupt-)Gesellschaft und den unmittelbar Beteiligten, nur die „Treuhänderin“ auftritt und den „Treugebern“ gerade keine unmittelbaren Rechte oder Pflichten in der Hauptgesellschaft eingeräumt werden.[106] Es fehlt dann schon an der den Trennungsgrundsatz durchbrechenden „Qualifikation“. Zudem sollte man, wenn das Rechtsverhältnis zwischen den „Treugebern“ verbandsähnlich ausgestaltet ist, dieses Konstrukt nicht als treuhänderische Beteiligung ansehen, sondern als Unterbeteiligungsverhältnis[107], welches mangels vertraglicher Regelungen dem Gesellschaftsrecht statt des Auftragsrechts unterliegt. Der treuhänderische Charakter der Funktion des vermeintlichen Treuhänders folgt dann aus dessen Stellung als Organ[108] dieser Innengesellschaft.[109]

II. Motive für die qualifizierte Treuhand als Beteiligungsform

Schon für die Auswahl der im Einzelnen zu behandelnden Fragen betreffend die Rechtstellung eines qualifizierten Treugebers, aber auch zur Auslegung häufig verwendeter Klauseln, bedarf es der Ermittlung jener Motive, die die Betroffenen dazu veranlassen können, eine qualifizierte Treuhandbeteiligung vorzusehen.[110] Im Fortgang dieser Arbeit wird zu untersuchen sein, inwiefern sich bestimmte Gestaltungsziele überhaupt verwirklichen lassen.

Eine treuhänderische Beteiligung wird grundsätzlich dann gewählt, wenn eine unmittelbare Beteiligung entweder gar nicht möglich oder jedenfalls nicht zweckmäßig ist.[111] Die Praxis macht sich dann die Vereinfachungs-, Umgehungs- oder Verbergungsfunktion der Anteilstreuhand zunutze.[112]

---

106 So offenbar die Gestaltungen, die den Entscheidungen BFH, BeckRS 1988, 22008511 oder BGH, NJW 2011, 921 zugrunde liegen.

107 Vgl. Assmann/Schütze/Buck-Heeb/*Wagner*, KapitalanlageR, § 17 Rn. 389, der von einer „einheitlichen Unterbeteiligungsgesellschaft“ spricht. (Nur) dieses Modell dürfte auch durch die von *K. Schmidt* entwickelte Innen-KG beschrieben sein, siehe dazu näher unten, § 3C.I, S. 81 ff.

108 Zur Frage, ob Organmitglieder Treuhänder sind, siehe (am Beispiel von Vorstandsmitgliedern einer AG) *Dubovitskaya*, NZG 2015, 983.

109 Im Modell der „Innen-KG“ wäre der sog. Treuhänder dann als (ggf. kapitalanteilsloser) Komplementär anzusehen, *K. Schmidt*, NZG 2011, 361 (366); vgl. auch Graf von Westphalen/Thüsing/*Lehmann-Richter*, Vertragsrecht und Klauselwerke, 50. Erglf. 2024, Teil „Klauselwerke“, Publikumsgesellschaften Rn. 83.

110 Vgl. ebenso *Kümmerlein*, S. 48; *Tebben*, S. 33.

111 *Tebben*, S. 33.

112 *Beuthien*, ZGR 1974, 26 (31), *Blaurock*, S. 69; MüKo/*K. Schmidt*, HGB, vor § 230 Rn. 41; *Tebben*, S. 33.

Im Einzelfall mag häufig eine Umgehung gesetzlicher oder vertraglicher Bestimmungen intendiert sein, wobei hier oftmals auch die Beteiligung verborgen wird.[113] Denkbar ist beispielsweise, dass ordnungsrechtliche Untersagungen[114], Wettbewerbsverbote, familienrechtliche Zustimmungsvorbehalte[115] oder Zustimmungserfordernisse für die Übertragung von Personengesellschaftsanteilen beziehungsweise vinkulierten Kapitalgesellschaftsanteilen[116] umgangen werden sollen.

Die Vereinfachung und Verbergung steht vor allem im Bereich der Publikumsgesellschaften als Gestaltungsziel im Vordergrund.[117] Hier sollen durch Treuhandgestaltungen die Schwächen, Unzulänglichkeiten und Hindernisse des Personengesellschaftsrechts, dessen Wahl z.B. gegenüber dem auf Großunternehmen angelegten, schwerfälligen, starren und kostspieligen Aktienrecht[118] sowie allgemein aus steuerlichen Gründen[119] häufig zweckmäßiger ist, ausgeglichen werden.[120] Vermieden werden soll etwa die direkte persönliche Außenhaftung der Gesellschafter.[121] Die Publizität des Handelsregisters steht einem etwaigen Wunsch nach Anonymität im Rahmen der Beteiligung an Handelsgesellschaften grundsätzlich entgegen.[122] Durch das mit dem MoPeG eingeführte Gesellschaftsregister[123] und der „Registrierungsobliegenheit"[124] für solche Gesellschaften bürgerlichen Rechts, die sich in Objektregister eintragen lassen[125] oder beispielsweise als Gesellschafter einer GmbH in die Gesellschafterliste[126] aufgenommen werden wollen, dürfte die Verbergungsfunktion

---

113 Vgl. *M. Markwardt*, S. 8.

114 *M. Markwardt*, S. 8 f.; *Tebben*, S. 33 f.

115 *Blaurock*, S. 71; *Kümmerlein*, S. 74 ff.; vgl. auch *Beuthien*, ZGR 1974, 26 (37 f.).

116 *Tebben*, S. 34.

117 Vgl. auch *Dogan*, S. 93 f.

118 *Bälz*, ZGR 1980, 1 (3).

119 *Schürnbrand*, ZGR 2014, 256 (257).

120 *Seitz*, S. 72; vgl. auch *Klöckner*, BB 2009, 1313 (1314).

121 *Casper*, ZHR 179 (2015), 44 (69); *Dogan*, S. 247; *Fest*, FS Makoto Arai (2015), 274 (279 f.); *Klöckner*, BB 2009, 1313 (1314, 1317); zur Verbesserung der Haftungssituation durch die nur mittelbare Haftung siehe unten, § 7A.V, S. 200 ff.

122 *Beuthien*, ZGR 1974, 26 (36 f.); *Fest*, FS Makoto Arai (2015), 274 (281); WBA/*Paul*, KAGB, § 152 Rn. 5; *Schäfer*, ZHR 2013, 619 (621); *Wallach*, ZGR 2014, 289 (304).

123 §§ 706 ff. BGB.

124 Schäfer/*Hermanns*, Neues PersGesR, S. 28.

125 Für eine solche Obliegenheit siehe zum Beispiel § 47 Abs. 2 GBO für das Grundbuch.

126 Siehe § 40 Abs. 1 Satz 3 GmbHG.

möglicherweise noch an Bedeutung gewinnen, wenngleich die Möglichkeit, Publikumsgesellschaften in Form der GbR zu betreiben, wegen des vorerwähnten *numerus clausus* des KAGB stark eingeschränkt wurde. Der Anteilstreuhand kommt Vereinfachungsfunktion zu, wenn und weil ein Treuhänder für eine Vielzahl von Anlegern einen Anteil hält.[127] Vermieden werden soll so der enorme organisatorische und auch finanzielle Aufwand, der durch die Notwendigkeit einer Vielzahl von Registeranmeldungen besteht.[128] Dieser Aspekt hat auch den Gesetzgeber veranlasst, die treuhänderische Beteiligung an einer Investment-KG ausnahmsweise zuzulassen.[129]

Die Bündelung mehrerer Beteiligungen soll aber auch bei der Willensbildung innerhalb der Gesellschaft eine Vereinfachung herbeiführen.[130] Sie mag einerseits der Entlastung des Treugebers dienen, der sich in der Ausübung seiner ihm als Gesellschafter zustehenden Verwaltungsrechte außer Stande sieht.[131] Andererseits mag es auch im Interesse der Gesellschaft und aller Beteiligten liegen, wenn eine Vielzahl lediglich am Kapitalertrag interessierter Anleger die Verwaltung einem mit dem Unternehmensgegenstand vertrauten Treuhänder überlässt. So wird nicht zuletzt verhindert, dass durch deren Desinteresse und damit verbundene Nichtausübung von Verwaltungsrechten einzelne Beteiligte überproportional auf die Willensbildung Einfluss nehmen können. Der Entlastung der Geschäftsführung dürfte es dienen, dass diese sich nur mit einem oder wenigen Treuhändern auseinandersetzen muss, anstatt mit einer Vielzahl von Minderheitsbeteiligten.[132] Streitigkeiten, die sonst auf der Ebene der Gesellschaft auszutragen wären, können womöglich auf die Treuhandebene verlagert werden. Zuletzt ist nicht auszuschließen, dass Initiatoren von Publikumsgesellschaften eine Beteiligungsstruktur, die eine Beteiligung als Treugeber vorsieht, auch – oder sogar gerade – deshalb wählen, weil sie durch die mit ihr verbundene, in ihrem Lager stehende Treuhänderin womöglich maßgeblichen

---

127 MüKo/*K. Schmidt*, HGB, vor § 230 Rn. 41, 44.

128 Eingehend *Fest*, FS Makoto Arai (2015), 274 (275 ff.); siehe auch *Armbrüster*, S. 51; WBA/*Paul*, KAGB, § 152 Rn. 5; MünchHdb. Bd. 2/*Horbach*, § 61 Rn. 22.

129 BegrRegE, BT-Drucks. 17/12294, S. 250; zur qualifizierten Treuhand im KAGB siehe unten, § 2D, S. 47 ff.

130 *Beuthien*, ZGR 1974, 26 (31); *Eden*, S. 33; *Dogan*, S. 94 f.; MünchHdb. Bd. 2/*Jaletzke*, § 63 Rn. 1; *Tebben*, S. 35.

131 *Armbrüster*, S. 49; *Walter*, JuS 2020, 14 (16).

132 *Armbrüster*, S. 52 f.; *Maulbetsch*, S. 25; vgl. auch *Seitz*, S. 72: „einfachere Handhabung der Anleger".

Einfluss auf die Gesellschaft ausüben können.[133] Demgemäß dürfte der häufig genannte Wunsch der Anleger nach Anonymität oftmals tatsächlich ein solcher der Initiatoren sein.

Was aber mögen die Beweggründe sein, einerseits eine Treuhandgestaltung zu wählen, andererseits aber dem Treugeber unmittelbare Rechte zuzugestehen und Pflichten aufzuerlegen? Die mit der qualifizierten Anteilstreuhand verbundene Stärkung der Rechtsposition des Treugebers soll zunächst einen Nachteil der einfachen treuhänderischen Beteiligung ausgleichen, nämlich die Abhängigkeit des Treugebers von einem vertragsgetreuen Verhalten des Treuhänders:[134] Hat er unmittelbare Rechte in der und gegen die Gesellschaft, verringert dies die Gefahr eines weisungs- oder sonst treuwidrigen Verhaltens des Treuhänders zumindest dann, wenn der Treugeber den Treuhänder in dessen Rechtsposition verdrängt. Dies dürfte auch den Gesetzgeber dazu veranlasst haben, die anlegerschützende[135] Vorschrift des § 152 Abs. 1 Satz 3 in das KAGB aufzunehmen und die Gleichstellung von Treugebern und Direktkommanditisten in geschlossenen Investmentkommanditgesellschaften zwingend anzuordnen. Gerade bei Publikumsgesellschaften mit vorgegebener Beteiligungsstruktur, in dem die Treuhandgesellschaft häufig mit den hinter dem Fonds stehenden Initiatoren verbunden ist, besteht die Gefahr, dass der Treuhänder nicht, zumindest nicht primär im Sinne der Treugeber handelt.[136] Gewiss kann die Einbeziehung zu Lasten der oben beschriebenen Vereinfachungsfunktion im Hinblick auf den Willensbildungsprozess innerhalb der Gesellschaft gehen.[137]

Als weiteres Motiv für die Stärkung und Absicherung von Mitverwaltungsmöglichkeiten wird genannt, dass dadurch die Mitunternehmerrisiko- und initiative voraussetzende[138] einkommensteuerrechtliche

---

133 *Armbrüster*, S. 53 ff.; *Maulbetsch*, S. 34; Hopt/*Hopt*, HGB, Anh§ 179 Rn. 22; vgl. auch *Tebben*, S. 35: Anleger können „gezähmt“ werden.

134 Beck`sche Online-Formulare Vertrag/*Giehl*, Stand: 01.01.2023, Formular 7.6.1.5.1 Gesellschaftsvertrag eines Fonds (GmbH & Co KG), Anm. 17; vgl. auch *Armbrüster*, S. 271, 277 f.; *Fleck*, FS Fischer (1979), 107 (109); *Grage*, RNotZ 2005, 251 (261); *M. Markwardt*, S. 78 f., 86; *Tebben*, ZGR 2001, 586 (588); zur weisungswidrigen Stimmabgabe durch einen Treuhänder *Klöckner*, BB 2009, 1313.

135 *Casper*, ZHR 179 (2015), 44 (70 f.); zu dieser näher unten, § 2D, S. 47 ff.

136 Vgl. *Schiemann*, FS Zöllner (1998), 503 (508); vgl. auch *Dogan*, S. 97.

137 Vgl. MünchHdb. Bd. 2/*Jaletzke*, § 63 Rn. 21.

138 BFH, BeckRS 1988, 22008511; Assmann/Schütze/Buck-Heeb/*Wagner*, KapitalanlageR, § 17 Rn. 430.

Mitunternehmereigenschaft (§ 15 Abs. 1 Nr. 2 EStG) des Treugebers abgesichert werden könne.[139]

Auch die Einbeziehung in den Pflichtenkreis vermag unterschiedliche Vorteile zu versprechen. Sofern dem Treugeber beispielsweise explizit Treue- und Verschwiegenheitspflichten auferlegt[140] werden, dürfte dies im Interesse der Gesellschaft sowie aller Beteiligten geschehen. Die Begründung von Direktansprüchen der Gesellschaft oder Mitbeteiligten gegen die Treugeber kann ein möglicherweise komplizierteres und langwierigeres Vorgehen gegen den Treuhänder im Rahmen der mittelbaren Haftung verhindern.[141] Dies dürften zugleich auch Gläubiger der Gesellschaft als Vorteil erachten, da sie bei einer Vollstreckung gegen die Gesellschaft auf deren Direktansprüche gegen die Treugeber zugreifen könnten. Andernfalls müssten sie zunächst Ansprüche gegen die gegebenenfalls nur mit wenig Kapital ausgestattete Treuhandgesellschaft pfänden, um sodann bei der Vollstreckung in deren Vermögen auf die Freistellungsansprüche gegen die Treugeber zuzugreifen. Der Zwischenschaltung eines bestimmten Treuhänders kann grundsätzlich „Kreditverschaffungsfunktion" zukommen.[142] Sie kann aber, handelt es sich um eine nahezu vermögenslose Kapitalgesellschaft, auch das Gegenteil bewirken. Die Motivation dafür, Treugeber gegenüber der Gesellschaft unmittelbar zu verpflichten, kann also auch darin liegen, die Finanzierungskosten der Gesellschaft zu senken.[143] Dass die Fremdkapitalgeber bei der Bonitätsprüfung durchaus die Treugeber – und somit vermutlich auch deren Rechtstellung – berücksichtigen, zeigt sich daran, dass die bereits erwähnten Anonymitätsklauseln häufig eine Ausnahme im Hinblick auf die Offenlegung der Treugeberidentitäten gegenüber den finanzierenden Kreditinstituten enthalten.[144]

---

139 Beck`sche Online-Formulare Vertrag/*Giehl*, Stand: 01.01.2023, Formular 7.6.1.5.1 Gesellschaftsvertrag eines Fonds (GmbH & Co KG), Anm. 17; vgl. auch Staub/*Casper*, HGB, § 161 Rn. 237; *Schäfer*, ZHR 2013, 619 (621).

140 Eine andere – im Laufe dieser Arbeit zu beantwortende – Frage ist, inwiefern einem qualifizierten Treugeber zwingend Pflichten aufgrund der Einräumung von Rechten treffen, siehe hierzu insbesondere unten, § 5 [Treuepflicht], § 7 [Haftung], § 8 [Pflichten im Zusammenhang mit der Insolvenz der Gesellschaft].

141 Zur mittelbaren Haftung der Treugeber siehe unten, § 7A, S. 186 ff.

142 *M. Markwardt*, S. 7 f.

143 Vgl. *Klöhn*, Gesellschaftsrecht in der Diskussion 2012, 143 (155); auch nach *Zinger*, BB 2014, 458, stellt die Finanzierungszusage der Treugeber die Finanzierungsgrundlage der Gesellschaft dar.

144 Siehe exemplarisch die Nachweise in Fn. 102.

C. Entwicklung in der Rechtsprechung[145] und der Rechtswissenschaft

Die Rechtsprechung zur qualifizierten Treuhand geht auf ein Urteil des Bundesgerichtshofes aus dem Jahre 1953 zurück:[146] Der zweite Zivilsenat stellte hier erstmals fest, dass „im Innenverhältnis unter den Gesellschaftern den Treugebern, also denjenigen, die nicht die Stellung als Gesellschafter erhalten haben, unmittelbare Rechte und Ansprüche zugebilligt werden" können. Er nennt dabei als Beispiel die Einräumung „unmittelbare[r] Kontrollrechte und Anweisungsbefugnisse gegenüber der Gesellschaft". Es könne „im Innenverhältnis das Rechtsverhältnis zwischen den Beteiligten sogar so gestaltet [werden], als ob die Geldgeber die Kommanditisten seien". Die Beteiligten seien in dieser „Möglichkeit, ihre Rechtsbeziehungen untereinander der wirklichen Sachlage anzupassen [...] durch zwingendes Recht nicht eingeschränkt, da die Gestaltung ihrer internen Rechtsbeziehungen im Allgemeinen einer freien vertraglichen Vereinbarung zugänglich ist".

Seitdem hatte sich die Rechtsprechung vereinzelt immer wieder mit solchen Gestaltungen zu beschäftigen.[147] Spätestens seit dem Ende der 2000er Jahre sind Fragen zur qualifizierten Treuhand regelmäßig Gegenstand veröffentlichter Urteile. Die grundsätzliche Zulässigkeit der Einbeziehung des Treugebers in das verbandsrechtliche Innenverhältnis und damit die Rechtsfigur der qualifizierten Treuhand wird dabei ganz überwiegend nicht in Frage gestellt. Vereinzelt finden sich jedoch Entscheidungen, in denen – trotz Verweises auf das Urteil des Bundesgerichtshofes aus dem Jahre 1953 – aus der weitgehenden Gleichstellung der Treugeber mit Gesellschaftern geschlossen wird, die Treugeber hätten nach dem Willen der Beteiligten in Wirklichkeit Vollgesellschafter sein sollen.[148] Damit wird jedoch die Rechtsfigur der qualifizierten Treuhand gerade nicht anerkannt.

---

145 Eingehende Untersuchungen der Rechtsprechung zur qualifizierten Treuhand finden sich auch bei *Dogan*, S. 153 ff., *Foerster*, S. 130 ff. sowie *Tebben*, ZGR 2001, 586 (590 ff.).

146 BGH, NJW 1953, 1548.

147 Der BGH hat – soweit ersichtlich – seine eigene Rechtsprechung zunächst in einem Urteil vom 30.03.1987 (NJW 1987, 2677) wieder aufgegriffen und bestätigt.

148 Vgl. OLG Frankfurt a.M., BeckRS 2004, 18502 [Rn. 16 ff.]; ohne Verweis auf die BGH-Rechtsprechung auch OLG Karlsruhe, Urt. v. 30.05.2006 – 17 U 176/05, S. 10 f. (nicht veröffentlicht).

Die Gerichte hatten zumeist zu beantworten, inwiefern die Einräumung von Rechten und Ansprüchen zugunsten des Treugebers im Einzelfall zulässig sei,[149] wie dahingehende Gestaltungen auszulegen und was die zwingenden Folgerungen aus der Einbeziehung seien. Letzteres betrifft neben Fragen der Innen- und Außenhaftung[150] des qualifizierten Treugebers etwa auch, inwiefern mit der Einräumung einer bestimmten Rechtsposition nicht nur Pflichten, sondern auch andere Rechte zwingend korrelieren. So hatte sich die Rechtsprechung zuletzt wiederholt mit der Frage zu beschäftigen, ob und gegen wen Treugebern ein Anspruch auf Auskunft über die Identität anderer Treugeber sowie der unmittelbar beteiligten Gesellschafter zusteht.[151]

Die Richter stellen in ihren Entscheidungen die Zulässigkeit einer – wie auch immer bewirkten – Einbeziehung eines Anteiltreuhänders in das Verbandsverhältnis zumeist schlicht mit einem bloßen Verweis auf das angesprochene Urteil aus 1953, inklusive des dortigen Hinweises auf die Vertragsfreiheit der Beteiligten betreffend das Innenverhältnis, fest.[152] *Tebben* befand im Jahr 2001, dass in der Rechtsprechung eine „dogmatisch durchsichtige Konzeption dieser Gestaltungsform bislang nicht entwickelt wurde".[153] Wie an späterer Stelle[154] aufgezeigt wird, ist dem heute nicht mehr uneingeschränkt zuzustimmen. In den soeben bereits erwähnten aktuelleren Entscheidungen betreffend die gegenseitigen Ansprüche der Beteiligten auf Auskunft der Identität ihrer Mitbeteiligten sah sich die Rechtsprechung gezwungen Farbe zu bekennen und zur Frage nach der dogmatischen Natur der zwischen den Beteiligten bestehenden Rechtsverhältnisse auszuführen.[155]

---

149 Beispielhaft: OLG Koblenz, OLGZ 1989, 223 [Stimmrecht des Treugebers]; BGH, NJW-RR 2003, 1392 [Direktanspruch der Treugeber auf gewinnunabhängige Ausschüttungen]; OLG Köln, NJW-RR 1997, 487 [Befugnis zur „Anfechtung" von Gesellschafterbeschlüssen].

150 Beispielhaft: BGH, NZG 2011, 1432 für die Frage nach der direkten Haftung gegenüber der Gesellschaft für einen Liquidationsfehlbetrag; BGH, NZG 2009, 57 für die Frage nach der persönlichen Außenhaftung eines qualifiziert an einer GbR beteiligten Treugebers.

151 Siehe zu dieser Thematik und für die Fundstellen entsprechender Entscheidungen unten, § 6E.II, S. 172 ff.

152 Exemplarisch BGH, NZG 2011, 1432 f. [Rn. 16]; NJW 2013, 2190 (2191) [Rn. 14].

153 *Tebben*, ZGR 2001, 586 (590); ähnlich kritisch *Dogan*, S. 155 f.

154 Siehe unten, § 3C.II.1, S. 84 f.

155 Vgl. auch *Wiedemann*, NZG 2016, 1 (2): „Der Senat lässt keinen Zweifel daran, dass er seine bisherige Rechtsprechung jetzt zu einem gewissen Abschluss bringen

Auch in der Rechtswissenschaft wird die Möglichkeit, dem Treugeber unmittelbare Rechte in der Gesellschaft einzuräumen und Pflichten aufzuerlegen, ganz überwiegend bejaht.[156] Vereinzelt finden sich Stimmen, die zumindest Gestaltungen, nach denen Treugeber im Innenverhältnis die Stellung eines Gesellschafters einnehmen sollen, als unzulässige Umgehungen erachten und als Rechtsfolge vorschlagen, den Treugeber in diesen Fällen insgesamt als Gesellschafter zu behandeln.[157] Mit der zunehmenden Zahl an Urteilen betreffend qualifizierte Treuhandkonstellationen, insbesondere, nachdem der Bundesgerichtshof das Verhältnis zwischen Treugebern, den Gesellschaftern und der Gesellschaft relativ eindeutig als verbandsrechtlich eingeordnet hat, wird in der Rechtswissenschaft gar die Zweckmäßigkeit oder sogar Notwendigkeit einer Kodifikation erwogen.[158] Der 71. Deutsche Juristentag hat sich 2016 der Empfehlung des Gutachters *Carsten Schäfer* angeschlossen und eine gesetzliche Regelung der qualifizierten Treuhand an Gesellschaftsanteilen nicht befürwortet.[159] Im MoPeG hat es der Gesetzgeber sodann auch unterlassen, Regelungen betreffend atypische mittelbare Beteiligungen im Allgemeinen oder die qualifizierte Treuhand im Speziellen zu treffen.

D. Die qualifizierte Treuhand im Kapitalanlagegesetzbuch

Mit dem im Jahre 2013 in Kraft getretenen Kapitalanlagegesetzbuch[160] hat die qualifizierte Treuhand, ohne dass sie dort so bezeichnet wird, außerhalb des Kerngesellschaftsrechts Eingang in ein Gesetz gefunden. § 152 Abs. 1 Satz 2 und Satz 3 KAGB besagen:

> *„Abweichend von Satz 1 dürfen sich Anleger an der geschlossenen Publikumsinvestmentgesellschaft auch mittelbar über einen Kommanditisten (Treuhandkommanditisten)*

will […].“ Ebenso sieht *Dogan*, S. 156, in diesen Urteilen die Verfestigung eines gewissen dogmatischen Verständnisses.

156 Vgl. mit ähnlichem Befund *Tebben*, ZGR 2001, 586 (594).

157 Etwa *Kindler*, ZIP 2009, 1146; ders., FS K. Schmidt (2009), 871 (874 ff.) *Merkel*, NJW 1954, 338 (338 f.).

158 Für eine Kodifikation „stiller Beteiligungen“ im Allgemeinen *Wiedemann*, NZG 2016, 1 (3 f.); hierzu macht *Dogan*, S. 325 f., einen konkreten Vorschlag. Eine gesetzliche Regelung sowohl von atypischen stillen Gesellschaften als auch qualifizierten Treuhandbeteiligungen nicht befürwortend *Schäfer*, Gutachten, S. 111 ff.; *Hopt*, Diskussionsbeitrag beim 71. Deutschen Juristentag, protokolliert in Verhandlungen des 71. Deutschen Juristentages, S. O177.

159 Verhandlungen des 71. Deutschen Juristentages, S. O177, Beschluss 29. b).

160 Art. 28 des AIFM-Umsetzungsgesetzes v. 4. Juli 2013 – BGBl. 2013 I, 1981 (2164).

beteiligen. Bei mittelbarer Beteiligung über einen Treuhandkommanditisten hat der mittelbar beteiligte Anleger im Innenverhältnis der Gesellschaft und der Gesellschafter zueinander die gleiche Rechtsstellung wie ein Kommanditist.“

Das KAGB trifft im Hinblick auf Treuhandbeteiligungen damit zwei Aussagen: Erstens: Eine Beteiligung über einen Treuhänder an Gesellschaften, die dem Anwendungsbereich des Gesetzes unterliegen, ist nur bei geschlossenen Publikumsinvestmentkommanditgesellschaften zulässig.[161] Zweitens: Der Anleger ist in diesem Fall stets ein qualifizierter Treugeber.[162]

Für die hier zu beantwortende Frage, welche Rechtstellung ein in das Gesellschaftsverhältnis einbezogener Treugeber genau einnimmt, ist damit wenig gewonnen. Denn sowohl das Gesetz selbst als auch die Gesetzesmaterialien schweigen dazu, wie die Einbeziehung in das Innenverhältnis rechtskonstruktiv zu bewirken beziehungsweise dogmatisch zu erklären ist, in welchem Verhältnis Treugeber und Treuhänder im Hinblick auf einzelne Mitgliedschaftsrechte stehen oder welche Auswirkungen die Gleichstellung im Innenverhältnis auf das Außenverhältnis hat.[163]

Darüber hinaus wirft die Regelung weitere Fragen auf. Unklar ist bereits, ob § 152 Abs. 2 Satz 3 KAGB derart zu verstehen ist, dass ein Treugeber von Gesetzes wegen die Rechtstellung im Gesellschaftsverhältnis erlangt, oder ob es einer entsprechenden Gestaltung in Gesellschaftsvertrag und den einzelnen Treuhandverträgen bedarf.[164] Schon aufgrund des Wortlauts der Regelung – der mittelbar beteiligte Anleger „hat“ die gleiche Rechtstellung – erscheint es vorzugswürdig, dass ein Treugeber von Gesetzes wegen die vom Gesetzgeber intendierte Rechtstellung einnimmt.[165] Hierdurch lässt sich zudem im höheren Maße der durch die Vorschrift bezweckte Anlegerschutz[166] verwirklichen.

---

161 EBJ/*Paefgen/Fanke*, HGB, Anhang 3 zu § 179, § 152 KAGB Rn. 5.

162 WBA/*Paul*, KAGB, § 152 Rn. 8.

163 Vgl. *Casper*, ZHR 179 (2015), 44 (70); *Wiedemann*, NZG 2013, 1041 (1045).

164 Ausführlich zur „materiell-rechtlichen Wirkungsweise“ der Gleichstellungsanordnung *Dogan*, S. 130 ff.

165 So auch die h.M., siehe nur Oetker/*Oetker*, HGB, § 161 Rn. 216; WBA/*Paul*, KAGB, § 152 Rn. 8; Emde/Dornseifer/Dreibus/*Schott/Lochen*, KAGB, § 152 Rn. 7; Assmann/Wallach/Zetzsche/*Wallach*, KAGB, § 152 Rn. 50; *Wertenbruch*, NZG 2017, 81 (83); a.A. *Dogan*, S. 141 f.; wohl auch *Casper*, ZHR 179 (2015), 44 (71); FK-KapAnlR/*Hoffert*, KAGB, § 152 Rn. 31.

166 *Casper*, ZHR 179 (2015), 44 (70 f.); *Dogan*, S. 139; FK-KapAnlR/*Hoffert*, KAGB, § 152 Rn. 5.

Zuletzt spricht für eine Gleichstellung *ipso iure*, dass ansonsten mangels Regelung unklar bliebe, welche Rechtsfolge die Nichtbefolgung einer etwaigen Gestaltungsanordnung hätte.

Weiter stellt sich die Frage, auf die Rechtstellung welches Kommanditisten für die Gleichstellung überhaupt abzustellen ist. Der Wortlaut lässt eine Auslegung zu, nach der der Treugeber im Innenverhältnis die abstrakte Rechtstellung eines Kommanditisten einnehme.[167] In Betracht kommt aber auch, dass der Treugeber im Innenverhältnis mit den konkret an der Investment-KG beteiligten Kommanditisten gleichgestellt wird.[168] Diese Auslegung verdient den Vorzug. Ausweislich der Gesetzesbegründung soll sichergestellt werden, „dass der mittelbar über einen Treuhandkommanditisten beteiligte Anleger so gestellt wird, als ob er direkt an der geschlossenen Publikumskommanditgesellschaft als Kommanditist beteiligt ist." Wer sich aber als Kommanditist an einer Gesellschaft beteiligt, für den gelten grundsätzlich die im Gesellschaftsvertrag für alle Kommanditisten getroffenen Regelungen. Der Gesetzgeber hatte also eine Gleichstellung mit einem konkret an der Gesellschaft beteiligten Kommanditisten im Blick. Dem steht auch nicht entgegen, dass es zulässig sei, die Anleger durch Bildung von Anteilsklassen mit unterschiedlichen Rechten auszustatten.[169] Sofern der Gesellschaftsvertrag zwei Anlegerklassen vorsieht und daher Anlegerkommanditisten mit verschiedenen Rechten und Pflichten ausstattet, muss aus dem Treuhandvertrag richtigerweise zwingend hervorgehen, welche Kommanditbeteiligung der Treuhänder dem Treugeber mittelt. Letzterer wird dann im Innenverhältnis den Kommanditisten der entsprechenden Anlegerklasse gleichgestellt. Da der Gesetzgeber offenbar sicherstellen wollte, dass einem Anleger durch eine bloß mittelbare Beteiligung keine Nachteile gegenüber einem Anleger als Direktkommanditisten erwachsen, steht der damit bezweckte Anlegerschutz auch der Ansicht[170] entgegen, die Vorschrift sei dispositiv und dem Treugeber müsse lediglich eine Rechtstellung eingeräumt werden, nach der ihm solche Rechte verbleiben, die den unentziehbaren

---

167 Assmann/Wallach/Zetzsche/*Wallach*, KAGB, § 152 Rn. 47.

168 Ebenso Oetker/*Oetker*, HGB, § 161 Rn. 216.

169 So aber Assmann/Wallach/Zetzsche/*Wallach*, KAGB, § 152 Rn. 47.

170 LG Kleve, Urt. v. 6.10.2015 – 4 O 21/15 [Rn. 19, zit. nach juris]; FK-KapAnlR/*Hoffert*, KAGB, § 152 Rn. 31; *Wallach*, ZGR 2014, 289 (304); Assmann/Wallach/Zetzsche/*Wallach*, KAGB, § 152 Rn. 49.

Kernbereich der Mitgliedschaft eines Kommanditisten ausmachten.[171] Im Übrigen spricht nichts dagegen, eine differenzierte Rechtstellung einzelner Kommanditisten dadurch zu erreichen, dass ihnen Sonderrechte eingeräumt werden, namentlich ein Geschäftsführungsrecht.[172]

171 Ebenso Emde/Dornseifer/Dreibus/*Schott/Lochen*, KAGB, § 152 Rn. 9; MüKo/*Brungs*, HGB, Anh. § 161 Rn. 147.

172 Vgl. Emde/Dornseifer/Dreibus/*Schott/Lochen*, KAGB, § 152 Rn. 9.

§ 3 Dogmatische Vorüberlegungen – Die unmittelbare mittelbare Beteiligung

Bevor im besonderen Teil dieser Arbeit die Rechte und Pflichten des Treugebers im Einzelnen herausgearbeitet werden, ist zunächst zu untersuchen, wie die Einbeziehung des Treugebers in den Gesellschafterverband rechtskonstruktiv auf eine zulässige Art und Weise möglich und vorzugsweise zu verstehen ist. Die rechtswissenschaftliche Literatur beschränkt sich in ihren Ausführungen zur Rechtstellung eines qualifizierten Treugebers häufig auf eine Abwägung der widerstreitenden Interessen zwischen Treugeber, Gesellschafter und dem Rechtsverkehr, ohne dabei die Einbeziehung des Treugebers in das Rechte- und Pflichtengefüge dogmatisch zu erklären.[173] Auch der häufig schlicht rezitierte Verweis des Bundesgerichtshofs in seiner Grundsatzentscheidung auf die Gestaltungsfreiheit des Innenverhältnisses zwischen den Beteiligten[174] setzt ein wie auch immer geartetes Innenverhältnis, dem entsprechende Rechte und Pflichten entspringen können, bereits voraus, vermag dieses jedoch nicht zu begründen. Den neueren Rechtsprechungsentscheidungen sind, wie zu zeigen sein wird, zumindest klare Hinweise zu entnehmen, von welchem Verständnis die Richter im Hinblick auf die Natur des zwischen den Beteiligten bestehenden Rechtsverhältnisses ausgehen. Das KAGB schweigt ebenso wie die entsprechenden Gesetzesmaterialien darüber, wie man sich die Rechtsbeziehungen zwischen den Beteiligten untereinander und zur Fondsgesellschaft aufgrund der dort angeordneten Gleichstellung von Treugebern und Direktkommanditisten vorzustellen hat.[175]

---

173 Mit der Dogmatik der qualifizierten Treuhand ausführlicher auseinandergesetzt hat sich hingegen *Tebben*, sowohl in seiner Dissertation als auch in verschiedenen Aufsätzen. In jüngerer Zeit und in teilweiser zeitlicher Überschneidung mit dem Verfasser beschäftigte sich in seiner Dissertation auch *Dogan* mit der Dogmatik der qualifizierten Treuhand, gleichwohl beschränkt auf die (praktisch am häufigsten vorkommende) treuhänderische Kommanditbeteiligung. Beide haben dabei ähnliches festgestellt: So heißt es bei *Tebben*, ZGR 2001, 586 (594): „Es ist allerdings auffällig, daß darüber hinausgehende Ausführungen der Literatur, insbesondere zur dogmatischen Konstruktion und zur Zulässigkeit dieser Rechtsfigur, soweit ersichtlich, nur vereinzelt zu finden sind". *Dogan*, S. 23, meint: „Was sich dogmatisch hinter der qualifizierten Treuhand verbirgt, ist noch immer hoch umstritten."

174 Siehe oben, § 2C.

175 Ebenso *Wiedemann*, NZG 2013, 1041 (1044).

Die Verständigung auf einen dogmatischen Ursprung der dem qualifizierten Treugeber zustehenden Rechte und obliegenden Pflichten kann womöglich später den Erkenntnisgewinn erleichtern.[176] Hinweise darauf, wie ein bestimmter Interessenkonflikt aufzulösen ist, gibt in vielen Fällen bereits das Gesetz vor. Weil die Treuhand im Allgemeinen, die qualifizierte Anteilstreuhand im Besonderen aber nicht ausdrücklich geregelt sind, dient die dogmatische Einordnung dazu, welche gesetzlichen Wertungen gegebenenfalls heranzuziehen sind. Damit einher geht der Vorteil, dass die Rechtstellung womöglich systematischer und damit im Einzelfall vorhersehbarer bestimmt werden kann. So lässt sich beispielsweise die eingangs aufgeworfene Frage, ob der qualifizierte Treugeber im Hinblick auf ein bestimmtes Recht den Treuhänder in dessen Rechtsposition verdrängt, eindeutig mit Nein beantworten, wenn man davon ausgeht, dass die Ausübungsberechtigung lediglich aus einer Vertretungsmacht des Treugebers folgt. Geht man hingegen andersherum von einem originären Recht des Treugebers aus, ist wiederum der Treuhänder nicht befugt, dieses Recht ohne weiteres auszuüben.[177]

A. Möglichkeiten der Einbeziehung des Treugebers in das Rechte- und Pflichtengefüge der Gesellschaft

Es bietet sich an, mit *Tebben,* systematisch zwischen zwei Ansätzen für die Einbeziehung des Treugebers zu unterscheiden:[178] Der Treugeber könnte in die Mitgliedschaft des Treuhänders integriert werden, indem man Gesellschafts- und Treuhandvertrag derart miteinander abstimmt, dass der Treugeber Mitgliedschaftsrechte des Treuhänders ausüben kann sowie gegebenenfalls dessen Pflichten (mit)übernimmt. Die Einbeziehung ist in diesem Fall über die Mitgliedschaft des Treuhänders intendiert, aus ihr leitet der Treugeber seine Rechtstellung ab, weshalb von einer derivativen Rechtstellung gesprochen werden

176 Vgl. auch *Dogan*, S. 152.

177 So OLG Koblenz, OLGZ 1989, 223 (225), mit der Folge der Nichtigkeit sämtlicher in einer Gesellschafterversammlung gefassten Beschlüsse, nachdem die Treuhänderin die auf die nicht anwesenden Treugeber entfallenden Stimmrechte ohne explizite Vollmachtserteilung ausgeübt hatte.

178 *Tebben*, ZGR 2001, 586 (596) sowie *Tebben*, S. 98; ähnliche Differenzierung bei *Asmus/K. Markwardt*, ZIP 2012, 1581 (1583) [Vollmachts-/Ermächtigungsmodell und Gleichstellungsmodell]; *Dogan*, S. 102 ff.; *Sojka*, S. 15; *Wiedemann*, ZIP 2012, 1786 (1787).

soll (sogleich B.).[179] Denkbar ist aber auch, dass dem Treugeber durch seine (mittelbare) Beteiligung eigene, originär begründete Rechte zugestanden und Pflichten auferlegt werden (sogleich C.).[180]

Betrachtet man die einer qualifizierten Treugeberbeteiligung zugrundeliegenden Vertragswerke der Gestaltungpraxis, lässt sich diesen zumeist nicht entnehmen, von welchem Verständnis im obigen Sinne die Beteiligten ausgehen.[181] So dürfte es dem kautelarjuristischen Vorsichtsprinzip[182] geschuldet sein, wenn, wie in dem oben bereits aufgezeigten Beispiel,[183] den Treugebern im Gesellschaftsvertrag explizit eigene Rechte eingeräumt werden, der Treuhandvertrag jedoch sogleich eine Ermächtigung zur Ausübung etwaiger dem Treuhänder zustehenden Mitgliedschaftsrechte zugunsten des Treugebers vorsieht.[184] Auch wenn die Rede davon ist, dass die Treugeber bestimmte Rechte selbst „ausüben" dürfen[185] oder etwa bei der Fassung von Gesellschafterbeschlüssen „selbst abstimmen können"[186], ist damit nichts über die Rechtsinhaberschaft gesagt. Es wird lediglich beschrieben, dass den Treugebern eine Ausübungsbefugnis zustehen soll. Es bleibt offen, ob sich diese aus einer Ermächtigung oder Verfügung durch den eigentlichen Rechtsinhaber ergibt oder ein eigenes originäres Recht eingeräumt werden soll. Zuletzt mag man hierin lediglich einen bloßen schuldrechtlichen Anspruch der Treugeber – gegebenenfalls aus einem (Gesellschafts-)Vertrag zugunsten Dritter[187] – auf eine Ermächtigung

---

179 Vgl. auch BGH, NZG 2018, 580 (582) [Rn. 25]: „dem Treugeberkommanditisten [sollen] die Gesellschafterrechte und -pflichten nach der Konstruktion [...] nur durch Vermittlung des Treuhänders zustehen [...]".

180 Vgl. auch BGH, NZG 2015, 269 (271) [Rn. 19]: „originäres eigenes Recht".

181 Mit einem ähnlichen Befund *Asmus/K. Markwardt*, ZIP 2021, 1581 (1583); *Tebben*, ZGR 2001, 586 (597); *Dogan*, S. 145 f. stellt in seiner Untersuchung bezüglich der Treuhandbeteiligung an Investment-Kommanditgesellschaften fest, dass hinsichtlich der Häufigkeit bei den entsprechenden Ausgestaltungen keine Tendenz zu einer originären oder derivativen Berechtigung erkennbar sei.

182 Der Begriff ist aus *K. Schmidt*, ZGR 1999, 601 (604), entnommen; zum Gebot des sichersten Wegs bei der Vertragsgestaltung siehe allgemein *Koch/Kruse/Wiese*, Vertragsgestaltung, S. 33 f.; *Scharpf*, JuS 2002, 878.

183 Siehe oben, Text zu Fn. 100.

184 Zur Auflösung dieses Widerspruchs siehe unten, § 3D, S. 102 f.

185 Vgl. bspw. § 12 des der Entscheidung BGH, ZIP 2013, 619 [Rn. 3] zugrundeliegenden Gesellschaftsvertrages.

186 Vgl. bspw. den der Entscheidung LG Stuttgart, BeckRS 2020, 21301 [Rn. 6] zugrundeliegenden Gesellschaftsvertrag.

187 MünchHdb. Bd. 2/*Jaletzke*, § 63 Rn. 10.

oder Rechtsübertragung durch den Treuhänder erblicken.[188] Auf diese Weise könnte auch eine Gleichstellungsklausel im Gesellschaftsvertrag ausgelegt werden.[189] Entsprechende Ermächtigungen im Treuhandvertrag stellten sich dann als „Vollziehung" dieser Regelungen oder der Gleichstellungsklausel dar.[190]

B. Derivative Rechtstellung

Es soll zunächst untersucht werden, inwiefern ein Treugeber derart in das Rechte- und Pflichtengefüge des Verbands einbezogen werden kann, dass seine Rechtstellung gegenüber der Gesellschaft, den Mitgesellschaftern sowie gegebenenfalls den Mittreugebern durch seinen Treuhänder vermittelt wird.

I. Formen und allgemeine Zulässigkeit einer derivativen Berechtigung

Die Mitgliedschaft wurde bereits oben[191] definiert als die Zusammenfassung aller aus der Verbandszugehörigkeit folgenden Rechte und Pflichten der Gesellschafter untereinander und zur Gesellschaft. Sie ist aber auch selbst ein subjektives Recht und kann somit Gegenstand von Verfügungen sein.[192] Die einzelnen Mitgliedschaftsrechte lassen sich grob einteilen in Verwaltungsrechte, zu denen beispielsweise das Teilnahmerecht an Gesellschafterversammlungen, das Stimmrecht oder verschiedene Informations- und Kontrollrechte gehören, sowie Vermögensrechte, die unter anderem den Anspruch auf laufende Gewinne oder den Liquidationserlös umfassen.[193] Als Vollgesellschafter ist bei der echten (einfachen) Treuhand grundsätzlich der Treuhänder Träger der Mitgliedschaftsrechte und somit ausschließlich zu deren Ausübung befugt.[194] Soll

188 Vgl. Auslegung durch den 2. Zivilsenat in der Entscheidung BGH, NZG 2018, 580 (582) [Rn. 27]; anders Habersack/Schäfer/*Schäfer*, HGB, § 109 Rn. 32, der die Möglichkeit der Herleitung originärer Rechte von Nichtgesellschaftern aus einem Gesellschaftsvertrag zugunsten Dritter benennt, aber ablehnt.

189 So die pauschale Interpretation einer Gleichstellung im Innenverhältnis bei MünchHdb. Bd. 2/*Jaletzke*, § 63 Rn. 10.

190 BGH, NZG 2018, 580 (582) [Rn. 25]; zum Erfordernis der Vollziehung eines schuldrechtlich eingeräumten Mitgliedschaftsrechts siehe auch *Dogan*, S. 106, 178.

191 Siehe S. 25.

192 *K. Schmidt*, GesR, § 19 I 3a) [S. 549].

193 *K. Schmidt*, GesR, § 19 III 3c)aa) [S. 557 f.].

194 *Beuthien*, ZGR 1974, 26 (39 f.); MüKo/*Schäfer*, BGB, § 711a Rn. 8; MüKo/*K. Schmidt*, HGB, vor § 230 Rn. 57.

dem Treugeber die Befugnis zur Ausübung einzelner dieser Rechte übertragen werden, sind grundsätzlich drei Möglichkeiten denkbar:[195] Ihm würden diese Rechte als solche, losgelöst von der Mitgliedschaft, gemäß der §§ 398, 413 BGB übertragen. Dann wäre er aufgrund der eigenen Rechtsinhaberschaft zur Ausübung dieser Rechte befugt. Zu erwägen ist ferner eine dingliche Belastung der Mitgliedschaft, sodass dem Treugeber als Inhaber eines beschränkt dinglichen Rechts bestimmte Ausübungsbefugnisse zugestanden werden. Zuletzt könnte der Treuhänder unter Beibehaltung seiner dinglichen Rechtstellung dem Treugeber lediglich die Befugnis zur Ausübung bestimmter Rechte einräumen – sei es durch Vollmachterteilung oder durch Ermächtigung, das fremde Recht im eigenen Namen auszuüben.

1. *Exkurs: Das Abspaltungsverbot als Schranke der Gestaltungsfreiheit*

Die aufgezeigten Möglichkeiten einer derivativen Berechtigung müssen sich hinsichtlich ihrer Zulässigkeit vor allem an dem sogenannten Abspaltungsverbot messen lassen. Daher sollen diesbezüglich zunächst erläuternde Erwägungen vorangestellt werden.

§ 711a Satz 1 BGB[196] normiert die grundsätzliche Nichtübertragbarkeit einzelner Mitgliedschaftsrechte.[197] Die Norm ist Ausdruck des Abspaltungsverbots,[198] welches darüber hinaus einen allgemeinen Grundsatz des Gesellschaftsrechts darstellt[199] und auch für Körperschaften Geltung beansprucht[200].

---

195 In Anlehnung an *Tebben*, S. 95 ff., sowie ZGR 2001, 586 (596 f.), der jedoch zusätzlich noch die hier nicht eigens, sondern im Rahmen der originären Berechtigung behandelte Möglichkeit der Begründung einer Rechtsgemeinschaft eigener Art am Anteil diskutiert; wie *Tebben* auch *Dogan*, S. 103. Vgl. auch allgemein zu den denkbaren Möglichkeiten der Wahrnehmung von Mitverwaltungsrechten durch Dritte *Teichmann*, Gestaltungsfreiheit, S. 217.

196 Der durch das MoPeG eingefügte § 711a BGB entspricht bis auf redaktionelle Änderungen dem § 717 BGB a.F. (vgl. BegrRegE, BT-DrucksS. 19/27635, S. 145; BeckOGK/*Lübke*, BGB, Stand: 01.01.2024 § 711a Rn. 6; Schäfer/*Schäfer*, Neues PersGesR, S. 191), sodass auf diesbezügliche Rechtsprechung und Literatur nach wie vor zurückgegriffen werden kann.

197 BegrRegE, BT-Drucks. 19/27635, S. 145.

198 BegrRegE, BT-Drucks. 19/27635, S. 145.

199 OLG Stuttgart, NZG 2010, 753; *Habersack*, S. 79; BeckOGK/*Lübke*, BGB, Stand: 01.01.2024, § 711a Rn. 11.

200 *Hermanns*, ZIP 2005, 2284 (2285); BeckOGK/*Lübke*, BGB, Stand: 01.01.2024, § 711a Rn. 11; *C. Weber*, Privatautonomie, S. 62 f.; BGH, NJW 1965, 1378 (1378 f.)

Über den Wortlaut des § 711a Satz 1 BGB hinaus verbietet dieser Grundsatz nicht nur die isolierte Übertragung von Mitgliedschaftsrechten, sondern besagt allgemein, dass diese von der Mitgliedschaft nicht getrennt werden können.[201] So ist nach diesem Grundsatz beispielsweise auch die Übertragung der Mitgliedschaft unter Zurückbehalt einzelner Rechte aus dieser unzulässig.[202] Es soll letztlich kein Mitgliedschaftsrecht ohne Mitgliedschaft geben.[203]

Über den Geltungsgrund und damit einhergehend die Reichweite des Abspaltungsverbots als besondere gesellschaftsrechtliche Schranke der Privatautonomie[204] gibt es unterschiedliche Ansichten.[205] Diese ergänzen sich aber eher, als dass sie sich gegenseitig ausschließen.[206] Alle Erklärungsansätze stehen auch mit der in § 711a Satz 2 BGB normierten Ausnahme, nach der vermögensrechtliche Ansprüche selbstständig abgetreten werden können, in Einklang.[207] Das Abspaltungsverbot ist letztlich das Ergebnis verschiedener Erwägungen, die ihrerseits selbst die Gestaltungsfreiheit im Zivil- und Gesellschaftsrecht beschränken und sich teilweise auch hinter anderen gesellschaftsrechtlichen Prinzipien und Grundsätzen wiederfinden, wie dem Prinzip der Selbstorganschaft, der Verbandsautonomie oder dem gesellschaftsrechtlichen Typenzwang.[208] Auf diese Erwägungen kann bei der Frage der Zulässigkeit bestimmter Gestaltungen im Zweifel direkt abgestellt werden[209], weshalb es auf die genaue Herleitung des Abspaltungsverbots gar nicht so sehr ankommt.[210]

[für die GmbH]; NJW 1987, 780 [für die AG]; OLG Stuttgart, NZG 2010, 753 [für den Verein].

201 *K. Schmidt*, GesR, § 19 III 4a) [S. 560].

202 BeckOGK/*Lübke*, BGB, Stand: 01.01.2024, § 711a Rn. 14.

203 *Beuthien*, ZGR 1974, 26 (55).

204 EBJ/*Wertenbruch*, HGB, 4. Aufl. 2020, § 105 Rn. 147; *H. P. Westermann*, Vertragsfreiheit, S. 395.

205 MüKo/*Enzinger*, HGB, § 109 Rn. 13; *Tebben*, S. 100.

206 *C. Weber*, Privatautonomie, S. 64; vgl. auch *Wiedemann*, GesR II, § 3 III 2c)aa) [S 216].

207 Vgl. BeckOGK/*Lübke*, BGB, Stand: 01.01.2024, § 711a Rn. 5.

208 Vgl. *Tebben*, S. 102 f.; ders., ZGR 2001, 586 (607 f.); exemplarisch für den Versuch einer Abgrenzung MüKo/*Enzinger*, HGB, § 105 Rn. 12.

209 Ebenso *Tebben*, S. 103.

210 Explizite Trennung dieser Grundsätze ohne erkennbaren Mehrwert dagegen bei MüKo/*Enzinger*, HGB, § 109 Rn. 12.

a) *Abspaltung als Problem der Dritteinflussnahme*

Das Abspaltungsverbot wird zunächst mit materiellen Erwägungen begründet.[211] Es solle eine Einflussnahme gesellschaftsfremder Dritter auf den Verband verhindern.[212] In ihm fände daher die Verbandsautonomie Berücksichtigung.[213] In diese Richtung dürfte auch die Regierungsbegründung zu § 711a Satz 1 BGB zielen, sofern es dort heißt: „Die Unübertragbarkeit der mitgliedschaftsgebundenen Rechte bewirkt eine Zweckbindung der Sozialverbindlichkeiten und -ansprüche."[214]

Abgestellt wird auch auf das Selbstbestimmungsrecht der einzelnen Gesellschafter, welches diese nicht vollends – durch Übertragung ihrer Verwaltungsrechte bei Beibehaltung der mitgliedschaftlichen Pflichten – aufgeben dürften.[215] Da die Verbandssouveränität den Schutz des Selbstbestimmungsrechts der Verbandsmitglieder bezweckt,[216] steht hinter beiden Erwägungen letztlich derselbe Gedanke. Dieser Gedanke lautet, dass durch das Abspaltungsverbot der Gleichlauf von Herrschaft und Haftung und die damit vermutete Richtigkeitsgewähr der verbandsrechtlichen Willensbildung gesichert werden soll.[217] In diesem Zusammenhang wird auch auf das fehlende Korrektiv der gesellschaftsrechtlichen Treuepflicht bei der Ausübung von Mitgliedschaftsrechten durch Dritte hingewiesen.[218]

Sofern man den Aspekt der Richtigkeitsgewähr durch wirtschaftliche Selbstbetroffenheit ernst nimmt, liegt die Begrenzung der Dritteinflussnahme auch im Interesse der Allgemeinheit und insbesondere der Gesellschaftsgläubiger.[219]

211 Die vorgebrachten Geltungsgründe des Abspaltungsverbots lassen sich einteilen in materielle und formell rechtskonstruktive Erwägungen, vgl. *Reuter*, ZGR 1978, 633 (634); *Tebben*, S. 100.

212 *Reuter*, ZGR 1978, 633 (640); *Tebben*, S. 100.

213 BeckOGK/*Lübke*, BGB, Stand: 01.01.2024, § 711a Rn. 3; *K. Schmidt*, GesR, § 19 III 4a) [S. 560]; *Schürnbrand*, ZGR 2014, 256 (259).

214 BegrRegE, BT-Drucks. 19/27635, S. 145.

215 Vgl. *Wiedemann*, ZIP 2012, 1786 (1788).

216 EBJ/*Born*, HGB, § 108 Rn. 34; *Dogan*, S. 227; a.A. *Hermanns*, ZIP 2005, 2284 (2285).

217 Vgl. *Kindler*, FS K. Schmidt (2009), 871 (877); *Reuter*, ZGR 1978, 633 (640 f.); *K. Schmidt*, GesR, § 19 III 4a) [S. 561]; *Seibt*, ZGR 2010, 795 (815 ff.); eine anschauliche Beschreibung dieses Gedankens findet sich bei *Wiedemann*, Mitgliedschaft, S. 281.

218 Vgl. *Fleck*, FS Fischer (1979), 107 (118).

219 *C. Weber*, S. 66.

Das Abspaltungsverbot möge daher auch gewissermaßen den Schutz des Rechtsverkehrs bezwecken.[220]

b) *Einheitlichkeit der Mitgliedschaft*

Ferner wird das Abspaltungsverbot aus der „Einheitlichkeit der Mitgliedschaft" hergeleitet.[221] Der Bundesgerichtshof hat statuiert, dass die Mitgliedschaft eine „in sich abgestimmte Einheit von Rechten, Pflichten und Verantwortung" sei.[222] Neben den bereits erörterten materiellen Erwägungen, sollen damit formelle rechtskonstruktive Bedenken gegen eine Abspaltung zum Ausdruck gebracht werden. Einzelne Mitgliedschaftsrechte würden durch eine Abspaltung nämlich in ihrer Funktion beeinträchtigt.[223] Damit ist gemeint, dass die Mitgliedschaftsrechte lediglich in ihrer Gesamtheit Sinn ergäben und sich gegenseitig bedingten.[224] So sollten zum Beispiel Informations- und Auskunftsrechte nicht vom Stimmrecht getrennt werden, weil diese gerade der Vorbereitung einer wohlüberlegten Stimmrechtsausübung dienten.[225] Soweit nach diesem Verständnis das Abspaltungsverbot also die Erhaltung einer funktionsfähigen Unternehmensstruktur bezwecke, erfolge dies nicht nur im Interesse des Verbands und dessen Mitglieder, sondern auch im Interesse der Allgemeinheit.[226]

2. *Dingliche Übertragung von Mitgliedschaftsrechten an den Treugeber*

Vor dem Hintergrund des Abspaltungsverbots sowie der dahinterstehenden Erwägungen ist nun zunächst zu fragen, inwiefern dem Treugeber durch eine dingliche Übertragung von Mitgliedschaftsrechten des Treuhänders unmittelbare Rechte in der und gegen die Gesellschaft eingeräumt werden können.

Während die Abtretung vermögensrechtlicher Ansprüche gemäß § 711a Satz 2 BGB problemlos möglich ist, steht das Abspaltungsverbot, wie es normiert ist, der Übertragung von Verwaltungsrechten grundsätzlich entgegen. Es

---

220 *Schürnbrand*, ZGR 2014, 256 (259); vgl. auch *Fleck*, FS Fischer (1979), 107 (111); *Reuter*, ZGR 1978, 633 (640 f.); a.A. für die Personengesellschaft *Wiedemann*, Mitgliedschaft, S. 282.

221 BGH, NJW 1965, 1378 (1379); MüKo/*Enzinger*, HGB, § 105 Rn. 12; MüKo/*Liebscher*, GmbHG, § 45 Rn. 136.

222 BGH, WM 1979, 1247 (1250).

223 BeckOK/*Klimke*, HGB, Stand: 01.04.2024, § 108 Rn. 9.1.

224 *Teichmann*, Gestaltungsfreiheit, S. 222.

225 *Wiedemann*, GesR II, § 3 III 2c)aa) [S. 216].

226 *Schön*, ZHR 158 (1994), 229 (257); vgl. auch BGH, WM 1979, 1247 (1250): könnte zu Rechtsunsicherheit führen.

ist auch nicht disponibel, weil es zum einen dem Schutz des Rechtsverkehrs zu dienen bestimmt ist, zum anderen die Verbandsmitglieder gerade vor sich selbst, nämlich vor der völligen Aufgabe ihrer Selbstbestimmung, schützen soll.[227] Dies gilt auch nach Inkrafttreten des MoPeG.[228] Wenngleich § 708 BGB ausdrücklich unter Betonung der Gestaltungsfreiheit die Disponibilität der ihm nachfolgenden Vorschriften „soweit im Gesetz nichts anderes bestimmt ist" anordnet, und § 711a BGB eine solche Einschränkung gerade nicht ausdrücklich enthält, soll sich der zwingende Charakter des § 711a BGB ausweislich der Regierungsbegründung aus der Auslegung der Norm selbst ergeben.[229] Die Übertragung von Verwaltungsrechten durch den Treuhänder auf den Treugeber wäre daher nur möglich, wenn hier eine Ausnahmekonstellation vorläge und § 711a Satz 1 BGB in seinem Anwendungsbereich gegebenenfalls teleologisch zu reduzieren wäre.

Soweit die Abspaltung von Mitgliedschaftsrechten als ein Problem der Dritteinflussnahme gesehen wird, scheint auf den ersten Blick vieles für eine solche Ausnahme zu sprechen. Der Treugeber steht der Gesellschaft nicht wie ein beliebiger Dritter gegenüber. Im Gegenteil, er ist wirtschaftlicher Inhaber der Beteiligung und trägt aufgrund der Treuhandvereinbarung auch das wirtschaftliche Risiko der Unternehmung.[230] Wenn man den Treugeber zudem noch der gesellschaftsrechtlichen Treuepflicht unterwirft, was konstruierbar erscheint,[231] ist die Gefahr, die bei einem Fremdeinfluss gesehen wird, nämlich dass bei Ausübung der Mitgliedschaftsrechte gesellschaftsfremde Interessen verfolgt werden, gerade nicht erhöht.[232] Herrschaft und Haftung korrelieren bei der Treuhand sogar in größerem Umfang, wenn dem Treugeber Mitverwaltungsbefugnisse eingeräumt werden.[233]

227 BeckOGK/*Lübke*, BGB, Stand: 01.01.2024, § 711a Rn. 7 f.

228 BeckOK/*Klimke*, HGB, Stand: 01.04.2024, § 108 Rn. 10 f.; a.A. BeckOK/*Schöne*, BGB, Stand: 01.05.2024, § 711a Rn. 4 ff.

229 BegrRegE, BT-Drucks. 19/27635, S. 141.

230 Vgl. auch *Dogan*, S. 227.

231 Vgl. *Fleck*, FS Fischer (1979), 107 (119), der z.B. vorschlägt, die Abtretungsvereinbarung als einen Vertrag mit Schutzwirkung zugunsten Dritter aufzufassen; denkbar wäre auch auf § 404 BGB zu rekurrieren.

232 So ebenfalls *Armbrüster*, S. 281; vgl. auch *Beuthien*, ZGR 1974, 26 (54); *M. Markwardt*, S. 94; *Maulbetsch*, S. 168.

233 Vgl. ebenso *Beuthien*, ZGR 1974, 26 (54); *M. Markwardt*, S. 95; *Reuter*, ZGR 1978, 633 (642).

Es überzeugt jedoch, wenn der Zweck des Abspaltungsverbots auch in dem Schutz der einzelnen Verbandsmitglieder vor sich selbst gesehen wird, nämlich vor einer vollständigen und in die Zukunft reichenden Selbstentmündigung.[234] Es ist darüber hinaus ein allgemeiner Grundsatz, dass die Grenze der Privatautonomie in der völligen und dauerhaften Aufgabe der eigenen Entscheidungs- beziehungsweise Handlungsfreiheit liegt.[235] Im Zeitpunkt der Abtretung von Mitgliedschaftsrechten kann das Mitglied noch gar nicht vorhersehen, wann es auf bestimmte Kernrechte seiner Mitgliedschaft noch angewiesen sein wird.[236] Das gilt auch für einen Treuhänder, der durch seine Stellung als formaler Gesellschafter insbesondere Haftungsgefahren ausgesetzt ist. So leuchtet es unmittelbar ein, dass es beispielsweise nicht angeht, wenn der Treugeber den Treuhänder nach Abtretung des Stimmrechts unbegrenzt zu einem Nachschuss verpflichten könnte.[237] Auch unter Berücksichtigung möglicher Freistellungs- oder Aufwendungsersatzansprüche bestünde ob des Durchsetzungsrisikos, das schon aus Gläubigerschutzgründen nur beim Treuhänder liegen kann, noch ein unbegrenztes Haftungsrisiko – sei es gegenüber Gesellschaftsgläubigern oder der Gesellschaft selbst.[238]

Auf den gleichen Erwägungen beruht auch die von der Rechtsprechung entwickelte Kernbereichslehre.[239] Dem Treuhänder müsste im Falle der Abspaltung von Mitgliedschaftsrechten zwingend der Kernbereich seiner Mitgliedschaftsbefugnisse erhalten bleiben.[240] Hier aber kommen die rechtskonstruktiven

---

234 Vgl. *Schürnbrand*, ZGR 2014, 256 (259).

235 Vgl. *Flume*, Personengesellschaft, § 14 VII [S. 236].

236 So *Wiedemann*, ZIP 2012, 1786 (1788), mit dem Hinweis darauf, dass es sich hierbei um einen typischen Fall begrenzter Rationalität im Sinne der Verhaltensökonomie handele; vgl. auch Scholz/*Seibt*, GmbHG, § 14 Rn. 40: die Unentziehbarkeit unverzichtbarer Mitgliedschaftsrechte sei eine rechtspaternalistische Reaktion der Rechtsordnung auf das Phänomen begrenzter Rationalität.

237 Vgl. ähnlich *Kapitza*, S. 62 f., der allgemein die Gefahr einer Änderung des Gesellschaftsvertrages zuungunsten des Treuhänders beschreibt.

238 Das gilt zumindest für die persönliche Außenhaftung im Personengesellschaftsrecht sowie für die Haftung für die Kapitalaufbringung und -erhaltung im Kapitalgesellschaftsrecht, dazu näher unten, S. 219 und § 7C.I.1, S. 230 ff.

239 *Wiedemann*, ZIP 2012, 1786 (1788); vgl. auch *Hermanns*, ZIP 2005, 2284 (2286 f.), der die Kernbereichslehre deshalb als eigenständigen Unzulässigkeitsgrund für die Einräumung von Mitgliedschaftsrechten an Dritte behandelt; zur Kernbereichslehre siehe noch unten, § 6B.III.1, S. 147 ff.

240 *Dogan*, S. 181; *Kapitza, S. 62; M. Markwardt*, S. 103; *Maulbetsch*, S. 168; *Wiedemann*, Mitgliedschaft, S. 282; a.A. *Fleck*, FS Fischer (1979), 107 (128); MüKo/*Schäfer*, BGB, § 705 Rn. 94.

Bedenken einer echten, dinglichen Abspaltung einzelner Rechte zum Tragen: Der Vorbehalt gewisser Stimmrechte, jedenfalls aber vom Kernbereich erfasste Zustimmungsrechte,[241] wäre zwingend mit dem Vorbehalt anderer Rechte, nicht zuletzt eines Teilnahmerechts an der Gesellschafterversammlung sowie auf den jeweiligen Beschlussgegenstand bezogene Informationsrechte, verbunden.[242] Dann aber würden diese Mitgliedschaftsrechte verdoppelt, was nicht der Rechtsfolge einer Abtretung entspräche.[243] Bei einer Aufteilung entsprechender Verwaltungsrechte nach dem Beschlussgegenstand würde auch keine zulässige Teilabtretung vorliegen.[244] Diese setzt allgemein eine Teilbarkeit des abzutretenden Rechts voraus.[245] Davon kann bei den Verwaltungsrechten nicht ausgegangen werden.[246] Insofern kann auch mit §§ 399 1. Alt., 413 BGB argumentiert werden, weil die Abtretung von Verwaltungsrechten vom Treuhänder auf den Treugeber notwendigerweise mit einer Inhaltsänderung derselben verbunden wäre.[247] Zuletzt darf auch daran gezweifelt werden, ob vor dem Hintergrund der nicht eindeutig zu definierenden Kernbereichsgegenstände eine Teilabtretungsvereinbarung überhaupt dem Bestimmtheitsgrundsatz genügen kann.[248]

Es lässt sich festhalten, dass eine dingliche Übertragung einzelner Mitgliedschaftsrechte – mit Ausnahme von Vermögensrechten – vom Treuhänder auf

---

241 Zur Kernbereichslehre und zur Unterscheidung von Stimm- und Zustimmungsrechten siehe unten, § 6B.III.1, S. 147 ff.

242 *Teichmann*, Gestaltungsfreiheit, S. 222.

243 *Teichmann*, Gestaltungsfreiheit, S. 222.

244 So aber *Tebben*, S. 118.

245 So für die Forderungsabtretung Staudinger/*Busche*, BGB, Neubearbeitung 2022, § 398 Rn. 46 m.w.N.

246 A.A. *Tebben*, S. 118.

247 So *M. Markwardt*, S. 103; *Maulbetsch*, S. 168; mit der Begründung, dass das Stimmrecht nur ohne die Bindung an die gesellschaftsrechtliche Treuepflicht übergehen könnte, auf § 399 1. Alt. BGB abstellend *Beuthien*, ZGR 1974, 26 (55).

248 In diese Richtung *Beuthien*, ZGR 1974, 26 (55); zum Erfordernis der Bestimmbarkeit bei einer Teilabtretung BeckOGK/*Lieder*, BGB, Stand: 01.01.2024, § 398 Rn. 120. Nach *Fleck*, FS Fischer (1979), 107 (122), sollen „solche Verwaltungsrechte, die mit einem übertragenen Stimmrecht eng zusammenhängen […] im Zweifel übergehen"; dem folgend auch *C. Weber*, Privatautonomie, S. 257. Bestehen aber Zweifel über den Gegenstand einer Abtretung, so ist dem Bestimmtheitsgrundsatz nicht genügt. *Tebben*, S. 122 [dort Fn. 186], ist zuzustimmen, dass dieser Aspekt eine Abspaltung nicht *per se* unzulässig machen würde. Die Idee wäre dann aber auf jeden Fall nicht praktikabel.

den Treugeber keine Möglichkeit ist, letzterem unmittelbare Rechte im Verband einzuräumen.[249]

3. *Einräumung einer bloßen Ausübungsbefugnis*

Wenn schon nicht die Rechtsinhaberschaft einzelner Mitgliedschaftsrechte übertragen werden kann, ist als Minus dazu die bloße Einräumung von Rechtsausübungsbefugnissen zu prüfen, sodass der Treugeber die dem Treuhänder zustehenden Rechte im fremden oder auch eigenen Namen ausüben kann.[250]

a) *Ausübung im fremden Namen: Vertretung*

Das Handeln für einen anderen in dessen Namen erfolgt im deutschem Recht nach den Regeln der Stellvertretung, §§ 164 ff. BGB. Die dafür erforderliche Vertretungsmacht, § 164 Abs. 1 Satz 1 BGB, müsste mangels gesetzlicher Anordnung rechtsgeschäftlich von dem Treuhänder durch Erteilung einer Vollmacht eingeräumt werden.[251] Jene könnte sowohl im Treuhandvertrag als auch im Statut der Gesellschaft erfolgen. In letzterem sind neben organisationsrechtlichen Regelungen nämlich auch rein schuldrechtliche Abreden als sogenannte unechte oder nichtkorporative Satzungsbestandteile möglich.[252] Auch eine Erteilung *ad hoc* wäre denkbar.

aa) *Zulässigkeit der Vertretung bei der Ausübung von Mitgliedschaftsrechten*

Die Vertretung eines Gesellschafters bei der Ausübung von Mitgliedschaftsrechten wird – soweit ersichtlich – allgemein für zulässig gehalten.[253] Für die Kapitalgesellschaften und die Genossenschaft enthält das Gesetz in den §§ 47 Abs. 3 GmbHG, 134 Abs. 3 Satz 1 AktG und § 43 Abs. 5 GenG Regelungen zur

---

249 I.E. ebenso *Tebben*, S. 115 ff.; *Maulbetsch*, S. 168; a.A. *Armbrüster*, S. 276 ff.; *Armbrüster*, GmbHR 2001, 1021 (1025) [für das Stimmrecht in der GmbH]; *Fleck*, FS Fischer (1979), 107 (127) [für die GmbH]; *Kapitza*, S. 60 ff., 72.

250 In Ausführungen zum Abspaltungsverbot wird insofern häufig von einer „Überlassung zur Ausübung" gesprochen, siehe bspw. MüKo/*Schäfer*, BGB, § 711a Rn. 6; BeckOK/*Schöne*, BGB, Stand: 01.05.2024, § 711a Rn. 3.

251 Zur Unterscheidung gesetzlicher, organschaftlicher und rechtsgeschäftlich erteilter Vertretungsmacht siehe nur Staudinger/*Schilken*, BGB, Neubearbeitung 2019, Vorb. zu §§ 164 ff. Rn. 21 ff.

252 *K. Schmidt*, GesR, § 5 I 1d) [S. 78 f.].

253 Siehe nur BGH, NJW 1952, 178 (179); *Hermanns*, ZIP 2005, 2284 (2288); BeckOGK/*Lübke*, BGB, Stand: 01.01.2024, § 711a Rn. 1716; Hopt/*Roth*, HGB, § 108 Rn. 17; MüKo/*Schäfer*, BGB, § 711a Rn. 6; *K. Schmidt*, GesR, § 19 III 4c) [S. 562].

Vertretung bei der Ausübung des Stimmrechts, welches eines der zentralsten und wichtigsten Mitgliedschaftsrechte darstellt, und setzt die grundsätzliche Zulässigkeit damit voraus. Das überrascht auf den ersten Blick. Immerhin besteht auch bei bevollmächtigten Dritten, soweit sie nicht an Weisungen des Gesellschafters gebunden sind, aufgrund eines fehlenden zwingenden Interessengleichlaufs mit den Verbandsmitgliedern eine erhöhte Gefahr, dass sie die Ausübungsbefugnis nutzen um dem Gesellschaftszweck widersprechende Belange zu verfolgen.[254] Gleichwohl müssen auch diejenigen, die einen zwingenden Gleichlauf von Herrschaft und Verantwortung postulieren, hinnehmen, dass ein Verbandsmitglied bei der Ausübung der Verwaltungsrechte ebenfalls Weisungen unterliegen kann und sich nicht in erster Linie an dem gleichgerichteten Gesellschafterinteresse orientieren wird.[255]

Jedenfalls aber stehen die materiellen Erwägungen des Abspaltungsverbots einer Bevollmächtigung des Treugebers durch den Treuhänder nicht entgegen. Zunächst gilt das gleiche wie oben im Rahmen der Frage zur Abtretbarkeit von Verwaltungsrechten erörtert:[256] Der Treugeber ist bei der Ausübung von Mitgliedschaftsrechten als wirtschaftlicher Anteilsinhaber im gleichen Maße wie ein Gesellschafter selbstbetroffen. Die Selbstbetroffenheit ist gar stärker als beim Treuhänder. Anders als bei der Abtretung entledigt sich der Treuhänder bei einer Bevollmächtigung jedoch nicht vollends seiner Selbstbestimmung:[257] Er bleibt selbst zur Ausübung der Mitgliedschaftsrechte befugt. Zudem kann er durch den jederzeit möglichen Widerruf der Vollmacht die Priorität seiner Ausübungsbefugnis sicherstellen.[258]

---

254 *Wiedemann*, Mitgliedschaft, S. 281.

255 Konsequenterweise werden daher auch Gestaltungen unter dem Gesichtspunkt des Abspaltungsverbots diskutiert, die den Gesellschafter bei der Ausübung seiner Mitgliedschaftsrechte der Weisung gesellschaftsfremder Dritter unterwerfen, wie Stimmbindungsverträge, so z.B. bei BeckOGK/*Lübke*, BGB, Stand: 01.01.2024, § 711a Rn. 22 ff.; MüKo/*Schäfer*, BGB, § 711a Rn. 15 ff.

256 Siehe S. 59.

257 Vgl. die Argumentation zur allgemeinen Zulässigkeit der Vertretung bei der Ausübung von Mitgliedschaftsrechten bei *Hermanns*, ZIP 2005, 2284 (2288); BeckOK/*Schöne*, BGB, 68. Ed., Stand: 01.11.2023, § 717 Rn. 7; *Teichmann*, Gestaltungsfreiheit, S. 226 [speziell für die Stimmrechtsvollmacht].

258 Zu Recht weist *Tebben*, S. 171 f., daraufhin, dass der Hinweis auf die verbleibende Ausübungsbefugnis des Gesellschafters nicht ausreicht, um die Erhaltung der Selbstbestimmung zu begründen, da bspw. bei mehrfacher Stimmrechtsausübung das Prioritätsprinzip gelte.

Richtigerweise bedarf die Vertretung zumindest bei der Personengesellschaft der Zustimmung der Gesellschafter[259] – entweder als statutarische Regelung oder *ad hoc* Entscheidung[260]. Weil der Vertreter bei der Ausübung der Mitgliedschaftsrechte in jedem Fall Kenntnis von Gesellschaftsinterna erlangt, muss es den Personengesellschaftern vorbehalten sein zu entscheiden, ob sie diese Interna Personen preisgeben möchten, mit denen sie sich nicht willentlich in einem Verband zusammengeschlossen haben.[261] Die qualifizierte Treuhand umfasst nach hiesigem Begriffsverständnis aber gerade nur Konstellationen, in dem die Einbeziehung des Treugebers durch alle Beteiligten gewollt ist. Somit ist die Zustimmung der Gesellschafter der qualifizierten Treuhand immanent.

bb) Zulässigkeit einer unwiderruflichen und verdrängenden Vollmacht

Soll der Treugeber tatsächlich eine gesellschafterähnliche Position einnehmen, so ist die Zulässigkeit einer unwiderruflichen und den Treuhänder verdrängenden Vollmacht zu diskutieren. Nur so wäre er – falls dies das Gestaltungsziel sein sollte[262] – vor weisungswidrigem Handeln des Treuhänders geschützt.[263]

Durch eine Vollmachtserteilung erlangt der bevollmächtigte Treugeber grundsätzlich nur eine konkurrierende Ausübungsbefugnis, die neben die des Treuhänders tritt.[264] Eine Vollmacht, die selbst verdrängende Wirkung hat, die also den Bevollmächtigenden von seiner Rechtsbefugnis mit dinglicher Wirkung ausschließt, ist im deutschen Recht nach vorzugswürdiger Ansicht nicht anzuerkennen.[265] Damit würden die Grenzen zu einer Verfügung über ein Recht verwischt; zudem widerspräche diese Wirkung dem Gedanken des § 137 Satz 1 BGB, da auf diesem Wege faktisch ein rechtsgeschäftliches Verfügungsverbot

259 Siehe nur *M. Markwardt*, S. 87; MüKo/*Schäfer*, BGB, § 711a Rn. 6; *H. P. Westermann*, Vertragsfreiheit, S. 403; Staudinger/*Habermeier*, BGB, Neubearbeitung 2003, § 717 Rn. 5.

260 *M. Markwardt*, S. 88; *C. Weber*, Privatautonomie, S. 67.

261 Vgl. BGH, NJW 1957, 1555 (1556) [für das Einsichtsrecht des Kommanditisten]; EBJ/*Freitag*, HGB, § 109 Rn. 57 [für das Stimmrecht und die damit verbundene Teilnahme an der Gesellschafterversammlung].

262 In den Publikumsgesellschaften mag eine den Treuhänder verdrängende Rechtsmacht des Treugebers vor dem Hintergrund der oben (siehe S. 42) beschriebenen Vereinfachungsfunktion gar nicht gewollt sein; so auch *Kapitza*, S. 58.

263 *Beuthien*, ZGR 1974, 26 (53); *M. Markwardt*, S. 90; *Tebben*, S. 170 f.

264 BGH, NJW 1952, 178 (179); *Beuthien*, ZGR 1974, 26 (53).

265 BGH, BeckRS 1971, 31125121; BeckRS 1976, 30809112; *Tebben*, S. 173; *H. P. Westermann*, Vertragsfreiheit, S. 421; a.A. *Gernhuber*, JZ 1995, 381 (382).

geschaffen werden könnte.[266] Wenn daher von einer verdrängenden Vollmacht gesprochen wird, kann damit nur gemeint sein, dass die Vollmachtserteilung mit einem schuldrechtlichen Verzicht des Bevollmächtigenden verbunden wird, nach dem dieser von seiner Rechtszuständigkeit im Gegenstandsbereich der Vollmacht keinen Gebrauch zu machen verspricht.[267]

Die grundsätzliche Zulässigkeit der so verstandenen verdrängenden Vollmacht begegnet zumindest in der hiesigen Treuhandkonstellation keinen Bedenken. Der Treuhänder muss sich zur Wahrung seiner Selbstbestimmung lediglich einen unverzichtbaren Kernbereich an Rechten vorbehalten, der Ausübungsverzicht diesen Kernbereich mithin ausnehmen.[268] Das Argument der rechtstechnischen Probleme bei einer Abspaltung verfängt hier nicht,[269] denn der Vorbehalt lässt sich schuldrechtlich ohne weiteres abbilden und Gestaltungen lassen sich entsprechend auslegen.

Aus § 168 Satz 2 BGB ergibt sich, dass jede Vollmacht grundsätzlich widerruflich ist.[270] Jedoch macht der zweite Halbsatz der Norm die Einschränkung, dass dies nur gelte, soweit sich aus dem zugrundeliegenden Rechtsverhältnis nicht etwas anderes ergäbe. Somit scheint es auf den ersten Blick durchaus möglich, auf das Widerrufsrecht zu verzichten. Tatsächlich kann es jedoch eine unwiderrufliche Vollmacht, die diesen Namen verdient, nach zutreffender Auffassung gar nicht geben. Denn letztlich bleibt ein Widerruf immer aus wichtigem Grund zulässig.[271] Zunächst erlischt jede – auch die unwiderrufliche – Vollmacht gemäß § 168 Satz 1 BGB mit der Beendigung des ihr zugrundeliegenden Rechtsverhältnisses.[272] Von jedem Rechtsverhältnis kann man sich jedoch zumindest aus wichtigem Grund lösen.[273] Eine isoliert erteilte Vollmacht, die keinem speziellen Rechtsverhältnis zugrunde liegt, soll, da andernfalls die Grenzen der Privatautonomie wegen Aufgabe der Selbstbestimmung überschritten wären, zudem immer frei widerrufbar sein.[274]

---

266 Vgl. BGH, BeckRS 1971, 31125121; *H. P. Westermann*, Vertragsfreiheit, S. 421 ff.; krit. *Gernhuber*, JZ 1995, 381 (383 f.).

267 *Tebben*, S. 443.

268 *Hermanns*, ZIP 2005, 2284 (2288); *Wiedemann*, Mitgliedschaft, S. 365.

269 Ähnlich *Tebben*, S. 171.

270 Siehe nur *Bayer*, DNotZ 2020, 373.

271 BeckOK/*Schäfer*, BGB, Stand: 01.05.2024, § 168 Rn. 26; Staudinger/*Schilken*, BGB, Neubearbeitung 2019, § 168 Rn. 14; *H. P. Westermann*, Vertragsfreiheit, S. 412 f.

272 *Bayer*, DNotZ 2020, 373 (380).

273 Für Dauerschuldverhältnisse ergibt sich das ausdrücklich aus § 314 BGB.

274 Staudinger/*Schilken*, BGB, Neubearbeitung 2019, § 168 Rn. 17. Der BGH, NJW 1988, 2603 (2603 f.), begründet dies damit, dass es ohne zugrundeliegendes

Vor diesem Hintergrund steht die unwiderrufliche und gegebenenfalls zusätzlich verdrängende Vollmacht nicht, wie teils behauptet, einer echten Abspaltung von Mitgliedschaftsrechten gleich.[275] Die Vollmacht beruht auf dem Treuhandverhältnis, das vom Treuhänder jederzeit aus wichtigem Grund gekündigt werden kann.[276] Es ist nicht ersichtlich, weshalb der Anteilstreuhänder eine Vollmacht zugunsten des Treugebers darüber hinaus zwingend müsste widerrufen können, wenn und weil er, wie oben gezeigt, bei Eingriffen in den Kernbereich seiner Mitgliedschaft immer auch selbst zur Ausübung der Mitgliedschaftsrechte befugt bleibt.

Darüber hinaus wird man sogar annehmen müssen, dass sich die Unwiderruflichkeit schon aus einer Auslegung der qualifizierten Treuhandabrede ergibt, ohne dass es der expliziten Vereinbarung der Unwiderruflichkeit bedürfte:[277] Ganz offensichtlich soll dem Treugeber in diesen Fällen die Ausübung von Mitgliedschaftsrechten zur Stärkung seiner Rechtsposition ermöglicht werden. Dem würde es widersprechen, wenn der Treuhänder die Vollmacht jederzeit frei widerrufen könnte. Aus dem zugrundeliegenden Rechtsverhältnis ergibt sich also gerade „ein anderes" im Sinne des § 168 Satz 2 HS. 2. BGB.

Es ist festzuhalten, dass dem Treugeber grundsätzlich durch die Erteilung einer unwiderruflichen Vollmacht seitens des Treuhänders bei gleichzeitigem Stimmverzicht durch denselbigen eine unmittelbare Rechtstellung in und gegenüber der Gesellschaft eingeräumt werden kann.[278]

b) Ausübung im eigenen Namen: Ermächtigung und Legitimationszession

Als Alternative zu einer echten Abspaltung von Mitgliedschaftsrechten wird gelegentlich die Möglichkeit genannt, dass dem Nichtgesellschafter die Rechte zur Ausübung im eigenen Namen überlassen werden könnten.[279] Bei

---

Rechtsverhältnis gar keinen Beurteilungsmaßstab gäbe, anhand dessen ein wichtiger Grund zu bestimmen sei.

275 Z.B. BGH, NJW 1952, 178 (179); *Beuthien*, ZGR 1974, 26 (53); *Flume*, Juristische Person, § 7 II 1. [S. 207].

276 Vgl. BGH, BeckRS 1976, 30809112; *Tebben*, S. 172.

277 So auch BGH, BeckRS 1976, 30809112 [zu einer Stimmrechtsvollmacht]; a.A. wohl *Armbrüster*, S. 280.

278 Ebenso BGH, BeckRS 1976, 30809112 [für eine Stimmrechtsvollmacht bei der Treuhand an einem GmbH-Geschäftsanteil]; *Flume*, Juristische Person, § 7 II 1. [S. 207 f., nur hinsichtlich einer unwiderruflichen Vollmacht]; *Tebben*, S. 172; a.A. BGH, NJW 1952, 178 (179 f.).

279 EBJ/*Born*, HGB, § 108 Rn. 20; MüKo/*Enzinger*, HGB, § 109 Rn. 13.

der Suche nach einem entsprechenden rechtlichen Instrument im deutschen Recht stößt man unweigerlich auf § 185 Abs. 1 BGB,[280] der letztlich die Verfügung über ein fremdes Recht im eigenen Namen ermöglicht[281]. Über Einzelfälle hinaus – Stichwort Einziehungsermächtigung – ist die Ermächtigung als ein eigenes Rechtsinstitut nicht anerkannt.[282] Das Aktienrecht setzt in § 129 Abs. 3 AktG jedoch die Zulässigkeit der sogenannten Legitimationszession voraus.[283] Dabei handelt es sich nach vorherrschender Ansicht um eine Ermächtigung nach dem Gedanken des § 185 Abs. 1 BGB,[284] das Stimmrecht für den Aktionär im eigenen Namen auszuüben. Die Ermächtigung erstreckt sich dabei zumindest auch auf alle damit zusammenhängenden Rechte in der Hauptversammlung.[285] Der Legitimationsaktionär muss seine Legitimation in der Hauptversammlung sodann wie ein Aktionär nachweisen,[286] beispielsweise dadurch, dass er im Aktienregister eingetragen ist oder – heute eher theoretisch – durch Vorlage der Aktie[287].

Es muss hier nicht entschieden werden, inwiefern eine Ermächtigung zur Ausübung von Mitgliedschaftsrechten auch in der GmbH oder den Personengesellschaften in Betracht kommt.[288] Sie würde dem Treugeber jedenfalls keinen Mehrwert im Verhältnis zur Bevollmächtigung bringen. Der Vorteil einer Legitimationszession beziehungsweise Ermächtigung im Allgemeinen, nämlich der Verzicht auf das im Vertretungsrecht geltende Offenkundigkeitsprinzip,[289]

---

280 § 185 Abs. 1 BGB analog wird sodann auch explizit in diesem Zusammenhang genannt bei Hopt/*Roth*, HGB, § 108 Rn. 17.

281 MüKo/*Bayreuther*, BGB, § 185 Rn. 21.

282 BeckOGK/*Regenfus*, BGB, Stand: 01.05.2024, § 185 Rn. 200.

283 *Koch*, AktG, § 129 Rn. 12; Henssler/Strohn/*Liebscher*, GesR, § 129 AktG Rn. 17.

284 MüKo/*Kubis*, AktG, § 129 Rn. 37; *Schilling*, FS Walter Schmidt (1959), 208 (209); K. Schmidt/Lutter/*Ziemons*, AktG, § 129 Rn. 41; krit. dagegen *Grunewald*, ZGR 2015, 347 (350 ff.).

285 Der Umfang der Ermächtigung ist umstritten, dazu *Grunewald*, ZGR 2015, 347 (356 ff.).

286 MünchHdb. Bd. 4/*Hoffmann-Becking*, § 37 Rn. 24.

287 *Koch*, AktG, § 129 Rn. 12a f. Der Legitimationsnachweis wird bei Inhaberaktien heute überwiegend durch einen Intermediärsnachweis erfolgen, MünchHdb. Bd. 4/*Hoffmann-Becking*, § 37 Rn. 24.

288 Ablehnend MüKo/*Bayreuther*, BGB, § 185 Rn. 39; dagegen hat BeckOGK/*Lübke*, BGB, Stand: 01.01.2024, § 711a Rn. 21 „keine grundsätzlichen dogmatischen Bedenken"; befürwortend gerade für den Fall der Treuhand am Geschäftsanteil *Armbrüster*, GmbHR 2001, 1021 (1025); *Grage*, RNotZ 2005, 251 (261).

289 BeckOK/*Bub*, BGB, Stand: 01.05.2024, § 185 Rn. 1; für die Legitimationszession MünchHdb. Bd. 4/*Hoffmann-Becking*, § 37 Rn. 23.

dürfte für die Treuhandkonstellation nicht von Bedeutung sein. Denn hier soll regelmäßig die Anonymität des Treugebers gewahrt werden, nicht die des Treuhänders.[290] Im Übrigen wird es außerhalb des Aktienrechts mangels Möglichkeit des Nachweises der Legitimation gar nicht möglich sein, die Identität des Ermächtigenden geheim zu halten.[291] Auch die Rechtswirkung eines Handelns im eigenen Namen wäre letztlich die gleiche wie bei der Stellvertretung. Zwar soll die Ermächtigung im Gegensatz zur Bevollmächtigung nicht den eigentlichen Rechtsinhaber zum Geschäftspartner machen, sondern den Handelnden.[292] Das jedoch ergibt bei der Ausübung von Mitgliedschaftsrechten keinen Sinn, da es nicht um den Abschluss eines konkreten Geschäfts geht. Die Rückwirkungen der Rechtsausübung würden immer auch den Gesellschafter treffen.[293] Was zuletzt die Frage nach einer unwiderruflichen und verdrängenden Ermächtigung angeht, dürfte diese aufgrund der materiellen Erwägungen des Abspaltungsverbots nicht anders zu beantworten sein als bei der Vollmacht.[294] Insofern würde es praktisch keinen Unterschied machen, ob der Treugeber die Befugnis erlangt, die Mitgliedschaftsrechte im fremden oder im eigenen Namen auszuüben.[295] Dann aber sollte bei der Übertragung der Ausübungsbefugnis immer von der gesetzlich geregelten Vollmacht auszugehen sein.[296]

4. *Bestellung eines beschränkt dinglichen Rechts*

Zuletzt wird diskutiert, ob eine derivative Berechtigung des Treugebers dadurch erfolgen kann, dass ihm der Treuhänder ein beschränkt dingliches Recht bestellt, die (qualifizierte) Treuhand mithin eine Art dingliche Belastung der Mitgliedschaft darstelle.[297] Die Treuhandabrede würde insofern eine

---

290 Zur Verbergungsfunktion der Treuhand siehe oben, Text zu Fn. 122.

291 Vgl. BeckOGK/*Lübke*, BGB, Stand: 01.01.2024, § 711a Rn. 21.1.

292 *H. P. Westermann*, Vertragsfreiheit, S. 401.

293 *H. P. Westermann*, Vertragsfreiheit, S. 401 f. Bei *Grunewald*, ZGR 2015, 347 (353), heißt es sodann auch, dass bei der Legitimationszession das Stimmrecht mit Wirkung gegenüber dem Aktionär ausgeübt würde.

294 BeckOGK/*Lübke*, BGB, Stand: 01.01.2024, § 711a Rn. 21, von einer grundsätzlichen Widerruflichkeit gehen entsprechend aus Grigoleit/*Herrler*, AktG, § 129 Rn. 24; *Koch*, AktG, § 129 Rn. 12.

295 So allgemein auch EBJ/*Born*, HGB, § 108 Rn. 20; MüKo/*Enzinger*, HGB, § 109 Rn. 13.

296 Vgl. BeckOGK/*Lübke*, BGB, Stand: 01.01.2024, § 711a Rn. 21.1.

297 So bei *Tebben*, S. 111 ff.; *Wiedemann*, ZIP 2012, 1786 (1789). Davon abzugrenzen ist eine andere Idee, die namentlich *Siebert*, S. 232, 242 ff., diskutiert: Nach dieser würde die Treuhand bereits durch „beschränkte Rechtsübertragung" begründet,

Verfügung beinhalten, ähnlich einer Nießbrauchbestellung an einem Gesellschaftsanteil.[298]

Dem Modell ist zuzugeben, dass die Rechtswirkungen einer dinglichen Belastung dem Gestaltungsziel bei der qualifizierten Treuhand in den meisten Fällen entsprächen. Durch die dingliche Belastung eines Rechts entsteht zwischen dem Vollrechtsinhaber und demjenigen, zu dessen Gunsten die Belastung erfolgt, eine gemeinschaftliche Berechtigung an einem Gegenstand.[299] Die Befugnisse, die sich aus dem Recht an dem Gegenstand ergeben, werden jedoch nicht wie bei einer Bruchteils- oder Gesamthandgemeinschaft gleichgeordnet aufgeteilt, sondern qualitativ.[300] Verpfändet jemand beispielsweise eine Sache, so stehen sowohl dem Besteller als auch dem Pfandgläubiger Befugnisse an ihr zu – jedoch verschiedene.[301] Der Besteller ist weiterhin Eigentümer und behält die daraus resultierenden Rechte, insbesondere seine (auf das Vollrecht bezogene) Verfügungsbefugnis.[302] Dagegen hat der Pfandrechtsgläubiger das Recht, die Sache zu besitzen[303] und unter bestimmten Umständen zu verwerten. Nimmt man also an, die Treuhandabrede stelle eine dingliche Belastung des Vollrechts am Treugut zugunsten des Treugebers dar, so könnte man damit erklären, dass dem Treugeber bestimmte Befugnisse aus der Mitgliedschaft zustehen und dem Treuhänder zugleich entzogen sind. In der Möglichkeit dieser verdrängenden Wirkung unterscheidet sich die Belastung als Verfügung, ebenso wie die Übertragung, von der Er- oder Bevollmächtigung.[304]

---

d. h. der Treugeber würde Vollrechtsinhaber bleiben und dem Treuhänder lediglich die zur Interessenvertretung notwendigen Befugnisse übertragen.

298 *Tebben*, ZGR 2001, 586 (596) [Fn. 45]; *Wiedemann*, ZIP 2012, 1786 (1789); der Vergleich mit einem Nießbrauch findet sich auch bei MüKo/*Schäfer*, BGB, § 705 Rn. 98 [dortige Fn. 255]; *Ulmer*, FS Odersky (1996), 873 (880).

299 *Tebben*, S. 95 f. [Fn. 50]; für den Nießbrauch *Schön*, ZHR 158 (1994), 229 (253); *Wedemann*, NZG 2013, 1281 (1282); zur Rechtsnatur von Belastungen und insb. zur Frage, ob diese eine Teilung des Mutterrechts oder eine Vervielfältigung einzelner Befugnisse darstellen *Siebert*, S. 242 ff.

300 *Schön*, ZHR 158 (1994), 229 (234); *Tebben*, S. 95 f. [Fn. 50]; vgl. zum Gedanken der qualitativen Teilung auch *Siebert*, S. 242 ff.

301 Dazu BeckOGK/*Förster*, BGB, Stand: 01.04.2024, § 1204 Rn. 6; vgl. zu diesem Beispiel ebenfalls *Tebben*, S. 111.

302 Umkehrschluss aus § 936 BGB.

303 Siehe nur MüKo/*Baldus*, BGB, § 986 Rn. 11.

304 Vgl. *Siebert*, S. 246; zur „verdrängenden Vollmacht", bei der die verdrängende Wirkung lediglich schuldrechtlich durch einen Ausübungsverzicht herbeigeführt werden kann, siehe oben S. 64 f.

Gegenüber der Übertragung hat die Vorstellung einer dinglichen Belastung der Mitgliedschaft den Vorteil, dass sie zwar hinsichtlich einiger Mitgliedschaftsbefugnisse eine verdrängende Wirkung haben könnte, jedoch auch eine Verdoppelung derselben vorstellbar ist.[305] Als vergleichbares Beispiel sei das Wohnungsrecht als beschränkt persönliche Dienstbarkeit an einem Grundstück genannt: Während § 1093 Abs. 1 Satz 2 BGB von einer Nutzung „unter Ausschluss des Eigentümers" spricht, ist in § 1093 Abs. 3 BGB die „Mitbenutzung" der Gemeinschaftsräume geregelt. Wie oben bei der Frage der Zulässigkeit einer Übertragung einzelner Mitgliedschaftsrechte erörtert, kann sich der Treuhänder nicht seiner unentziehbaren Mitgliedschaftsrechte und somit letztlich seiner Selbstbestimmung im unzulässigen Maße begeben.[306] Somit muss er sich auch bei der Bestellung eines beschränkt dinglichen Rechts einen Kernbereich seiner Mitgliedschaft vorbehalten.[307] Das muss – wie ebenso oben aufgezeigt – zu einer zwingenden Verdoppelung einiger Mitgliedschaftsrechte, wie beispielsweise dem Recht zur Teilnahme an der Gesellschafterversammlung, führen.

Mit der Annahme, dass sich die „Qualifikation" des Treugebers aus der Bestellung eines beschränkt dinglichen Rechts ergäbe, würde die Treuhand – oder jedenfalls die Anteilstreuhand – gewiss zu einem eigenen Rechtsinstitut aufgewertet, welches dingliche Wirkung entfaltet.[308] Einer solchen Rechtsfortbildung solle der *numerus clausus* der Sachenrechte im Grundsatz nicht entgegenstehen.[309] Der Geltungsgrund des dinglichen Typenzwangs liegt wegen der Absolutheit dinglicher Rechte darin, den Rechtsverkehr vor unbekannten Rechten und damit nicht vorhersehbaren Rechtsfolgen zu schützen.[310] In der Tat kann man daher annehmen, dass der dingliche Typenzwang in erster Linie für den Rechtsanwender und nicht für den Rechtsfortbilder gilt, einer Rechtsfortbildung im Bereich der dingliche Rechte damit nicht zwingend alle Türen verschlossen sind. Prominentes Beispiel für ein durch Rechtsfortbildung

305 Vgl. auch *Dogan*, S. 179.

306 Siehe oben, § 3B.I.2; insb.Text zu den Fn. 239 ff.

307 *Hermanns*, ZIP 2005, 2284 (2289).

308 Vgl. auch *Dogan*, S. 179 f.

309 *Blaurock*, S. 125; *Tebben*, S. 112 f.; i.E. auch *Wiedemann*, ZIP 2012, 1786 (1788); zweifelnd *Sojka*, S. 17.

310 Vgl. *Blaurock*, S. 125; *Tebben*, S. 112 f., 115; grundlegend zur Rechtfertigung des sachenrechtlichen Typenzwangs Staudinger/*Heinze*, BGB, Neubearbeitung 2018, Einleitung zum Sachenrecht Rn. 97 ff.

geschaffenes und mittlerweile wohl gemeinhin anerkanntes Sachenrecht ist das Anwartschaftsrecht.[311]

Soll der sachenrechtliche Typenzwang aber für Rechtsklarheit sorgen[312], folgt daraus zugleich, dass eine durch Rechtsfortbildung entwickelte Berechtigung eigener Art mit dinglicher Wirkung erst dann angenommen werden kann, wenn ihre inhaltliche Reichweite sowie ihre Begründung ausreichend fixiert sind.[313] Das dürfte bei der qualifizierten Treuhand indes nicht der Fall sein. Zwar sind auch beschränkt dingliche Rechte in engen Grenzen der Gestaltbarkeit zugänglich, insbesondere die Dienstbarkeiten.[314] Auch beim Nießbrauch gestattet der Gesetzgeber ausdrücklich, dass einzelne Nutzungen ausgenommen werden können, § 1030 Abs. 2 BGB. Aber selbst ein zwingender Rahmen, innerhalb dessen den Beteiligten des dinglichen Vertrages Gestaltungsfreiheit eingeräumt sein könnte, ist ob der Vielgestaltigkeit der qualifizierten Treuhand in der Praxis nicht auszumachen.[315] Entscheidend ist letztlich, dass die Rechtsprechung – wie sogleich zu zeigen sein wird – die Einbeziehung des Treugebers in das Verbandsverhältnis dogmatisch eher im Gesellschaftsrecht verortet, die Lösung somit nicht über das Sachenrecht sucht. Dies steht einer gewohnheitsrechtlichen Anerkennung eines beschränkt dinglichen Treugeberrechts entschieden entgegen.[316]

II. Derivative Berechtigung einer Vielzahl von Treugebern

Steht grundsätzlich fest, dass die derivative Berechtigung eines Treugebers hinsichtlich der Vermögensrechte durch Abtretung, im Übrigen nur durch Bevollmächtigung erfolgen kann, ist nunmehr der Umstand zu berücksichtigen, dass in der Praxis, weil die qualifizierte Treuhand zumeist bei Publikumsgesellschaften gebraucht wird, ganz überwiegend ein Treuhänder für eine Vielzahl

---

311 Vgl. *Kaulbach*, JuS 2011, 397; *Tebben*, S. 114.

312 *Stürner*, AcP 194 (1994), 265 (281).

313 *Blaurock*, S. 125; *Tebben*, S. 113.

314 Staudinger/*Heinze*, BGB, Neubearbeitung 2018, Einleitung zum Sachenrecht Rn. 114; *Kaulbach*, JuS 2011, 397 (398); *Stürner*, AcP 194 (1994), 265 (268); grundlegend zur sog. Typenfixierung *Baur/Stürner*, SachenR, § 1 II Rn. 7 [S. 3]; MüKo/*Gaier*, BGB, Einleitung zum Sachenrecht Rn. 11.

315 Ähnlich *Tebben*, S. 115; vgl. auch *Blaurock*, S. 127.

316 Vgl. auch *Kaulbach*, JuS 2011, 397 (398): Neue Sachenrechte seien nur möglich „auf Grundlage einer von der allgemeinen Rechtsüberzeugung getragenen Rechtsprechung". I.E. lehnt auch *Dogan*, S. 180, es ab, eine dogmatische Erklärung der qualifizierten Treugeberstellung im Treuhandrecht zu suchen.

von Anlegern die Beteiligung mittelt. Es stellt sich dann die Frage, ob den einzelnen Treugebern die Befugnis zur Ausübung der jeweiligen Verwaltungsrechte derart eingeräumt werden kann, dass sie diese jeder für sich und nicht nur gemeinschaftlich ausüben können. Dieser Frage soll im Folgenden beispielhaft für das besonders relevante Stimmrecht nachgegangen werden. Sie lautet also, ob den Treugebern die Ausübungsbefugnis für das Stimmrecht durch Bevollmächtigung derart eingeräumt werden kann, dass sie das Stimmrecht des Treuhänders nicht nur einheitlich gemeinsam, sondern jeder für sich mit einer dem Umfang ihrer mittelbaren Beteiligung entsprechenden Stimmkraft ausüben können. Das wäre nur dann zu bejahen, wenn auch der Treuhänder im Rahmen der Beschlussfassung unterschiedlich abstimmen könnte.[317] Angesprochen ist damit das allgemeine Problem der gespaltenen Stimmabgabe.[318]

Im Personengesellschaftsrecht wird die Zulässigkeit einer gespaltenen Stimmrechtsabgabe kaum eigens erörtert. Vielmehr konzentriert sich die Diskussion auf das Dogma der Einheitlichkeit der Mitgliedschaft. Damit ist nicht die oben erwähnte, zur Begründung des Abspaltungsverbots postulierte Einheitlichkeit aller Rechte und Pflichten aus der Mitgliedschaft und ihre Untrennbarkeit von dieser angesprochen. Gemeint ist, dass ein Personengesellschafter immer nur mit einem einheitlichen, nicht teilbaren Anteil an der Gesellschaft beteiligt sein könne.[319] Während zum Beispiel der Aktionär mehrere Aktien, der GmbH-Gesellschafter mehrere Geschäftsanteile halten kann, gäbe es nur eine einheitliche Beteiligung an der Personengesellschaft.[320] Mit der Vorstellung von der Einheitlichkeit der Mitgliedschaft solle es nicht vereinbar sein, dass ein Gesellschafter sein Stimmrecht in unterschiedlicher Weise ausübe.[321] Richtigerweise ist schon dieser Schluss nicht zwingend. Zunächst ist aber festzustellen, dass das Prinzip der Einheitlichkeit der Beteiligung im Personengesellschaftsrecht zu Recht längst nicht mehr unumstritten ist.[322]

Weder das BGB noch das HGB sehen ein ausdrückliches Verbot der Mehrfachbeteiligung vor.[323] Die Rechtsprechung hat die Geltung des Prinzips

---

317 Scholz/*K. Schmidt/Bochmann*, GmbHG, § 47 Rn. 67; *Tebben*, S. 356 [dortige Fn. 11].

318 Zum Tatbestand der gespaltenen Stimmabgabe Scholz/*K. Schmidt/Bochmann*, GmbHG, § 47 Rn. 67.

319 BGH, NJW 1957, 1026 (1027); EBJ/*Wertenbruch*, HGB, § 105 Rn. 54; eingehend *Priester*, DB 1998, 55.

320 *Hermanns*, ZIP 2005, 2284 (2287).

321 *Armbrüster*, S. 247; *Heckelmann*, AcP 170 (1970), 306 (327); *Tebben*. S. 361.

322 Kritische Auseinandersetzungen finden sich u.a. bei *Esch*, BB 1993, 664; *Lüttge*, NJW 1994, 5; *Priester*, DB 1998, 55.

323 *Priester*, DB 1998, 55 (57) [naturgemäß ohne Berücksichtigung des MoPeG].

lediglich festgestellt, jedoch nicht begründet.[324] In der Literatur wird zur Begründung überwiegend angeführt, die Einheitlichkeit der Mitgliedschaft entspräche der vertragsrechtlichen Grundlage der Personengesellschaft oder der gesamthänderischen Verbundenheit der Gesellschafter; ein und derselbe Gesellschafter könne an einem Vertrag jedoch nicht mehrmals beteiligt sein.[325] Hierin liege der Unterschied zur Körperschaft, die sich von ihren Mitgliedern verselbstständigt.[326] Allerdings sind diese rechtsdogmatischen Vorstellungen, insbesondere die Vorstellung der gesamthänderischen Verbundenheit, längst überholt.[327] Das MoPeG hat dem endlich auch für die GbR Rechnung getragen.[328] Die Regierungsbegründung betont gar, dass „mit dem Verzicht auf das Gesamthandsprinzip […] eine gewisse natürliche Erklärung für bestimmte Strukturmerkmale der Personengesellschaften verloren [geht]".[329] Damit gemeint ist offenbar auch die Einheitlichkeit der Mitgliedschaft, denn § 711 Abs. 1 Satz 2 BGB sieht in der Fassung des MoPeG nunmehr ausdrücklich vor, dass die Gesellschaft eigene Anteile nicht erwerben könne. Dieser Umstand wurde zuvor jedoch gerade aus dem Dogma der Einheitlichkeit der Mitgliedschaft und dem Vertragsprinzip hergeleitet.[330] Bei einer Weitergeltung nach Inkrafttreten des MoPeG hätte es dieser expliziten Regelung gar nicht bedurft.[331]

Entscheidend ist jedoch, dass keine materiellen Wertungen für dieses Prinzip streiten.[332] Anders ist auch nicht zu erklären, dass viele Ausnahmen vom

---

324 *Priester*, DB 1998, 55 mit entsprechender Darstellung der Rechtsprechungsentwicklung; ebenso *Esch*, BB 1996, 1621 (1622); *Lüttge*, NJW 1994, 5 (10).

325 Vgl. nur BeckOK/*Klimke*, HGB, Stand: 01.04.2024, § 105 Rn. 168.1; Oetker/*Lieder*, HGB, § 105 Rn. 69; MüKo/*Schäfer*, BGB, § 705 Rn. 241.

326 MüKo/*Schäfer*, BGB, § 705 Rn. 241.

327 *Hermanns*, ZIP 2005, 2284 (2287); vgl. auch MüKo/*Fleischer*, § 105 Rn. 23.

328 § 713 BGB schreibt seit Inkrafttreten des MoPeG fest, dass die GbR selbst Vermögensträgerin ist. Die Regierungsbegründung zum MoPeG spricht insgesamt von einer „Loslösung der Gesellschaft bürgerlichen Rechts von ihrem römisch-rechtlichen Verständnis als vertragliches Schuldverhältnis hin zu einem verkehrstauglichen Rechtssubjekt", BegrRegE, BT-Drucks. 19/27635, S. 106.

329 BegrRegE, BT-Drucks. 19/27635, S. 106.

330 Oetker/*Lieder*, HGB, § 105 Rn. 69 m.w.N.

331 MüKo/*Fleischer*, HGB, § 105 Rn. 256 zieht hingegen den genau gegenteiligen Schluss aus der Regelung; auch Schäfer/*Schäfer*, Neues PersGesR, S. 190, betont ausdrücklich die grundsätzliche Fortgeltung des Grundsatzes der Einheitlichkeit der Mitgliedschaft im Personengesellschaftsrecht trotz der durch das MoPeG vorgenommen Änderungen.

332 Vgl. MüKo/*K. Schmidt*, HGB, 4. Aufl. 2016, § 105 Rn. 77: „Denknotwendig ist die Unteilbarkeit nicht"; auch *Wiedemann*, GesR II, § 5 II 3b) [S. 455]: „lässt sich

Grundsatz der Einheitlichkeit der Mitgliedschaft diskutiert und mittlerweile anerkannt werden – und zwar mit der schlichten Begründung eines praktischen Bedürfnisses.[333] So plädiert die herrschenden Meinung beispielsweise dafür, dass bei der Vereinigung zweier Personengesellschaftsanteile in der Hand eines Gesellschafters, bei der einer der Anteile durch einen Nießbrauch[334], ein Pfandrecht[335] oder die Anordnung einer Vor- und Nacherbschaft[336] belastet ist, diese Anteile zumindest im Innenverhältnis der Gesellschaft getrennt betrachtet werden müssten. Gleiches muss dann richtigerweise auch für den Fall gelten, dass ein und derselbe Anteil entweder nur zum Teil treuhänderisch, oder eben für mehrere Treugeber gehalten wird.[337] Auch hier besteht ein praktisches Bedürfnis, sodass es den Beteiligten jedenfalls freistehen sollte, im Innenverhältnis die Beteiligung des Treuhänders entsprechend der mittelbaren Beteiligungen uneinheitlich zu behandeln.[338] Es kann dann für die jeweiligen Treugeber auch eine qualifizierte Rechtstellung begründet werden, indem ihnen die Ausübungsbefugnis für die auf ihren „Anteil vom Anteil“

---

nicht leicht begründen“; im Ergebnis auch *Esch*, BB 1996, 1621 (1624), der jegliche schlüssige Begründung vermisst.

333 Vgl. OLG Köln, DStR 1996, 1864 (1865); MüKo/*Fleischer*, HGB, § 105 Rn. 251; krit. zur Begründung mit bloßen praktischen Erwägungen *Armbrüster*, S. 248; *Tebben*, S. 360 f.

334 LG Hamburg, NZG 2005, 926 (927); *Esch*, BB 1996, 1621 (1627); Erman/*Lieder*, BGB, § 705 Rn. 24; *K. Schmidt*, GesR, § 45 I 2b)bb) [S. 1313]; *Wiedemann*, GesR II, § 5 II 3b) [S. 457].

335 *Esch*, BB 1996, 1621 (1627); Erman/*Lieder*, BGB, § 705 Rn. 24; *K. Schmidt*, GesR, § 45 I 2b)bb) [S. 1313];; *Wiedemann*, GesR II, § 5 II 3b) [S. 457].

336 *Esch*, BB 1996, 1621 (1627); *K. Schmidt*, GesR, § 45 I 2b)bb) [S. 1313]; Erman/*H. P. Westermann*, BGB, 16. Aufl. 2020, § 705 Rn. 24; *Wiedemann*, GesR II, § 5 II 3b) [S. 457]; a.A. Erman/Lieder, BGB, § 705 Rn. 40; MüKo/*Schäfer*, BGB, § 705 Rn. 242.

337 Ebenso *Lüttge*, NJW 1994, 5 (7 f.); *K. Schmidt*, GesR, § 45 I 2b)bb) [S. 1313]; *Wiedemann*, GesR II, § 4 I 4c) [S. 312]; Oetker/*Lieder*, HGB, § 105 Rn. 70 spricht gar von einer schon „anerkannten Ausnahme“; speziell für eine Stimmrechtsaufspaltung bei Publikumspersonengesellschaften auch *Maulbetsch*, S. 161 ff.

338 Vgl. OLG Köln, NJW-RR 1996, 487 (488); OLG Naumburg, BeckRS 2013, 22621; *Maulbetsch*, S. 167; unklar *Hermanns*, notar 2014, 283, der auf S. 287 von der Zulässigkeit einer gespaltenen Stimmabgabe ausgeht, auf S. 285 f. jedoch sagt, dass bei mehreren Treugebern das Stimmrecht zwingend nur einheitlich ausgeübt werden könne, weshalb sich die Bildung eines Stimmrechtspools unter den Treugebern empfehle; allgemein für die Zulässigkeit, das Innenverhältnis derart zu gestalten, dass dem Einzelnen eine Rechtstellung einräumt, die derjenigen im Falle mehrfacher Beteiligung gleichkommt, MüKo/*Schäfer*, BGB, § 705 Rn. 244.

entfallenden Mitgliedschaftsrechte eingeräumt wird. Und jedenfalls dann ist auch eine uneinheitliche Stimmrechtsausübung durch die Treugeber als zulässig anzusehen.[339]

Ist Gegenstand der Treuhand eine Aktie oder ein Geschäftsanteil, so ist die Bevollmächtigung mehrerer Treugeber für die Ausübung der auf sie entfallenden Stimmrechte problemlos möglich, wenn der Treuhänder für die verschiedenen Treugeber unterschiedliche Anteile hält. Die Möglichkeit der Mehrfachbeteiligung sieht das Gesetz für die GmbH in §§ 5 Abs. 2 Satz 2, 15 Abs. 2 GmbHG ausdrücklich vor. Für die Aktiengesellschaft wird sie als selbstverständlich, zum Beispiel in § 23 Abs. 2 Ziff. 2 oder § 42 AktG, vorausgesetzt. Es ist weitgehend anerkannt, dass das Stimmrecht aus verschiedenen Kapitalgesellschaftsanteilen unterschiedlich ausgeübt werden kann.[340] Soweit man der Ansicht[341] folgt, dass es dafür eines sachlichen Grundes bedürfe, so muss die treuhänderische Bindung gegenüber verschiedenen Treugebern einen solchen Grund darstellen.[342]

Richtigerweise ist darüber hinaus eine uneinheitliche Stimmrechtsausübung auch dann als zulässig anzusehen, wenn der Treuhänder nur einen Geschäftsanteil hält, aus dem ihm jedoch mehrere Stimmen zustehen.[343] Zum einen verbietet das GmbHG auch in diesen Fällen eine Stimmenaufteilung nicht. Insbesondere lässt sich ein Verbot nicht aus § 18 Abs. 1 GmbHG ableiten, denn die Norm verlangt selbst bei gemeinschaftlicher Berechtigung an einem ungeteilten Geschäftsanteil lediglich eine gemeinschaftliche Ausübung der Mitgliedschaftsrechte, sagt indes nichts darüber aus, ob das Stimmrecht im Rahmen der gemeinschaftlichen Ausübung einheitlich ausgeübt werden muss.[344] Zum

---

339 I.E. ebenso OLG Köln, NJW-RR 1997, 487 (488); *Tebben*, S. 361.

340 Siehe nur *Altmeppen*, GmbHG, § 47 Rn. 55; *Blasche*, GmbHR, 2016, 99 (101 f.); MüKo/*Drescher*, GmbHG, § 47 Rn. 40; MüKo/*Arnold*, AktG, § 133 Rn. 29; Grigoleit/*Herrler*, AktG, § 133 Rn. 12; *Koch*, AktG, § 133 Rn. 21.

341 Henssler/Strohn/*Hillmann*, GesR, § 47 GmbHG Rn. 30; Noack/Servatius/Haas/*Noack*, GmbHG, § 47 Rn. 20. Für die AG wird das heute – soweit ersichtlich – nicht mehr vertreten.

342 Henssler/Strohn/*Hillmann*, GesR, § 47 GmbHG Rn. 30; Noack/Servatius/Haas/*Noack*, GmbHG, § 47 Rn. 20; Scholz/*K. Schmidt/Bochmann*, GmbHG, § 47 Rn. 72.

343 So auch *Armbrüster*, GmbHR 2001, 1021 (1024); *Blasche*, GmbHR, 2016, 99 (100 f.); MüKo/*Drescher*, GmbHG, § 47 Rn. 40; a.A. BGH, NJW 1988, 1844 (1845); Henssler/Strohn/*Hillmann*, GesR, § 47 GmbHG Rn. 30; *Schauf*, GmbHR, 2015, 799 (801); Scholz/*K. Schmidt/Bochmann*, GmbHG, § 47 Rn. 69.

344 *Blasche*, GmbHR 2016, 99 (100); MüKo/*Drescher*, GmbHG, § 47 Rn. 42; *Schauf*, GmbHR, 2015, 799 (800 f.)

anderen kommt es gemäß § 47 Abs. 1 GmbHG für die Beschlussfassung explizit nur auf die Mehrheit der abgegebenen Stimmen an, die eben getrennt vom Geschäftsanteil gezählt werden können.[345] Schutzwürdige Interessen stehen einer gespaltenen Stimmabgabe jedenfalls dann nicht entgegen, wenn die Gesellschafter damit einverstanden sind.[346] Ein solches Einverständnis ist bei der qualifizierten Treuhand bereits in der Zustimmung der Gesellschafter zur Einbeziehung der Treugeber in das Verbandsverhältnis zu erblicken.[347]

Der Vollständigkeit halber sei darauf hingewiesen, dass es auch denkbar und rechtstechnisch umsetzbar ist, dass die Stimmkraft eines einzelnen Stimmrechts mathematisch aufgeteilt wird.[348] Ein solches Vorgehen mag die Feststellung eines Abstimmungsergebnisses verkomplizieren und verlangsamen.[349] Daraus ergeben sich aber jedenfalls dann keine Bedenken, wenn die Gesellschafter mit einer solchen Zählung einverstanden sind.[350] Immerhin stünde es ihnen auch frei, durch Gestaltung die Anzahl der Aktien oder Geschäftsanteile (vgl. § 46 Ziff. 4 GmbHG) entsprechend zu erhöhen und so letztlich das gleiche Ergebnis herbeizuführen. Allerdings dürfte genau deshalb die Konstellation, dass ein Treuhänder für mehrere Treugeber nur einen Anteil hält, der lediglich ein Stimmrecht gewährt – das wäre bei einer Aktie wegen des Verbots eines Mehrstimmrechts (§ 12 Abs. 2 AktG) sogar zwingend – bei der qualifizierten Treuhand praktisch kaum vorkommen. Gleiches gilt für den Fall, insbesondere auch im Personengesellschaftsrecht, dass eine Abstimmung nach Köpfen vorgesehen ist. Auch dann könnte die Stimmkraft als Bruchteil ausgedrückt werden.[351]

Es bleibt somit festzuhalten, dass auch in den Fällen, in denen ein Treuhänder Beteiligungen für mehrere Treugeber mittelt, eine Bevollmächtigung jedes einzelnen Treugebers als rechtskonstruktive Möglichkeit der Einbeziehung in das Verbandsverhältnis möglich ist.

---

345 MüKo/*Drescher*, GmbHG, § 47 Rn. 42.

346 Scholz/*K. Schmidt/Bochmann*, GmbHG, § 47 Rn. 73; das LG München I, BeckRS 2011, 12088, hält die gespaltene Stimmabgabe aus einem Geschäftsanteil jedenfalls bei entsprechender Satzungsregelung für zulässig, ebenso *Priester*, FS Weichler (1997), 101 (110 ff.).

347 *Tebben*, S. 362 f.

348 *Armbrüster*, S. 247; a.A. *Blasche*, GmbHR, 2016, 99; *Tebben*, S. 356.

349 Armbrüster, S. 262.

350 I.E. a.A. *Schauf*, GmbHR 2015, 799; MüKo/*Arnold*, AktG, § 133 Rn. 29.

351 *Armbrüster*, S. 247; a.A. *Tebben*, S. 356.

III. Derivative Pflichtenstellung

Sofern man versucht, die in Treuhand- oder Gesellschaftsvertrag einem qualifizierten Treugeber eingeräumten Rechte mit dem allgemeinen Zivilrecht zu begründen, stellt sich die Frage, ob auf diese Weise auch die Auferlegung von Pflichten innerhalb des Verbandsverhältnisses dogmatisch erklärt werden kann. So bejaht die Rechtsprechung im Rahmen der Auslegung von Gesellschafts- und Treuhandverträgen bei qualifizierten Treuhandbeteiligungen zum Beispiel regelmäßig Direktansprüche der Gesellschaft gegen die Treugeber.[352]

Tatsächlich hält das Schuldrecht auch denkbare Lösungen dafür bereit, originär in der Person des Treuhänders als Gesellschafter entstehende Pflichten auf den Treugeber zu „übertragen" oder diesen im Hinblick auf diese Pflichten zumindest mitzuverpflichten.

Soll nach dem Vertragswerk die Gesellschaft beispielsweise Sozialansprüche gegen den Treugeber direkt geltend machen können, kann eine dies anordnende Klausel derart auszulegen sein, dass der Treugeber die originär den Treuhänder treffende Schuld übernommen hat.[353] An späterer Stelle[354] wird noch zu klären sein, inwiefern dann von einer befreienden Schuldübernahme (§§ 414 ff. BGB) oder einem Schuldbeitritt mit der Folge einer Gesamtschuldnerschaft ausgegangen werden kann.[355]

Zur Geltendmachung von Ansprüchen direkt gegen den Treugeber wären die Gesellschaft, Gesellschafter oder Mittreugeber auch dann befugt, wenn ihnen der Treuhänder die ihm aus dem Treuhandverhältnis gegen den Treugeber zustehenden Freistellungsansprüche abtritt.[356] Da auch erst zukünftig

352 Beispielhaft BGH, ZIP 2011, 2299 (2301 f.) [Rn. 15 ff.]; NZG 2012, 1342 (1343) [Rn. 12 f.].

353 Diese Möglichkeit wird bei *Kapitza*, S. 72, der von einem Schuldbeitritt spricht, angedeutet, jedoch nirgends weiterverfolgt; allgemein erwähnt auch *Beuthien*, FS Wiedemann (2002), 755 (758), die Schuldübernahme als theoretisches Instrument der Übertragung von Mitgliedschaftspflichten.

354 Siehe unten, § 7C.I.1, S. 230 ff.

355 Zur Unterscheidung der gesetzlich ausdrücklich geregelten befreienden Schuldübernahme und dem auf § 311 Abs. 1 BGB gestützten Schuldbeitritt, siehe MüKo/*Heinemeyer*, BGB, vor § 414 Rn. 10 f.

356 Ausführlich zu den Freistellungsansprüchen des Treuhänders siehe unten, § 7A.I, S. 186 ff.; zur Zulässigkeit der Abtretung von Freistellungsansprüchen an den Gläubiger siehe unten, § 7A.III, S. 198 ff. Eine derartige Abtretung erfolgt denn auch häufig im Einzelfall, siehe nur beispielhaft den Sachverhalt zu BGH, ZIP 2011, 2299 [Abtretung der Freistellungsansprüche im Hinblick auf die Haftung für einen Liquidationsfehlbetrag].

entstehende Ansprüche abgetreten werden können,[357] erfolgt eine solche Abtretung in der Praxis auch teilweise bereits im Gesellschafts- oder Treuhandvertrag.[358] Man mag möglicherweise bereits in einer Klausel, die der Gesellschaft oder Mitbeteiligten das Recht zuspricht, gegen den Treugeber direkt vorzugehen, eine Abtretungserklärung des Treuhänders hineinlesen. Denkbar ist ebenfalls, in einer solchen Klausel (lediglich) die Verpflichtung des Treuhänders zur Abtretung zu erblicken.[359]

Findet sich eine entsprechende Regelung, die den Treugeber Verpflichtungen auferlegt, lediglich im Treuhandvertrag, bedarf es, sofern es sich tatsächlich um eine befreiende Schuldübernahme handeln soll, wegen § 415 Abs. 1 BGB der Beteiligung der Gesellschaft an diesem. In der Praxis ist die Gesellschaft häufig selbst Vertragspartner des Treuhandvertrages;[360] auch eine explizite Bezugnahme auf den Treuhandvertrag im Gesellschaftsvertrag, nach der die Gesellschafter die Regelungen des Treuhandvertrages „als verbindlich für die Rechte und Pflichten des Treuhänders und der Treugeber gegenüber der Gesellschaft anerkenn[en]“[361], wird man als eine Zustimmung zur befreienden Schuldübernahme ansehen können.[362] Die Mitverpflichtung des Treugebers ist aber auch im Gesellschaftsvertrag selbst möglich. Wegen der Unzulässigkeit eines Vertrages zu Lasten Dritter[363] muss dann wiederum der Treugeber in irgendeiner Form am Gesellschaftsvertrag beteiligt werden, diesen zumindest

357 Grüneberg/*Grüneberg*, § 398 Rn. 11; MüKo/*Kieninger*, BGB, § 398 Rn. 78.

358 Siehe bereits das Beispiel in Fn. 97; ferner den Gesellschaftsvertrag in BGH, NJW 1991, 2906; vgl. auch *Armbrüster*, S. 326.

359 Nach *Ehlke*, DB 1985, 795 (799), folgt eine solche Pflicht (selbst) bei der einfachen Treuhand bereits aus der Treuepflicht des Treuhänders gegenüber der Gesellschaft; dies für möglich haltend *Köhl*, GmbHR 1998, 119 (121).

360 Staub/*Casper*, HGB, § 161 Rn. 241; Friedrichs/*Wegner/Richter*, in Grundlagen der Schiffsfinanzierung, S. 1397, gehen wohl daher ohne weitere Begründung davon aus, dass zwischen dem Anleger, der Gesellschaft und dem Treuhänder der Treuhandvertrag gelte.

361 So § 7 Ziff. 3 des der Entscheidung BGH, ZIP 2011, 2299 (2300) [Rn. 6] zugrundeliegenden Gesellschaftsvertrages.

362 Entgegen dem Wortlaut des § 415 BGB ist nicht nur eine Genehmigung, sondern auch eine Einwilligung als vorherige Zustimmung zur Schuldübernahme möglich, die auch bereits im ursprünglichen Vertrag zwischen Gläubiger und Schuldner erteilt werden kann, BeckOGK/*Heinig*, BGB, Stand: 01.03.2024, § 415 Rn. 25.

363 Siehe nur BeckOGK/*Mäsch*, BGB, Stand: 01.04.2024, § 328 Rn. 127 ff.

für sich als verbindlich anerkennen.[364] Letzteres geschieht in der Praxis zumeist im Treuhandvertrag und/oder in der „Beitrittserklärung".[365]

Einen Gesellschafter treffen aufgrund seiner Mitgliedschaft nicht nur Pflichten bezogen auf bestimmte Leistungen. Vielmehr hat er auch die verbandsrechtlichen Treuepflichten zu beachten. Auch diesbezüglich sind Möglichkeiten denkbar, die hieraus resultierenden Verhaltensnormen schuldrechtlich zu konstruieren. Hierauf soll ebenfalls erst an späterer Stelle im Besonderen Teil zurückgekommen werden.[366]

C. Originäre Rechtstellung

Nachfolgend ist zu untersuchen, ob und inwiefern der qualifizierte Treugeber eine originäre Rechtstellung innerhalb des Verbandsverhältnisses erlangen kann. Die Einräumung originärer Rechte zugunsten des Treugebers würde dessen Position im Vergleich zu einer derivativen Rechtstellung, soweit sie für zulässig erachtet wurde, nochmals verstärken. Das gilt vor allem, wenn damit eine Verdinglichung der Rechtstellung verbunden wäre.[367] Ein nur schuldrechtlich wirkender Verzicht des Treuhänders auf die Ausübung der Mitgliedschaftsrechte bei gleichzeitiger Bevollmächtigung des Treugebers bietet diesem tatsächlich kaum einen stärkeren Schutz vor einem treuwidrigen Verhalten, als er diesem durch das ohnehin bestehende Weisungsrecht[368] bei der einfachen Treuhand gewährt wird.[369] Darüber hinaus lässt sich die Idee einer originären Rechtstellung mit der gesetzlich angeordneten Gleichstellung von Treugebern und Direktkommanditisten in der geschlossenen Investmentkommanditgesellschaft besser vereinbaren. Diese Gleichstellung soll sich nach hiesiger und wohl auch vorherrschender Ansicht gerade automatisch vollziehen, also auch ohne entsprechende Gestaltung durch die Beteiligten.[370] Könnte der Treugeber nur eine derivative Rechtstellung erlangen, so müsste man in § 152 Abs. 1

---

364 Vgl. auch Beck`sche Online-Formulare Vertrag/*Giehl*, Stand: 01.01.2023, Formular 7.6.1.5.1 Gesellschaftsvertrag eines Fonds (GmbH & Co KG), Anm. 17.

365 Siehe bereits oben, Fn. 90.

366 Zur Konstruktion der Treuepflichtbindung in diesem Fall, siehe unten § 5B.II, S. 126 ff.

367 Vgl. *Tebben*, ZGR 2001, 586 (588).

368 Zum Weisungsrecht des Anteilstreugebers *Armbrüster*, S. 229 ff.; Saenger/Aderhold/*Eickhoff*, § 7 Rn. 275; MüKo/*K. Schmidt*, HGB, vor § 230 Rn. 73.

369 Vgl. *Armbrüster*, S. 277 f.

370 Siehe oben, S. 48.

Satz 3 KAGB zum einen die Anordnung einer gesetzlichen Vertretungsmacht hinsichtlich der Verwaltungsrechte hineinlesen, zum anderen die Anordnung einer *Legalzession* hinsichtlich der Vermögensansprüche. Dass der Treuhänder die Verwaltungsrechte dann immer noch selbst ausüben könnte, insbesondere wenn der Treugeber von seiner Ausübungsbefugnis keinen Gebrauch macht, dürfte kaum in Einklang mit dem durch die Gleichstellungsanordnung bezweckten Anlegerschutz[371] zu bringen sein.

Die Einräumung von Mitgliedschaftsrechten an einen Nichtgesellschafter ist eine Thematik, die vielfach und vor allem im Hinblick auf das Stimmrecht diskutiert wird.[372] Dabei wird abermals das Abspaltungsverbot angeführt, das der Zulässigkeit der Einräumung originärer Mitgliedschaftsrechte an einen Nichtgesellschafter entgegenstehe,[373] zumindest aber Schranken setze[374]. Das überrascht nicht, kann doch durch die Kombination einer stimmrechtslosen Mitgliedschaft mit der Einräumung eines Stimmrechts zugunsten eines Nichtgesellschafters nahezu der gleiche Zustand geschaffen werden, den eine Abspaltung des Stimmrechts bewirkte.[375]

Dass die Furcht vor einem Fremdeinfluss auf die Geschicke der Gesellschaft im Falle der Treuhand größtenteils nicht berechtigt ist, wurde bereits dargelegt.[376] Es bleiben jedoch nicht nur rein dogmatische Bedenken: Mitgliedschaftsrechte ohne Mitgliedschaft solle es nicht geben.[377] Dahinter verbirgt sich einmal mehr der Gedanke, dass die mitgliedschaftlichen Rechte und Pflichten nicht isoliert betrachtet werden dürften, sondern nur als in der Mitgliedschaft gebündelte und aufeinander abgestimmte Gesamtheit von Rechten und Pflichten, die in einem Funktionszusammenhang stehen. Würden die Gesellschafter dem Treugeber isoliert ein Stimmrecht einräumen[378] – das Statut müsste dann

---

371 *Casper*, ZHR 179 (2015), 44 (70 f.); FK-KapAnlR/*Hoffert*, KAGB, § 152 Rn. 5.

372 Siehe grundlegend z.B. *Flume*, Personengesellschaft, § 14 VII [S. 235 ff.]; *Hueck*, JZ 1960, 491 [für die OHG]; *Ulmer*, FS Werner (1984), 911 [für die GmbH]; *C. Weber*, Privatautonomie, S. 331 ff.

373 *Beuthien*, ZGR 1974, 26 (55 ff.); *Kindler*, FS K. Schmidt (2009), 871 (877); *K. Schmidt*, GesR, § 21 II 1d) [S. 605 f.]; BeckOK/*Schöne*, BGB, 68. Ed., Stand: 01.11.2023, § 717 Rn. 8.

374 Vgl. *Hueck*, JZ 1960, 491 (492), der, ohne das Abspaltungsverbot explizit zu nennen, Grenzen aus den dahinterstehenden materiellen Erwägungen herleitet.

375 *Teichmann*, Gestaltungsfreiheit, S. 221; *Wiedemann*, Mitgliedschaft, S. 290.

376 Siehe oben, S. 59 f.

377 *Beuthien*, ZGR 1974, 26 (55); *Kindler*, FS K. Schmidt (2009), 871 (877).

378 Mit der isolierten Einräumung von Mitgliedschaftsrechten ist hier gemeint, dass der Treugeber keine mitgliedschaftliche Stellung erlangt, aufgrund derer ihm

in gewisser Weise als ein Vertrag zugunsten Dritter angesehen werden[379] – wäre zunächst eine (ergänzende) Auslegung dahingehend vorzunehmen, dass auch andere Verwaltungsrechte in einem für die Stimmrechtsausübung erforderlichen Maße begründet werden sollen.[380] Problematisch wäre sodann jedoch wegen der Unzulässigkeit eines Vertrages zu Lasten Dritter[381] die Auferlegung korrespondierender Pflichten.[382] Die Bedenken, die aus der Annahme der Einheitlichkeit der Mitgliedschaft resultieren, entfielen, wenn man den Treugeber in irgendeiner Weise selbst als Verbandsmitglied betrachtete. Solche Ansätze werden in der Rechtswissenschaft bereits explizit vertreten. Sie haben zusätzlich den Vorteil, dass die Begründung gesellschaftsrechtlicher Pflichten des Treugebers – allen voran die Treuepflicht – dogmatisch ebenfalls einfacher zu begründen sind.[383] Wie zu zeigen sein wird, tendiert offenbar auch die Rechtsprechung zu einem solchen Ansatz.

I. Treugeber als Mitglied eines (virtuellen) Innenverbands?

Karsten Schmidt sieht in der qualifizierten treuhänderischen Beteiligung und der dazu ergangenen Rechtsprechung eine Weiterentwicklung des Rechts der Innengesellschaften.[384]

Grundannahme für sein Modell ist zunächst die Vorstellung, dass auch reine Innengesellschaften einen Verband darstellten, der jedoch mangels Rechtsubjektqualität immer ein nach Außen handelndes Zuordnungssubjekt

---

bestimmte Rechte zugewiesen werden, sondern als außerhalb des Verbands stehenden Dritten einzelne Befugnisse zugestanden werden; zu dieser Unterscheidung vgl. auch *Tebben*, S. 136 f.

379 Staub/*Casper*, HGB, § 161 Rn. 239 [dortige Fn. 751]; *Ulmer*, FS Werner (1984), 911 (912, 918).

380 So hat auch der BGH, JZ 1960, 490 (491), die Einräumung eines isolierten Stimmrechts an einen gesellschaftsfremden Dritten gebilligt.

381 Siehe hierzu allgemein BeckOGK/*Mäsch*, BGB, Stand: 01.04.2024, § 328 Rn. 127 ff.

382 *Ulmer*, FS Wiedemann (2002), 1297 (1314 f.); vgl. auch *Krenzel*, S. 165; Beck`sche Online-Formulare Vertrag/*Giehl*, Stand: 01.01.2023, Formular 7.6.1.5.1 Gesellschaftsvertrag eines Fonds (GmbH & Co KG), Anm. 17; zur dennoch möglichen Begründung der gesellschaftsrechtlichen Treuepflicht in diesem Fall siehe unten, Text zu Fn. 654

383 So sieht *Ulmer*, FS Werner (1984), 911 (925), die Begründung isolierter Mitgliedschaftsrechte u.a. gerade deshalb als problematisch an, weil deren Ausübung zwingend die Bindung an die gesellschaftsrechtliche Treuepflicht voraussetze.

384 Vgl. *K. Schmidt*, NZG 2011, 361 i.V.m. ZHR 178 (2014), 10.

benötige.[385] Zum Verständnis dieses Modells bedürfe es ferner der Annahme, dass Treuhand und Unterbeteiligung sich nicht gegenseitig ausschließen.[386] Hiervon ausgehend beschrieb *Karsten Schmidt* schon im Jahre 2007[387] die Rechtsfigur der sogenannten Innen-KG, die (nur) eine mögliche und häufig anzutreffende Ausgestaltung eines virtuellen Rechtsträgers darstelle.[388] Eine Innen-KG sei als ein (virtueller) Innenverband aufzufassen, dessen Mitglieder sich untereinander wie Beteiligte einer Kommanditgesellschaft stellten.[389] Das nach außen handelnde, mit Rechtsfähigkeit ausgestattete Rechtssubjekt nehme in diesem virtuellen Innenverband die Stellung des Komplementärs ein. Bei einer „GmbH & Still" etwa handele nach außen eine GmbH, die zugleich als virtuelle Komplementärin einer virtuellen GmbH & Co. KG fungiere.[390] Denkbar sei aber auch eine nach außen handelnde Kommanditgesellschaft, die nach innen zugleich eine virtuelle Kommanditgesellschaft sei, an der sich neben den realen Kommanditisten auch Personen „still", das heißt als bloß virtuelle Kommanditisten, beteiligten.[391]

Von dem Vorliegen einer solchen Innen-KG ging *Karsten Schmidt* dann auch im Hinblick auf eine Sammeltreuhandgestaltung aus, die einer von ihm besprochenen Entscheidung des Bundesgerichtshofes[392] zugrunde lag.[393] Mehrere Anleger waren dort über eine Treuhänderin an einem Fonds in der Rechtsform einer Kommanditgesellschaft beteiligt. Die Verwaltungsrechte in der Gesellschaft wurden allerdings alleine durch die Treuhänderin selbst ausgeübt – sei es aufgrund einer Einzelweisung durch den jeweiligen Treugeber, oder für bestimmte Beschlussgegenstände nach Weisung einer durch alle Treugeber sowie direkt beteiligten Anlegerkommanditisten gebildeten Anlegerversammlung.[394] Nach der Vorstellung *Karsten Schmidts* bildeten die Treugeber zusammen mit den unmittelbar beteiligten Anlegern sowie der Treuhänderin einen (virtuellen) Innenverband, der nach den Regeln einer Kommanditgesellschaft

385 *K. Schmidt,* ZHR 178 (2014), 10 (13); vgl. auch ders., NZG 2011, 361 (365).
386 *K. Schmidt*, NZG 2011, 361 (364); ders. ZHR 178 (2014), 10 (28).
387 MüKo/*K. Schmidt*, HGB, 2. Aufl. 2007, § 230 Rn. 81.
388 *K. Schmidt*, NZG 2009, 361; vgl. auch *Tassius*, S. 23: Die Innen-KG komme nur eine Beispielhaftigkeit zu in der Diskussion um virtuelle Rechtsträger.
389 MüKo/*K. Schmidt*, HGB, § 230 Rn. 81.
390 MüKo/*K. Schmidt*, HGB, § 230 Rn. 87.
391 *K. Schmidt*, NZG 2009, 361 (362); ders. ZHR 178 (2014), 10 (35).
392 BGH, NJW 2011, 921.
393 *K. Schmidt*, NZG 2011, 361 (366).
394 Vgl. den Tatbestand des Urteils, BGH, NJW 2011, 921 (921 f.).

organisiert sei.[395] Die Treuhänderin nehme in dieser Innen-KG die Stellung eines stimmrechtslosen Komplementärs ohne Kapitalanteil ein, die Treugeber und die unmittelbaren Anleger die eines Kommanditisten.[396] Gesellschafterbeitrag eines jeden Anlegers sei das Investment an der Unternehmung der Hauptgesellschaft.[397] Als nach außen handelndes Zuordnungssubjekt dieses Innenverbandes ist demnach die Treuhänderin als (reale) Gesellschafterin der (realen) Fondsgesellschaft anzusehen.

Da bei dieser Gestaltung der Sammeltreuhand nach außen gerade nur die Treuhänderin auftrat, mithin die Treugeber nicht durch Einräumung unmittelbarer Rechte und Auferlegung unmittelbarer Pflichten in das Verbandsverhältnis (der Fondsgesellschaft) einbezogen wurden, lag hier gar kein Fall der qualifizierten Treuhand vor.[398] *Karsten Schmidt* verweist für sein Modell in einem späteren Beitrag jedoch auch auf ein anderes Urteil des Bundesgerichtshofes, dem sodann eine qualifizierte Treuhand auch nach dem hiesigen Begriffsverständnis zugrunde lag.[399] Der dort gegenständliche Gesellschaftsvertrag sah eine umfassende Gleichstellungsklausel vor und wies den Treugebern unter anderem das Stimmrecht ausdrücklich zu.[400] Bei dieser Konstellation, bei der im Innenverhältnis gerade so getan wird, als ob es die Treuhänderin gar nicht gebe, stellt sich jedoch die Frage, welche Funktion die Treuhänderin dann innerhalb des von *Karsten Schmidt* angenommenen virtuellen Innenverbandes einnehme. Es dürfte dann jedenfalls keine Innen-KG vorliegen, da die Treuhänderin hier nicht als virtuelle Komplementärin auftritt, sondern die vermeintlichen Innen-Kommanditisten selbst gegenüber und innerhalb des rechtsfähigen Außenverbandes in Erscheinung treten.[401]

Überzeugend ist dennoch die grundsätzliche Idee, den dogmatischen Ursprung der einem Treugeber zugewiesenen Rechte als solche des verbandsrechtlichen Innenverhältnisses, das Treugeber und Gesellschafter gleichermaßen umfasst, anzusehen. Immerhin ist nicht zu verleugnen, dass Gesellschafter

---

395 *K. Schmidt*, NZG 2011, 361 (366 ff.); ders. ZHR 178 (2014), 10 (23 f.).
396 *K. Schmidt*, NZG 2011, 361 (366 f.).
397 *K. Schmidt*, NZG 2011, 361 (365).
398 Vgl. auch *Tassius*, S. 64 f.; i.E. auch *Kindler*, FS K. Schmidt (2019), Bd. I, 641 (642); *Schäfer*, ZHR 177 (2013), 619 (621) [dort Fn. 6].
399 *K. Schmidt*, ZHR 178 (2014), 10 (35); bei dem Urteil handelt es sich um die Entscheidung BGH, NJW 2013, 2190.
400 Siehe Tatbestand der Entscheidung BGH, NJW 2013, 2190.
401 Ebenso *Tassius*, S. 64 f.

und Treugeber einen gemeinsamen Zweck verfolgen.[402] Der eher kompliziert anmutenden Trennung zwischen nicht rechtsfähigem Innenverband und rechtsfähiger Außengesellschaft (oder natürlicher Person) bedarf es jedoch nicht.[403] Gleiches Ergebnis könnte auch durch die strikte Trennung des Innen- und Außenverhältnisses eines einzigen und alle Beteiligten umfassenden Verbandes erreicht werden.[404] Dieser Ansatz soll im Folgenden aufgegriffen werden.

II. Die Beteiligung des qualifizierten Treugebers am gesellschaftsrechtlichen Innenverhältnis als Verbandsmitgliedschaft eigener Art

1. *Die gesellschaftsrechtliche Qualifikation der Treugeberrechtstellung*

Der 2. Zivilsenat des Bundesgerichtshofs hat erst in jüngerer Zeit ausgesprochen, was er bereits in seinem Grundsatzurteil aus dem Jahre 1953 angedeutet hatte: Seine Ansicht, die Beteiligten hätten die Möglichkeit den Treugebern „*im Innenverhältnis unter den Gesellschaftern* […] *unmittelbare Rechte und Ansprüche*" zuzubilligen und sie könnten „*im Innenverhältnis das Rechtsverhältnis zwischen den Beteiligten sogar so gestalte[n], als ob die Geldgeber die Kommanditisten seien* […]", begründete er damals damit, dass „*für die Beteiligten die Möglichkeit* [besteht], *ihre Rechtsbeziehungen untereinander der wirklichen Sachlage anzupassen;* [denn] *in dieser Hinsicht sind sie durch zwingendes Recht nicht eingeschränkt, da die Gestaltung ihrer internen Rechtsbeziehung im allgemeinen einer freien vertraglichen Vereinbarung zugänglich ist.*"[405]

Schon damals ging der Senat offenbar über eine zweiseitige Treuhandvereinbarung hinaus von einer Rechtsbeziehung zwischen allen Gesellschaftern und dem Treugeber aus. Es blieb jedoch offen, wie das angesprochene Innenverhältnis zu qualifizieren sei. Dass es sich bei diesem um das verbandsrechtliche Innenverhältnis handeln sollte, deutet sich spätestens in einem Urteil aus dem Jahre 2013 an. Hier heißt es: „*Es entspricht* […] *der ständigen Rechtsprechung des BGH, dass* […] *die an der Gesellschaft Bet. ihr gesellschafterliches Innenverhältnis so gestalten können, als ob die Treugeber selbst Gesellschafter wären*

402 *Milde*, FS Konzen (2006), 541 (553).

403 Kritisch in diesem Sinne auch WBA/*Paul*, KAGB, § 152 Rn. 8: „Makulatur".

404 Grds. kritisch zu dieser Unterscheidung *Kindler*, FS K. Schmidt (2019), Bd. I, 641 (643).

405 BGH, NJW 1953, 1548 (1549).

[...].[406] Der Senat spricht hier – soweit ersichtlich – das erste mal von einem „*gesellschafterlichen*" Innenverhältnis der an der Gesellschaft Beteiligten, mithin auch der mittelbar Beteiligten.

Weiter heißt es in dieser Entscheidung an späterer Stelle: „*Bei diesen durch den Beitritt bzw. den Anteilserwerb zu Stande gekommenen Rechtsverhältnissen zwischen dem Kl.* [d.h. dem Treugeber] *und den unmittelbaren Gesellschaftern handelt es sich nicht um bloß schuldrechtliche Rechtsbeziehungen, sondern um von gesellschaftsrechtlichen Bindungen überlagerte Vertragsverhältnisse* [...]. *Durch einen schuldrechtlichen Vertrag können keine solchen einer Mitgliedschaft gleichkommenden Herrschaftsrechte in einer Gesellschaft begründet werden* [...]. *Durch den Gesellschaftsvertrag ist der Treugeber entsprechend einem unmittelbaren Gesellschafter statutarisch in das Innenverhältnis der Gesellschaft einbezogen.*"[407]

In der Literatur deutete *Wiesner* bereits frühere Entscheidungen des Bundesgerichtshofs dahingehend, dass der qualifizierte Treugeber als Mitglied des gesellschaftsrechtlichen Innenverhältnisses angesehen werden könne.[408]

Die zutreffende Ansicht, dass die Rechte und Pflichten des qualifizierten Treugebers innerhalb der Gesellschaft verbandsrechtlicher Natur seien, wird auch von *Wertenbruch* geteilt. Nach dessen Ansicht würde der Treugeber zwar nicht Mitglied der Gesamthand und damit nicht Gesellschafter.[409] Der Gesellschaftsvertrag einer Personengesellschaft habe aber eine Doppelnatur:[410] Er sei zunächst schuldrechtlicher Vertrag zwischen den Gesellschaftern und regele somit deren Innenverhältnis zueinander. Darüber hinaus sei er als organisationsrechtlicher Vertrag einzuordnen, durch den die nach außen rechts- und parteifähige Gesamthandgesellschaft entstehe.[411] Soweit der Gesellschaftsvertrag auch das zwischen den Gesellschaftern bestehenden Innenverhältnis begründe und regele, sei hieran eben auch der Treugeber – und zwar unmittelbar – beteiligt.

406 BGH, NJW 2190 (2191) [Rn. 14].

407 BGH, NJW 2190, (2192) [Rn. 19 ff.].

408 *Wiesner*, FS Ulmer (2203), 673 (678 f.), bezogen insb. auf BGH, NJW 1987, 2677.

409 *Wertenbruch*, NZG 2013, 285.

410 *Wertenbruch*, NZG 2016, 401 (402); ders., NZG 2017, 81 (83).

411 Zu Recht kritisiert *Dogan*, S. 164, 178, an dieser Ansicht die nicht ganz einleuchtende Qualifikation des Außenverhältnisses als organisationsrechtlich und des Innenverhältnisses als schuldrechtlich.

2. *Die Verbandsmitgliedschaft eigener Art des Treugebers*

Ebenfalls eine Beteiligung des qualifizierten Treugebers am gesellschaftsrechtlichen Innenverhältnis nimmt *Tebben* an.[412] Dabei vertritt er, dass einem qualifizierten Treugeber eine letztlich auf das gesellschaftsrechtliche Innenverhältnis beschränkte Verbandsmitgliedschaft eigener Art eingeräumt würde.[413]

Dieser überzeugende Ansatz soll im Folgenden erläutert und weitergeführt werden. Er entspricht im Ergebnis auch nahezu dem von *Dogan* in Weiterentwicklung einer Idee von *Wiedemann* vertretenen Ansatz eines stillen Kommanditisten, wenngleich *Dogan* die Figur einer Quasi-Mitgliedschaft oder einer Mitgliedschaft *sui generis* ablehnend[414] gegenübersteht:[415] Demnach sei die Rechtstellung des qualifizierten Treugebers in einer Beteiligung desselben am gesellschaftsrechtlichen Innenverhältnis nach dem Vorbild eines Innen-Kommanditisten des Allgemeinen Landrechts für die Preußischen Staaten und des österreichischen Allgemeinen Gesetzbuches von 1812 begründet. Er sei somit echter, jedoch auf das Innenverhältnis beschränkter Gesellschafter.

Der große Vorteil der Annahme einer Mitgliedschaft *sui generis* liegt in der Flexibilität dieses Erklärungsmodells, das der Vielzahl an qualifizierten Treuhandgestaltungen gerecht wird. Denn das gesellschaftsrechtliche Innenverhältnis ist – wie zu dieser Thematik schon der Bundesgerichtshof ausführte[416] – innerhalb bestimmter Grenzen, die zum Teil des positive Recht selbst setzt, sich zum anderen aus allgemeinen Wertungen des Zivil- und Gesellschaftsrechts ergeben können und von Rechtsform zu Rechtsform unterschiedlich verlaufen[417], grundsätzlich frei gestaltbar.[418]

Die Zugehörigkeit zu einem Verband begründet eine Mitgliedschaft.[419] Es liegt daher gar nicht fern, dass auch der Treugeber, soll er doch nach dem Willen

---

412 Vgl. *Tebben*, S. 135 ff.

413 *Tebben*, S. 162; ausdrücklich von einer Mitgliedschaft spricht auch *Schürnbrand*, ZGR 2014, 256 (260); explizit gegen die „Rechtsfigur einer Quasi-Mitgliedschaft“ *Wiedemann*, NZG 2013, 1041 (1045); vgl. ders. auch in ZIP 2012, 1786 (1789): „verschwommene[...] Vorstellungen einer unmittelbaren Beteiligung von mittelbar Beteiligten“.

414 *Dogan*, S. 185.

415 *Dogan*, S. 186 ff.; *Wiedemann*, NZG 2016, 2016, 1 ff.

416 BGH, NJW 1953, 1548 (1549); siehe hierzu bereits oben, S. 84.

417 So besteht z.B. in der Aktiengesellschaft wegen der im Aktienrecht gem. § 23 Abs. 5 AktG geltenden Satzungsstrenge nur ein geringer gestalterischer Spielraum.

418 Vgl. auch *Wertenbruch*, NZG 2016, 401 (402); *Wiesner*, FS Ulmer (2003), 673 (679).

419 Vgl. *Beuthien*, FS Wiedemann (2002), 755; *Wiedemann*, Mitgliedschaft, S. 23 ff.

aller Beteiligten in das Verbandsverhältnis einbezogen werden, eine Mitgliedschaft erwirbt. Diese fasst zumindest einen unabdingbaren Mindestinhalt von (statutarischen) Rechten und Pflichten zusammen.[420] Als Inhalt jeder Mitgliedschaft[421] unterliegt der Treugeber damit zumindest der allgemeinen Zweckförderungspflicht.[422] Welche Rechte und Pflichten darüber hinaus noch zwingend für die Mitgliedschaft des Treugebers eigener Art sind, ist nachfolgend in dem gewissermaßen besonderen Teil dieser Arbeit zu erörtern. Das gleiche gilt für die Frage, inwiefern durch Gestaltung über dieses zwingende Maß hinaus dem Treugeber Rechte eingeräumt und auf der anderen Seite dem Treuhänder entzogen werden dürfen.

Die Annahme, der Treugeber erlange selbst eine mitgliedschaftliche Stellung, hat unweigerlich zur Folge, dass auch eine unmittelbare Rechtsbeziehung zu anderen qualifiziert mittelbar Beteiligten begründet wird, die ihrerseits Mitglieder des Verbands werden.[423] Hierauf wird an späterer Stelle noch zurückzukommen sein.

Die Einräumung unmittelbarer Rechte zugunsten eines nur mittelbar Beteiligten in der (Haupt)gesellschaft ist kein exklusives Problem der Anteilstreuhand. So gibt es durchaus auch Gestaltungen in der Praxis, die es rechtfertigen, von einem qualifizierten Unterbeteiligten oder von einem qualifizierten stillen Gesellschafter zu sprechen.[424] Hier wie dort sollen dem mittelbar Beteiligten unmittelbare Rechte in der (Haupt)gesellschaft eingeräumt werden. Der hier beschriebene Ansatz ist daher zugleich ein globalerer Ansatz, der im Grundsatz auf alle Arten der mittelbaren Beteiligung Anwendung finden kann.[425] Je nach Art der mittelbaren Beteiligung dürfte aufgrund unterschiedlicher Interessenlagen die damit verbundene zwingende sowie die durch Gestaltung mögliche

420 So auch *Dogan*, S. 188, für den stillen Kommanditisten.

421 *Lutter*, AcP 180 (1980), 102 (103); vgl. auch § 705 BGB; *Dogan*, S. 207, 234; Schäfer/*Schäfer*, Neues PersGesR, S. 221; *K. Schmidt*, GesR, § 20 II 1a) [S. 567].

422 So auch BGH, NZG 2013, 379 (381) [Rn. 21]; NZG 2015, 269 (271) [Rn. 20].

423 Dies verkennen *Asmus/K. Markwardt*, ZIP 2012, 1581 (1589), wenn sie meinen, der Treugeber würde nicht Vertragspartner der anderen Treugeber; eine vertragliche Verbindung zwischen den Treugebern bei einer „als ob-Klausel" ebenfalls pauschal verneinend *Armbrüster*, FS Kanzleiter (2010), 31 (40).

424 Siehe bereits oben, § 1B.III, S. 26.

425 Auch *Tebben*, S. 135, spricht allgemein vom mittelbar Beteiligten, seine Untersuchung bezieht sich auf die Treuhand und Unterbeteiligung an Gesellschaftsanteilen zugleich. Zur Übertragung des im Folgenden beschriebenen Ansatzes auf den Anteilsnießbrauch siehe unten, S. 98 ff.

Rechtstellung des mittelbar Beteiligten eine andere sein. So vermag beispielsweise der Umstand, dass ein Anteilsnießbraucher nicht das volle wirtschaftliche Risiko der Unternehmung trägt und womöglich – trotz seiner mit der Mitgliedschaft verbundenen Zweckförderungspflicht[426] – nur an einem kurzfristig hohen Gewinn der Gesellschaft interessiert ist, dazu führen, dass sich die Gesellschafter und vor allem der Hauptbeteiligte in einem weniger starken Maße ihrer Selbstbestimmung zugunsten eines Nichtgesellschafters entledigen können.[427] Angesprochen sind damit abermals die auch hinter dem Abspaltungsverbot stehenden materiellen Erwägungen.

a) Zuordnung von Rechten und Pflichten als Gestaltung des gesellschaftsrechtlichen Innenverhältnis

Nach dem Modell der Mitgliedschaft eigener Art stellt sich die Zuordnung von Rechten und Pflichten als Gestaltung des gesellschaftsrechtlichen Innenverhältnisses dar. *Tebben* merkt zutreffend an, dass nicht die Einräumung von Rechten und die Auferlegung von Pflichten einen mittelbar Beteiligten in den Gesellschafterverband einbeziehe, sondern dass die Einbeziehung, also die Aufnahme in den Verband, die Begründung von Rechten und Pflichten erst ermögliche.[428] Es kann somit durchaus auch einen qualifizierten Treugeber ohne explizit eingeräumte Mitgliedschaftsrechte geben; dessen Rechtstellung erschöpft sich sodann darin, dass er zur Zweckförderung und somit auch zur Rücksichtnahme auf die Interessen der Gesellschaft, ihrer Gesellschafter sowie konsequenterweise auch anderer qualifizierter Treugeber verpflichtet ist, wobei jene wiederum ihm gegenüber „zur Sorgfalt und Treue verpflichtet" sind.[429] Findet sich im Statut der Gesellschaft sodann eine konkretere Beschreibung der Rechtstellung des mittelbar Beteiligten, handelt es sich dabei um die Ausgestaltung des gesellschaftsrechtlichen Innenverhältnisses.[430] Dort geregelte

---

426 Zur Zweckförderungspflicht als Mindestinhalt einer jeden Verbandsmitgliedschaft siehe bereits oben, Fn. 421; vgl. speziell hinsichtlich eines Anteilsnießbrauchers auch *Wedemann*, ZGR 2016, 827, die die Bindung an die Treuepflicht, die sich aus der Zweckförderungspflicht ableitet (siehe unten, § 5A, S. 121 ff.), ebenfalls damit begründet, dass der Nießbraucher dem mitgliedschaftlichen Verhältnis angehöre.

427 Vgl. OLG Koblenz, NJW 1992, 2163 (2165); gegen eine Argumentation in diese Richtung *Schön*, ZHR 158 (1994), 229 (259); *Wedemann*, NZG 2013, 1281 (1287).

428 *Tebben*, S. 136; vgl. auch *Sojka*, S. 11: „Einwirkungsmöglichkeiten des Outsiders finden hier eine materielle Legitimation".

429 *Tebben*, S. 136.

430 Insofern übereinstimmend mit *Wertenbruch*, NZG 2017, 81 (83 ff.).

Befugnisse sind dem mittelbar Beteiligten kraft gesellschaftsvertraglicher Regelung dinglich zugeordnet, er kann sie gegenüber den anderen Mitgliedern und der Gesellschaft unmittelbar durchsetzen.[431]

Aus dem vorstehend beschriebenen Verständnis ergibt sich sodann, dass die Einräumung von Rechten und Pflichten nicht bloß im Treuhandvertrag, sondern im Gesellschaftsvertrag erfolgen muss,[432] wobei – die Einhaltung einer etwaig vorgeschriebenen Form vorausgesetzt[433] – Regelungen des Treuhandvertrages gleichwohl zu Bestandteilen des Gesellschaftsvertrages gemacht werden können.

Durch die Mitgliedschaft eigener Art erlangt der Treugeber hingegen keine Vermögensbeteiligung und somit auch keine mitgliedschaftlichen Vermögensrechte und -pflichten.[434] Die vermögensrechtliche Stellung ist immer eine vom Treuhänder abgeleitete,[435] denn im Hinblick auf Vermögensrechte und -pflichten lässt sich eine Einbeziehung schuldrechtlich ohne Weiteres erklären. Vermögensrechte können an den Treugeber abgetreten werden[436], Verpflichtungen lassen sich durch das Instrument der Schuld(mit)übernahme begründen[437].

b) Begründung der Verbandszugehörigkeit

Es stellt sich sodann die Frage, welche Voraussetzungen an die Begründung der Verbandszugehörigkeit des Treugebers zu stellen sind.

In den Entscheidungen der Rechtsprechung zur qualifizierten Treuhand findet man häufig die Aussage: *„Ein solches Vertragsverhältnis [der Treugeber] mit den Gesellschaftern ist regelmäßig anzunehmen, wenn – wie bei Publikumsgesellschaften häufig – die mittelbare Beteiligung erst noch zu werbender Anleger*

---

431 *Schön*, ZHR 158 (1994), 229 (236), beschreibt diese Wirkung für die Rechte eines Anteilsnießbrauchers zutreffend als „gesellschaftsrechtliche Dinglichkeit" in Abgrenzung zu einer „sachenrechtlichen Dinglichkeit".

432 So wohl auch BGH, NZG 2018, 539 (541) [Rn. 27]; vgl. auch *Dogan*, S. 107, 217, *Tebben*, S. 137.

433 Siehe dazu unten, § 4A.I, S. 105.

434 *Tebben*, S. 369; ähnlich *Dogan*, S. 187, für den stillen Kommanditisten.

435 Diesbezüglich anders *Dogan*, S. 235, für die Figur des stillen Kommanditisten: danach soll der qualifizierte Treugeber lediglich keinen eigenen Anspruch auf das Auseinandersetzungsvermögen haben, auf die (sonstigen) Vermögensrechte jedoch schon. Dies widerspricht jedoch der weit verbreitenden Praxis, dass der Umfang der Vermögensrechte gerade an die Höhe der Kapitalbeteiligung anknüpft.

436 Siehe oben, § 3B.I.2, S. 58.

437 Siehe oben, § 3B.III, S. 77 ff.

und damit eine Verzahnung von Gesellschaft und Treuhand im Gesellschaftsvertrag von vornherein vorgesehen ist und im Hinblick darauf bestimmte Rechte und Pflichten der Anleger schon im Gesellschaftsvertrag geregelt sind."[438] Wie soeben bereits ausgeführt, setzt die Einräumung bestimmter Rechte und Pflichten die Verbandszugehörigkeit jedoch gerade voraus. Die Beteiligten können ein Vertragsverhältnis nur ausgestalten, wenn es überhaupt wirksam begründet wurde. Das zwischen Gesellschaftern bestehende Vertragsverhältnis[439] ist der Gesellschaftsvertrag, bei Körperschaften auch Satzung genannt[440]. Auch wenn ein mittelbar Beteiligter häufig nicht an dem Gründungsakt des Verbands beteiligt ist, der organisationsrechtliche Teil des Gesellschaftsvertrages[441] seine Rechtstellung daher gegebenenfalls bereits vorzeichnet, muss er zwecks Verbindlichkeit Partei dieses Vertragsverhältnisses werden.[442] Dies geschieht grundsätzlich auf dieselbe Art und Weise, wie sich auch Gesellschafter beteiligen.[443] Es bedarf daher eine auf die Begründung der Mitgliedschaft gerichtete Willenserklärung des (künftigen) Treugebers und eine korrespondierende Erklärung der bereits vorhandenen Mitglieder oder der verselbstständigten Körperschaft.[444]

---

438 BGH, NZG 2018, 580 (581) [Rn. 14]; NZG 2015, 269 (270); NJW 2013, 2190 (2191) [Rn. 15].

439 Die Rechtsnatur von Gesellschaftsvertrag bzw. Satzung ist umstritten, siehe dazu nur *K. Schmidt*, GesR, § 5 I [S. 75 ff.]. Der Streit soll hier nicht weiter vertieft werden. Es entspricht wohl mittlerweile h.M., dass auch bei den Körperschaften jedenfalls der Errichtungsakt sowie der Beitritt ein Rechtsgeschäft und die Satzung trotz ihres organisationsrechtlichen Charakters auch einen Vertrag begründet, auf den die Regeln des BGB gewiss nicht uneingeschränkt Anwendung finden, vgl. nur Scholz/*Cramer*, GmbHG, § 2 Rn. 3 ff.; *Wicke*, GmbHG, § 2 Rn. 2 f.

440 Siehe z.B. § 25 BGB, § 2 AktG; inkonsequent dagegen das GmbHG, das im Gesetzestext durchgängig von Gesellschaftsvertrag spricht, in den Überschriften der §§ 53 und 54 jedoch von Satzungsänderung.

441 Zur Differenzierung zwischen schuldrechtlichem und organisationsrechtlichem Charakter siehe bereits Nachweise in Fn. 439. Auch bei der Personengesellschaft gibt es einen organisationsrechtlichen Teil, vgl. *K. Schmidt*, GesR, § 5 I 1b) [S. 76 f.] m.w.N. *Wertenbruch*, NZG 2016, 401 (402), setzt dieses „organisationsrechtliche Element" des Gesellschaftsvertrages fälschlicherweise mit dem nicht zur Disposition der Beteiligten stehenden Außenverhältnis gleich, an dem der Treugeber gerade nicht teilnehmen könne.

442 Vgl. auch *Dogan*, S. 186 f., für das Modell des stillen Kommanditisten.

443 *Milde*, FS Konzen (2006), 541 (554).

444 *Soyka*, S. 38 ff.; vgl. auch die Ausführungen in NJW 2013, 2190 (2191 f.) [Rn. 17 ff.], insb Rn. 22: „privatautonome rechtsgeschäftliche Willenserklärungen".

Die Offenlegung des Treuhandverhältnisses genügt dagegen ebenso wenig wie die bloße Billigung durch die Gesellschafter.[445] In der Praxis sind solche sich entsprechende Erklärungen tatsächlich häufig auszumachen.[446] Nicht selten erklärt der (künftige) Treugeber ausdrücklich, sich an dem Verband beteiligen zu wollen oder den Gesellschaftsvertrag als für sich verbindlich anzuerkennen.[447] Für die bereits vorhandenen Verbandsmitglieder handelt sodann ein Bevollmächtigter, nicht selten der Treuhandgesellschafter.[448]

Ob die Begründung einem bestimmten, auch für die Beteiligung als Gesellschafter geltenden Formzwang unterliegt, muss vor dem Hintergrund des Sinns und Zwecks einer etwaigen Formvorschrift beurteilt werden und soll an späterer Stelle nochmals aufgegriffen werden.[449]

c) *Abhängigkeit von mittelbarer und unmittelbarer Beteiligung – die unmittelbare mittelbare Beteiligung*

Nach hiesigem Modell bestehen zwei voneinander zu trennende Mitgliedschaften: die des Treugebers (*sui generis*) sowie die des Treuhänders (Gesellschafter). Hierin unterscheidet es sich von der von anderen Autoren getroffenen Annahme einer Art Vergemeinschaftung einer einheitlichen Beteiligung. Eine gemeinschaftliche Berechtigung an ein und demselben Anteil wird zunächst von denjenigen vertreten, die die Qualifikation der Treugeberrechtstellung als das Ergebnis einer Art dinglichen Belastung der Mitgliedschaft des Treuhänders verstehen. Diese Ansicht wurde oben bereits erörtert.[450] Namentlich *Ulmer* vertritt ein dem sehr nahekommendes Modell: Er geht davon aus, dass bei der qualifizierten Treuhand eine gesetzlich nicht geregelte Rechtsgemeinschaft eigener Art am Anteil bestehe.[451] Diese begründe eine „Doppelzuständigkeit"

---

445 *Asmus/K. Markwardt*, ZIP 2012, 1581, (1589); ähnlich *Soyka*, S. 15; a.A. für sein sogleich unten, unter § 3C.II.2.c) beschriebenes Modell *Ulmer*, FS Odersky (1996), 873 (878); ders., ZHR 156 (1992), 377 (388).

446 Andere Beobachtung offenbar duch *Asmus/K. Markwardt*, ZIP 2012, 1581, (1589); allgemein krit. *Wiedemann*, NZG 2013, 1041 (1045): Deutung als „korporatives Netzwerk" beruhe bloß auf „fiktiven Parteiabreden".

447 Siehe schon oben, S. 36.

448 Vgl. BGH, NZG 2015, 269 (271); für ein explizites Beispiel siehe Fn. 89; vgl. auch *Dogan*, S. 145.

449 Siehe unten, § 4A, S. 105 ff.

450 Siehe oben, S. 68 ff.

451 So auch die Interpretation des Modells von *Ulmer* durch *Tebben*, S. 105 ff., der insgesamt zwischen der „Rechtsgemeinschaft am Gesellschaftsanteil" (dort S. 103 ff.)

an dem einheitlichen Gesellschaftsanteil mit „quasi dinglicher (gesellschaftsrechtlicher) Wirkung".[452] Eben durch diese gemeinschaftliche Berechtigung würde auch der Treugeber zum Mitglied des Verbands.[453] Die Aufteilung der Befugnisse stelle sich dann ebenfalls – wie in dem hier beschriebenen Modell – als die Ausgestaltung des gesellschaftsrechtlichen Innenverhältnisses dar.[454] Sofern für bestimmte Rechte und Pflichten keine Regelungen getroffen seien, käme § 18 GmbHG zur Anwendung.[455]

Geht man aber – wie hier – von zwei verschiedenen Mitgliedschaften aus, stellt sich die Frage des Verhältnisses dieser Mitgliedschaften zueinander.

Die Verbandszugehörigkeit des Treugebers und des Treuhänders sind nach hiesiger Auffassung rechtlich grundsätzlich unabhängig und deshalb abstrakt zu betrachten.[456] Das hat unter anderem zur Konsequenz, dass die Einräumung von Rechten zugunsten des Treugebers nicht automatisch dazu führt, dass dem Treuhänder auf der anderen Seite diese Rechte verwehrt sind. Hierin liegt ein wesentlicher Unterschied zu der oben beschriebenen Ansicht, durch die Treuhand würde eine gemeinschaftliche Berechtigung an der Mitgliedschaft begründet. Eine Verknüpfung aber kann und muss durch Auslegung der entsprechenden Vertragsgestaltungen hergestellt werden: Weil eine doppelte Berechtigung des Treuhänders und des Treugebers von den Beteiligten in der Regel nicht gewollt sein wird,[457] ergibt die (gegebenenfalls ergänzende) Auslegung des Statuts, dass der Treuhänder für die Zeit des Treuhandverhältnisses bestimmte Gesellschafterrechte nicht soll ausüben können. Der Verzicht auf einzelne Mitgliedschaftsrechte beziehungsweise die Schaffung beschränkter Mitgliedschaften ist, abhängig von der jeweiligen Rechtsform der Gesellschaft und unter Beachtung des unverzichtbaren Kernbereichs, ganz grundsätzlich

---

und der „Dinglichen Belastung der Mitgliedschaft" (dort S. 111 ff.) unterscheidet, wenngleich in beiden Fällen eine gemeinschaftliche Berechtigung am Anteil besteht.

452 *Ulmer*, FS Odersky (1996), 873 (889, 893); ders., ZHR 156 (1992), 377 (388).

453 *Ulmer*, ZHR 156 (1992), 377 (388).

454 *Ulmer*, FS Odersky (1996), 873 (878 f.); ders., ZHR 156 (1992), 377 (388).

455 *Ulmer*, FS Odersky (1996), 873 (894).

456 *Dogan*, S. 111, zeigt auf, dass es ebenfalls denkbar ist von einer einheitlichen Mitgliedschaft auszugehen, bei der die Teilhabe am Innenverhältnis vom Treuhänder an den Treugeber abgespalten würde; vgl. auch *Foerster*, S. 144 ff.

457 So auch *Armbrüster*, S. 276, hinsichtlich des Stimmrechts: Dass der Treugeber anstelle des Treuhänders stimmberechtigt sein soll, ist der „Regelfall".

möglich.[458] Ein solcher Verzicht ist hier aber nicht in dem Sinne zu verstehen, dass die Mitgliedschaft des Treuhänders entsprechende Rechte gar nicht beinhaltet, es sich also beispielsweise um eine stimmrechtslose Beteiligung handele. Vielmehr ist dieser Verzicht durch die Funktion des Gesellschafters als Treuhänder begründet und somit mit seiner Person sowie seiner funktionellen Stellung verbunden. So wie grundsätzlich die Möglichkeit besteht, einzelnen Gesellschaftern (schuldrechtliche) Sonder- beziehungsweise Vorzugsrechte einzuräumen, die nicht an den Anteil beziehungsweise die Beteiligung selbst gebunden sind oder an satzungsmäßig bestimmte Eigenschaften anknüpfen[459] und daher nicht (automatisch) im Falle einer Übertragung der Mitgliedschaft übergehen,[460] liegt hier spiegelbildlich eine an die Funktion als Treuhänder gebundene „Sonderbeschränkung" des Treuhänders vor. Diese fällt dann weg und die Mitgliedschaft „erstarkt" zu einer unbeschränkten Mitgliedschaft, wenn eine Übertragung auf eine nicht treuhänderisch gebundene Person erfolgt. Das Konzept geht auf, wenn das Treuhandverhältnis beendet wird und der Treuhänder den Anteil an den Treugeber (zurück)abtritt.[461] Dieser kann dann alle Rechte aus der nun ihm zustehenden Vollmitgliedschaft ausüben.

Das führt unweigerlich zu der Frage, welches Schicksal die Verbandsbeteiligung des Treugebers eigener Art bei Beendigung des Treuhandverhältnisses erfährt. Auch diese erlischt in diesem Zeitpunkt. Wegen der soeben konstatierten Abstraktheit der beiden Mitgliedschaften mag man dafür auf eine ergänzende Auslegung der Beitrittserklärung des Treugebers zurückgreifen, die ergibt, dass die Erklärung, soweit sie sich auf die „unmittelbar mittelbare" Beteiligung, mithin auf die Begründung der Mitgliedschaft *sui generis*, bezieht, von Beginn an auflösend bedingt erfolgt. Bedingung ist die Beendigung des Treuhandverhältnisses, egal aus welchem Grund.[462] Man mag den Umstand,

---

458 Vgl. nur für das Personengesellschaftsrecht *Wiedemann*, GesR II, § 3 III 2d) [S. 218 ff.]; für die GmbH, Scholz/*Seibt*, GmbHG, § 14 Rn. 39 ff.; problematischer ist das bei der AG, da hier die weitgehende Satzungsstrenge gilt, § 23 Abs. 5 AktG.

459 BeckOGK/*Könen*, BGB, Stand: 01.04.2024, § 35 Rn. 32; Erman/*H. P. Westermann*, BGB, § 35 Rn. 1.

460 Scholz/*Seibt*, GmbHG, § 14 Rn. 32; Noack/Servatius/Haas/*Fastrich*, GmbHG, § 14 Rn. 20.

461 Eine solche Pflicht ist in den Verträgen häufig explizit vorgesehen, ergibt sich aber auch aus dem (dispositiven) § 667 BGB, siehe Nachweis in Fn. 27.

462 I.E. ebenso *Tebben*, ZGR 2001, 586 (614). Vorzugswürdig handelt es sich um eine Bedingung, und keine Befristung, weil die Beendigung des Treuhandverhältnisses kein sicher eintretendes Ereignis ist. Bspw. könnte die Gesellschaft vor Beendigung des Treuhandvertrages aufgelöst werden.

dass die Mitgliedschaft eigener Art durch das Bestehen des (oder eines) Treuhandverhältnisses bedungen ist aber auch einer ergänzenden Auslegung der organisationsrechtlichen Regelungen des Statuts entnehmen. Letztlich ist das Ergebnis aus materiell-rechtlichen Erwägungen zwingend, denn es kann eine Treugebermitgliedschaft eigener Art nicht ohne mittelbare Beteiligung durch ein Treuhandverhältnis geben, da sich nur aus der wirtschaftlichen Zuordnung des Gesellschaftsanteils die grundsätzliche Zulässigkeit der Einbeziehung in das Gesellschaftsverhältnis ergibt.[463]

Aus dem Vorstehenden ergibt sich zuletzt im Hinblick auf die Übertragung des Gesellschaftsanteils an eine Dritte Person sowie für die Übertragbarkeit der Mitgliedschaft eigener Art Folgendes: Vorbehaltlich der Zulässigkeit der Anteilsübertragung gemäß dem Gesellschaftsvertrag kann der Gesellschaftsanteil übertragen werden. Für das Fortbestehen der Mitgliedschaft eigener Art bedarf es dann jedoch auch des Übergangs des Treuhandverhältnisses. Auf diese Weise kann etwa der Treuhänder ausgewechselt werden. Entgegen der Ansicht von *Tebben*[464] ist jedoch auch die Mitgliedschaft eigener Art grundsätzlich übertragbar. Voraussetzung hierfür muss einerseits sein, dass – analog zur Übertragbarkeit der Gesellschafterstellung in Personen- und Kapitalgesellschaften – der Übertragung entweder zugestimmt wird beziehungsweise keine Vinkulierung vorliegt, andererseits muss der Erwerber zwingend auch in die Rechtstellung des Treugebers aus dem Treuhandvertrag eintreten.

d) Mitgliedschaft eigener Art und die Vereinbarung mit dem Rechtsform- und gesellschaftsrechtlichen Typenzwang

Schon aufgrund der Bezeichnung als Mitgliedschaft „eigener Art" drängt sich die Frage nach der Vereinbarkeit dieses Modells mit dem Rechtsformzwang oder der gesellschaftsrechtlichen Typengesetzlichkeit auf.[465] Vor allem *Kindler* bringt gegen die Vorstellung, einem Treugeber würden als Nichtgesellschafter mitgliedschaftliche Rechte eingeräumt und Pflichten auferlegt werden, vor, dass dies mit dem gesellschaftsrechtlichen Typenzwang „schlechterdings unvereinbar" sei.[466] Hierbei rekurriert er auf das zur „GbRmbH" ergangene Grundsatzurteil des Bundesgerichtshofes, in dem sich drei Personen zur Verfolgung eines

463 Vgl. nur die Erwägungen oben, S. 59; ebenso *Tebben*, ZGR 2001, 586 (614).

464 *Tebben*, ZGR 2001, 586 (613).

465 Ebenso *Dogan*, S. 218, für die Figur des stillen Kommanditisten als neuen Gesellschaftertypen.

466 *Kindler*, ZIP 2009, 1146 (1148); ders., FS K. Schmidt (2009), 871 (879).

gemeinsamen Zwecks zusammenschlossen, ihre Haftung nach dem Gesellschaftsvertrag aber auf das Gesellschaftsvermögen beschränkt sein sollte, und die nach außen mit dem Namenszusatz „Gesellschaft bürgerlichen Rechts mit beschränkter Haftung“ auftraten.[467] Der Bundesgerichtshof hielt diese Haftungsbeschränkung für unzulässig und nahm eine unbeschränkte persönliche Außenhaftung der Gesellschafter für Verbindlichkeiten der Gesellschaft an.[468] Der 2. Zivilsenat führt unter anderem aus, dass „eine Haftungsbeschränkung durch einseitigen Akt der Gesellschaft [...] entgegen dem System des geltenden Rechts im Ergebnis wie die Schaffung einer neuen Gesellschaftsform wirken [würde].“[469] Angesprochen ist damit richtigerweise jedoch nicht der gesellschaftsrechtliche Typenzwang, sondern der davon zu unterscheidende[470] Rechtsformzwang. Nach diesem ist jeder Verband zwingend einer Rechtsform des positiven Rechts zuzuordnen.[471] Bei einer sogenannten Rechtsformverfehlung, die vorliegt, wenn ein Verband nicht die zwingenden gesetzlichen Anforderungen einer bestimmten Rechtsform erfüllt, kann entgegen dem Willen der Gesellschafter eine Gesellschaft mit einer anderen als der gewollten Rechtsform entstehen.[472] Steht also fest, was zum Zeitpunkt des vorbeschriebenen Urteils durchaus noch umstritten war,[473] dass auch die Gesellschafter einer GbR zwingend unbeschränkt für deren Verbindlichkeiten haften, traten die Beteiligten im Rechtsverkehr in einer Gesellschaftsform auf, die das Gesetz gar nicht vorsieht.[474] Das Gericht hatte die „GbRmbH“ daher aus Verkehrsschutzgründen[475] als eine GbR zu behandeln und bejahte somit zu Recht auch die persönliche Außenhaftung der Gesellschafter.

Der gesellschaftsrechtliche Typenzwang hingegen ist als eine (andere) Schranke der Gestaltungsfreiheit zu verstehen: Bei diesem geht es um die Frage, ob eine gesellschaftsrechtliche Gestaltung trotz Wahrung der im Einzelnen zwingenden gesetzlichen Vorgaben in nicht hinnehmbarer Weise von der

---

467 Siehe Tatbestand der Entscheidung BGH, NJW 1999, 3483 f.

468 BGH, NJW 1999, 3483 (3484).

469 BGH, NJW 1999, 3483 (3485).

470 *K. Schmidt*, GesR, § 5 III 1c) [S. 111]; *H. P. Westermann*, Vertragsfreiheit S. 114 ff.

471 *K. Schmidt*, GesR, § 5 II 1a) [S. 96], § 5 III 1c) [S. 111].

472 MAH Personengesellschaftsrecht/*Müller*, Teil A, § 1 Rn. 11; *K. Schmidt*, GesR, § 5 II 3b) [S. 102].

473 Siehe dazu beispielshaft die Urteilsanmerkungen von *H. Weber*, NZG 2000, 30 f.

474 A.A. *Beuthien*, WM 2012, 1 (3).

475 BGH, NJW 1999, 3483 (3485); allgemein *K. Schmidt*, GesR, § 5 II 1a) [S. 96]: „Der Rechtsformzwang beruht auf dem Gedanken des Verkehrsschutzes.“

Typizität einer Rechtsform abweicht.[476] Mit den Worten *Karsten Schmidts* geht es darum „ob auch dispositives Gesellschaftsrecht zwingend sein kann", inwiefern es also eine „Ordnungs- oder Leitbildfunktion des dispositiven Rechts" gibt.[477] Die Frage, ob eine Mitgliedschaft des Treugebers eigener Art mit dem gesetzlichen Typenzwang in Einklang steht, ist also eine Frage, die sich erst bei der Ausgestaltung im Einzelfall stellt[478] und unter Berücksichtigung der jeweiligen Rechtsform der Gesellschaft, an der sich ein Treugeber beteiligt, beantwortet werden muss. Dabei sind dann in Konkretisierung der angeblichen Typengesetzlichkeit abermals die schon mehrmals genannten und sich überschneidenden materiellen Erwägungen zu beachten, die beispielsweise hinter dem Abspaltungsverbot, dem Prinzip der Selbstorganschaft im Personengesellschaftsrecht oder einem etwaigen Grundsatz der zwingenden Korrelation von Herrschaft und Haftung stehen.[479]

Der Hinweis von *Kindler*, dass durch die Vorstellung, der qualifizierte Treugeber würde in den Gesellschafterverband aufgenommen, eine neue „Gruppe [...] von Gesellschaftern" geschaffen würde[480] – mag man sie nun als „Innen-Kommanditisten"[481] oder rechtsformneutraler als „Innen-Gesellschafter"[482], „Quasi-Gesellschafter"[483] oder „Mitglieder eigener Art" bezeichnen – dürfte dagegen ebenfalls ein Problem des Rechtsformzwangs sein. Denn das Gesetz gibt mit den Rechtsformen auch die Art der (gesellschaftsrechtlichen) Beteiligung an ihnen vor. Im Falle der Personenhandelsgesellschaften also als persönlich haftender Gesellschafter oder als Kommanditist, § 161Abs. 1 HGB.[484] Qualifiziert mittelbar Beteiligte wollen und sollen nach dem Willen aller Beteiligten zweifellos keines von beiden sein. Sie sollen und wollen insbesondere auf der einen Seite in der Regel nicht unmittelbar persönlich nach Außen haften, auf der anderen Seite nicht die vom Gesetz vorgesehenen Voraussetzungen erfüllen müssen, damit eine solche Haftung ausgeschlossen oder begrenzt

476 Vgl. *K. Schmidt*, GesR, § 5 III 1c) [S. 111 f.], *Tebben*, ZGR 2001, 586 (604).
477 *K. Schmidt*, GesR, § 5 III 1c) [S. 111].
478 Vgl. *Tebben*, ZGR 2001, 586 (604).
479 *Tebben*, ZGR 2001, 586 (607 f.).
480 *Kindler*, ZIP 2009, 1146 (1148); ders. FS K. Schmidt (2009), 871 (880).
481 So bspw. *Kindler*, FS K. Schmidt (2009), 871 (880); siehe auch den Ansatz von *Dogan*, unten Text zu und Nachweise in Fn. 415.
482 So bspw. OLG Frankfurt, BeckRS 2004, 18502 [Rn. 16]; auch *Kindler*, ZIP 2009, 1146 (1148).
483 So bspw. BGH, NJW 2015, 1169 (1170) [Rn. 9].
484 *Kindler*, FS K. Schmidt (2009), 871 (880 f.).

wird (Aufbringung und Erhaltung eines Mindestkapitals, Registerpflicht).[485] Mithin liegt ein Gesellschaftstypus vor, den das Gesetz auf diese Art nicht kennt.[486] Diese Rechtsformverfehlung müsste dann dazu führen, dass – genau wie *Kindler* es im Übrigen als Rechtsfolge des von ihm festgestellten Verstoßes gegen den Typenzwang vorschlägt[487] – die qualifiziert mittelbar Beteiligten als Gesellschafter aufzufassen sind, mit den zwingenden Rechten und Pflichten, die das Gesetz für einen Gesellschafter der entsprechenden Gesellschaftsform vorsieht.

Es wurde oben bereits für den sachenrechtlichen Typenzwang erörtert, dass dieser schon denklogisch nur für den Rechtsanwender gelten kann, der rechtsfortbildenden Entwicklung oder gewohnheitsrechtlichen Anerkennung eines neuen Typus hingegen nicht im Wege steht.[488] Gleiches gilt auch für den Rechtsformzwang: Neue Rechtsformen können nicht nur durch den Gesetzgeber, sondern auch im Wege der Rechtsfortbildung geschaffen werden.[489] Dies muss dann auch für die Schaffung einer neuen Form der Mitgliedschaft gelten. Der Bundesgerichtshof hat die von der Praxis geschaffene Mitgliedschaft des qualifizierten Treugebers eigener Art bereits in einem Urteil aus dem Jahre 1953 für zulässig erachtet, seine Rechtsprechung in der Folgezeit stetig wiederholt und konkretisiert.[490] Dabei hat er zuletzt keinen Zweifel daran gelassen, dass er den Treugeber in den zu entscheidenden Konstellationen als ein an dem Verbandsverhältnis Beteiligten betrachtet.[491] Schließlich hat der Gesetzgeber mit § 152 Abs. 1 Satz 3 KAGB eine qualifizierte Treuhandbeteiligung in Fällen der Investment-Kommanditgesellschaft explizit angeordnet.[492] Es kann somit eine Art richterrechtlich anerkannte und nunmehr zu Gewohnheitsrecht erstarkte Mitgliedschaft eigener Art angenommen werden.[493]

485 *Kindler*, ZIP 2009, 1146 (1148); siehe zudem oben, § 2B.II (S. 40 f.), zu den Motiven einer treuhänderischen Beteiligung.

486 So auch *Foerster*, S. 144.

487 Vgl. *Kindler*, ZIP 2009, 1146 (1149); ders. FS K. Schmidt (2009), 871 (874 ff.).

488 Siehe oben, Text zu Fn. 309.

489 *K. Schmidt*, GesR, § 5 II 1b) [S. 97].

490 Dazu siehe oben, S. 4523 ff.

491 Dazu siehe oben, S. 84 f.

492 Dazu siehe oben, S. 47 ff.

493 Vgl. auch *Tebben*, Gesellschaftsrecht in der Diskussion 2010, 161 (167): die Einbeziehung eines Treugebers in das gesellschaftsrechtliche Innenverhältnis ohne Vollgesellschafter zu sein sei „geltendes Richterrecht"; auch *Dogan*, S. 185, gibt zu, das Modell der Mitgliedschaft *sui generis* entspräche letztlich dem Verständnis

Während im Rahmen der Erörterung, ob die Zuordnung der Rechte und Pflichten auf ein gewohnheitsrechtlich anerkanntes beschränkt dingliches Sachenrecht zurückzuführen sein könnte, als Argument die nicht hinreichende inhaltliche Fixierung eines solchen dinglichen Rechts vorgebracht wurde,[494] greift dieses Argument vorliegend nicht. Die gesetzlich vorgesehenen Rechtsformen gestatten eine Ausgestaltung des verbandsrechtlichen Innenverhältnis in einem viel höheren Maße, als Sachenrechte der Gestaltbarkeit zugänglich sind, sind doch sogar „die Mehrzahl der gesellschaftsrechtlichen Bestimmungen jedenfalls im Recht der Personengesellschaften abdingbar“[495].

3. *EXKURS: Die Verbandsmitgliedschaft eigener Art des Anteilsnießbrauchers*

Es wurde oben bereits erwähnt, dass das Modell der Verbandsmitgliedschaft eigener Art auch für andere qualifizierte oder atypische mittelbare Beteiligungen denkbar ist.[496] Gelegentlich wird die Rechtstellung des qualifizierten Treugebers, so wie sie die Beteiligten nach dem Gesellschafts- und nach dem Treuhandvertrag anstreben, mit der eines Anteilsnießbrauchers verglichen.[497] In der Literatur zum Abspaltungsverbot wird für die ausnahmsweise Zulässigkeit einer Übertragung oder Einräumung von Stimm- oder sonstigen Mitgliedschaftsrechten zugunsten eines Nichtgesellschafters häufig sowohl auf die Anteilstreuhand als auch auf den Anteilsnießbrauch hingewiesen.[498] Als kleiner Exkurs soll daher im Folgenden aufgezeigt werden, dass das Modell einer Verbandsmitgliedschaft eigener Art grundsätzlich auch für den Anteilsnießbrauch Geltung beanspruchen und für im Zusammenhang mit der Rechtstellung des Anteilsnießbrauchers bereits vertretene Ansichten eine dogmatische Erklärung liefern kann.

---

der Rechtsprechung; zu den Voraussetzungen gesetzesvertretenden Richterrechts siehe *Stern*, StaatsR II, 1. Aufl. 1980; S. 585 f.

494 Siehe oben, S. 71.

495 *K. Schmidt*, GesR, § 5 III 1a) [S. 110].

496 Siehe oben, S. 87.

497 MüKo/*Schäfer*, BGB, § 705 Rn. 98 [dortige Fn. 295]; *Ulmer*, FS Odersky (1996), 873 (876, 879 f.); *Wiedemann*, ZIP 2012, 1786 (1789); *Tebben*, ZGR 2001, 586 (596) [Fn. 45].

498 MüKo/*Schäfer*, BGB, § 711a Rn. 18 f.; BeckOK/*Schöne*, BGB, 68. Ed., Stand: 01.11.2023, § 717 Rn. 9; vgl. auch *K. Schmidt*, GesR, § 19 III 4b) [S. 561 f.].

a) Ausgangslage: Wenige Vorgaben des Sachenrechts

Wesensmerkmal eines Nießbrauchrechts ist gemäß § 1030Abs. 1 BGB, dass der Nießbraucher die Nutzungen des belasteten Gegenstandes ziehen darf. Nutzungen sind gemäß § 100 BGB die Früchte und Gebrauchsvorteile einer Sache oder eines Rechts. Früchte eines Rechts sind Erträge, die es bestimmungsgemäß gewährt (§ 99 Abs. 2 BGB). Im Hinblick auf einen Gesellschaftsanteil gehören dazu jedenfalls entnahmefähige Gewinne und Dividenden.[499] Dass dem Nießbraucher ein unmittelbares Recht gegenüber der Gesellschaft auf Auszahlung dieser Gewinne zusteht, dürfte sich deshalb unmittelbar aus der Nießbrauchbestellung als sachenrechtliche Verfügung ergeben, denn das Sachenrecht selbst weist dem Nießbraucher dieses Recht beziehungsweise diese Ansprüche zu.

Dagegen ordnet nach vorherrschender und zutreffender Ansicht das (geschriebene) Sachenrecht dem Nießbraucher keine weiteren Mitgliedschaftsbefugnisse, insbesondere keine Verwaltungsrechte, zu: Diese sind weder als Nutzungen des Gesellschaftsanteils anzusehen,[500] noch passt der Verweis auf § 1066 Abs. 1 BGB, der für den Nießbrauch an einem Miteigentumsanteil die Verwaltungsrechte in der Bruchteilsgemeinschaft dem Nießbraucher zuschreibt[501].

b) Gesellschaftsrechtliche Begründung sonstiger Rechte des Nießbrauchers

Mangels sachenrechtlicher Vorgaben sollte die Beantwortung der Frage, wie die Mitwirkungsrechte an dem nießbrauchbelasteten Anteil zwischen Nießbraucher und Gesellschafter aufzuteilen sind, dem Gesellschaftsrecht überlassen werden.[502] Dieses gibt zwar auch keine eindeutige Lösung vor, wohl aber

---

499 *Blaurock*, S. 139; MüKo/*Pohlmann*, BGB, § 1068 Rn. 51 ff.; *Schön*, ZHR 158 (1994), 229 (240); *Teichmann*, ZGR 1972, 1 (7).

500 OLG München, NZG 2016, 1064 (1065); MüKo/*Pohlmann*, BGB, § 1068 Rn. 74; *Ulmer*, FS Fleck (1988), 383 (393); *Wedemann*, NZG 2013, 1281 (1281 f.); MüKo/*Weller*/*Reichert*, GmbHG, § 15 Rn. 339; *Wiedemann*, GesR II, § 5 II 2dd) [S. 445]; a.A. *Medicus*/*Petersen*, BGB AT, Rn. 1202; MüKo/*Stresemann*, BGB, § 100 Rn. 3.

501 OLG Koblenz, NJW 1992, 2163 (2164); MüKo/*Pohlmann*, BGB, § 1068 Rn. 76; *Wedemann*, NZG 2013, 1281 (1282); *Wiedemann*, GesR II, § 5 II 2dd) [S. 445]; vgl. aber *Ulmer*, FS Fleck (1988), 383 (393): „Parallele"; auch MüKo/*Schäfer*; BGB, § 705 Rn. 104, der die grundsätzlichen Wertungen übertragen will.

502 *Blaurock*, S. 138; ähnlich *Wiedemann*, GesR II, § 5 II 2dd) [S. 445]; vgl. auch *Teichmann*, ZGR 1972, 1 (3): „Bei einem Regelungskonflikt geht das Gesellschaftsrecht vor"; zum Verhältnis zwischen Gesellschafts- und Sachenrecht beim Anteilsnießbrauch siehe ferner MüKo/*Pohlmann*, BGB, § 1068 Rn. 27.

lassen sich aus ihm für die zu beantwortende Frage übergeordnete Prinzipien ableiten und Erkenntnisse aus der Auslegung solcher Normen gewinnen, die das betreffende Recht oder die betreffende Pflicht begründen.[503]

Es soll hier nicht untersucht und entschieden werden, inwiefern einzelne Mitgliedschaftsrechte nun dem Nießbraucher als mittelbar Beteiligten zuzuweisen sind. Nur der Vollständigkeit halber sei angemerkt, dass beispielsweise für das Stimmrecht von der alleinigen Ausübungsbefugnis des Nießbrauchers[504] über eine Aufteilung nach Beschlussgegenstand[505] oder einer gemeinsamen Ausübungsbefugnis[506] bis hin zum alleinigen Stimmrecht des Gesellschafters[507] alles vertreten wird.

Entscheidend ist, dass ein Großteil der Literatur davon ausgeht, dass die Beteiligten von der Zuständigkeitsverteilung beim Nießbrauch, wie sie nach ihrer Ansicht „*ex lege*" vorgegeben ist, abweichen dürfen – und zwar mit (gesellschaftsrechtlich) dinglicher Wirkung.[508] Es dürfte jedoch zweifelhaft sein, ob eine solche Aufteilung der Mitwirkungsrechte als Inhaltsbestimmung des Nießbrauchrechts anzusehen und somit allein durch Vereinbarung zwischen Gesellschafter und Nießbraucher erfolgen kann.[509] Denn diese sind als

503 So der methodische Ansatz von *Wedemann*, ZGR 2016, 798 (820), die jedoch etwaige Vorgaben aus den Nießbrauchvorschriften ebenfalls auf grundsätzlich gleicher Stufe berücksichtigt wissen will.

504 OLG Koblenz, NJW 1992, 2163 (2164); OLG München, NZG 2016, 1064 (1065); Jauernig/*Berger*, BGB, § 1068 Rn. 4; *Medicus/Petersen*, BGB AT, Rn. 1202; MüKo/*Stresemann*, BGB, § 100 Rn. 3; *Wedemann*, ZGR 2016, 798 (826); *dies.*, NZG 2013, 1281 (1284 ff.).

505 *Fleck*, FS Fischer (1979), 107 (125 f.); *Flume*, Personengesellschaft, § 17 VI [S. 363]; Hopt/*Roth*, HGB, § 105 Rn. 102; Habersack/Schäfer/*Schäfer*, HGB, § 105 Rn. 124; *Ulmer*, FS Fleck (1988), 383 (393 f.).

506 *Schön*, ZHR 158 (1994), 229 (261 f.).

507 *Altmeppen*, GmbHG, § 15 Rn. 57; *Blaurock*, S. 144; MüKo/*Heider*, AktG, § 12 Rn. 7; Grüneberg/*Herrler*, BGB, § 1068 Rn. 3, 5; MüKo/*K. Schmidt*, HGB, vor § 230 Rn. 21, 27, 31; ders. ZGR 1999, 601 (609); *Wiedemann*, Mitgliedschaft, S. 413 ff.

508 *Fleischer*, ZEV 2012, 466 (467 f.); Habersack/Schäfer/*Schäfer*, HGB, § 105 Rn. 126; *Ulmer*, FS Fleck (1988), 383 (395); *Wedemann*, NZG 2013, 1281 (1289); ablehnend *Blaurock*, S. 144; *Schön*, ZHR 158 (1994), 229 (262); unklar *Wiedemann*, Mitgliedschaft, S. 416 f., der aber wohl eine verdrängende Vollmacht bei Verankerung in der Satzung zulassen möchte; ausdrücklich offen gelassen in BGH, NJW 1999, 571 (572).

509 Zu dieser Konsequenz siehe näher sogleich unten, § 3C.II.3.c), S. 102.

Rechtsanwender an den *numerus clausus* der dinglichen Rechte gebunden; beschränkt dingliche Rechte gewähren dem Inhaber wegen ihrer absoluten Wirkung zum Schutz des Rechtsverkehrs ein normativ geschnürtes Bündel an Befugnissen, welches nur in engen Grenzen disponibel ist.[510]

Die weitgehende Disponibilität der einem Anteilsnießbraucher zustehenden Rechte (und möglicherweise auch auferlegten Pflichten) lässt sich besser mit dem Modell der Verbandsmitgliedschaft eines Nichtgesellschafters erklären: Die Zuordnung der Mitgliedschaftsrechte, mit Ausnahme solcher, die bereits gemäß §§ 1068 Abs. 2 i.V.m. 1030 Abs. 1 BGB dem Nießbraucher zugeordnet sind (jedenfalls also das Recht auf den ausschüttungsfähigen Gewinn oder Dividenden), stellt sich als eine organisationsrechtliche Regelung des Gesellschaftsrechts dar,[511] wenn und weil die Gesellschafter den Nießbraucher durch Regelung im Statut als Mitglied des Verbands aufgenommen haben[512] – nicht als Vollmitglied, sondern als Mitglied eigener Art, dem ein beschränktes Bündel an Rechten zusteht. Es handelt sich deshalb nicht um einen Transfer von Mitgliedschaftsrechten,[513] auch nicht um die interne Aufteilung derselben zwischen dem Nießbraucher und dem Besteller als gemeinsam an der Mitgliedschaft Berechtigte,[514] sondern um die Einräumung eigener originärer Rechte zugunsten des Nießbrauchers. Gleichzeitig sind entsprechende Rechte auf Seiten des Bestellers gekürzt. Diese Kürzung stellt sich wiederum als eine Gestaltung des gesellschaftsrechtlichen Innenverhältnisses dar.

510 Siehe bereits oben, S. 71.

511 So wohl auch *Flume*, Personengesellschaft, § 17 VI [S. 366], wenn er eine gestaltende Zuständigkeitsverteilung durch Regelungen im Gesellschaftsvertrag fordert; a.A. *Wedemann*, NZG 2013, 1281 (1289): grds. dingliche Wirkung auch bei Vereinbarung zwischen Nießbraucher und Besteller, wobei Zustimmung der Mitgesellschafter nur notwendig, wenn deren Interessen betroffen sind.

512 Ebenso *Schön*, ZHR 158 (1994), 229 (255 f.), der den Nießbraucher als „Gesellschafter auf Zeit“, den Besteller als „Gesellschafter auf Dauer“ bezeichnet; von einer Einbeziehung des Nießbrauchers in den Gesellschaftsverband sprechen ausdrücklich auch MüKo/*Schäfer*; BGB, § 705 Rn. 101; *Ulmer*, FS Fleck (1988), 383 (389 f.).

513 So aber ausdrücklich *Hermanns*, ZIP 2005, 2284 (2289); auch Staudinger/*Heinze*, BGB, Neubearbeitung 2021, Anhang zu §§ 1068, 1069 Rn. 73.

514 Vgl. z.B. Staudinger/*Habermeier*, BGB, Neubearbeitung 2003, § 717 Rn. 6 f.; *Wedemann*, NZG 2013, 1281 (1282); Erman/*Lieder*, BGB, § 711a Rn. 11.

c) Folgerungen dieses Verständnisses für den Nießbrauch

Dieses Verständnis vom Anteilsnießbrauch zwingt zu zwei Folgerungen:

> Erstens: Die Begründung des Nießbrauchs an einem Gesellschaftsanteil bedarf über das Erfordernis aus § 1069 Abs. 2 BGB hinaus auch bei frei übertragbaren Gesellschaftsanteilen immer der Zustimmung der Gesellschafter, denn die Auswechslung eines Vollgesellschafters ist mit der Einbeziehung eines neben den Vollgesellschafter tretenden, beschränkt berechtigten Nießbraucher nicht zu vergleichen.[515]
> Zweitens: Die Gesellschafter und der Nießbraucher (als Mitglied des Verbands) können im Statut der Gesellschaft – und nur dort – soweit die jeweilige Rechtsform die Ausgestaltung des gesellschaftsrechtlichen Innenverhältnis gestattet und innerhalb sonstiger allgemeiner zivil- und gesellschaftsrechtlicher Grenzen, die interne Rechtstellung des Nießbrauchers selbst bestimmen. Eine andere Frage ist die nach den Auswirkungen auf das Außenverhältnis. Soweit das Statut der Gesellschaft keine Regelungen für die Organisation der Gesellschaft im Hinblick auf Nießbraucher vorsieht, erhält er die dingliche Rechtstellung, die ihm kraft Sachenrechts und ungeschriebenen Gesellschaftsrechts zugewiesen ist. Vereinbarungen zwischen Nießbraucher und Besteller haben lediglich schuldrechtliche Wirkung, denn sie können alleine nicht über die verbandsrechtliche Organisationsstruktur entscheiden.[516] Gegebenenfalls kann eine dennoch getroffene Vereinbarung in eine Vollmachtserteilung umgedeutet werden (derivative Berechtigung).[517]

D. Zwischenergebnis

Eine unmittelbare Berechtigung und Verpflichtung des qualifizierten Treugebers innerhalb des Verbandsverhältnisses kann auf zwei verschiedenen Wegen konstruiert werden: Er kann seine Rechtstellung durch Bemühung allgemein

515 *Schön*, ZHR 158 (1994), 229 (253 f.); im Ergebnis ebenso *Flume*, Personengesellschaft, § 17 VI [S. 366]; *Ulmer*, FS Fleck (1988), 383 (390); MüKo/*Pohlmann*, BGB, § 1068 Rn. 35 [nur für das Personengesellschaftsrecht, a.A. für GmbH Rn. 37]; *Wiedemann*, GesR II, § 5 II 2bb) [S. 442].

516 Vgl. Staudinger/*Heinze*, BGB, Anhang zu §§ 1068, 1069 Rn. 73; MüKo/*Schäfer*, BGB, § 705 Rn. 106; a.A. *Wedemann*, NZG 2013, 1281 (1289).

517 So bei OLG Koblenz, NJW 1992, 2163 (2165).

zivilrechtlicher Instrumente vom Treuhänder ableiten, indem dieser ihm Vermögensrechte abtritt und zur Ausübung von Verwaltungsrechten eine Vollmacht einräumt. Dem Treugeber können jedoch auch eigene statutarische Mitgliedschaftsrechte eingeräumt werden, die mit entsprechenden Pflichten korrelieren, indem der Treugeber selbst Verbandsmitglied eigener Art wird. Im letzteren Fall dürften die Gestaltungen zur Vermeidung einer Doppelberechtigung regelmäßig dahingehend auszulegen sein, dass die Gesellschafterrechte des Treuhänders entsprechend beschränkt sind, wobei diesem zwingend ein Kernbereich von Mitgliedschaftsrechten verbleiben muss.

Für die Frage, wie die qualifizierte Rechtstellung des Treugebers im Einzelfall rechtstechnisch erreicht werden soll, müssen die Gestaltungen entsprechend ausgelegt werden. Hierbei ist gewiss zu beachten, dass Gestaltungen in der Praxis häufig den Schluss auf eine originäre Berechtigung zulassen, die im Ergebnis gewollte unmittelbare Berechtigung des Treugebers aber dennoch durch Instrumente, die auf eine derivative Berechtigung schließen lassen, wie die Erteilung einer Stimmrechtsvollmacht, abgesichert werden.[518] Sofern die Voraussetzungen für die Begründung einer Mitgliedschaft *sui generis*[519] und damit einer originären Berechtigung vorliegen, sollte eine solche zumindest im Zweifel anzunehmen sein. Etwaige Vollmachtserteilungen gehen dann mangels Rechtsinhaberschaft des Treuhänders schlicht ins Leere.

518 Siehe zu dieser Beobachtung bereits oben, S. 38 f. sowie S. 53.

519 Zu diesen Voraussetzungen siehe sogleich, § 4.

§ 4 Fragen zur Begründung der qualifizierten Treugeberbeteiligung

A. Formelle Anforderungen an die Begründung der qualifizierten Treugeberbeteiligung

Nach soeben aufgezeigtem Verständnis von der Einbeziehung des Treugebers in den Gesellschafterverband geht dieser letztlich zwei voneinander zu unterscheidende Vertragsbeziehungen ein: Zum einen schließt er mit dem Treuhänder einen Treuhandvertrag in Form eines Geschäftsbesorgungsvertrages ab. Darüber hinaus tritt er dem Verbandsverhältnis bei, begründet also eine Rechtsbeziehung zu allen Gesellschaftern der Gesellschaft und auch zu möglichen anderen qualifiziert mittelbar Beteiligten. Zumindest in der Praxis der Publikumspersonengesellschaften erfolgt die Begründung jener Rechtsverhältnisse vorwiegend mittels nur einer Vertragsurkunde, dem „Beteiligungsvertrag". Der an diesem Beteiligungsvertrag neben dem Beitretenden zumeist lediglich beteiligte Treuhänder muss dann von den (Gründungs-)Gesellschaftern zur Aufnahme der Treugeber in den Verband bevollmächtigt sein.[520] Denkbar ist auch, dass der Treuhänder den Treugeber gegenüber der Gesellschaft beziehungsweise den Gesellschaftern vertritt.[521]

Bei der Frage nach den formellen Anforderungen an die Begründung einer qualifizierten Treuhand muss nun differenziert werden zwischen der organisationsvertraglichen Ausgestaltung der Rechtstellung des Treugebers (formelle Anforderungen an das Statut der Gesellschaft), dem Beitritt des Treugebers zum Verband (formelle Anforderungen an den Beitrittsvertrag) und etwaigen Publizitätserfordernissen.[522]

I. Organisationsrechtliche Gestaltung im Statut der Gesellschaft

Versteht man die qualifizierte Treuhandbeteiligung als Mitgliedschaft eigener Art, stellt sich die Zuordnung von Rechten und Pflichten an den Treugeber als gesellschaftsrechtliche Organisationsregelung dar, also der Gestaltung des

---

520 BGH, NJW 1987, 2677; *Krenzel*, S. 165; *Tebben*, S. 224; siehe darüber hinaus bereits oben, § 3C.II.2.b), S. 89, sowie § 2B.I.1, S. 36, mit entsprechenden Nachweisen und Beispielen aus der Praxis.

521 *Tebben*, S. 224.

522 So stillschweigend auch *Tebben*, S. 232 f.

gesellschaftsrechtlichen Innenverhältnisses.[523] Daher muss die Beschreibung der Treugeberrechtstellung zwingend im Statut der Gesellschaft erfolgen,[524] was auch die Einhaltung einer etwaig dafür vorgeschriebenen Form (vgl. insbesondere § 2 Abs. 1 Satz 1 GmbHG, § 23 Abs. 1 Satz 1 AktG, § 150 Abs. 1 Satz 1 KAGB) voraussetzt[525]. Ist der Verband nicht von vornhinein auf die Beteiligung von Treugebern ausgerichtet, so bedarf es einer Änderung des Gesellschaftsvertrages mit entsprechenden rechtsgeschäftlich oder gesetzlich vorgesehenen formalen Erfordernissen.[526] Zu letzteren gehört im Falle der GmbH etwa auch die notarielle Form und die Eintragung in das Handelsregister gemäß §§ 53 Abs. 2, 54 GmbHG.[527]

II. Beitritt des Treugebers

Es stellt sich weiter die Frage, ob es für den Beitritt des Treugebers zum Verband der für den Beitritt eines Gesellschafters zur Gesellschaft vorgeschriebenen Form bedarf.

Bei Personengesellschaften stellt die Aufnahme eines neuen Gesellschafters eine Änderung des Gesellschaftsvertrages dar.[528] Hierfür geltende rechtsgeschäftliche Formerfordernisse sind konsequenterweise auch auf den Beitritt des qualifizierten Treugebers anzuwenden,[529] weshalb der Beitrittsvertrag, der auch in dem Treuhandvertrag integriert sein kann, der gleichen Form bedarf. Folgt man dem Bundesgerichtshof in seiner Auffassung, dass die Aufnahme neuer Gesellschafter zumindest in Publikumspersonengesellschaften nicht der für Gesellschaftsvertragsänderungen vorgesehenen Form bedarf,[530] so muss gleiches auch für die Aufnahme des Treugebers als Mitglied *sui generis* gelten.

Bei der GmbH könnte eine notariell beglaubigte oder beurkundete Beitrittserklärung analog § 55 Abs. 1 GmbHG erforderlich sein. Eine entsprechende

---

523 Siehe bereits oben, § 3C.II.2.a), S. 88.

524 *Tebben*, S. 137; vgl. auch *Klöckner*, BB 2009, 1313 (1314); ähnlich *Ulmer*, ZHR 156 (1992), 377 (390 f.), der für sein oben, S. 91, beschriebenes Modell Regelungen als schuldrechtliche Nebenabreden zwar für möglich hält, jedoch darauf hinweist, dass solche Regelungen außerhalb der Satzung Rechtsnachfolger in einen Geschäftsanteil nicht binden würden.

525 I.E. ebenso, *Tebben*, S. 232 ff.; a.A. wohl *Milde*, FS Konzen (2006), 541 (554).

526 *Sojka*, S. 40; *Tebben*, S. 232.

527 *Tebben*, S. 233; *Ulmer*, ZHR 156 (1992), 377 (390 f.).

528 MüKo/*Fleischer*, HGB, § 105 Rn. 441; MünchHdb. Bd. 2/*Schulte*, § 34 Rn. 2.

529 *Sojka*, S. 40; *Tebben*, ZGR 2001, 586 (612).

530 BGH NJW 1983, 1117 (1118); dazu MünchHdb. Bd. 2/*Schulte*, § 34 Rn. 16.

Anwendung dieser Vorschrift ist jedoch nicht angezeigt. § 55 GmbHG regelt die Übernahme eines Geschäftsanteils im Rahmen einer Kapitalerhöhung. Die Formvorschrift dient daher auch der Vorbereitung der dazu erforderlichen Registereintragung.[531] Der BGH sieht den Zweck der Vorschrift in der „Aufklärung der Öffentlichkeit über die Kapitalgrundlage der Gesellschaft und dem Schutz der Gläubiger und künftiger Gesellschafter".[532] Zwar wird der qualifizierte Treugeber nach hiesigem Verständnis in den Verband aufgenommen. Dies geschieht jedoch unabhängig von einer Kapitalerhöhung. Er hält nach außen nicht einmal eine Kapitalbeteiligung, denn diese wird ihm über den Treuhänder vermittelt.[533] Für jenen gilt § 55 GmbHG, da er Gesellschafter ist, natürlich uneingeschränkt. Der Normzweck des § 55 Abs. 1 GmbHG verlangt bei der bloßen Aufnahme in das Innenverhältnis daher keine analoge Anwendung auf die vom Treugeber im Beteiligungsvertrag abzugebende Willenserklärung. Etwas anderes ergibt sich auch nicht aus dem Zweck des § 55 Abs. 2 Satz 2 GmbHG. Nach diesem muss die Übernahmeerklärung auch Gesellschafterpflichten benennen, die in der Satzung begründet sind und vom Gesetz abweichen. § 55 Abs. 1 GmbHG könnte dadurch zwar mittelbar eine Warnfunktion zukommen.[534] Allerdings hat der Gesetzgeber darauf verzichtet, auch den derivativen Erwerber eines Geschäftsanteils entsprechend zu schützen, denn eine ähnliche Vorgabe für die Abtretungsurkunde eines Geschäftsanteilserwerbers findet sich nicht.

Zu beachten sind hingegen Formvorschriften, die sich bei der Begründung einer jeden Anteilstreuhand unabhängig einer Qualifikation der Treugeberstellung aufgrund einzelner Bestimmungen des Beteiligungs- oder Treuhandvertrages ergeben. Das gilt beispielsweise für den wohl seltenen, aber nicht undenkbaren Fall der Verpflichtung zur Übertragung eines Grundstücks (§ 311b Abs. 1 Satz 1 BGB).[535] Handelt es sich bei dem Treugut um einen GmbH-Geschäftsanteil, so ergibt sich bereits unmittelbar aus § 15 Abs. 3 GmbHG, dass im Falle der Übertragungstreuhand das notwendige Verfügungsgeschäft notariell beurkundet werden muss.[536] Aber auch für die Übernahmetreuhand findet

---

531 Vgl. Michalski/*Hermanns*, GmbHG, 3. Aufl. 2017, § 55 Rn. 69; HCL/*Ulmer/Casper*, GmbHG, § 55 Rn. 73.

532 BGH, WM 1966, 1262 (1263).

533 Siehe bereits oben, S. 89.

534 Vgl. MüKo/*Lieder*, GmbHG, § 55 Rn. 172; HCL/*Ulmer/Casper*, GmbHG, § 55 Rn. 73.

535 *Tebben*, S. 225.

536 *Armbrüster*, S. 102; MüKo/*Weller/Reichert*, GmbHG, § 15 Rn. 213.

§ 15 Abs. 3 GmbHG analoge Anwendung, um zu verhindern, dass GmbH-Geschäftsanteile durch Treuhandkonstruktionen entgegen der Intention des Gesetzgebers Gegenstand des freien Handelsverkehrs werden.[537] Im Übrigen ergibt sich nach vorzugswürdiger Ansicht[538] aus § 15 Abs. 4 GmbHG die Formbedürftigkeit wegen der Verpflichtung des Treuhänders zur Übertragung des Geschäftsanteils auf den Treugeber bei Beendigung des Treuhandverhältnisses; andere wollen die Formvorschrift hingegen nicht anwenden, da sich die (Rück-) Übertragungspflicht bereits aus § 667 BGB ergäbe[539].

III. Publizitätserfordernisse / Registereintragungen

Der Gesetzgeber sieht für Gesellschafter die Pflicht zur Eintragung in bestimmte öffentliche und auch nicht öffentliche Register vor. Weil die qualifizierte Anteilstreuhand ein Konstrukt der Praxis ist, die sich der Gesetzgeber zwar für die Publikumsinvestmentkommanditgesellschaft zu eigen gemacht, aber ansonsten noch nicht darauf reagiert hat, ist eine Eintragungspflicht für Treugeber für keines dieser Register ausdrücklich vorgesehen. Darum stellen sich beispielsweise die Fragen, ob es der Eintragung von qualifizierten Treugebern in das Gesellschaftsregister gemäß § 707 Abs. 2 Ziff. 2 BGB im Falle der Beteiligung an einer GbR, in das Handelsregister im Falle der Beteiligung an einer Personenhandelsgesellschaft bedarf oder ob sie in die zum Handelsregister einzureichende Gesellschafterliste einer GmbH aufzunehmen sind.

Es ist umstritten, inwiefern nicht ausdrücklich im Gesetz genannte Tatsachen überhaupt eintragungsfähig sind. Für das Handelsregister wird weithin angenommen, dass zur Wahrung der Registerklarheit zusätzlich maximal solche Tatsachen eingetragen werden dürfen, die für den Rechtsverkehr von besonderem Interesse sind.[540] Aus der Eintragungsfähigkeit soll sodann die Eintragungspflicht folgen.[541] Daher schließen einige, nachdem sie die

537 BGH, NZG 2017, 476 (477) [Rn. 18 ff.]; *Blaurock*, S. 154; *K. Schmidt*, GesR, § 61 III 2 [S. 1828]; Scholz/*Seibt*, GmbHG, § 15 Rn. 230; a.A. *Tebben*, S. 230.

538 BGH, NJW 1999, 2594 (2595); Noack/Servatius/Haas/*Servatius*, GmbHG, § 15 Rn. 56.

539 *Beuthien*, ZGR 1974, 26 (77).

540 Vgl. BGH, NJW 1992, 1452 (1453 f.); NJW-RR 2012, 730 (731); MüKo/*Fleischer*, HGB, § 106 Rn. 37; Oetker/*Lieder*, HGB, § 106 Rn. 35; *Wedemann*, ZGR 2016, 798 (834).

541 So BGH, NJW 1992, 1452 (1453 f.); Oetker/*Lieder*, HGB, § 106 Rn. 35; *K. Schmidt*, HandelsR, § 13 I 1d) [S. 468 Rn. 8] sowie *Wedemann*, ZGR 2016, 798 (834): „in der Regel“.

Rechtstellung eines nur mittelbar an einer Gesellschaft Beteiligten ermittelt haben, vom Sinn und Zweck des jeweiligen Registers auf eine Eintragungsfähigkeit und zugleich auf eine Eintragungspflicht bestimmter Tatsachen.[542] Ein solches Vorgehen ist jedoch nicht zwingend. Während es eine Möglichkeit ist, die Rechtstellung eines qualifizierten Treugebers zunächst zu bestimmen und von dem Ergebnis ausgehend auf eine Eintragungspflicht zu schließen oder sie zu verneinen, kann man ebenso den Umstand, dass ein qualifizierter Treugeber beziehungsweise ein ihn betreffender Umstand eintragungsfähig ist oder nicht, in eine Interessenabwägung einfließen lassen, und daraus etwas für die Ermittlung der Rechtstellung folgern.[543]

Deshalb soll in dieser Arbeit gar nicht die Frage gestellt werden, ob qualifizierte Treugeber in die oben genannten Register einzutragen sind. Vielmehr wird deren Rechtstellung ausgehend von der Prämisse ermittelt, dass sie nicht in entsprechenden Registern eingetragen sind. Dies entspricht schlicht auch dem *status quo*, was nicht verwundert, widerspräche eine Eintragung doch eines der vom Gesetzgeber explizit gebilligten Hauptmotive einer treuhänderischen Beteiligung an Publikumsfonds, nämlich den Registerverkehr zu erleichtern.[544]

B. Der Minderjährige als qualifizierter Treugeber

§ 1852 Nr. 2 BGB schreibt in Verbindung mit § 1643 Abs. 1 BGB die familiengerichtliche Genehmigung vor, wenn ein Minderjähriger einen Gesellschaftsvertrag abschließt, der zum Betrieb eines Erwerbsgeschäfts eingegangen wird. Zutreffend wird ganz überwiegend davon ausgegangen, dass der Genehmigungsvorbehalt auch für den Abschluss eines Anteilstreuhandvertrages gilt.[545] Zwar handelt es sich dabei nicht um den Abschluss eines Gesellschaftsvertrages. Der Schutzzweck der Norm verlangt eine entsprechende Anwendung jedoch schon deshalb, weil der Minderjährige wirtschaftlich im Verhältnis zum Treuhänder wie ein Gesellschafter gestellt wird und somit denselben Risiken

542 Baumbach/*Hopt*, HGB, 31. Aufl. 2003, § 105 Rn. 34; Staub/*Ulmer*, HGB, 4. Aufl. 2004, § 106 Rn. 17; für den Anteilsnießbrauch *Wedemann*, ZGR 2016, 798 (834); andersherum hingegen *Tebben*, S. 233, der die Rechte und Pflichten des Treugebers auf das Innenverhältnis beschränkt ansieht und deshalb auf eine Eintragungsunfähigkeit schließt; so auch *Wertenbruch*, NZG 2013, 285 (287).

543 So z.B. *Schäfer*, ZHR 177 (2013), 619 (640).

544 Siehe oben, S. 42.

545 Siehe nur *Armbrüster*, S. 124; *Blaurock*, S. 157; *Kümmerlein*, S. 74 ff.; Hopt/*Roth*, HGB, § 105 Rn. 88; *Tebben*, S. 242 f.; a.A. wohl *Huber*, JZ 1968, 792.

wie bei einer unmittelbaren Beteiligung ausgesetzt ist.[546] Für jegliche Form der qualifizierten Treuhand kann selbstredend nichts anderen gelten,[547] hat der geschäftsunerfahrene Minderjährige bei dieser sogar unmittelbare Einwirkungsmacht und sieht sich unmittelbaren Ansprüchen ausgesetzt, was das Risiko womöglich noch erhöht. Wird der Minderjährige als qualifizierter Treugeber nach hiesigem Verständnis in den Verband als Mitglied *sui generis* miteinbezogen, so Bedarf es nicht einmal einer Analogie. Ein solcher Beitritt zum Verbandsverhältnis lässt sich unter den Tatbestand des § 1852 Nr. 2 BGB subsumieren, da der Wortlaut lediglich auf den „Abschluss eines Gesellschaftsvertrages" abstellt, nicht aber darauf, dass der Minderjährige auch Gesellschafter werden muss.

C. Anwendung der Grundsätze der fehlerhaften Gesellschaft

Die Grundsätze der fehlerhaften Gesellschaft finden im Allgemeinen nicht nur Anwendung, wenn der Gesellschaftsvertrag als solcher an konstitutiven Mängeln leidet, sondern auch bei einem fehlerhaften Beitritt zum Verband.[548] Wenn auch der qualifizierte Treugeber als Mitglied eigener Art in den Verband einbezogen wird, könnten diese Grundsätze auch dann zur Anwendung kommen, wenn sein Beitritt mit solchen Fehlern behaftet ist, dass nach allgemeinen Regeln von einer Nichtigkeit auszugehen wäre. Die Grundsätze der fehlerhaften Gesellschaft sind heute an sich zwar weitgehend anerkannt, ihr Anwendungsbereich und vor allem die Rechtsfolgen im Einzelnen allerdings umstritten.[549] An dieser Stelle sollen nur Überlegungen angestellt werden, ob und in welchem Rechtsverhältnis diese Grundsätze grundsätzlich auch auf die qualifizierte Treuhand übertragen werden müssen. Nicht eigens erörtert werden die Fälle, in denen die Grundsätze bereits im unmittelbaren Gesellschaftsverhältnis keine oder lediglich modifizierte Anwendung finden, weil „gewichtige Interessen

546 Vgl. *Armbrüster*, S. 124; *Beuthien*, ZGR 1974, 26 (37 f.); *Kümmerlein*, S. 74 ff.

547 Die Anwendung des § 1852 Nr. 2 BGB bei der qualifizierten Treuhand explizit bejahend auch MüKo/*Schäfer*, BGB, § 705 Rn. 98; Habersack/Schäfer/*Schäfer*, HGB, § 105 Rn. 107.

548 Siehe nur BGH, NJW 1958, 668 (669); NJW 1992, 1501 (1502); MüKo/*Fleischer*, HGB, § 105 Rn. 512; K. *Schmidt*, GesR, § 6 V 1a) [S. 160].

549 Eine ausführliche Darstellung zu dieser Thematik findet sich bei *K. Schmidt*, GesR, § 6 [S. 136 ff.]; eine ausführliche Auseinandersetzung in der Rechtsprechung findet sich zudem bei BGH, NZG 2008, 460.

der Allgemeinheit oder besonders schutzwürdige Personen [dem] entgegenstehen".[550]

Die Grundsätze der fehlerhaften Gesellschaft beruhen im Wesentlichen auf zwei sich überschneidenden Erwägungen, die es zum Zwecke des Bestandsschutzes sowie zum Verkehrsschutz erforderlich machen, von der zivilrechtlichen Nichtigkeitsfolge, die jegliche Rechtswirkungen *ex tunc* beseitigt, abzuweichen.[551] Zunächst begegnet die bereicherungsrechtliche Rückabwicklung, die auf rein schuldrechtliche Verhältnisse zugeschnitten ist, bei einem in Vollzug gesetzten Gesellschaftsverhältnis nicht nur wegen der womöglich hohen Anzahl an ausgetauschten Leistungen im Innen- und Außenverhältnis erheblichen Problemen, sondern auch und gerade, weil durch Verbandsmitglieder gemeinsame Werte geschafft und Gewinnchancen realisiert wurden – und zwar nach einer von den Verbandsmitgliedern festgelegten und faktisch „gelebten" Risikoverteilung.[552] Soweit die Beteiligten nach dieser Organisationsverfassung gehandelt, das heißt am Rechtsleben teilgenommen haben, darf die Existenz einer solchen Verfassung nicht nachträglich negiert werden.[553] Hinzu kommt das Vertrauen des Rechtsverkehrs auf das wirksame Bestehen einer Gesellschaft beziehungsweise eines Gesellschaftsverhältnisses, welches in den meisten Fällen besonders schutzwürdig ist.[554] Eine rückwirkende Abwicklung der Gesellschaft berge die Gefahr eines „Windhundrennens" sowohl der Gesellschafter, als auch der Gesellschaftsgläubiger.[555]

I. (Keine) Anwendung auf die einfache Anteilstreuhand

Bevor die Geltung der Grundsätze des fehlerhaften Verbands auf einen fehlerhaften Beitritt des qualifizierten Treugebers erörtert werden, bietet es sich an, kurz auf die Anwendung im Hinblick auf fehlerhafte einfache Anteilstreuhandverhältnisse einzugehen. An der Einbeziehung des Treugebers in das Verbandsverhältnis fehlt es hier gerade. Fehlerhaft kann jeweils nur der Treuhandvertrag oder der Verbandsbeitritt des Treuhänders sein.[556]

550 MüKo/*Fleischer*, HGB, § 105 Rn. 494.

551 MüKo/*Fleischer*, HGB, § 105 Rn. 473; *K. Schmidt*, GesR, § 6 I 3.[S. 137].

552 Vgl. BGH NJW 1971, 375 (377); MüKo/*Fleischer*, HGB, § 105 Rn. 473; *Saenger*, GesR, Rn. 78.

553 MüKo/*Fleischer*, HGB, § 105 Rn. 473; *K. Schmidt*, GesR, § 6 I 1a) [S. 140].

554 MüKo/*Fleischer*, HGB, § 105 Rn. 473; Henssler/Strohn/*Henssler*, GesR, § 105 HGB Rn. 136a; *Wiedemann*, GesR II, § 2 V 2 [S. 154].

555 BGH, NZG 2008, 460 (463).

556 Vgl. auch *Armbrüster*, S. 133.

Handelt es sich um eine sogenannte Übernahmetreuhand, bedarf es lediglich der Erörterung, ob das an einem Mangel leidende schuldrechtliche Rechtsverhältnis zwischen dem Treuhänder und dem Treugeber nach den Grundsätzen des fehlerhaften Verbands oder nach allgemeinen zivilrechtlichen Rechtsfolgen abzuwickeln ist, denn die Zuordnung der Mitgliedschaft ändert sich durch die Begründung der Treuhand nicht. Da bei der einfachen Treuhand unter strikter Einhaltung des Trennungsprinzips Leistungsbeziehungen nur innerhalb der jeweiligen Rechtsverhältnisse (Treuhandverhältnis und Verbandsverhältnis) bestehen, begegnet die bereicherungsrechtliche Rückabwicklung des Treuhandverhältnisses zwischen dem Treuhänder und dem Treugeber keinen größeren Schwierigkeiten. Die Erschwernisse für die Rückabwicklung, die daraus resultieren, dass es sich um ein Dauerschuldverhältnis handelt, bei dem unter Umständen eine Vielzahl ausgetauschter Leistungen über einen längeren Zeitraum rückabgewickelt werden müssen, sind mit den Schwierigkeiten bei der Rückabwicklung der mehrseitigen, häufig komplexen Vermögensbeziehungen bei einer in Vollzug gesetzten Gesellschaft, die eine Verbandsstruktur aufweist, nicht zu vergleichen.[557] Eine andere Frage ist, ob die Gesellschafter oder der Rechtsverkehr ein schützenswertes Interesse am Bestand des Treuhandverhältnisses für die Vergangenheit haben.[558] Die Treugeber können nur mittelbar durch ihr Weisungsrecht gegenüber dem Treuhänder Einfluss auf die Gesellschaft nehmen. Sie sind in das Organisationsverhältnis der Gesellschaft selbst nicht derart einbezogen, dass die Gesellschafter ein so schützenswertes Interesse am Bestand des Treuhandverhältnisses haben, dass dieses den hinter den Nichtigkeits- oder Anfechtungsgründen stehenden Schutzinteressen regelmäßig überwiegt. Das gilt umso mehr, da sich ihre Treuepflicht nicht auf die Treugeber erstreckt und auf der anderen Seite die gesellschaftsrechtliche Treubindung des Treuhänders Vorrang hat vor seiner (vermeintlichen) Treubindung gegenüber dem Treugeber.[559] Für den Rechtsverkehr im Allgemeinen können

---

557 Vgl. *Tebben*, S. 247, sowie *K. Schmidt*, GesR, § 6 II 3e) [S. 146], die zutreffend darauf hinweisen, dass es auf eine Verbandsstruktur ankäme, weshalb für eine typische stille Gesellschaft, die nicht mehr als ein einfaches Dauerschuldverhältnis darstellt, die Anwendung der Grundsätze der fehlerhaften Gesellschaft nicht gerechtfertigt sei.

558 Abwicklungsschwierigkeiten vor dem Hintergrund des „Verkehrsschutzes" ohne nähere Begründung ablehnend *Tebben*, S. 248.

559 Zum Vorrang der gesellschaftsrechtlichen Treuepflicht des Treuhänders gegenüber der Treuepflicht aus dem Treuhandvertrag siehe *Beuthien*, ZGR 1974, 26 (41); *Blaurock*, S. 181; *Markwardt*, S. 61 f.; vgl. auch BGH, NJW 1952, 178 (179 f.).

die Rechtsverhältnisse innerhalb einer Gesellschaft zwar von Bedeutung und Grundlage von Vertrauen sein. Jedoch ändert sich weder das Gesellschaftsvermögen, welches als Haftungsmasse für die Gläubiger dient, noch erhalten die Gesellschaftsgläubiger mit dem Treugeber im Falle der Personengesellschaft einen zusätzlichen persönlich haftenden Schuldner[560]. Dass das Vermögen des Treuhänders als Gesellschafter im Falle der Nichtigkeit des Treuhandverhältnisses womöglich geschmälert ist, weil diesem kein Erstattungsanspruch aus §§ 675 Abs. 1, 677 BGB gegen den Treugeber zusteht, rechtfertigt ebenfalls keine andere Sichtweise.[561] Auf das Vorliegen und die Durchsetzbarkeit dieses Anspruchs darf der Rechtsverkehr nicht vertrauen, es verwirklicht sich schlicht das allgemeine Insolvenzrisiko der Gesellschaftsgläubiger.[562] Alles in allem ist deswegen eine Übertragung der Grundsätze der fehlerhaften Gesellschaft auf einen fehlerhaften Treuhandvertrag im Rahmen der einfachen Anteilstreuhand nicht angezeigt.[563]

Bei der Übertragungstreuhand ist zwar die Wirksamkeit des dinglichen Rechtsgeschäfts, das heißt, die Anteilsübertragung vom Treugeber auf den Treuhänder, wegen des Abstraktionsprinzips grundsätzlich unabhängig von dem schuldrechtlichen Treuhandvertrag zu beurteilen.[564] Jedoch können sich Mängel im Falle der sogenannten Fehleridentität[565] auch auf das jeweils andere

560 Siehe unten, § 7B.I, S. 212 sowie Nachweise in dortiger Fn. 1132.

561 Zur Frage, ob ein Aufwendungsersatzanspruch aus Geschäftsführung ohne Auftrag (§§ 683 Satz 1, 670 BGB) bei nichtigem Treuhandvertrag in Betracht kommt, siehe *Armbrüster*, NJW 2009, 2167 (2170); *Brömmelmeyer*, NZG 2006, 529 (533).

562 Vgl. insofern unten, S. 207 f.

563 I.E. ebenso *Armbrüster*, S. 133 f.; ders., NJW 2009, 2167 (2169); *Tebben*, S. 248; a.A. wohl *Gieseke*, DB 1970, 970 (970 f.). Aus der Entscheidung BGH, NJW 2001, 2718, für eine nach § 1 HaustürWG widerrufene Fonds-Beteiligung über einen Treuhänder, ergibt sich nichts anderes. Der 2. Zivilsenat führte hier aus, ohne dass es darauf im Ergebnis ankam, dass dem widerrufenden Anleger lediglich ein Anspruch auf das ihm zustehende Auseinandersetzungsguthaben zustehe, er dagegen keine Rückzahlung seiner Beteiligungssumme verlangen könne (dort, S. 2720). Da Schuldnerin des Rückzahlungsanspruches aus § 3 HaustürWG die Fonds-GbR selbst sein sollte, nicht der Treuhänder, ist es nur konsequent, dass die Grundsätze der fehlerhaften Gesellschaft hier eingreifen sollten, der mittelbare Beitritt zur Gesellschaft also nur mit Wirkung für die Zukunft widerrufen werden konnte.

564 Allgemein Grüneberg/*Ellenberger*, Überbl v § 104 Rn. 22.

565 Hierzu allgemein Grüneberg/*Ellenberger*, Überbl v § 104 Rn. 23 f.

Rechtsgeschäft erstrecken.[566] Ist (jedenfalls auch) die Anteilsübertragung mit einem nach allgemeinen Regeln zur Unwirksamkeit führenden Mangel behaftet, bedarf es der Anwendung der Grundsätze der fehlerhaften Gesellschaft richtigerweise nicht, da das Gesetz selbst Lösungen bereithält, die auf diesen Fall angewendet werden können.[567] Die Nichtigkeitsfolge bedeutet, dass der vermeintliche Treugeber die ganze Zeit Vollgesellschafter geblieben ist. Im Außenverhältnis kann das gegebenenfalls zu einer Rechtscheinhaftung führen, nach allgemeinen Grundsätzen oder nach § 15 HGB.[568] Für die Ausübung von Mitwirkungsrechten im Innenverhältnis können beispielsweise § 793 Abs. 1 Satz 2 BGB für Inhaber-, § 67 Abs. 2 für Namensaktien,[569] § 16 GmbHG (analog) für GmbH-Geschäftsanteile[570] sowie die §§ 413, 409 BGB für Personengesellschaftsanteile[571] angewendet werden um einen ausreichenden Bestandschutz zu gewährleisten. Die Rückabwicklung beschränkt sich sodann sowieso hauptsächlich auf das zweiseitige Verhältnis zwischen Anteilsveräußerer (vermeintlicher Treugeber) und -erwerber (vermeintlicher Treuhänder).

Nur der Vollständigkeit halber sei darauf hingewiesen, dass etwas anderes dann gelten muss, wenn es sich um eine (einfache) Sammeltreuhand handelt, bei der die Treugeber mit dem Treuhänder untereinander eine BGB-Gesellschaft bilden.[572] Auch wenn diese eine reine Innengesellschaft ist, so liegt zumeist eine verbandsähnliche Organisation vor. Die Grundsätze der fehlerhaften Gesellschaft wären dann anzuwenden.[573] Diese Anwendung findet ihre Rechtfertigung aber in der konkreten Ausgestaltung der Treuhand, indem sich die

566 Allgemein im Zusammenhang mit Anteilsübertragungen z.B. MüKo/*Weller/Reichert*, GmbHG, § 15 Rn. 24.

567 Vgl. *Armbrüster*, S. 134; allgemein gegen die Anwendung der Grundsätze der fehlerhaften Gesellschaft im Falle der Anteilsübertragung BGH, NJW 1990, 1915 (1916) [für die GmbH]; OLG Hamm, NZG 2008, 24 [für den Kommanditanteil]; eingehend auch für Personengesellschaftsanteile MüKo/*Schäfer*, BGB, § 705 Rn. 360; *K. Schmidt*, GesR, § 6 V 2b) [S. 163 ff.]; a.A. für Personengesellschaften BGH, NJW-RR 2010, 1402 (1405 f.) [Rn. 34 ff.]; *Wiedemann*, GesR II, § 2 V 5b) [S. 163 f.].

568 *K. Schmidt*, GesR, § 6 V 2b)bb) [S. 165 f.].

569 BGH, NJW 1990, 1915 (1916); *K. Schmidt*, GesR, § 6 V 2b)bb) [S. 165].

570 BGH, NJW 1990, 1915 (1916); MüKo/*Schäfer*, BGB, § 705 Rn. 360; *K. Schmidt*, GesR, § 6 V 2b)bb) [S. 165].

571 MüKo/*Schäfer*, BGB, § 705 Rn. 360; *K. Schmidt*, GesR, § 6 V 2b)bb) [S. 165].

572 I.E. ebenso *Brömmelmeyer*, NZG 2006, 529 (532).

573 Vgl. *K. Schmidt*, GesR, § 6 II 3d) [S. 145].

Treugeber in einer „Treuhandgesellschaft" verbunden haben, nicht in dem Umstand, dass es sich um eine Treuhand am Gesellschaftsanteil handelt.[574]

II. Qualifizierte Treuhand

Für die qualifizierte Treuhand ist zunächst festzustellen, dass nach bürgerlichem Recht zur Nichtigkeit führende Mängel im Treuhandvertrag auf die hier angenommene Mitgliedschaft eigener Art des Treugebers durchschlagen, da letztere durch die Wirksamkeit und das Bestehen des Treuhandverhältnisses bedungen ist.[575] Denkbar ist aber auch, dass nur die Begründung der Mitgliedschaft eigener Art fehlerbehaftet ist, etwa wegen Formmangels.[576]

Wenn man die Grundsätze der fehlerhaften Gesellschaft als Institut des Verbandsrechts betrachtet, weil es seine Rechtfertigung vor allem aus den Besonderheiten herleitet, die sich aus der mitgliedschaftlichen Verbandsverfassung ergeben,[577] so spricht zunächst das hier vertretene dogmatische Verständnis von der qualifizierten Treuhand dafür, nachdem der Treugeber selbst Verbandsmitglied wird, auf einen fehlerbehafteten Beitritt des Treugebers die Grundsätze ebenfalls anzuwenden.[578] *Tebben* sieht für die Anwendung dennoch kein Erfordernis mit Blick auf den Verkehrsschutz sowie den Bestandschutz:[579] Der Treugeber würde zwar organisationsrechtlich in das Verbandsverhältnis einbezogen, am Gesamthandvermögen sei er jedoch nicht beteiligt, sodass keine unüberwindbaren Rückabwicklungsschwierigkeiten bestünden. Auch der Verkehrsschutz könne insoweit nicht als Argument herangezogen werden, da eine Außenhaftung ebenfalls nicht stattfände. Dem kann im Ergebnis nicht zugestimmt werden.[580] Richtig erscheint, dass der Verkehrsschutz die Anwendung der Grundsätze nicht zwingend erfordert. Eine Außenhaftung

---

574 Vgl. *Brömmelmeyer*, NZG 2006, 529 (532).

575 Siehe oben, S. 93.

576 Vgl. *Armbrüster*, S. 134; *Ulmer*, FS Odersky (1996), 873 (895); zu den formellen Anforderungen an die Begründung siehe oben, § 4A, S. 105 ff.

577 So überzeugend *K. Schmidt*, GesR, § 6 II 3d) [S. 145].

578 Insofern ähnlich *Tebben*, S. 256; vgl. Beitrag von *Schäfer*, nach *Hecker*, Tagungsbericht VGR 2010 (2011), 181 (182 f.), der die Anwendbarkeit deshalb für zweifelhaft hält, weil das Treuhandverhältnis nach seiner Ansicht kein Mitgliedschaftsrecht sei.

579 *Tebben*, S. 255 f.

580 Zumindest für die qualifizierte Treuhand die Anwendung der Grundsätze der fehlerhaften Gesellschaft bejahend *Brömmelmeyer*, NZG 2006, 529 (532); *Ulmer*, FS Odersky (1996), 873 (895).

des qualifizierten Treugebers findet nicht statt[581] und auf die Möglichkeit der mittelbaren Inanspruchnahme des Treugebers darf der Rechtsverkehr in der Regel nicht vertrauen, insofern gilt das gleiche wie bei der einfachen Treuhand. Die mit dem Bestandsschutz bezweckten Erwägungen hinter der Lehre des fehlerhaften Verbands können für eine Anwendung auf die qualifizierte Treugeberbeteiligung jedoch sehr wohl fruchtbar gemacht werden. Dass, wie *Tebben* zwar zutreffend feststellt, der qualifizierte Treugeber keinen eigenen Kapitalanteil hält und am Gesellschaftsvermögen nicht unmittelbar beteiligt ist (seine vermögensrechtliche Stellung ist auch nach dem hier vertretenen Modell nur eine „derivative")[582], ändert nichts daran, dass der Treugeber in die komplexen vermögensrechtlichen Beziehungen miteinbezogen ist. Im Rahmen einer bereicherungsrechtlichen Rückabwicklung könnten beispielsweise Zahlungen auf Sozialansprüche des Treugebers auch bei der Gesellschaft kondiziert werden.[583] Entscheidend für die Verwirklichung des Bestandschutzes spricht jedoch, dass alle Beteiligten des Verbands unter der Prämisse gehandelt haben, dass der fehlerhaft beteiligte Treugeber Mitglied dieses Verbandes sei. Die Beteiligten haben aufgrund der verbandsmäßigen Einbeziehung des Treugebers[584] deshalb gleichsam einer unmittelbaren Beteiligung die vereinbarte Risikoverteilung gelebt, gemeinsame Werte geschaffen und gegebenenfalls Gewinnchancen realisiert. Die Zwischenschaltung des Treuhänders spielt dabei kaum eine Rolle. Aus diesem Grund sollte die Existenz des Verbandes in seiner konkreten Ausgestaltung, das heißt auch unter Beteiligung des fehlerhaft beigetretenen Treugebers, für die Vergangenheit nicht ignoriert werden können. So nimmt auch der Bundesgerichtshof heute, ohne dass er diese Annahme näher begründet, an, dass auf die Beteiligung eines qualifizierten Treugebers am Verband die Grundsätze der fehlerhaften Gesellschaft anzuwenden seien.[585]

---

581 Siehe ausführlich unten, § 7B, S. 211 ff.

582 Siehe bereits oben, S. 89.

583 So könnte der qualifizierte Treugeber bspw. bei Annahme einer Schuldübernahme, als deren Konsequenz er Sozialansprüche der Gesellschaft gegen den Treuhänder erfüllt hatte (dazu siehe unten, § 7C.I.1, S. 230 f.), im Falle der Unwirksamkeit der Schuldübernahme direkt bei der Gesellschaft kondizieren, vgl. nur MüKo/*Schwab*, BGB, § 812 Rn. 211 f.

584 *K. Schmidt*, nach *Hecker*, Tagungsbericht VGR 2010 (2011), 181 (182).

585 BGH, NZG 2018, 539 (543) [Rn. 49 ff.] mit zustimmender Anm. *Burmeister*, DB 2019, 1135; ebenfalls für die Anwendung auf die qualifizierte Treuhand *Brömmelmeyer*, NZG 2006, 529 (532); *Ulmer*, FS Odersky (1996), 873 (895).

D. Klauselkontrolle

Zumindest im entfernten Zusammenhang mit der Begründung und Beendigung der qualifizierten Treugeberstellung steht auch die Frage, inwiefern die Bestimmungen zur Mitgliedschaft eigener Art einer Klauselkontrolle unterliegen, weshalb hierauf an dieser Stelle kurz eingegangen werden soll.

§ 310 Abs. 4 Satz 1 BGB ordnet an, dass die Regelungen zu den Allgemeinen Geschäftsbedingungen keine Anwendung auf Verträge auf dem Gebiet des Gesellschaftsrechts finden. Der Wortlaut ist indes missverständlich, denn einer AGB-Kontrolle werden keine Verträge, sondern darin enthaltene einzelne Klauseln unterzogen.[586] Soweit daher nach einhelliger Ansicht zu den Verträgen auf dem Gebiet des Gesellschaftsrechts jedenfalls die Gesellschaftsverträge selbst zählen,[587] schließt § 310 Abs. 4 Satz 1 BGB nicht die Überprüfung der darin enthaltenen Regelungen *per se* aus. Nach dem Sinn und Zweck der Bereichsausnahme muss es darauf ankommen, ob die jeweilige Klausel organisationsrechtlichen oder rein schuldrechtlichen Charakter hat und darüber hinaus unmittelbar der Erreichung des gemeinsamen Zwecks zu dienen bestimmt ist.[588] Denn die AGB-Regelungen sind in erster Linie auf Austauschverträge zugeschnitten, nicht auf die Ausgestaltung eines Organisationsverhältnisses.[589] Das Gesellschaftsrecht hat indes eigene Regelungen entwickelt, die dem Schutz des einzelnen Gesellschafters in den Fällen zu dienen bestimmt sind, in denen Zweifel an der „Richtigkeitsgewähr" durch Privatautonomie[590] bestehen, weil kein paritätisches Vertragsverhältnis vorliegt. Zu nennen ist beispielsweise die Satzungsstrenge des Aktienrechts oder die gesetzliche Regelung nicht disponibler Minderheitenrechte.[591] Auch die gesellschaftsrechtliche Treuepflicht kann

---

586 Vgl. auch *Bieder*, ZHR 174 (2010), 705 (720), der darauf hinweist, dass es auf das „formale Kriterium des Regelungsstandorts einer Klausel innerhalb oder außerhalb des Gesellschaftsvertrages für die Kontrollfähigkeit" nicht ankommen kann.

587 Vgl. nur BeckOK/*Becker*, BGB, Stand: 01.05.2024, § 310 Rn. 29; MüKo/*Fornasier*, BGB, § 310 Rn. 121.

588 BGH, NJW 1988, 1729 (1729 f.); *K. Schmidt*, GesR, § 5 III 4b) [S. 122]; ähnlich *Grunewald*, FS Semler (1993), 179 (183 ff.).

589 BegrRegE, BT-Drucks. 7/3919, S. 41 [zur Bereichsausnahme für das Gesellschaftsrecht in § 23 Abs. 1 AGBG]; BGH, NJW 1995, 583 (585); MüKo/*Fornasier*, BGB, § 310 Rn. 124; *Grunewald*, FS Semler (1993), 179; *K. Schmidt*, GesR, § 5 III 4b) [S. 122].

590 *K. Schmidt*, GesR, § 5 III 4a) [S. 121].

591 Vgl. MüKo/*Fornasier*, BGB, § 310 Rn. 121.

als entsprechendes Korrektiv angesehen werden.[592] Überdies bedarf es grundsätzlich keiner weiteren richterlichen Kontrolle, wenn, wie insbesondere bei Personengesellschaften wegen der persönlichen Bindung der Gesellschafter im Grundsatz angenommen wird, die Gesellschafter ihre Rechtsverhältnisse untereinander individuell aushandeln.[593] Eine Schutzlücke besteht deshalb insbesondere bei auf den Beitritt einer Vielzahl von Personen zugeschnittenen Publikumspersonengesellschaften[594] und somit dem Hauptanwendungsfall für die qualifizierte Treuhand. Weil die §§ 305 ff. BGB nicht auf organisationsrechtliche Vereinbarungen zugeschnitten sind, unterliegen entsprechende Bestimmungen nach zutreffender BGH-Rechtsprechung nur einer Kontrolle nach § 242 BGB.[595] Das schließt nicht aus, dass die in den §§ 305 ff. BGB verankerten Rechtsgedanken dabei zu berücksichtigen sind.[596]

Nach dem Vorstehenden muss für die qualifizierte Treuhand gelten: Wie Regelungen einfacher Treuhandverträge wegen ihrer rein schuldrechtlichen Qualität nicht der Bereichsausnahme unterfallen und einer AGB-Kontrolle zugänglich sind,[597] muss Gleiches auch für entsprechende Klauseln solcher Treuhand- und/oder Beteiligungsverträge gelten, die letztlich auf die Begründung einer qualifizierten Anteilstreuhand abzielen, aber nur das Verhältnis zwischen Treuhänder und Treugeber regeln. Regelungen, die die Einbeziehung des Treugebers näher ausgestalten, wie beispielsweise die Zuweisung originärer Mitgliedschaftspflichten oder die Zuweisung von den Treugeber in seiner mitgliedschaftlichen Stellung berührende Rechte zugunsten anderer

---

592 BeckOK/*Becker*, BGB, Stand: 01.05.2024, § 310 Rn. 29.

593 MüKo/*Fornasier*, BGB, § 310 Rn. 121 f.; vgl. auch *Grunewald*, FS Semler (1993), 179 (180).

594 MüKo/*Fornasier*, BGB, § 310 Rn. 121 f.; vgl. auch *Grunewald*, FS Semler (1993), 179 (180).

595 BGH, NJW 1975, 1318 (1319); 1988, 1903; MüKo/*Fornasier*, BGB, § 310 Rn. 122 ff.; *Saenger*, GesR, Rn. 436; a.A. Graf von Westphalen/*Mock*, AGB-Klauselwerke, 40. Erglf. 2017, Teil „Klauselwerke", Gesellschaftsrecht, Rn. 32 zwecks konformer Umsetzung der Klauselrichtlinie; für eine Anwendung der §§ 305 ff. BGB auch Schulze/*Schulte-Nölke*, § 310 Rn. 13.

596 Vgl. BGH, BeckRS 2014, 16416 [Rn. 17] für § 305c Abs. 2 BGB; auch BGH, MDR 2018, 101; MüKo/*Fornasier*, BGB, § 310 Rn. 124; *Saenger*, GesR, Rn. 436.

597 Vgl. BGH, NZG 2013, 980 (983) [Rn. 41]; MüKo/*Fornasier*, BGB, § 310 Rn. 125; *Grunewald*, FS Semler (1993), 179 (191).

Beteiligter,[598] unterliegen wegen ihres organisationsrechtlichen Charakters keiner AGB-Kontrolle nach den §§ 305 ff. BGB. In der Mehrzahl der Fälle wird es sich gleichsam um Publikumsgesellschaften handeln, sodass die vom BGH nach den Grundsätzen von Treu und Glauben entwickelte Billigkeitskontrolle gemäß § 242 BGB Anwendung findet. Für die dem KAGB unterfallenden Publikumskommanditgesellschaften werden daneben gleichwohl die zahlreichen zwingenden Anlegerschutzvorschriften Abhilfe schaffen.[599]

598 So hat der BGH, NJW 1988, 1903, richtigerweise eine Optionsklausel zugunsten der Komplementärin einer Publikums-KG, die es ihr erlaubte die treuhänderisch gehaltenen Anteile der (allerdings nicht qualifiziert beteiligten) mittelbaren Fondsanleger nach freiem Ermessen zu übernehmen, nach § 242 BGB für unwirksam erklärt.

599 Vgl. hierzu auch Graf von Westphalen/*Mock*, AGB-Klauselwerke, 50. Erglf. 2024, Teil „Klauselwerke“, Gesellschaftsrecht, Rn. 33, der jedoch betont, die Anlegerschutzvorschriften dienten nur teilweise dem individuellen Gesellschafterschutz und würden eine AGB-Kontrolle nicht entbehrlich machen.

§ 5 Die gesellschaftsrechtliche Treuepflicht bei der qualifizierten Treuhand

Die Frage, ob der qualifizierte Treugeber der gesellschaftsrechtlichen Treuepflicht unterliegt, ist in zweierlei Hinsicht besonders bedeutsam. Zum einen wird als Argument gegen die Zulässigkeit der Einräumung von Verwaltungsrechten gegenüber Nichtgesellschaftern teilweise vorgebracht, dass dieser gerade nicht der gesellschaftsrechtlichen Treuepflicht unterliege.[600] Zum anderen ist die gesellschaftsrechtliche Treuepflicht an sich schon von großer Bedeutsamkeit. Als mittlerweile wohl durch Richterrecht in seinen groben Zügen konkretisiertes, rechtformübergreifendes Prinzip des Verbandsrechts[601] konkretisiert, modifiziert und begrenzt die gesellschaftsrechtliche Treuepflicht einerseits die mitgliedschaftlichen Rechte (unselbständige Ausprägung), andererseits lassen sich aus der Treuepflicht konkrete Verhaltenspflichten eines Gesellschafters ableiten (selbständige Ausprägung).[602] Die Antwort nach der Frage der Treuepflicht entscheidet also letztlich sowohl darüber, ob jegliches Handeln eines qualifizierten Treugebers innerhalb und im Zusammenhang mit dem Verbandsverhältnis am Maßstab der Treuepflicht zu messen ist, als auch darüber, ob diesem bestimmte Verhaltenspflichten, wie beispielsweise ein Wettbewerbsverbot oder eine Verschwiegenheitspflicht, obliegen.[603]

A. Herleitung und Geltungsgrund der gesellschaftsrechtlichen Treuepflicht

Zur Beantwortung der oben aufgeworfenen Frage ist zunächst die Herleitung der gesellschaftsrechtlichen Treuepflicht zu klären. Einige leiten sie aus dem allgemeinen Grundsatz von Treu und Glauben gemäß § 242 BGB her,[604] manche

---

600 Bspw. *Fleck*, FS Fischer (1979), 107 (118 ff.); *Ulmer*, FS Werner (1984), 911 (925).

601 Vgl. MüKo/*Merkt*, GmbHG, § 13 Rn. 93, 100; *Saenger*, GesR, Rn. 136; Scholz/*Seibt*, GmbHG, § 14 Rn. 64; HCL/*Raiser*, GmbHG, § 14 Rn. 77.

602 *Armbrüster*, S. 338 ff.; EBJ/*Born*, HGB, § 109 Rn. 48; *Saenger*, GesR, Rn. 136.

603 Vgl. *Tebben*, S. 415.

604 *K. Schmidt*, GesR, § 20 IV 1b) [S. 587 f.]; BeckOK/*Schöne*, BGB, 68. Ed., Stand: 01.11.2023, § 705 Rn. 101.

stellen auf die gesellschaftsrechtliche Zweckförderungspflicht ab,[605] wiederum andere nennen schlicht den Gesellschaftsvertrag[606] oder das Rechtsverhältnis zwischen den Mitgliedern[607] als Quelle.

Richtigerweise widersprechen sich all diese Überlegungen zum dogmatischen Ursprung der Treuepflicht nicht.[608] Hinzuzufügen sind richtigerweise noch die einem jedem Schuldverhältnis[609] innewohnenden Rücksichtnahmepflichten aus § 241 Abs. 2 BGB.[610] § 242 BGB bestimmt, dass jeder „Schuldner" verpflichtet ist, „die Leistung so zu bewirken, wie Treu und Glauben mit Rücksicht auf die Verkehrssitte es erfordern". Der Grundsatz von Treu und Glauben setzt also nach dem Wortlaut des § 242 BGB zunächst einmal eine Pflicht, die geschuldet wird, voraus.[611] Es wird daher weitestgehend und zu Recht angenommen, für die Anwendbarkeit des § 242 BGB bedürfe es einer Sonderverbindung, die insbesondere auch in der gesellschaftsrechtlichen Verbundenheit liegen könne.[612] Hier kommt sodann die Zweckförderungspflicht ins Spiel, die § 705 Abs. 1 BGB explizit normiert, jedoch nicht nur für die Personengesellschaften gilt, sondern die Grundpflicht einer jeden Mitgliedschaft darstellt.[613] Unter anderem bei der Verfolgung und Förderung des gemeinsamen Zwecks sind sich Verbandsmitglieder also zur gegenseitigen Treue verpflichtet. In der Tat lassen sich auch viele der konkretisierten Treuepflichten auf die Zweckförderungspflicht zurückführen, denn die meisten Verhaltensweisen, die einen Verstoß gegen die gesellschaftsrechtliche Treuepflicht darstellen sollen, stehen der Verwirklichung des Gesellschaftszwecks zumeist entgegen und stellen somit eine Verletzung der hierauf bezogenen Förderpflicht dar;[614] dies

605 *Lutter*, AcP 180 (1980), 84 (102 ff.); Rowedder/Pentz/*Pentz*, GmbHG, § 13Rn. 36 [sofern es um aus der Treuepflicht entspringende Verhaltenspflichten geht].

606 Baumbach/Hopt/*Roth*, HGB, 38 Aufl., § 109 Rn. 23; MüKo/*Schäfer*, BGB, § 705 Rn. 274.

607 *Wedemann*, ZGR 2016, 798 (827); *Wiedemann*, GesR II, § 3 II 3a)bb) [S. 194].

608 Wie im Folgenden ähnlich MüKo/*Schäfer*, BGB, § 705 Rn. 274; Scholz/*Seibt*, GmbHG, § 14 Rn. 71.

609 Jedes Verbandsverhältnis ist Schuld- und Organisationsverhältnis zugleich, vgl. *Wertenbruch*, NZG 2017, 81 (83) m.w.N. für die Personengesellschaften, für Körperschaften vgl. bereits Fn. 439.

610 So auch Staudinger/*Looschelders/Olzen*, BGB, Neubearbeitung 2019, § 242 Rn. 993; *Reif/Walter*, JuS 2021, 630 (631).

611 MüKo/*Schubert*, BGB, § 242 Rn. 7.

612 BeckOGK/*Kähler*, BGB, Stand: 01.05.2024, § 242 Rn. 385, 389.

613 *Lutter*, AcP 180 (1980), 84 (102 f.); vgl. auch *Dogan*, S. 38, 207.

614 Beispiele bei *Armbrüster*, S. 335; *Lutter*, AcP 180 (1980), 84 (104).

gilt jedoch nicht für alle Ausprägungen der Treuepflicht, insbesondere sofern auf die Belange der Mitgesellschafter Rücksicht zu nehmen sein soll.[615] Deshalb, und weil das Institut der gesellschaftsrechtlichen Treuepflicht auch für Pflichtbindungen vor dem Eintritt und nach Ausscheiden aus dem Verband herangezogen wird,[616] also zu einem Zeitpunkt, zu dem die allgemeine Zweckförderungspflicht ebenfalls schwerlich als Anknüpfungspunkt dienen kann,[617] dürfte die Treuepflicht – zumindest in einzelnen Anwendungsbereichen – ihre Grundlage auch in § 241 Abs. 2 BGB, gegebenenfalls i.V.m. mit 311 Abs. 2 BGB, haben.[618] Sofern es nun teilweise heißt, die allgemeine Treuepflicht gehe über die Pflichten nach § 242 BGB hinaus,[619] kann das richtigerweise nur bedeuten, dass einige Pflichten, die als Ausprägung der gesellschaftsrechtlichen Treuepflicht entwickelt worden sind, über die aus zweiseitigen Schuldverhältnissen bekannten – besser: üblichen – Treue- und Rücksichtnahmepflichten hinaus gehen.[620] § 242 BGB muss aber im Lichte der Sonderverbindung, die er voraussetzt, angewendet werden.[621] Und im Falle des Verbandsverhältnisses gilt dabei gerade die Besonderheit, dass Umfang und Inhalt der Treuepflichten nicht bezogen auf ein schuldrechtliches Austauschgeschäft zu bestimmen sind, sondern auf ein Rechtsverhältnis, deren Beteiligte sich gegenseitig die Förderung eines gemeinsamen Zwecks versprechen und sich somit bei Vertragsschluss gegenseitig suggerieren, im Wesentlichen gleichgerichtete anstatt gegenläufige Interessen zu haben.[622] Hierzu passt, dass der Einfluss des § 242 BGB gerade auf

---

615 *Armbrüster*, S. 335 f.; MüKo/*Schäfer*, BGB, § 705 Rn. 274.

616 Scholz/*Seibt*, GmbHG, § 14 Rn. 75.

617 Vgl. Rowedder/Pentz/*Pentz*, GmbHG, § 13 Rn. 39; Scholz/*Seibt*, GmbHG, § 14 Rn. 75.

618 So vergleichen *Reif/Walter*, JuS 2021, 630 (633) sowie *K. Schmidt*, GesR, § 20 IV 1b) [S. 588] die Vor- und Nachwirkungen der gesellschaftsrechtlichen Treuepflicht ebenfalls mit der „*culpa in contrahendo*“ und der „*culpa post contractum finitum*“.

619 So z.B. bei *Dogan*, S. 38, 208; *Lutter*, AcP 180 (1980), 84 (103 f.); *Wiedemann*, GesR II, § 3 II 3a)bb) [S. 194].

620 So ist denn wohl auch MüKo/*Merkt*, GmbHG, § 13 Rn. 100, zu verstehen, wenn es dort heißt, die Treuepflicht würde über die „gewöhnlichen Ausprägungen von Treu und Glauben […] sowohl bei einfachen Austauschgeschäften als auch bei Dauerschuldverhältnissen hinausgehen“.

621 Vgl. MüKo/*Schäfer*, BGB, § 705 Rn. 274; allgemein auch BeckOGK/*Kähler*, BGB, Stand: 01.05.2025, § 242 Rn. 132 ff.

622 Vgl. MüKo/*Merkt*, GmbHG, § 13 Rn. 93; vgl. auch OLG Düsseldorf, NZG 2018, 297 (300) [Rn. 39]: „auf dem konkreten Gesellschaftsverhältnis beruhende berechtigte Erwartungshaltung der übrigen Gesellschafter“.

solche Schuldverhältnisse am stärksten sein soll, die auf ein Zusammenwirken gerichtet sind.[623]

Nach dem Vorstehenden ist die gesellschaftsrechtliche Treuepflicht schließlich eine Zusammenfassung und Konkretisierung der Pflichten, wie sie sich aus der aus dem Verbandsverhältnis entspringenden Zweckförderungspflicht und den Rücksichtnahmepflichten vor dem Hintergrund nach Treu und Glauben ergeben.

Von dieser dogmatischen Herleitung ist der materielle Geltungsgrund der gesellschaftsrechtlichen Treuepflicht zu unterscheiden.[624] Auch hier ist richtigerweise anzunehmen, dass sich die verschiedenen Ansichten nicht widersprechen, sondern die genannten Gründe, die sich gar nicht scharf trennen lassen, heute sämtlich in den einzelnen Ausprägungen der Treuepflicht Berücksichtigung finden.[625] Die gesellschaftsrechtliche Treuepflicht dient daher vor allem dem Schutz eines besonderen gesteigerten Vertrauensverhältnisses zwischen den Verbandsmitgliedern sowie als Gegengewicht zu den mit der Mitgliedschaft verbundenen Einwirkungsmöglichkeiten.[626] Als Kriterium für die Intensität der Treubindung ist daher sowohl die an der Realstruktur[627] des Verbands auszumachende Ausprägung des Vertrauensverhältnisses zwischen den Mitgliedern sowie die tatsächliche Einwirkungsmacht des einzelnen Mitglieds zu berücksichtigen.[628]

B. Treuepflichtbindung von qualifizierten Treugebern

Bei der qualifizierten Treuhand wird der Treugeber mit Zustimmung der Gesellschafter unmittelbar in das Rechte- und Pflichtengefüge der Gesellschaft einbezogen. Die oben ermittelten materiellen Geltungsgründe der gesellschaftsrechtlichen Treuepflicht sprechen also dafür, auch den Treugeber dieser Pflicht zu unterwerfen. Wie ein Gesellschafter auch suggeriert dieser den anderen Beteiligten gleichgerichtete Interessen zu haben, insbesondere bezogen auf

---

623 Staudinger/*Looschelders/Olzen*, BGB, Neubearbeitung 2019, § 242 Rn. 129.

624 Vgl. *K. Schmidt*, GesR, § 20 IV 1b) [S. 588]; krit. zu dieser Unterscheidung *Armbrüster*, S. 333, der daraufhinweist, dass sich aus dem Geltungsgrund Rückschlüsse auf den dogmatischen Ursprung und andersherum ziehen lassen.

625 Vgl. *Armbrüster*, S. 333 ff.

626 Scholz/*Seibt*, GmbHG, § 14 Rn. 66; i.E. auch *Armbrüster*, S. 337, der zudem noch die Zweckförderungspflicht eigenständig als materiellen Geltungsgrund benennt.

627 Siehe zutreffend *K. Schmidt*, GesR, § 20 IV 1d) [S. 592], dafür, dass es auf die Realstruktur und nicht auf die Rechtsform ankommt.

628 Vgl. Scholz/*Seibt*, GmbHG, § 14 Rn. 76, der die wertungserheblichen Umstände jedoch noch detaillierter unterteilt.

die Verfolgung des Gesellschaftszwecks. Ihm steht ebenfalls in dem im Einzelfall zu bestimmenden Umfang eine Einwirkungsmacht zu, die es durch die Treuepflicht zu beschränken gilt. Allgemein wird der qualifizierte Treugeber im Ergebnis daher zu Recht sowohl in der Rechtsprechung als auch in der Literatur der gesellschaftsrechtlichen Treuepflicht unterworfen.[629]

I. Treuepflicht bei originärer Rechtstellung

Die Bindung eines qualifizierten Treugebers an die gesellschaftsrechtliche Treuepflicht ist dogmatisch leicht zu begründen, wenn und weil eine irgendwie angenommene vertragliche oder mitgliedschaftliche Beziehung des Treugebers zu den Gesellschaftern und der Gesellschaft besteht. In diesen Fällen besteht die für § 242 BGB erforderliche Sonderverbindung, die nach der hier vertretenen Ansicht in dem Mitgliedschaftsverhältnis, in das der qualifizierte Treugeber als Mitglied eigener Art einbezogen wird, zu erblicken ist.[630]

Da die gesellschaftsrechtliche Treuepflicht sämtliche Verbandsmitglieder untereinander bindet,[631] ist der Treugeber als Mitglied des Verbands nicht nur der Gesellschaft und den Gesellschaftern gegenüber zur Treue verpflichtet, sondern auch etwaigen anderen mittelbar Beteiligten, die ebenfalls als Mitglieder (eigener Art) Teil des Verbandsverhältnis sind; entsprechend kann er sich ihnen gegenüber auch auf die Treuepflicht berufen.[632]

Soll der Treugeber, wie nach der Anordnung des § 152 Abs. 1 Satz 3 KAGB oder in der Vielzahl der Gestaltungen in der Praxis, einem Gesellschafter im Innenverhältnis umfassend gleichgestellt sein, ist er in demselben Maße zur Treue verpflichtet wie ein Gesellschafter mit derselben Rechtstellung.[633] Er kann sich auch in demselben Maße auf die Treuepflicht berufen. Auf einzelne Anwendungsbereiche wird sogleich noch einmal zurückzukommen sein.[634]

---

629 BGH, NZG 2013, 379 (381 f.) [Rn. 21, 31]; NZG 2015, 269 (271) [Rn. 20]; OLG Düsseldorf, NZG 2018, 297 (300) [Rn. 39]; *Klöckner*, BB 2019, 1313 (1315); Hopt/*Roth*, HGB, § 105 Rn. 90; MüKo/*K. Schmidt*, HGB, vor § 230 Rn. 78; Habersack/Schäfer/*Schäfer*, HGB, § 105 Rn. 107; *Schürnbrand*, ZGR 2014, 256 (260); *Tebben*, S. 415; ders. ZGR 2011, 586 (610); *Wiesner*, FS Ulmer (2003), 673 (679).

630 Zu dieser Argumentation vgl. auch *Armbrüster*, S. 344 f.

631 MüKo/*Schäfer*, BGB, § 705 Rn. 275; *K. Schmidt*, GesR, § 20 IV 1c) [S. 589]; Scholz/*Seibt*, § 14 Rn. 73.

632 Vgl. ebenso *Dogan*, S. 187, für die Figur des stillen Kommanditisten.

633 So für den Treugeber in der Investment-KG auch Assmann/Wallach/Zetzsche/*Wallach*, KAGB, § 152 Rn. 52.

634 Siehe unten, § 5C, S. 130.

II. Treuepflicht bei derivativer Rechtstellung

Nimmt man an, dem Treugeber komme keine mitgliedschaftliche Position im Verband zu, weil man entweder diese Figur ablehnt oder die Auslegung der entsprechenden Vertragswerke (ausnahmsweise) die Annahme einer originären Rechtstellung nicht zulässt, stellt sich die Frage, ob und wie die gesellschaftsrechtliche Treuepflicht in diesen Fällen trotzdem auf einen qualifizierten Treugeber mit lediglich derivativer Rechtstellung erstreckt werden kann.

1. Lösungen über das allgemeine Zivilrecht

Die häufige Betonung darauf, die gesellschaftsrechtliche Treuepflicht wurzele in dem Mitgliedschaftsverhältnis[635] oder sei ein gewohnheitsrechtlich anerkanntes Institut des Verbandsrechts[636] verleitet zunächst dazu, eine Lösung über das allgemeine Zivilrecht dafür zu finden, die Treuepflicht des Treuhänders auch auf den Treugeber zu erstrecken. Dieses stellt für einzelne Ausprägungen der Treuepflicht auch Lösungen bereit:

Die gesellschaftsrechtliche Treuepflicht in ihrer unselbständigen Ausprägung stellt eine Schranke bei der Ausübung von Mitgliedschaftsbefugnissen dar.[637] So kann die Treuepflicht einen Gesellschafter unter Umständen dazu zwingen, Mitwirkungsrechte auf eine bestimmte Weise auszuüben. Selbst bei der grundsätzlich allein im Eigeninteresse erfolgenden Ausübung von Vermögensrechten kann die Treuepflicht zur Rücksichtnahme auf das Gesellschaftsinteresse und somit beispielsweise zu einer Stundung zwingen.[638] Übt aufgrund einer Abrede zwischen den Beteiligten der Treugeber die Mitgliedschaftsrechte des Treuhänders aus, so heißt dies jedoch nicht, dass er an die Beschränkungen der (dem Treuhänder obliegenden) Treuepflicht nicht gebunden ist. Denn der Treuhänder kann dem Treugeber niemals mehr Rechtsmacht verleihen, als ihm selbst zusteht.[639] Der Treugeber kann die Rechte als Bevollmächtigter des Treuhänders also nur in dem Maße und in der Art und Weise ausüben, wie sie dem Treuhänder originär zustehen. Es liegt auf der Hand, dass ein Gesellschafter sich auch sonst nicht seinen Treuebindungen entledigen kann, indem

---

635 Vgl. bspw. *K. Schmidt*, GesR, § 20 IV 1b) [S. 588]; *Merkt*, ZfPW 2018, 300 (311).

636 Siehe Nachweise in Fn. 601.

637 *Armbrüster*, S. 338 f.; vgl. auch *Saenger*, GesR, Rn. 136; BeckOK/*Schöne*, BGB, 68. Ed., Stand: 01.11.2023, § 705 Rn. 103 ff.

638 MüKo/*Ekkenga*, GmbHG, § 29 Rn. 113; MüKo/*Grunewald*, HGB, § 169 Rn. 7; *Wedemann*, ZGR 2016, 798 (827 f.).

639 Ähnlich *Armbrüster*, S. 342 f.

er Mitgliedschaftsrechte durch einen Bevollmächtigten ausüben lässt.[640] Bei „treuwidriger" Ausübung durch den Treugeber kommen daher die gleichen Rechtsfolgen zum Tragen, als hätte der Treuhänder sein Mitgliedschaftsrecht selbst ausgeübt. Tritt der Treuhänder die Vermögensrechte an den Treugeber ab, können diese Rechte ebenfalls nur mit den immanenten Beschränkungen der Treuepflicht übergehen; im Übrigen hilft der Gesellschaft oder den Gesellschaftern bei Einwendungen aus der Treuepflicht § 404 BGB.[641]

Die Gesellschaft wäre auch darüber hinaus nicht gänzlich schutzlos, würde man eine eigene Treuepflicht des Treugebers nicht anerkennen. Entsteht ihr durch ein Verhalten des Treugebers, dass sich bei einem Verhalten in Person des Treuhänders als treuwidrig erweisen würde, ein Schaden, so wird ihr häufig ein Anspruch gegenüber dem Treuhänder zustehen, da diesem das Verhalten des Treugebers gemäß § 278 BGB zugerechnet werden kann.[642] Die Erfüllungsgehilfeneigenschaft des Treugebers bei treuwidriger Ausübung von Mitgliedschaftsrechten ist leicht begründbar, da der Treugeber bei der derivativen Berechtigung gerade mit Wissen und Wollen des Treuhänders in dessen Pflichtenkreis tätig wird.[643] Im Hinblick auf die sich aus der Treuepflicht ergebenden selbständigen Verhaltenspflichten, wie beispielsweise der Verschwiegenheitspflicht,[644] lässt sich nur schwerlich behaupten, der Treugeber würde fortwährend willentlich durch den Treuhänder zur Befolgung bestimmter Treue- und Rücksichtnahmepflichten eingesetzt. Dies gilt insbesondere für die allgemeine Pflicht, der Gesellschaft keinen Schaden zuzufügen.[645] *Tebben* weist jedoch zu Recht darauf hin, dass es im Falle von Schutzpflichten, die mit den Treuepflichten eines Gesellschafters vergleichbar sind, für die Gehilfeneigenschaft nach § 278 Satz 1 BGB weniger darauf ankäme, dass der Schädiger bewusst zur

---

640 So kann auch ein Stimmrechtsvertreter nicht das Stimmrecht eines Gesellschafters ausüben, der einem Stimmverbot unterliegt, siehe nur MüKo/*Drescher*, GmbHG, § 47 Rn. 196.

641 *Armbrüster*, S. 342 f.; vgl. auch *Fleck*, FS Fischer (1979), 107 (119).

642 *Tebben*, S. 379 ff.; ohne Begründung auch *Fleck*, FS Fischer (1979), 107 (119); im Hinblick auf die Verschwiegenheitspflichtverletzung eines Unterbeteiligten *Blaurock*, S. 185.

643 *Tebben*, S. 379; zu dieser verkürzten Definition der Erfüllungsgehilfeneigenschaft vgl. nur BeckOK/*Lorenz*, BGB, Stand: 01.05.2024, § 278 Rn. 11.

644 Zur Verschwiegenheitspflicht als konkretisierte Treuepflicht siehe sogleich unten, § 5C.I, S. 130.

645 Aus der Treuepflicht wird ein allgemeines Schädigungsverbot abgeleitet, vgl. nur MüKo/*Merkt*, GmbHG, § 13 Rn. 150.

Einhaltung von Sorgfalts- und Schutzpflichten eingesetzt wird; vielmehr reiche es nach dem Sinn und Zweck der Zurechnungsnorm des § 278 Satz 1 BGB aus, dass eine vom Schuldner eingesetzte Person gerade deshalb zur Schädigung des Gläubigers im Stande war, weil letzterer aufgrund des Schuldverhältnisses seine Rechtsphäre für den Schuldner und dessen Hilfspersonen geöffnet hat.[646]

Schon wegen der so begründbaren Haftung des Treuhänders für Treue- und Rücksichtnahmepflichtverletzungen des Treugebers scheitert mangels Schutzbedürftigkeit die von einigen[647] erwogene Konstruktion, den Treuhandvertrag als Vertrag mit Schutzwirkung zugunsten Dritter (der Gesellschaft) anzusehen, dadurch den Treugeber in die Treuepflichtbindung des Treuhänders miteinzubeziehen und bei einer Verletzung derselben der Gesellschaft einen Schadenersatzanspruch direkt gegen den Treugeber zuzubilligen.[648]

2. *Eigene Treupflichtbindung des derivativ berechtigten Treugebers*

Auf die oben erörterten Möglichkeiten, den derivativ berechtigten qualifizierten Treugeber (zumindest mittelbar) in die Treuepflichtbindung des Treuhänders miteinzubeziehen, käme es gar nicht an, wenn man die gesellschaftsrechtliche Treuepflicht auch direkt auf ihn erstrecken könnte, er also einer eigenen Treuepflicht unterliegt.[649]

Selbst für die Erstreckung der gesellschaftsrechtlichen Treuepflicht bereits auf den einfachen Anteilstreugeber spricht, dass hier zumindest der materielle Geltungsgrund der Einwirkungsmöglichkeit gegeben ist.[650] Wird der Treugeber dann mit Willen der Gesellschafter in das Verbandsverhältnis derart einbezogen, dass ihm die Möglichkeit der unmittelbaren Teilhabe durch vom Treuhänder abgeleitete Befugnisse eingeräumt wird, wird die Einwirkungsmacht nicht nur zusätzlich verstärkt, es kommt auch noch das für ein Verbandsverhältnis typische gesteigerte Vertrauensverhältnis hinzu.[651]

---

646 *Tebben*, S. 379 ff.; allgemein Staudinger/*Caspers*, BGB, Neubearbeitung 2019, § 278 Rn. 43.

647 *Blaurock*, S. 202; *Fleck*, FS Fischer (1979), 107 (119).

648 Ebenso *Tebben*, S. 416 f.; *Armbrüster*, S. 354, lehnt diese Konstruktion schon deshalb ab, weil der Treugeber gegenüber dem Treuhänder gar keiner Treuepflichten unterliegt, in die die Gesellschaft miteinbezogen werden könne.

649 So ausdrücklich Staub/*Casper*, HGB, § 161 Rn. 248.

650 *Armbrüster*, S. 344.

651 Vgl. *Armbrüster*, S. 344; auf eine „engere Beziehung" bereits bei der bloßen Billigung einer mittelbaren Beteiligung abstellend *Blaurock*, S. 185.

Die Bezeichnung als „gesellschaftsrechtliche" Treuepflicht und die teilweise Herleitung aus der Zweckförderungspflicht mag nur vermeintlich dafür sprechen, dass Personen außerhalb des Verbandsverhältnisses dieser Pflicht nicht unterliegen können. Wie oben aufgezeigt, ist die Zweckförderungspflicht nur eine dogmatische Grundlage von mehreren. Anknüpfungspunkt ist in erster Linie § 242 BGB, der eine Sonderverbindung voraussetzt. Mögen der lediglich derivativ berechtigte qualifizierte Treugeber und die Gesellschafter auch nicht durch das Verbandsverhältnis verbunden sein, so besteht zwischen ihnen dennoch sehr wohl eine Sonderverbindung: Werden dem Treugeber im Gesellschaftsvertrag unmittelbare Rechte eingeräumt, dann besteht jedenfalls ein „ähnlicher geschäftlicher Kontakt", der nicht nur eine für § 242 BGB erforderliche Sonderverbindung darstellt,[652] sondern gemäß § 311 Abs. 2 Nr. 3 BGB die gegenseitigen Rücksichtnahmepflichten aus § 241 Abs. 2 BGB zur Folge hat. Das Bestehen von Schutz- und Rücksichtnahmepflichten wäre auch dann anzunehmen, wenn man den Gesellschaftsvertrag, der dem nicht an ihm beteiligten Treugeber Rechte einräumt, als Vertrag zugunsten eines Dritten ansieht.[653] In einem solchen bestehen auch im Vollzugsverhältnis wechselseitige Schutz- und Rücksichtnahmepflichten.[654]

Darüber hinaus ist § 241 Abs. 2 BGB selbst, wie oben dargestellt, dogmatischer Anknüpfungspunkt der gesellschaftsrechtlichen Treuepflicht. Die Norm statuiert ausdrücklich, dass sich die Reichweite der Pflicht zur Rücksichtnahme auf die Rechte, Rechtsgüter und Interessen des anderen Teils nach dem Inhalt des Schuldverhältnisses richtet. Das Schuldverhältnis zwischen dem Treugeber und der Gesellschaft beziehungsweise den Gesellschaftern ist gerade von der Besonderheit eines besonderen Vertrauens und der Möglichkeit einer Einwirkungsmacht auf die Gesellschaft geprägt (materieller Geltungsgrund der gesellschaftsrechtlichen Treuepflicht). Auch außerhalb des Verbandsverhältnisses sollen gerade Dauerschuldverhältnisse, die über einen reinen Güteraustausch hinausgehen und denen ein gewisses personelles Element innewohnt, den Vertragspartnern aufgrund der fortwirkenden Vertrauensgrundlage gegenseitige leistungsunabhängige Treuepflichten abverlangen.[655] Alles in

---

652 Staudinger/*Looschelders/Olzen*, BGB, Neubearbeitung 2019, § 242 Rn. 130.

653 Siehe oben, S. 53 sowie S. 80 f.

654 BGH, NJW 2005, 3778; BeckOGK/*Mäsch*, BGB, Stand: 01.04.2024, § 328 Rn. 33; Grüneberg/*Grüneberg*, BGB, Einf. v. § 328 Rn. 5.

655 Vgl. *Larenz*, SchuldR AT, § 2 I [S. 10] sowie § 2 VI [S. 32]; Staudinger/*Olzen*, BGB, Neubearbeitung 2019, § 241 Rn. 515; auch Staub/*Casper*, HGB, § 161 Rn. 248, stellt

allem ist somit nicht ersichtlich, weshalb die in § 241 Abs. 2 BGB angesprochenen Schutz- und Rücksichtnahmepflichten nicht ähnlich weit reichen können wie die gesellschaftsrechtliche Treuepflicht, und wieso ihr Umfang dann nicht nach den gleichen Maßstäben zu beurteilen sein sollte.[656] Es bedarf somit nicht der Annahme, dass der qualifizierte Treugeber selbst Mitglied des Verbandes wird, um ihn als Schuldner oder Berechtigter solcher Pflichten anzusehen, die gemeinhin aus der gesellschaftsrechtlichen Treuepflicht abgeleitet werden.[657]

C. Einzelne Anwendungsbereiche

Im Folgenden soll noch kurz auf einzelne Konkretisierungen der Treuepflicht eingegangen werden, die in Sachverhalten mit qualifizierten Treugebern regelmäßig Bedeutung erlangen können.

I. Verschwiegenheitspflicht

Eine Verschwiegenheitspflicht bezüglich Gesellschaftsinterna wird regelmäßig schon gesellschaftsvertraglich explizit geregelt sein und somit auch den qualifizierten Treugeber miteinbeziehen.[658] Sie leitet sich als Ausdruck des allgemeinen Schädigungsverbots jedoch auch aus der gesellschaftsrechtlichen Treuepflicht ab.[659] Ein (qualifizierter) Treugeber ist somit dazu verpflichtet, alles, was er durch seine Einwirkungsmacht als qualifizierter Treugeber an vertraulichen Gesellschaftsangelegenheiten erfahren hat, sei es beispielsweise auf einer Gesellschafterversammlung oder in Ausübung eines Einsichts- oder Auskunftsrechts, nicht an Dritte weiterzugeben.[660]

---

für die Annahme der Geltung der gesellschaftsrechtlichen Treuepflicht darauf ab, dass Treuepflichten auch außerhalb der Verbandsrechts bei Dauerschuldverhältnissen nicht unbekannt seien.

656 A.A. *Dogan*, S. 105.

657 Vgl. auch *Milde*, FS Konzen (2006), 541 (552), der schon für die mit Zustimmung der Gesellschafter eingegangene Anteilstreuhand Treuepflichten der Gesellschafter gegenüber dem Treugeber aus § 241 Abs. 2 BGB ableitet.

658 Siehe beispielhaft Ziffer 25.1 des Gesellschaftsvertrags aus Fn. 91.

659 Scholz/*Seibt*, GmbHG, § 14 Rn. 115; BeckOK/*Schöne*, BGB, 68. Ed., Stand: 01.11.2023, § 705 Rn. 105.

660 So auch *Armbrüster*, S. 361.

II. Geschäftschancenlehre / Wettbewerbsverbot

Aus der Treuepflicht folgt auch, dass sich ein Gesellschafter keine Geschäftschancen der Gesellschaft für eigene Zwecke zunutze machen darf (Geschäftschancenlehre).[661] Ist eine der Gesellschaft zuzuordnende Geschäftschance anzunehmen,[662] handelt ein Gesellschafter bei ihrer Wahrnehmung auf eigene oder fremde Rechnung dann treuwidrig, wenn er von ihr gerade nur wegen seiner Beteiligung erfahren hat.[663] Es ist denkbar, dass auch ein qualifizierter Treugeber aufgrund seiner Einwirkungsmacht von Geschäftschancen der Gesellschaft erfährt und diese im gesellschaftsfremden Interesse wahrnimmt. Dies würde dann auch in seiner Person einen Verstoß gegen die Treuepflicht darstellen.[664]

Da der Gesellschaft (trotz § 287 ZPO)[665] selten der Nachweis gelingen wird, dass sie das konkrete Geschäft mit an Sicherheit grenzender Wahrscheinlichkeit selbst abgeschlossen und – zur Begründung eines Schadens – auch erfolgreich durchgeführt hätte, soll ihr nach Ansicht einiger ein Anspruch auf Vorteilsabschöpfung nach dem Rechtsgedanken des § 118 Abs. 1 S. 2 HGB zustehen.[666] Diesen Anspruch könnte die Gesellschaft dann konsequenterweise genauso wie einen etwaigen Schadenersatzanspruch unmittelbar gegen den qualifizierten Treugeber geltend machen.[667]

Als Konkretisierung der gesellschaftsrechtlichen Treuepflicht kann sich aus dieser für einen Gesellschafter auch ein Wettbewerbsverbot ergeben.[668] Während in dem oben beschriebenen Fall, in dem ein Gesellschafter Geschäftschancen der Gesellschaft für eigene oder fremde Rechnung an sich gezogen hat, sich die Gefahr einer Interessenkollision konkret realisiert hat, stellt ein Wettbewerbsverbot bereits auf die abstrakte Gefährdungslage ab und versucht einen Schaden der Gesellschaft im Vorfeld zu verhindern.[669] Ein Wettbewerbsverbot

---

661 BGH, NJW 1989, 2687; *Kübler/Waltermann*, ZGR 1991, 162 (166); Habersack/Schäfer/*Schäfer*, HGB, § 112 Rn. 23; *K. Schmidt*, GesR, § 20 V 3 [S. 599].

662 Zu den Voraussetzungen vgl. Oetker/*Lieder*, HGB, § 117 Rn. 28 ff.

663 Vgl. BGH, NJW 1989, 2687 (2688); *Armbrüster*, S. 365; *Kübler/Waltermann*, ZGR 1991, 162 (168); Habersack/Schäfer/*Schäfer*, HGB, § 112 Rn. 23.

664 *Armbrüster*, S. 365; i.E. auch *Milde*, FS Konzen (2006), 541 (552).

665 Zu dessen Anwendung in diesem Zusammenhang BGH, NJW 1989, 2687 (2688).

666 Hopt/*Roth*, HGB, § 108 Rn. 26; Habersack/Schäfer/*Schäfer*, HGB, § 112 Rn. 23.

667 *Armbrüster*, S. 364

668 BGH, NJW 2002, 1046 (1047); *Armbrüster*, ZIP 1997, 261; *K. Schmidt*, GesR, § 20 V 1b) [S. 596]; Habersack/Schäfer/*Schäfer*, HGB, § 112 Rn. 3.

669 BeckOK/*Klimke*, HGB, Stand: 01.04.2023; § 117 Rn. 1; MüKo/*Fleischer*, HGB, § 112 Rn. 6.

ist dadurch gerechtfertigt, dass es bereits ein illoyales Verhalten darstellt, sich der abstrakten Gefahr eines Interessenkonflikts auszusetzen, indem man mit der Gesellschaft in Wettbewerb tritt.[670] Der Gesetzgeber hat mit dem gesetzlich geregelten Wettbewerbsverbot in § 117 HGB, das insofern als Gefährdungstatbestand zu betrachten ist,[671] seine Vermutung zum Ausdruck gebracht, wann eine solch abstrakte Gefahr anzunehmen ist.[672] Das dort geregelte Wettbewerbsverbot gilt nur für die Gesellschafter einer OHG und Komplementäre einer KG (vgl. § 165 HGB), mithin für persönlich haftende Gesellschafter. Hieraus darf jedoch nicht der Schluss gezogen werden, ein qualifizierter Treugeber unterliege einem Wettbewerbsverbot nur dann, wenn er selbst unbeschränkt – sei es nach außen persönlich oder zumindest mittelbar[673] – haften würde. Es ist offensichtlich nicht die persönliche Haftung der OHG-Gesellschafter und Komplementäre, die den Gesetzgeber annehmen ließ, bei konkurrierenden Tätigkeiten oder Beteiligungen bestünde die erhöhte abstrakte Gefahr einer Interessenkollision:[674] Grund der Beschränkung des gesetzlichen Wettbewerbsverbots auf persönlich haftende Gesellschafter ist vielmehr, dass diesen nach dispositivem Recht in einer Personenhandelsgesellschaft das Geschäftsführungsrecht und die weitergehenden Informationsrechte des § 717 Abs. 1 BGB zukommen. Materieller Geltungsgrund des gesetzlichen Wettbewerbsverbots ist damit ein weitreichender Informationszugang sowie Einflussmöglichkeiten auf die Führung der Geschäfte.[675] Zu Recht wird deshalb angenommen, dass auch nicht persönlich haftende Gesellschafter, die Einfluss auf die Geschäftsführung ausüben können und in diesem Zusammenhang den Zugang zu Insiderwissen haben, einem Wettbewerbsverbot aus der Treuepflicht oder in entsprechender Anwendung des § 117 HGB unterliegen. Das gilt entgegen § 165 HGB sowohl für den Kommanditisten,[676] als auch für den GmbH-Gesellschafter, der nicht auch Geschäftsführer ist[677]. Auch einem GbR-Gesellschafter soll, soweit die

---

670 Vgl. BGH, NJW 1963, 646 (647); Scholz/*Seibt*, GmbHG, § 14 Rn. 113.

671 EBJ/*Sander*, HGB, § 117 Rn. 3; MüKo/*Fleischer*, HGB, § 112 Rn. 6.

672 Vgl. *Armbrüster*, ZIP 1997, 261 (270); *Blaurock*, S. 196; *K. Schmidt*, GesR, § 20 V 1c) [S. 597].

673 Zur Haftung des qualifizierten Treugebers für Gesellschaftsverbindlichkeiten siehe unten, § 7B, S. 211 ff.

674 *Armbrüster*, ZIP 1997, 261 (266); *Blaurock*, S. 197 f.

675 *Blaurock*, S. 197 f.; vgl. auch *Armbrüster*, ZIP 1997, 261 (266 f.).

676 BGH, NJW 2002, 1046 (1047); *Armbrüster*, ZIP 1997, 261 (270 f.); Oetker/*Lieder*, HGB, § 117 Rn. 8.

677 BGH, NJW 2002, 1046 (1047); *Blaurock*, S. 199; MüKo/*Merkt*, GmbHG, § 13 Rn. 226 ff.; Scholz/*Seibt*, GmbHG, § 14 Rn. 113; der Geschäftsführer unterliegt

BGB-Gesellschaft durch unternehmerische Tätigkeit überhaupt am Wettbewerb teilnimmt, bei entsprechenden Befugnissen konkurrierende Tätigkeit untersagt sein.[678] Gleiches muss schließlich für einen an einer Gesellschaft der jeweiligen Rechtsform beteiligten qualifizierten Treugeber gelten, wenn seine Rechtstellung eine vergleichbar weitgehende Einwirkungsmacht durch die Möglichkeit, auf die Geschäftsführung Einfluss zu nehmen oder umfangreiche Informationen über Gesellschaftsinterna zu erlangen, aufweist.[679]

III. Sanieren oder Ausscheiden

Besondere Bedeutung kann der gesellschaftsrechtlichen Treuepflicht in der Krise der Gesellschaft und im Hinblick auf angestrebte Sanierungsmaßnahmen zukommen. Dabei zwingt die Treuepflicht zwar keinen Gesellschafter einem Sanierungskonzept zuzustimmen, das von ihm die Leistung zusätzlicher Beiträge verlangt.[680] Allerdings stünde es der gegenseitig versprochenen Verwirklichung des Gesellschaftszwecks entgegen, wenn ein Gesellschafter einer sanierungsbedürftigen Gesellschaft, der sich nicht an Sanierungsplänen der übrigen Gesellschafter beteiligen will oder kann, eine Sanierung aus eigennützigen Motiven vereiteln könnte.[681] Vor diesem Hintergrund kann die Treuepflicht einen Gesellschafter ausnahmsweise dazu zwingen, einem Beschluss, der in dessen unentziehbaren Rechte eingreift und damit zur Wirksamkeit dessen Zustimmung bedarf, zuzustimmen.[682] Auch soweit einem qualifizierten Treugeber Rechte eingeräumt werden, die als unentziehbar einzustufen sind – nach

indessen schon einem umfassenden Wettbewerbsverbot aufgrund der organschaftlichen Treuepflicht und ggf. auch aus § 60 Abs. 1 HGB, vgl. MüKo/*Jaeger/Steinbrück*, GmbHG, § 35 Rn. 378.

678 *Armbrüster*, ZIP 1997, 261 (272); *Blaurock*, S. 199; MüKo/*Schäfer*, BGB, § 705 Rn. 287.

679 Für die Erstreckung von Wettbewerbsverboten auf (qualifizierte) Treugeber auch *Blaurock*, S. 198, 201 ff.; *Milde*, FS Konzen (2006), 541 (552); Habersack/Schäfer/*Schäfer*, HGB, § 112 Rn. 8; MüKo/*K. Schmidt*, HGB, vor § 230 Rn. 78; argumentativ ebenso *Armbrüster*, ZIP 1997, 261 (268), für die Figur des stillen Innenkommanditisten ebenso *Dogan*, S. 233.

680 BGH, NZG 2009, 1347 (1349) [Rn. 29]; MüKo/*Schäfer*, BGB, § 710 Rn. 11; *K. Schmidt*, § 5 IV 5b) [S. 135]; anders noch BGH, NJW-RR 2006, 829 (831) [Rn. 24], wo der 2. Zivilsenat zumindest von der theoretischen Möglichkeit ausging, dass die Treuepflicht eine Zustimmung zu Beitragserhöhungen gebieten könne.

681 Vgl. *K. Schmidt*, § 5 IV 5b) [S. 135].

682 BGH, NJW 1985, 974 (974 f.).

dem hiesigen Modell kann von einem Kernbereich der Mitgliedschaft eigener Art gesprochen werden – wäre ein Beschluss, der diese Rechte aufhebt oder beeinträchtigt, nur dann wirksam, wenn der Treugeber diesem zustimmte.[683] Da er, wie vorstehend aufgezeigt, der gesellschaftsrechtlichen Treuepflicht unterliegt, kann er aus dieser wie ein Gesellschafter gezwungen sein, in Sanierungssituationen einem Eingriff in seine Rechtspositionen zuzustimmen.

Ebenfalls wird man annehmen müssen, dass ein qualifizierter Treugeber aus der ihm obliegenden Treuepflicht gehalten sein kann, im Sinne der „Sanieren oder Ausscheiden"-Rechtsprechung des Bundesgerichtshofs[684] nach den dort aufgestellten Voraussetzungen[685] einem Beschluss zuzustimmen, der es den Gesellschaftern und Treugebern freistellt, sich entweder an einer Sanierungskapitalerhöhung zu beteiligen oder aus der Gesellschaft auszuscheiden.[686] Der Bundesgerichtshof sieht als Grundlage dieser speziellen Treuepflicht eine berechtigte Erwartungshaltung der sanierungswilligen Gesellschafter, nämlich dass sich Gesellschafter im Krisenfall grundsätzlich an einer aussichtsreichen Sanierung durch die Übernahme eines weiteren Risikos beteiligten.[687] Tun sie dies wider dieser berechtigten Erwartung nicht, sei es den sanierungswilligen Gesellschaftern nicht zumutbar, dass die nicht beteiligten Gesellschafter von den Früchten einer erfolgreichen Sanierung dennoch profitieren könnten.[688] Die grundsätzliche Berechtigung einer solchen Erwartungshaltung mit dem Bundesgerichtshof einmal unterstellt, ist nicht ersichtlich, dass gegenüber einem Treugeber, der wie ein unmittelbar beteiligter Gesellschafter ebenfalls durch seine mittelbare Kapitalbeteiligung von einer erfolgreichen Sanierung profitieren würde, eine solche Erwartungshaltung nicht berechtigt sei.

Die Grundsätze des Sanierens oder Ausscheidens gelten auch für einen an einer Investment-KG beteiligten Treugeber.[689] Soweit teilweise vertreten wird, die Grundsätze könnten in der Investment-KG wegen der dort gemäß § 152 Abs. 3 KAGB zwingenden Geltung des § 710 BGB keine Anwendung

683 Siehe näher unten, § 6B.IV.2, S. 154 ff.

684 BGH, NZG 2009, 1347, NZG 2011, 510; NZG 2015, 995.

685 Dazu bspw. EBJ/*Wertenbruch*, HGB, § 105 Rn. 183 ff.; zur Übertragung auf die GmbH MüKo/*Lieder*, GmbHG, § 55 Rn. 42 ff.

686 Für eine Übertragung der Grundsätze des Sanieren oder Ausscheidens auf den qualifizierten Treugeber auch Staub/*Casper*, HGB, § 161 Rn. 248; dies unterstellend *Paul*, GWR 2015, 419 (423 ff.).

687 BGH, NJW 2011, 1667 (1669) [Rn. 21 f.].

688 BGH, NZG 2009, 1347 (1349) [Rn. 31].

689 So i.E. auch *Paul*, GWR 2015, 463 (467).

finden,[690] ist dem nicht zuzustimmen.[691] Die Sanierungskonzepte, die dieser Rechtsprechung zugrunde liegen, berücksichtigen gerade den Umstand, dass die Beteiligten nicht zu weiteren Beiträgen gezwungen werden können; genau deshalb sehen die Konzepte ein Wahlrecht zwischen freiwilliger Beteiligung an einer Kapitalerhöhung und dem Ausscheiden vor.[692] Wegen der Freiwilligkeit besteht gerade keine Nachschusspflicht.[693] Und weil eine Zustimmungspflicht zum Konzept unter der Voraussetzung der Zumutbarkeit jedenfalls nur dann anzunehmen ist, wenn der sanierungsunwillige Gesellschafter im Falle des Ausscheidens nicht schlechter stünde als im Falle einer Liquidation,[694] kann auch von keiner faktischen Nachschusspflicht die Rede sein.[695]

Zuletzt steht auch der Anwendung gegenüber Treugebern in einer Investment-KG, wie von *Paul* diskutiert, nichts entgegen. *Paul* wirft diesbezüglich Zweifel auf, weil ein Treugeber im Gegensatz zu einem Direktkommanditisten in einer Investment-KG durch ein Ausscheiden möglicherweise *per se* schlechter stehen könnte als bei einer Liquidation:[696] Aus § 153 Abs. 3 KAGB ergibt sich, dass die Kommanditisten keiner Verlustausgleichspflicht unterliegen, eine solche Haftung also weder dem Treuhänder, noch dem Treugeber im Falle der Liquidation droht.[697] § 152 Abs. 6 Satz 2 KAGB besagt, dass ab dem Zeitpunkt des Ausscheidens ein Kommanditist nicht mehr für Verbindlichkeiten der Gesellschaft haftet. Damit soll jegliche Nachhaftung der Kommanditisten ausgeschlossen sein. *Paul* erörtert nun das Problem, dass im Falle eines Ausscheidens ein Treugeber indirekt doch einer Nachhaftung unterliegen könnte, wenn und weil die in der Gesellschaft verbleibende und somit gerade nicht (gänzlich) ausscheidende Treuhandkommanditistin im Falle einer Inanspruchnahme durch Gläubiger einen Freistellungsanspruch gegen den ausgeschiedenen Treugeber geltend machen könnte.[698] Wie an späterer

---

690 So Staub/*Casper*, HGB, § 161 Rn. 192; ders. ZHR 179 (2015), 44 (66 f.); EBJ/*Paefgen/Franke*, HGB, Anhang 3 zu § 179, § 127 KAGB Rn. 10.

691 Für eine Anwendbarkeit auch MüKo/*Brungs*, HGB, Anh. § 161 Rn. 136; *Paul*, GWR 2015, 463 (465).

692 BGH, NZG 2009, 1347 (1349) [Rn. 28].

693 MüKo/*Brungs*, HGB, Anh. § 161 Rn. 138; *Paul*, GWR 2015, 463 (465).

694 BGH, NZG 2009, 1347 (1350) [Rn. 32]; NJW 2015, 2882 (2883) [Rn. 19]; EBJ/*Wertenbruch*, HGB, § 105 Rn. 188.

695 So aber KG, BeckRS 2009, 27911; wie hier *Paul*, GWR 2015, 419 (419 f.); Hopt/*Roth*, HGB, § 108 Rn. 12.

696 Vgl. *Paul*, GWR 2015, 463 (467).

697 *Casper*, ZHR 179 (2015), 44 (65).

698 *Paul*, GWR 2015, 463 (466); siehe auch MüKo/*Brungs*, HGB, Anh. § 161 Rn. 138.

Stelle[699] noch zu zeigen sein wird, besteht ein solcher Freistellungsanspruch jedoch gar nicht.[700] Für den Treugeber würde im Falle eines Ausscheidens daher genauso wenig eine Nachhaftung drohen, wie ihn im Falle der Liquidation eine Verlustausgleichspflicht trifft.

IV. Spezielle Sachverhalte durch die Treuhandbeteiligung

Über die bekannten Fallgruppen in „normalen" Gesellschaftsverhältnissen hinaus, können sich bei der Beteiligung eines Treugebers auch besondere Sachverhalte ergeben, die möglicherweise über das Institut der gesellschaftsrechtlichen Treuepflicht zu lösen sind.

Hier ist zum einen daran zu denken, dass der Treugeber aus der seinen Mitbeteiligten ihm gegenüber obliegenden Treuepflicht einen Anspruch auf Zustimmung zu einer Übertragung des Anteils vom Treuhänder auf ihn selbst ableiten kann. Praktisch wird es zumindest in solchen Gesellschaften, die auf die Beteiligung von Treugebern angelegt sind, hierzu häufig eine Regelung geben.[701] Sofern dies nicht der Fall ist, dürfte eine Zustimmungspflicht aus der Treuepflicht dann abzuleiten sein, wenn einer unmittelbaren Beteiligung keine gewichtigen Interessen der Gesellschaft oder einzelner anderer Beteiligter entgegenstehen.[702] Es wäre schon grundsätzlich widersprüchlich – insofern kommt die dogmatische Anknüpfung der Treuepflicht an § 242 BGB und seine Fallgruppe des Verbots widersprüchlichen Verhaltens[703] zum Ausdruck – wenn eine treuhänderische Beteiligung überhaupt, zudem noch unter Einräumung unmittelbarer Rechte akzeptiert würde, ein Zusammenfallen der wirtschaftlichen und formalen Gesellschafterstellung sodann aber durch die anderen Beteiligten verkürzt werden könnte. Der Treugeber mag unter

---

699 Siehe unten, § 7A.II.2.b), S. 195 ff.

700 Das sehen i.E. auch *Paul*, GWR 2015, 463 (467), sowie MüKo/*Brungs*, HGB, Anh. § 161 Rn. 138, selbst so und kommen ebenfalls dazu, dass eine Anwendung der Grundsätze des Sanierens oder Ausscheidens auf den Treugeber in der Investment-KG angenommen werden könne.

701 Siehe bspw. § 7 Abs. 3 des Mustervertrages in Beck`sche Online-Formulare Vertrag/*Giehl*, Stand: 01.01.2023, Formular 7.6.1.5.1 Gesellschaftsvertrag eines Fonds (GmbH & Co KG).

702 So auch *Armbrüster*, S. 366 f.; *M. Weber*, Treubindungen, S. 105.

703 Hierzu siehe bspw. MüKo/*Schubert*, BGB, § 242 Rn. 364: ein widersprüchliches Verhalten kann sich auch aus der sachlichen Unvereinbarkeit mit einem beim Gegner geschaffenen Vertrauenstatbestand ergeben.

Umständen gute Gründe haben, seine Beziehung zum Treuhänder zu beenden. In diesem Fall käme auch das Rücksichtnahmegebot aus § 241 Abs. 2 BGB zur Geltung. Gleichwohl mögen zu berücksichtigende Interessen der Gesellschaft oder einzelner Beteiligter im Einzelfall für eine nur mögliche mittelbare Beteiligung sprechen. Zu denken ist etwa daran, dass die Gesellschaft durch die mit der unmittelbaren Beteiligung verbundene Publizität Imageverluste fürchten muss.

Ein ähnlicher Sachverhalt wäre der, dass in dem Verhalten oder in der Person des Treuhänders wurzelnde Gründe vorliegen, die dessen Ausschluss aus der Gesellschaft rechtfertigen. Die übrigen Beteiligen dürften dann aufgrund der Treuepflicht angehalten sein, dem Treugeber zunächst eine Auswechslung oder zumindest die Umwandlung in eine unmittelbare Beteiligung zu ermöglichen.[704]

Wie an späterer Stelle noch ausführlich erörtert wird, ist es einem Beteiligtem nicht verwehrt, Auskunft über die Identität seiner Mitbeteiligten zu verlangen.[705] Eine verbandsinterne Anonymität kann einem qualifizierten Treugeber also nicht garantiert werden. Die in der Treuepflicht zum Ausdruck kommende Rücksichtnahmepflicht gebietet es richtigerweise jedoch, dass die Identität der nicht ohnehin in einem Register verlautbarten Beteiligten nicht außerhalb des Verbandsverhältnisses preisgegeben wird.[706] Insofern muss der Umstand, dass die Umgehung von Publizitätspflichten ein noch immer wesentliches Motiv für eine lediglich treuhänderische Beteiligung sein dürfte, eine Vermutung zugunsten eines von den Mitbeteiligten zu berücksichtigenden Anonymitätsinteresses des qualifizierten Treugebers sprechen.

704 *Armbrüster*, S. 366.
705 Siehe unten, § 6E.II, S. 172 ff.
706 I.E. ebenso *Priester*, ZIP 2011, 697 (701).

§ 6 Unmittelbare Teilhabe an der Willensbildung, Leitung und Vertretung des Verbandes

Die Mitgliedschaft in einem Verband vermittelt ihrem Inhaber verschiedene Rechte um sich an der Willensbildung und an der Leitung des Verbandes zu beteiligen. Aus der Zweckförderungs- sowie Treuepflicht kann mit der Befugnis gar eine Pflicht zur Teilhabe korrespondieren.[707] Im Folgenden soll der Frage nachgegangen werden, inwiefern der qualifizierte Treugeber an der Willensbildung und Leitung des Verbandes partizipieren kann, die Möglichkeit einer Partizipation vielleicht sogar gegeben sein muss und in welchem Verhältnis er dabei zu seinem Treuhänder steht. Da die Verbandsverfassung zwar teilweise gesetzlich geprägt, gerade in den für dieses Thema relevanten Personengesellschaften und auch der GmbH wegen der dort geltenden weitgehenden Gestaltungsfreiheit aber der Gestaltung durch die Mitglieder selbst überlassen ist,[708] liegt es in der Natur der Sache, dass im Hinblick auf die Rechtstellung eines qualifizierten Treugebers innerhalb der Verbandsorganisation hier nur einzelne grundlegende Fragen herausgegriffen und einzelne Gedanken abstrakt erörtert werden können.

A. Teilnahme an der Gesellschafterversammlung

Die Gesellschafterversammlung als ein von der Gesamtheit der Gesellschafter funktional getrenntes Organ[709] war im Personengesellschaftsrecht im Gegensatz zum Recht der Körperschaften (vgl. §§ 32 Abs. 1 Satz 1 BGB, § 48 Abs. 1 GmbHG, § 118 Abs. 1 Satz 1 AktG) vor Inkrafttreten des MoPeG gesetzlich bisher nicht zwingend vorgesehen.[710] Mit den Änderungen durch das MoPeG sieht § 109 Abs. 1 HGB jedoch zumindest für die Personenhandelsgesellschaften vor, dass „Beschlüsse der Gesellschafter […] in Versammlungen gefasst [werden].“ Bei der GbR ist die Gesellschafterversammlung als Organ nach wie vor nicht zwingend gesetzlich vorgeschrieben.[711] Zutreffend ist jedoch davon

---

707 *Wiedemann*, GesR II, § 3 III 2e) bb) [S. 222].

708 Vgl. *K. Schmidt*, GesR, § 14 I 1. [S. 407].

709 BeckOGK/*Geibel*, BGB, Stand: 01.12.2019 (!), § 709 Rn. 99.

710 BeckOGK/*Geibel*, BGB, Stand: 01.12.2019 (!), § 709 Rn. 99.

711 MüKo/*Schäfer*, BGB, § 714 Rn. 30; *Tröger/Happ*, ZIP 2021, 2059 (2063).

auszugehen, dass eine Gesellschafterversammlung als Organ zumindest dann gesellschaftsvertraglich konstituiert wird, wenn das Statut Mehrheitsentscheidungen zulässt.[712] Denn in diesem Fall ist die Etablierung einer Gesellschafterversammlung für die Willensbildung der Gesellschafter schon deshalb unerlässlich, weil sie die Teilhabe der Minderheit an der Willensbildung (jedenfalls bezogen auf den jeweils gefassten oder nicht gefassten Beschluss) gewährleistet.[713] Sie erfüllt nicht nur den Zweck, die Abstimmung im Rahmen der Beschlussfassung einem gewissen formalen Verfahren zuzuführen,[714] sondern dient insgesamt als Forum für die Willensbildung der Gesellschafter, zu der neben der Beschlussfassung an sich auch ein Meinungsaustausch gehört.[715] Vor diesem Hintergrund wird das Teilnahmerecht an der Gesellschafterversammlung zutreffend auch als unentziehbares zum Kernbereich einer jeden Mitgliedschaft gehörendes Mitgliedschaftsrecht gezählt.[716]

Abgesehen davon, dass ein solches Teilnahmerecht zugunsten des qualifizierten Treugebers in der Praxis häufig explizit vorgesehen ist,[717] sich richtigerweise insbesondere aus einer umfassenden Gleichstellungsabrede ergibt und damit jedenfalls auch dem an der Investmentkommanditgesellschaft beteiligten Treugeber zusteht,[718] wird man einem Treugeber das Teilnahmerecht zumindest als eine Art Annexkompetenz zu anderen ihm zugewiesenen Rechten zugestehen müssen.[719] Hier wird der schon angesprochene und hinter dem

---

712 BeckOGK/*Geibel*, BGB, Stand: 01.12.2019 (!), § 709 Rn. 99; MüKo/*Schäfer*, BGB, § 714 Rn. 33, 8.

713 Vgl. MüKo/*Schäfer*, BGB, § 709 Rn. 73.

714 Vgl. BeckOGK/*Geibel*, BGB, Stand: 01.12.2019, § 709 Rn. 99.

715 Vgl. MüKo/*Liebscher*, GmbHG, § 48 Rn. 2, 4.

716 *Teichmann*, Gestaltungsfreiheit, S. 210 f.; vgl. auch *Altmeppen*, GmbHG, § 48 Rn. 4 [für die GmbH]; MüKo/*Grunewald*, HGB, § 161 Rn. 33 [für den Kommanditisten]; MüKo/*Liebscher*, GmbHG, § 48 Rn. 13 [für die GmbH].

717 So auch die Beobachtung von *Klöckner*, BB 2009, 1313 (1315, 1317) sowie *Dogan*, S. 99. Siehe beispielhaft die Tatbestände der Entscheidungen OLG Koblenz, OLGZ 1989, 223 (224); BGH, NZG 2015, 269; siehe auch Beck'sche Online-Formulare Vertrag/*Giehl*, Stand: 01.01.2023, Formular 7.6.1.5.1 Gesellschaftsvertrag eines Fonds (GmbH & Co KG) [§ 18 Abs. 2].

718 MüKo/*Brungs*, HGB, Anh. § 161 Rn. 149; Staub/*Casper*, HGB, § 161 Rn. 273; Oetker/*Oetker*, HGB, § 161 Rn. 209; Emde/Dornseifer/Dreibus/*Schott/Lochen*, KAGB, § 152 Rn. 8; a.A. H. P. Westermann/Wertenbruch/*Stöber*, 76. Erglf. 2/2020, § 54a Rn. 3170I.

719 *Armbrüster*, S. 308; Scholz/*Seibt*, GmbHG, § 48 Rn. 14 [für den Fall der Stimmrechtsabspaltung].

Abspaltungsverbot stehende Funktionszusammenhang der einzelnen Mitgliedschaftsrechte und Pflichten[720] erkennbar, denn die Teilnahme an Gesellschafterversammlungen ist oftmals Voraussetzung für die Möglichkeit der Ausübung weiterer Mitgliedschaftsrechte.[721] Offensichtlich ist das für den Fall der Ausübung von Stimm- oder Zustimmungsrechten.[722] Auch die Möglichkeit, Beschlüsse anfechten zu können, setzt voraus, dass der Treugeber durch Anwesenheit die Beschlussfassung überwachen kann.[723]

Geht man davon aus, dass der Treugeber als Mitglied in das Verbandsverhältnis einbezogen ist, sollte man ein Teilnahmerecht an der Gesellschafterversammlung und weitergehend sogar ein Rederecht als ein originäres, aus der Mitgliedschaft eigener Art entspringendes Recht des qualifizierten Treugebers ansehen, das gewissermaßen zum Kernbereich dieser Mitgliedschaft gehört und somit im Grundsatz unverzichtbar ist. Denn schon aus dem Umstand, dass dem qualifizierten Treugeber die gesellschaftsrechtliche Zweckförderungs- und damit Treuepflicht obliegt und ihn die wirtschaftlichen Folgen des Handelns der Gesellschaft treffen, ist es erforderlich, ihm die mit einem Teilnahmerecht an und einem Rederecht in der Gesellschafterversammlung verbundene Möglichkeit zu gewähren, sich in der Gesellschafterversammlung über die wesentlichen Umstände seine Beteiligung betreffend informiert zu halten und seine vorgenannten Pflichten erfüllen zu können.[724]

720 Siehe oben, § 3B.I.1.b), S. 58.

721 *Armbrüster*, S. 307; vgl. auch *Teichmann*, Gestaltungsfreiheit, S. 210.

722 *Armbrüster*, S. 307; Scholz/*Seibt*, GmbHG, § 48 Rn. 14: mit dem Stimm- ist auch ein Teilnahmerecht verbunden; vgl. bspw. auch Michalski/*Römermann*, GmbHG, § 48 Rn. 49 für das Teilnahmerecht eines Stimmrechtsvertreters.

723 Vgl. BGH, NJW 1971, 2225; *Armbrüster*, S. 307; MüKo/*Liebscher*, GmbHG, § 48 Rn. 12.

724 Vgl. *Teichmann*, Gestaltungsfreiheit, S. 210 f., der das Rederecht und darüberhinausgehend auch ein Antragsrecht für ein unabdingbares Recht einer jeden Mitgliedschaft hält; vgl. auch MüKo/*Brungs*, HGB, Anh. § 161 Rn. 149, die für das Teilnahmerecht des an der Investment-KG beteiligten Treugeber trotz Verneinung des Stimmrechts darauf abstellt, dass dieses für die „Vervollständigung seiner Informationen rund um das Investment" notwendig sei; vgl. auch *Armbrüster*, S. 303 i.V.m. S. 307, der zum einen ein zwingendes Informationsrecht gegen die Gesellschafter als Korrelat zu einer gesellschaftsrechtlichen Verantwortlichkeit des Treugebers annimmt, zum anderen meint, das Teilnahmerecht sei eine spezifische Ausprägung des allgemeinen Informationsrechts.

B. Stimm- und Zustimmungsrechte

Sehr häufig wird in den Gestaltungen der Praxis einem qualifizierten Treugeber das auf seine Beteiligung fallende Stimm(ausübungs)recht ausdrücklich unmittelbar zugeordnet.[725] Die Zuordnung des Stimmrechts an den Treugeber erfolgt richtigerweise auch aus einer Klausel, nach der ein Treugeber im Innenverhältnis einem unmittelbar beteiligten Gesellschafter gleichgestellt sein soll, da das Stimmrecht dem Innenverhältnis des Verbands zuzurechnen ist.[726]

I. Stimmrecht aus § 152 Abs. 1 Satz 3 KAGB

Etwas anderes soll nach abzulehnender Ansicht für die gesetzliche Gleichstellung des an einer Investmentkommanditgesellschaft beteiligten Treugebers gelten.[727] Dies wird teilweise damit begründet, dass es in § 267 Abs. 3 Satz 2 KAGB im Zusammenhang mit Änderungen der Anlagebedingungen eines geschlossenen Publikums-AIF heißt, der Treuhandkommanditist dürfe „sein Stimmrecht nur nach vorheriger Weisung durch den Anleger ausüben".[728] Richtig ist, dass diese Norm mit der Auffassung, dem Treugeber komme ein eigenes originäres Stimmrecht zu, auf den ersten Blick nicht vereinbar erscheint. Man wird mit *Paul* jedoch davon ausgehen müssen, dass der Gesetzgeber hier schlicht übersehen hat, dass er in § 152 Abs. 1 Satz 3 KAGB das für einfache Treuhandverhältnisse geltende Trennungsprinzip durchbrochen hat und in § 267 Abs. 3

---

725 So auch die Beobachtung von *Klöckner*, BB 2009, 1313 (1315, 1317). Siehe beispielhaft die Tatbestände der Entscheidungen OLG Koblenz, OLGZ 1989, 223 (224); BGH, NJW 2013, 2190; NZG 2015, 269; siehe auch Beck'sche Online-Formulare Vertrag/*Giehl*, Stand: 01.01.2023, Formular 7.6.1.5.1 Gesellschaftsvertrag eines Fonds (GmbH & Co KG) [§ 18 Abs. 2].

726 Emde/Dornseifer/Dreibus/*Schott/Lochen*, KAGB, § 152 Rn. 8; *Wertenbruch*, NZG 2017, 81 (83), freilich jeweils für die gesetzliche Gleichstellungsregelung des § 152 Abs. 1 Satz 3 KAGB.

727 MüKo/*Brungs*, HGB, Anh. § 161 Rn. 149; Staub/*Casper*, HGB, § 161 Rn. 273; H. P. Westermann/Wertenbruch/*Stöber*, 76. Erglf. 2/2020, § 54a Rn. 3170I; für ein Stimmrecht hingegen EBJ/*Paefgen/Franke*, Anhang 3 zu § 179, § 152 KAGB Rn. 8; WBA/*Paul*, KAGB, § 152 Rn. 9; Emde/Dornseifer/Dreibus/*Schott/Lochen*, KAGB, § 152 Rn. 8; *Wertenbruch*, NZG 2017, 81 (83); unklar mit Verweis auf zuvor genannte Ansicht von *Casper* EBJ/*Strohn*, HGB, 4. Aufl. 2020, Anhang zu § 177a, § 152 KAGB Rn. 4: das Stimmrecht stehe dem Treugeber zu, sei aber durch den Treuhänder auszuüben.

728 MüKo/*Brungs*, HGB, Anh. § 161 Rn. 149.

Satz 2 KAGB noch von der vor dem KAGB geltenden Rechtslage ausgegangen ist:[729] In den Gesetzesmaterialien findet sich kein Wort zu dem offensichtlichen Widerspruch zwischen einer umfassenden Gleichstellung im Innenverhältnis und § 267 Abs. 3 Satz 2 KAGB. Hätte der Gesetzgeber mit seiner uneingeschränkten Gleichstellungsanordnung in § 152 Abs. 1 Satz 3 KAGB nicht auch die Einräumung eines eigenen Treugeberstimmrechts bezwecken wollen, dann hätte er dies an entsprechender Stelle deutlich machen können, zumal ihm bei der Schaffung des § 152 Abs. 1 Satz 3 KAGB die bereits zuvor übliche Praxis der Einräumung eines originären Stimmrechts zugunsten qualifizierter Treugeber und die Billigung durch die Rechtsprechung vorgeschwebt haben dürfte. § 267 Abs. 3 Satz 2 KAGB erlangt somit entgegen dem Wortlaut, der von dem Stimmrecht des Treuhandkommanditisten spricht („sein" Stimmrecht), nur dann Bedeutung, wenn – was in der Praxis häufig geschieht[730] und auch im Anwendungsbereich des KAGB möglich sein sollte[731] – der Treuhandvertrag vorsieht, dass der Treuhänder als bevollmächtigt gilt bei Nichtausübung des Stimmrechts durch den Treugeber dieses auszuüben.[732] Erhält der Treuhänder in diesen Fällen keine vorherige Weisung, so darf er von dieser Bevollmächtigung keinen Gebrauch machen.[733]

II. Originäres oder derivatives Stimmrecht?

Wie eingangs dargestellt, setzt die Einräumung eines originären Stimmrechts voraus, dass der Treugeber selbst als Mitglied eigener Art in das Verbandsverhältnis aufgenommen wird.[734] Allerdings muss das Verbandsverhältnis unter Einschluss des Treugebers nicht derart organisiert sein, dass dem Treugeber ein eigenes Stimmrecht eingeräumt wird. Die Option, das Stimmrecht dem Treuhänder zu belassen und dem Treugeber lediglich die Befugnis einzuräumen,

729 WBA/*Paul*, KAGB, § 152 Rn. 9.

730 So für Immobilienfonds, freilich vor dem KAGB, *Kapitza*, S. 58 f., der eine solche Bevollmächtigung „ausnahmslos" beobachtet haben will. Siehe zu dieser Thematik und zu Praxisbeispielen sogleich unten.

731 So ausdrücklich Emde/Dornseifer/Dreibus/*Schott/Lochen*, KAGB, § 152 Rn. 8.

732 So ist, wie WBA/*Paul*, KAGB, § 152 Rn. 8 in dortiger Fn. 19 ebenfalls vermutet, wahrscheinlich auch FK-KapAnlR/*Hoffert*, KAGB, § 152 Rn. 32, zu verstehen, wonach die Funktion des Treuhandkommanditisten insb. auch im Hinblick auf die gem. § 267 Abs. 3 Satz 2 abzugebende Zustimmung der eines Boten gleiche.

733 Vgl. auch EBJ/*Paefgen/Franke*, Anhang 3 zu § 179, § 152 KAGB Rn. 8.

734 Siehe oben, S. 80 f. sowie S. 88; vgl. in diesem Zusammenhang auch *Wertenbruch*, NZG 2017, 81 (83).

dieses als Bevollmächtigter auszuüben, bleibt auch bei der Begründung einer Mitgliedschaft eigener Art, wie sie hier vertreten wird, erhalten.[735]

Die Frage – eigenes oder derivatives Stimmrecht – ist keinesfalls lediglich theoretischer Natur. Sie ist deshalb besonders relevant, weil von der Beantwortung abhängt, unter welchen Umständen das Stimmrecht auch vom Treuhänder ausgeübt werden kann. An der Möglichkeit einer Ausübung durch den Treuhänder selbst haben vor allem Initiatoren von Publikumsfonds, die häufig mit der Treuhänderin, der persönlich haftenden Gesellschafterin (im Falle der KG) sowie wesentlichen Vertragspartnern der Beteiligungsgesellschaft in einem Lager stehen, ein Interesse, um das Nichtinteresse vor allem privater Anleger ausnutzen und deren Rechte zu ihren Gunsten geltend machen zu können.[736] Bei einem derivativen Stimmrecht kann der Treuhänder dieses Recht ohne weiteres selbst wirksam ausüben,[737] denn selbst ein – im Falle der qualifizierten Treuhand wohl auch konkludent anzunehmender Stimmrechtsverzicht – entfaltet

---

735 Ein klares Beispiel hierfür dürfte die Konstruktion des „Beteiligungsfonds 40 GmbH & Co. KG" sein, dessen Gesellschafts- und Treuhandvertrag unter https://www.ilg-gruppe.de/fileadmin/user_upload/Downloads/ILG_Fonds/ILG_Fonds_Nr._40_Prospekt_Objekt_CCL.pdf (zuletzt abgerufen am 14.07.2024) abgerufen werden kann. In dessen Gesellschaftsvertrag heißt es in § 5 Abs. 3 Satz 1 zunächst, dass die Treugeber im Innenverhältnis als Kommanditisten gelten würden. In Satz 3 heißt es sodann aber: *„Die Gesellschafter sind ausdrücklich damit einverstanden, dass die Treugeber an den Gesellschafterversammlungen teilnehmen und kraft der ihnen vom Treuhänder erteilten Vollmacht das auf ihren Kapitalanteil entfallende Stimmrecht […] ausüben können.*"

736 Siehe insofern schon oben, Text zu und Nachweise in Fn. 133. Ein Musterbeispiel könnte insofern der der Entscheidung OLG Koblenz, OLGZ 1989, 223, zugrundeliegende Sachverhalt sein, in dem die Treuhänderin mit den Stimmen der nicht erschienenen Treugeber eine Erhöhung der Haftungsvergütung der Komplementärin beschlossen hatte. Dass letztere mit der Treuhänderin in einem Lager stand, ergibt sich aus dem Tatbestand und den Urteilsgründen jedoch nicht. Gleichwohl ist ein solches Interesse nicht *per se* zu missbilligen, da die Bündelung der Einwirkungsmacht bei für den Gegenstand der Unternehmung häufig über spezielles Wissen und Erfahrung verfügende Personen auch zum Vorteil der Gesellschaft genutzt werden kann. Zudem mag gerade in Publikumsgesellschaften, in denen viele private Anleger sich mit ihrer Kapitalanlage beschäftigen und von ihren Rechten tatsächlich Gebrauch machen, die Möglichkeit der Wahrnehmung durch den Treuhänder dazu dienen, überhaupt eine Beschluss- und damit Handlungsfähigkeit der Gesellschaft zu sichern, *Dogan*, S. 94 f.; *Kapitza*, S. 58.

737 *Kapitza*, S. 59.

im Außenverhältnis keine Wirkung.[738] Nimmt man an, dem Treugeber sei (wirksam) ein originäres Stimmrecht eingeräumt, folgt daraus, dass der Treuhänder dieses Stimmrecht nur nach vorheriger Bevollmächtigung durch den Treugeber ausüben kann, wenngleich eine solche Bevollmächtigung auch bereits vorsorglich im Gesellschafts- oder Treuhandvertrag erfolgen kann.[739] Eine andere, sogleich zu klärende Frage ist, ob dem Treuhänder als Gesellschafter für einzelne Gegenstände nicht zwingend die Möglichkeit verbleiben muss an der Beschlussfassung teilzuhaben.[740]

Dass dem Treuhänder zumindest grundsätzlich kein eigenes Stimmrecht neben dem Treuhänder zukommen soll,[741] er den Treuhänder insofern in seiner Rechtstellung verdrängt, dürfte sich daraus ergeben, dass dieser wirtschaftlich an der Gesellschaft gar nicht beteiligt ist. Andere Gestaltungsvarianten, beispielsweise ein gemeinsames oder doppeltes Stimmrecht, sind zwar theoretisch denkbar, ergeben bei einer treuhänderischen Beteiligung im Gegensatz zum Nießbrauch, wo diese Varianten als normative Verteilung diskutiert[742] werden, wenig Sinn. Der Anteilstreugeber ist der wirtschaftliche Inhaber der gesamten Mitgliedschaft, wohingegen der Nießbraucher zwar der dinglich Berechtigte ist, die Berechtigung jedoch nur einen Ausschnitt der Mitgliedschaft betrifft. Nur im letzteren Fall wäre eine Aufteilung, Verdoppelung oder Vergemeinschaftung des Stimmrechts daher sinnvoll. Ein solches Auslegungsergebnis wird etwa durch den Umstand gestützt, dass die Stimmkraft von der Höhe der Beteiligungssumme beziehungsweise des auf dem Festkapitalkonto gebuchten Betrags abhängen soll.[743]

---

738 Zu diesen Schwächen der derivativen Berechtigung siehe bereits oben, S. 79.

739 OLG Koblenz, OLGZ 1989, 223 (225); *Dogan*, S. 149, *Wertenbruch*, NZG 2017, 81 (84).

740 Siehe sogleich unten, § 6B.III.1. S. 147 ff.

741 Vgl. auch *Armbrüster*, S. 276: dass ein verdrängendes Stimmrecht gewollt sei, sei der „Regelfall"; allgemein für eine gewollte Verdrängung auch *Kapitza*, S. 55.

742 Siehe bereits oben, Nachweise in den Fn. 504-507; eingehend zu dieser Diskussion *Wedemann*, NZG 2013, 1281 (1282 ff.).

743 *Wertenbruch*, NZG 2017, 81 (84); so beispielsweise auch in Beck'sche Online-Formulare Vertrag/*Giehl*, Stand: 01.01.2023, Formular 7.6.1.5.1 Gesellschaftsvertrag eines Fonds (GmbH & Co KG) [§ 20 Abs. 3]; für die GmbH entspricht die Anknüpfung der Stimmkraft an der Höhe des gezeichneten Kapitals der gesetzlichen Regelung des § 47 Abs. 2 GmbHG, für das Personengesellschaftsrecht folgt eine solche Anknüpfung seit Inkrafttreten des MoPeGs aus § 709 Abs. 3 BGB, sofern nicht explizit andere Beteiligungsverhältnisse vereinbart sind.

Sollte der Treugeber wirksam die Stellung eines Mitglieds eigener Art erlangt haben und wird ihm das Stimmrecht zugewiesen, ist für die Beantwortung der Frage, ob ein originäres oder nur ein derivatives Stimmrecht des Treugebers besteht, richtigerweise wie folgt vorzugehen: Zuvorderst kommt es auf die Auslegung des Gesellschaftsvertrages an, bei der die Regelungen des Treuhandvertrages, sofern der Gesellschaftsvertrag auf diesen Bezug nimmt, als Auslegungshilfe herangezogen werden können.[744] Enthält der Treuhandvertrag aber eine den Bestimmungen des Gesellschaftsvertrags widersprechende Regelung, wie beispielsweise in dem anfangs dieser Arbeit genannten Praxisfall, in dem der Gesellschaftsvertrag noch von „eigenen" Rechten des Treugebers sprach, der Treuhandvertrag sodann eine Bevollmächtigung des Treuhänders zugunsten des Treugebers enthielt,[745] muss den organisationsrechtlichen Regelungen im Gesellschaftsvertrag der Vorrang eingeräumt werden. Lässt die Auslegung beide Möglichkeiten zu, beispielsweise wenn der Gesellschaftsvertrag eine bloße Gleichstellungsklausel enthält, aber im Übrigen keine Hinweise, wie die Gleichstellung im Hinblick auf das Stimmrecht erreicht werden soll, so ist im Zweifel von der Einräumung eines originären Rechts auszugehen. Dies entspricht nämlich dem typischerweise anzunehmenden Willen einer möglichst weitreichenden Angleichung der Rechtstellung. Durch die mit der Einräumung eines originären Stimmrechts bewirkte Verdrängung des Treuhänders hinsichtlich des Stimmrechts folgt aus dieser Auslegung zudem ein höheres Schutzniveau des Treugebers. Vorstehende Auslegungsregel deckt sich folglich auch mit der bei Publikumsgesellschaften angezeigten anlegerfreundlichsten Auslegung des Gesellschaftsvertrages[746] und dürfte auch maßgeblich für die nicht weiter begründete, aber zutreffende Ansicht derjenigen[747] sein, die aus der gesetzlichen Gleichstellungsanordnung des KAGB explizit ein originäres und nicht bloß derivatives Stimmrecht des Treugebers herleiten.[748]

---

744 So auch OLG Koblenz, OLGZ 1989, 223 (226).

745 Siehe oben, S. 38.

746 Vgl. BGH, BeckRS 2013, 22860 [Rn. 12]; MüKo/*Fornasier*, BGB, § 310 Rn. 124; BeckOK/*Becker*, BGB, Stand:15.01.2024, § 310 Rn. 32.

747 WBA/*Paul*, KAGB, § 152 Rn. 9; Emde/Dornseifer/Dreibus/*Schott*/*Lochen*, KAGB, § 152 Rn. 8; *Wertenbruch*, NZG 2017, 81 (83).

748 Siehe auch insofern bereits oben, Text zu Fn. 371.

III. Grenzen der Stimmrechtseinräumung

Das Stimmrecht darf nicht isoliert betrachtet werden, sondern ist immer im Zusammenhang mit dem Beschlussgegenstand zu sehen.[749] So können die Gesellschafter über Geschäftsführungsmaßnahmen, Änderungen des Gesellschaftsvertrages oder sonstige Grundlagen der Gesellschaft zu entscheiden haben.[750] Eine dahingehende Differenzierung ist zum einen deshalb wichtig, weil je nach Gegenstand der Beschlussfassung die Zulässigkeit einer Mitwirkung des Treugebers an unterschiedlichen Regelungen oder übergeordneten gesellschaftsrechtlichen Prinzipien gemessen werden muss.[751] Zum anderen bedarf es dieser Unterscheidung auch für die nachfolgend zu erörternde Frage, ob der Treugeber den Treuhänder ausnahmslos im Rahmen der Beschlussfassung aus dessen Rechtsposition verdrängen kann, oder ob sich vor diesem Hintergrund eine Grenze der Stimmrechtseinräumung ergibt.

1. *Kernbereichsschutz des Treuhänders und Belastungsverbot*

Zunächst gilt es zu erörtern, ob und wie die Verdrängung des Treuhänders im Hinblick auf bestimmte Beschlussgegenstände mit dem Kernbereichsschutz oder auch dem sogenannten Belastungsverbot vereinbar ist.

Nach dem Kernbereichsgedanken ist jeder Verbandsmitgliedschaft ein Kernbereich unverzicht- und unentziehbarer Mitgliedschaftsrechte immanent, da ein Mitglied seine Selbstbestimmung nur bis zur Grenze der Sittenwidrigkeit oder den allgemeinen Schranken der Privatautonomie zugunsten des Verbandes aufgeben kann.[752] Der Kernbereichsgedanke wird nach zutreffender Lesart auch durch die neuere Rechtsprechung des Bundesgerichtshofs[753] zur materiellen Inhaltskontrolle von Mehrheitsentscheidungen nicht negiert.[754] Soweit dieser die Zulässigkeit von Mehrheitsentscheidungen am Maßstab der Treuepflicht messen will,[755] heißt das nichts anderes, als dass die Grenze des Kernbereichs nicht starr zu bestimmen ist und die Frage, ob ein Recht unentziehbar ist,

---

749 Vgl. auch *Wiedemann*, GesR II, § 3 III 2a) [S. 212]; ähnlich *Tebben*, S. 384: „Stimmrecht [ist] letztlich ein Sammelbegriff für Mitwirkungsbefugnisse unterschiedlicher Qualität".

750 Vgl. MüKo/*Schäfer*, BGB, § 714 Rn. 11 ff.

751 Vgl. allg. MüKo/*Schäfer*, BGB, § 714 Rn. 14.

752 So überzeugend *Altmeppen*, NJW 2015, 2065; grundlegend *Lockowandt*, S. 147 ff.

753 BGH, NJW 2015, 859.

754 Zutreffend Oetker/*Lieder*, HGB, § 108 Rn. 44 f.; *Schäfer*, ZIP 2015, 1313 (1315).

755 BGH, NJW 2015, 859 (861 f.) [Rn. 12 ff.].

immer im Einzelfall entschieden werden muss.[756] Im Grundsatz dürfte jedoch auch heute noch als Faustformel gelten, dass in Anlehnung an die §§ 35 BGB, 53 Abs. 3 GmbHG und 180 Abs. 1 AktG alle Vorzugs- oder Sonderrechte eines Gesellschafters organisations- oder vermögensrechtlicher Natur, sowie sonstige wohlerworbene allgemeine Mitgliedschaftsrechte, deren Entziehung einen unmittelbaren Eingriff in die Rechtstellung des Verbandsmitglieds als solche[757] bedeutete, im Grundsatz unentziehbar sind.[758] Der Bundesgerichtshof spricht insofern davon, dass bei Entziehung dieser Rechte gegen den Willen des Mitglieds eine Vermutung für einen Treuepflichtverstoß streitet.[759] Zuletzt bleibt noch zu erwähnen, dass auch durch das MoPeG die Differenzierung zwischen unverzicht- und unentziehbaren Rechten nicht berührt wird,[760] der Gesetzgeber nimmt hierauf in der Gesetzesbegründung gar ausdrücklich Bezug[761].

Fraglich ist zum einen, ob ein Stimmrechtsausschluss des Treuhänders deshalb unzulässig ist, weil und soweit dieser dadurch an der Mitwirkung an solchen Beschlüssen gehindert ist, die in seine eigentlich unentziehbare Rechtsposition eingreifen.[762] Ein solcher Eingriff kann nicht nur in der Verkürzung individueller Rechte gesehen werden, sondern auch in der Auferlegung zusätzlicher Pflichten, weshalb die Vereinbarkeit mit dem in den §§ 710 BGB, 53 Abs. 3 GmbHG zum Ausdruck kommenden Belastungsverbot auch als Kehrseite des Kernbereichsgedankens angesehen wird.[763] Letztlich ist also zu entscheiden, ob ein dem Treuhänder als Gesellschafter zustehendes Stimmrecht selbst zu den unverzichtbaren Rechten gehört. Unter dem gleichen Aspekt könnte auch ein

---

756 Oetker/*Lieder*, HGB, § 108 Rn. 45.

757 Vgl. den Leitsatz der die Kernbereichslehre prägenden Entscheidung BGH, NJW 1956, 1198.

758 Vgl. allgemein *K. Schmidt*, GesR, § 16 III 3b) [S. 471 ff.]; *Wiedemann*, GesR I, § 7 III 2b) [S. 389 f.], *Wiedemann*, GesR II, § 3 III 2d) bb) [S. 220]; konkret MüKo/*Enzinger*, HGB, § 119 Rn. 70 ff.

759 BGH, NJW 2015, 859 (861) [Rn. 12].

760 Eingehend hierzu Schäfer/*Schäfer*, Neues PersGesR, S. 193 ff.

761 BegrRegE, BT-Drucks. 19/27635, S. 229 f.

762 So allgemein bezüglich eines Stimmrechtsausschlusses BGH, NJW 1956, 1198 (1199 f.); MüKo/*Enzinger*, HGB, § 119 Rn. 75; *Wiedemann*, GesR I, § 7 II 1a) [S. 362, 366 ff.]; nach MüKo/*Schäfer*, BGB, § 705 Rn. 94, bedürfe es hingegen gar nicht dem Schutz eines unentziehbaren Kernbereichs der Mitgliedschaft des Treuhänders, dann stellt sich diese Frage freilich nicht.

763 *K. Schmidt*, ZGR 2008, 1 (19); vgl. auch *Altmeppen*, NJW 2015, 2065 (2069); *Schaub*, DStR 1995, 1634 (1638).

schuldrechtlicher Stimmrechtsausübungsverzicht des Treuhänders seine Grenzen finden.[764]

Das Stimmrecht selbst ist richtigerweise nur als unentziehbares Mitgliedschaftsrecht anzusehen.[765] Es gilt nämlich zu unterscheiden zwischen Stimm- und Zustimmungsrechten:[766] Während das Stimmrecht zur Teilnahme an einer Abstimmung befähigt und somit die Beschlussfassung betrifft, steht die Zustimmung außerhalb der Beschlussfassung und verhilft – soweit sie erforderlich ist – einem Beschluss erst zur Wirksamkeit.[767] Gleichwohl ist eine positive Stimmabgabe eines Zustimmungsberechtigten im Rahmen der Beschlussfassung als konkludente Zustimmungserteilung zu betrachten.[768] Zustimmungsrechte können sich allgemein aus dem Statut,[769] aus dem Gesetz (z.B. § 53 Abs. 3 GmbHG) oder als Ausfluss allgemein geltender Rechtsgrundsätze, wie beispielsweise der Kernbereichslehre, ergeben. Aufgrund dieser Unterscheidung ist es als zulässig zu erachten, dass ein Verbandsmitglied von der Abstimmung im Rahmen der Beschlussfassung vollumfänglich ausgeschlossen wird.[770] Dem Kernbereichsgedanken sowie dem Belastungsverbot kann nämlich dadurch Rechnung getragen werden, dass die Wirksamkeit eines in den Kernbereich der Mitgliedschaft eingreifenden oder mit dem Belastungsverbot nicht zu vereinbarenden Beschlusses von der Zustimmung des betroffenen Mitglieds abhängig gemacht wird.[771]

---

764 So *Roth/Thöni*, FS GmbHG (1992), 245 (279); *Schaub*, DStR 1995, 1634 (1638); Scholz/*K. Schmidt/Bochmann*, GmbHG, § 47 Rn. 82.

765 So explizit Schäfer/*Schäfer*, Neues PersGesR, S. 196; vgl. auch Michalski/*Ebbing*, GmbHG, § 14 Rn. 64; a.A. wohl MüKo/*Enzinger*, HGB, § 119 Rn. 75.

766 Ausführlich zu dieser Unterscheidung *Schäfer*, Der Stimmrechtslose GmbH-Geschäftsanteil, S. 35 ff.

767 *Blath*, RNotZ 2017, 218 (229); Oetker/*Lieder*, HGB, § 119 Rn. 77; Scholz/*Priester*, GmbHG, § 53 Rn. 93; *Wiedemann*, GesR II, § 3 III 2a) [S. 212 f.] vgl. auch OLG Hamm, BeckRS 2016, 3149 [Rn. 23] sowie BegrRegE, BT-Drucks. 19/27635, S. 230.

768 Oetker/*Lieder*, HGB, § 119 Rn. 77; Scholz/*Priester*, GmbHG, § 53 Rn. 94.

769 *Blath*, RNotZ 2017, 218 (229).

770 Ebenso MüKo/*Schäfer*, BGB, § 714 Rn. 22; Staub/*Schäfer*, HGB, § 119 Rn. 66; Scholz/*Seibt*, GmbHG, § 14 Rn. 40; a.A. BGH, NJW 1956, 1198 (1199 f.) [für Personengesellschaften]; *Wiedemann*, GesR I, § 7 II 1 [S. 367 f.].

771 MüKo/*Schäfer*, BGB, § 714 Rn. 22; Habersack/Schäfer/*Schäfer*, HGB, § 119 Rn. 66; vgl. auch Staudinger/*Habermeier*, BGB, Neubearbeitung 2003, § 709 Rn. 23; Scholz/*Seibt*, GmbHG, § 14 Rn. 40; ebenso für eine Stimmrechtsabtretung *Fleck*, FS Fischer (1979), 107 (124); wohl auch BGH, NJW 1985, 974.

Aus dem Vorstehenden folgt, dass der qualifizierte Treugeber den Treuhänder vollständig aus dessen gesetzlich vorgesehener Stimmrechtsposition verdrängen kann, weil das unverzichtbare Zustimmungsrecht des Treuhänders dadurch unberührt bleibt (und bleiben muss).[772] Auf die Verteilung etwaiger Zustimmungsrechte wird indes sogleich noch zurückzukommen sein.[773]

Mit denselben Erwägungen kann auch ein mit einer Stimmrechtsvollmacht kombinierter umfassender schuldrechtlicher Stimmrechtsausübungsverzicht als unbedenklich angesehen werden.[774] Freilich ist in der Stimmrechtsausübung durch den Treugeber in diesem Fall keine konkludente Zustimmungserteilung für und im Namen des Treuhänders zu erblicken, sofern diesem ein Zustimmungsrecht zusteht. Dieses zum absoluten, das heißt unverzichtbaren Kernbereich gehörende Zustimmungsrecht ist in der Konsequenz vom Treuhänder selbst auszuüben.

2. *Begrenzung durch das Prinzip der Selbstorganschaft?*

Die Gesellschaftergesamtheit oder die Gesellschafterversammlung kann auch dazu berufen sein, Beschlüsse über Geschäftsführungsangelegenheiten zu fassen.[775] Das ist der Fall, wenn ihr die Geschäftsführungszuständigkeit entweder von Gesetzes wegen grundsätzlich (vgl. § 715 BGB), im Einzelfall (vgl. § 116 Abs. 2 Satz 1 2. HS. HGB) oder aufgrund gesellschaftsvertraglicher Bestimmung zugewiesen ist.[776] Es ist anzunehmen, dass der qualifizierte Treugeber im Falle der Einräumung eines Stimm- oder Stimmausübungsrechts auch, ja sogar gerade in diesen Fällen, an der Beschlussfassung teilhaben soll. Sodann fragt sich, ob dessen Mitwirkung neben oder anstelle des Treuhänders mit dem Prinzip der Selbstorganschaft vereinbar ist.[777]

Wie in der Kernbereichslehre kommt auch in dem Prinzip der Selbstorganschaft zum Ausdruck, dass die Privatautonomie ihre Grenze dort findet, wo Gesellschafter sich ihrer Selbstbestimmung entledigten.[778] Bei

772 So auch *Kapitza*, S. 63.
773 Siehe sogleich unten, § 6B.IV, S. 153 ff.
774 I.E. ebenso *Armbrüster*, S. 273, jedoch mit der Begründung, dass nicht der Treuhänder, sondern der Treugeber schutzwürdig sei.
775 EBJ/*Freitag*, § 109 Rn. 10; MüKo/*Schäfer*, BGB, § 709 Rn. 12.
776 Vgl. *Wertenbruch*, NZG 2017, 81 (83 f.).
777 *Wertenbruch*, NZG 2017, 81 (83 f.).
778 Vgl. BGH, NJW 1960, 1997 (1998 f.); *Flume*, Personengesellschaft, § 14 I [S. 207 ff.]; H. P. Westermann/Wertenbruch/*Wertenbruch*, Hdb. Personengesellschaften, 86. Erglf. 8/2023, § 13 Rn. 236 f; a.A. *Tebben*, S. 167 f.

Personengesellschaftern soll das wegen der grundsätzlich unbeschränkt persönlichen Haftung dann der Fall sein, wenn sie die originäre Geschäftsführungszuständigkeit auf einen gesellschaftsfremden Dritten übertragen.[779] Denn nur die Leitung der Gesellschaft durch Gesellschafter gewähre „eine nahezu konfliktsfreie [sic!] Verknüpfung von Verbands-, Kapital- und Unternehmensinteresse".[780]

Weithin wird angenommen, dass das Prinzip der Selbstorganschaft nicht der Einräumung einer Ausübungsbefugnis zugunsten eines Nichtgesellschafters entgegenstünde, weil und solange die Gesellschafter originär zuständig blieben und somit die Geschäftsführung jederzeit selbst übernehmen könnten.[781] Demnach können qualifizierte Treugeber in Geschäftsführungsangelegenheiten jedenfalls aus abgeleitetem Recht des Treuhänders mitstimmen. Es bleibt die Frage, ob die Einräumung eines originären Stimmrechts verbunden mit dem Ausschluss des Treuhänderstimmrechts zulässig ist, da diese Gestaltung im Ergebnis eine Verschiebung der originären Kompetenz darstellt.[782]

Bereits aus den §§ 715 Abs. 3 Satz 2 BGB, 116 Abs. 4 HGB ergibt sich, dass es möglich sein muss, einzelne Gesellschafter von der Geschäftsführung auszuschließen. Dagegen soll einem Nichtgesellschafter – ohne dass das Gesetz diesen Fall ausdrücklich regelt – grundsätzlich keine organschaftliche Geschäftsführungsbefugnis zugewiesen werden können.[783] Letzteres kann für einen qualifizierten Treugeber, der zwar nicht Gesellschafter, aber auch kein gesellschaftsfremder Dritter ist, kaum überzeugen.

So geht der Gesetzgeber offenbar selbst davon aus, dass eine Einschränkung des Selbstbestimmungsrechts des einzelnen Gesellschafters hinnehmbar sei, sofern er auf sein Geschäftsführungsrecht nur zugunsten eines Mitgesellschafters verzichtet. Als Erklärung dafür lässt sich anführen, dass Gesellschafter aufgrund der gemeinsamen Verpflichtung zur Verfolgung des Gesellschaftsziels

---

779 MüKo/*Enzinger*, HGB, § 109 Rn. 19; Oetker/*Lieder*, HGB, § 108 Rn. 24, § 116 Rn. 26.

780 *Wiedemann*, GesR I, § 6 IV 1a) [S. 343].

781 BGH, NJW 1962, 738 (738 f.); NJW 1982, 877 (878); Oetker/*Lieder*, HGB, § 116 Rn. 27; Habersack/Schäfer/*Schäfer*, HGB, § 114 Rn. 10, 36.

782 Vgl. dahingehend allgemein für das Stimmrecht BeckOGK/*Lübke*, BGB, Stand: 01.01.2024, § 711a Rn. 32, der eine solche Gestaltung analog § 711a Satz 1 BGB für unzulässig hält.

783 Henssler/Strohn/*Finckh*, GesR, § 116 HGB Rn. 17; Habersack/Schäfer/*Schäfer*, HGB, § 114 Rn. 9; *Wiedemann*, GesR I, § 6 IV 1a) [S. 344]; *Wiedemann*, GesR II, § 8 II 2a) [S. 692 f.]; a.A. BeckOGK/*Lübke*, BGB, Stand: 01.01.2024, § 711a Rn. 37 ff.

gleichlaufende Interessen haben,[784] deshalb der gegenseitigen Treuepflicht unterliegen und ihre eigene persönliche Haftung zudem als Gewähr für eine verantwortliche Geschäftsführung dient[785]. Das alles gilt nach hier vertretener Ansicht jedoch auch für den qualifizierten Treugeber. Seine Aufnahme in den Verband als Mitglied *sui generis* verpflichtet auch ihn zur Verfolgung des Gesellschaftszwecks, ebenfalls obliegt ihm die gesellschaftsrechtliche Treuepflicht.[786] Im Gegensatz zum Anteilsnießbraucher, dem nach vereinzelter Ansicht[787] das Geschäftsführungsrecht sogar normativ zustehen solle, hat der Treugeber als wirtschaftlicher Inhaber des Anteils auch ein Interesse am Bestand der Beteiligung als solcher, seine Interessen weichen deshalb von denen eines Gesellschafters nicht ab.[788] Zwar ist seine Haftung, wie später noch zu zeigen sein wird,[789] lediglich eine mittelbare. Zu einem weniger verantwortungsvollem Handeln wird ihn das jedoch kaum veranlassen. Im Gegenteil, seine haftungsrechtliche Letztverantwortlichkeit spricht nach dieser Argumentation sogar gerade für ihn als „den richtigen" Geschäftsführer. Zudem geht der an einer GbR oder OHG mittelbar beteiligte Treugeber im Zweifel ein höheres wirtschaftliches Risiko ein als ein direkt beteiligter Kommanditist. Für einen Kommanditisten wird mittlerweile weithin vertreten, dass diesem organschaftliche Geschäftsführungsbefugnis eingeräumt werden könne.[790] Abschließend bleibt noch zu erwähnen, dass es spätestens nach Anerkennung der GmbH & Co. KG gar nicht mehr überzeugen kann, die Geltung des Prinzips der Selbstorganschaft

784 Vgl. zur Begründung der Selbstorganschaft mit dem Interessengleichlauf der Gesellschafter BGH, NJW 1960, 1997 (1998); NZG 2010, 1381 (1382) [Rn. 19]; BeckOK/*Klimke*, HGB, Stand: 01.04.2024, § 108 Rn. 28.

785 Vgl. dazu *Wiedemann*, GesR II, § 4 II 2b) bb) [S. 333 f.]; siehe auch H. P. Westermann/Wertenbruch/*Wertenbruch*, Hdb. Personengesellschaften, 86. Erglf. 8/2023 § 13 Rn. 236 f.

786 Dazu siehe bereits oben, § 5, S. 121 ff.; ebenso *Tebben*, S. 164.

787 MüKo/*Schäfer*, BGB, § 705 Rn. 105; *Schön*, ZHR 158 (1994), 229 (263); *Wedemann*, ZGR 2016, 798 (827); kritisch dagegen *Teichmann*, ZGR 1972, 1 (13).

788 Ähnlich in diesem Zusammang für eine Vereinbarung mit dem Prinzip der Selbstorganschaft argumentiertend *Wertenbruch*, NZG 2017, 81 (84); gerade auf einen fehlenden Interessengleichlauf beim Anteilsnießbrauch hinweisend *Teichmann*, ZGR 1972, 1 (13 i.V.m. 11 f.).

789 Zur Haftung siehe insgesamt unten, § 7, S. 185 ff.

790 BGH, Urt. v. 04.03.1976 – II ZR 178/74, Rn. 11 f. [zit. nach juris]; MüKo/*Grunewald*, HGB, § 164 Rn. 24; Oetker/*Oetker*, HGB, § 164 Rn. 38 f.; darauf weist in diesem Zusammenhang auch *Tebben*, S. 164 hin; kritisch *Wiedemann*, GesR II, § 9II 2a) [S. 772 f.].

mit einer zwingenden Korrelation persönlicher, unbeschränkter Haftung und Geschäftsleitung zu begründen.[791] Auch nicht vor dem Hintergrund, dass dieser Aspekt ebenfalls dem Schutz der Gesellschaftsgläubiger dienen solle.[792]

Schon an dieser Stelle[793] lässt sich somit festhalten, dass ein qualifizierter Treugeber sein Stimmrecht auch in einer Abstimmung über Geschäftsführungsangelegenheiten ausüben und dabei den Treuhänder in dessen Rechtsposition verdrängen kann.

Die Einräumung eines originären Stimmrechts zugunsten eines qualifizierten Treugebers ist somit insgesamt auch bei gleichzeitiger Verdrängung des Treuhänders möglich.

IV. Zustimmungsrechte

Mit Zustimmungsrechten – oder auch Zustimmungsvorbehalten – ist vorliegend das Recht zur Zustimmung zu einem Gesellschafterbeschluss als solchem gemeint, nicht zur Stimmrechtsausübung eines der Beteiligten; die Bedeutung, insbesondere im Zusammenhang mit Beschlüssen, die in den Kernbereich der Mitgliedschaft eines Mitglieds eingreifen, wurde oben bereits erörtert.[794]

1. Fakultative Einräumung von Zustimmungsrechten

Zustimmungsrechte kann der Gesellschaftsvertrag sowohl dem Treuhänder als auch den Treugebern innerhalb der auch für Gesellschafter geltenden Grenzen explizit einräumen.[795] Zur Begründung kann insofern auf die Ausführungen zum Stimmrecht verwiesen werden,[796] insbesondere steht der

791 Auf eine Unvereinbarkeit der GmbH & Co. KG mit dem Prinzip der Selbstorganschaft hinweisend z.B. Habersack/Schäfer/*Schäfer*, HGB, § 114 Rn. 9; Erman/*H. P. Westermann*, BGB, 16. Aufl. 2020, § 709 Rn. 3; *Wiedemann*, GesR II, § 4 II 2b) bb) [S. 335].

792 Habersack/Schäfer/*Schäfer*, HGB, § 109 Rn. 33; Erman/*H. P. Westermann*, BGB, 16. Aufl. 2020, § 709 Rn. 3; *K. Schmidt*, GesR, § 14 II 2e) [S. 413 f.].

793 Siehe zur Möglichkeit, dem qualifizierten Treugeber organschaftliche Geschäftsführungsbefugnis sowie Vertretungsmacht zuzuordnen nochmals sogleich unten, § 6D., S. 163 ff.

794 Siehe oben, § 6B.III.1, S. 147 f.

795 *Armbrüster*, S. 294 f.; *Armbrüster*, GmbHR 2001, 1021 (1024); *Schaub*, DStR 1995, 1634 (1638); Reichert/*Schlitt/Bortfeldt*, GmbH & Co. KG, § 40 Rn. 48.

796 Ebenfalls auf einen Begründungsgleichlauf hinweisend *Armbrüster*, S. 294 f.; *Armbrüster*, GmbHR 2001, 1021 (1024).

Einräumung zugunsten des Treugebers das Prinzip der Selbstorganschaft nicht entgegen.[797]

2. *Obligatorische Zustimmungsvorbehalte*

Neben etwaigen im Gesellschaftsvertrag begründeten Zustimmungsrechten stehen Verbandsmitgliedern Zustimmungsrechte auch dann zu, wenn Beschlüsse zu ihrer Wirksamkeit *qua* Gesetz der Zustimmung aller oder der betroffenen Mitglieder bedürfen, wie beispielsweise gemäß § 53 Abs. 4 GmbHG.[798] Darüber hinaus kommen ungeschriebene Zustimmungserfordernisse zwecks Schutzes des unentziehbaren Kernbereichs der Mitgliedschaft oder als Folge des allgemein geltenden Belastungsverbots in Betracht.[799] Auf den dahinter stehenden Gedanken, nämlich die Begrenzung der Aufgabe der Selbstbestimmung zugunsten des Verbandes beziehungsweise der Mehrheit der Verbandsmitglieder,[800] beruhen häufig auch die gesetzlich vorgesehenen Zustimmungsrechte, wie beispielsweise § 35 BGB[801] oder der vorwähnte § 53 Abs. 4 GmbHG[802].

Diese Erwägungen erfordern es, dass nicht nur die Mitgliedschaft des Treuhänders, sondern auch die hier angenommene Mitgliedschaft eigener Art des qualifizierten Treugebers einen unentziehbaren Kernbereich von Mitgliedschaftsrechten, der vor Beeinträchtigungen durch die Mehrheitsmacht geschützt werden muss, umfasst.[803] Zwingende Zustimmungsrechte müssen

797 A.A. *Eden*, S. 114.

798 So setzt § 53 Abs. 4 GmbHG keinen einstimmigen Beschluss voraus, sondern einen mit der Dreiviertelmehrheit aus § 53 Abs. 2 Satz 1 GmbHG gefassten Beschluss nebst der Zustimmung der von der Leistungsvermehrung betroffenen Gesellschafter, siehe nur – jeweils noch zum inhaltsgleichen § 53 Abs. 3 GmbHG a.F. – MüKo/*Harbarth*, GmbHG, § 53 Rn. 134; Michalski/*Hoffmann/Barlitz*, GmbHG, § 53 Rn. 86.

799 MüKo/*Harbarth*, GmbHG, § 53 Rn. 103; Michalski/*Hoffmann/Barlitz*, GmbHG, § 53 Rn. 105 ff.; siehe hierzu auch bereits oben, § 6B.III.1, S. 147 ff.

800 Vgl. bereits die Nachweise zur Begründung des Kernbereichsgedankens oben, § 6B.III.1, S. 147 ff.

801 § 35 BGB wird als Ausdruck eines im gesamten Verbandsrecht geltenden Schutzes vor der Mehrheitsherrschaft gesehen, vgl. BeckOGK/*Könen*, BGB, Stand: 01.04.2024, § 35 Rn. 1; *K. Schmidt*, GesR, § 16 III 3b) aa)[S. 471].

802 Vgl. Michalski/*Hoffmann/Barlitz*, GmbHG, § 53 Rn. 105.

803 Andeutungsweise auch *Tebben*, S. 386 mit dortiger Fn. 145; auch LG Kleve, Urt. v. 6.10.2015 – 4 O 21/15 [Rn. 19, zit. nach juris], spricht von einem „Kernbereich der Kommanditistenrechte des Treugebers", dürfte sich dabei aber auf die unzutreffende Ansicht beziehen, dass die Gleichstellungsabrede des § 152 Abs. 1 Satz 3

daher, wenn es um die Beeinträchtigung der konkreten Rechtsposition oder der Vermehrung der Leistungspflicht geht, nicht nur den Treuhändern als Gesellschafter, sondern ebenso den qualifizierten Treugebern zustehen.[804] Dabei ist im Einzelfall unter Berücksichtigung des aus der konkreten Vertragsgestaltung ergebenden Rechte- und Pflichtenkatalogs der Beteiligten zu entscheiden, ob es zur Wirksamkeit eines Beschlusses der Zustimmung des Treuhänders, des Treugebers oder auch beider Beteiligten bedarf. Es gilt hierbei zu beachten, dass die durch den Treuhänder gehaltene Kapitalbeteiligung wirtschaftlich einzig dem Treugeber zuzuordnen ist, was zur Folge hat, dass der in erster Linie formellen Mitgliedschaft des Treuhänders nur ein kleiner schutzwürdiger Kernbereich innewohnt.[805] Häufig wird daher lediglich ein Zustimmungsrecht des Treugebers anzunehmen sein. Als Beispiel mag das gesetzlich vorgesehene Zustimmungsrecht aus § 34 Abs. 2 GmbHG für die Einziehung des Geschäftsanteils dienen. Diesbezüglich wird weitgehend angenommen, dass auch dinglich Berechtigten (Pfandgläubiger, Nießbraucher) ein Zustimmungsrecht zustehe.[806] Wegen des in diesen Fällen verbleibenden Interesses des Anteilsinhabers an der Beteiligung muss die Zustimmung richtigerweise kumulativ durch mittelbar und unmittelbar Beteiligtem erteilt werden.[807] Für die qualifizierte Treuhand dürfte etwas anderes anzunehmen sein, weil der Treuhänder gerade kein wirtschaftliches Interesse am Bestand des Anteils als solchen hat. Seine Zustimmung ist vorbehaltlich einer anderslautenden vertraglichen Regelung daher als entbehrlich anzusehen.

Als Gegenbeispiel und stellvertretend für das Belastungsverbot ist § 53 Abs. 4 GmbHG zu nennen. Die Anwendung auf den Treugeber liegt hier auf der Hand, wenn dieser auch bezüglich der Pflichten im Innenverhältnis einem

---

KAGB nur verlange, den Treugebern eine Rechtstellung einzuräumen, die mindestens dem Kernbereich einer abstrakten Kommanditbeteiligung entspricht, siehe dazu bereits oben, § 2D, Text zu und Nachweise in Fn. 170.

804 Ebenso *Tebben*, S. 386; a.A. wohl *Armbrüster*, S. 295; ein solches Zustimmungsrecht wird teilweise auch für den Anteilsnießbraucher und den Pfandrechtsgläubiger angenommen, wobei freilich auch auf §§ 1276 Abs. 2 bzw. 1071 Abs. 2 BGB abgestellt wird, siehe beispielsweise Michalski/*Hoffmann/Barlitz*, GmbHG, § 53 Rn. 109.

805 Vgl. auch *Armbrüster*, S. 273; *Fleck*, FS Fischer (1979), 107 (123 f.).

806 Henssler/Strohn/*Fleischer*, GesR, § 34 GmbHG Rn. 11; Michalski/*Sosnitza*, GmbHG, § 34 Rn. 15; MüKo/*Strohn*, GmbHG, § 34 Rn. 41; a.A. *Fischer*, GmbHR 1961, 21 (23).

807 Vgl. bspw. *Wicke*, GmbHG, § 34 Rn. 14: „auch".

Gesellschafter gleichgestellt werden soll. Gleichzeitig sollte man hier jedoch auch dem Treuhänder ein Zustimmungsrecht gewähren. Denn auch wenn der Treuhänder aufgrund des § 670 BGB nicht letztverantwortlich haftet, darf ihm wegen des von ihm zu tragenden Insolvenzrisikos des Treugebers keine zusätzliche Belastung gegen seinen Willen aufgedrängt werden.[808] Ähnliche Erwägungen dürften dem Gesetzgeber vorgeschwebt haben, als dieser in § 152 Abs. 2 KAGB die Zulässigkeit der Vornahme haftungsschädlicher Ausschüttungen nicht nur von der Zustimmung des Treugebers abhängig gemacht hat – was nahegelegen hätte, da diesen im Ergebnis das Haftungsrisiko trifft – sondern auch von der Zustimmung des Treuhänders.[809]

V. Stimmverbote

Neben dem Institut der gesellschaftsrechtlichen Treuepflicht dienen auch Stimmverbote dazu, im Falle eines Konflikts zwischen Privat- und Gesellschaftsinteresse „die ‚Richtigkeit' von Verbandsbeschlüssen zu sichern".[810] Wann über die nur vereinzelt gesetzlich normierten Stimmverbote hinaus ein Gesellschafter von der Stimmrechtsausübung ausgeschlossen ist, kann und soll hier nicht abschließend erörtert werden. Stimmverbote für Gesellschafter werden vor allem für die Fälle diskutiert und angenommen, in denen typische Konfliktlagen es gebieten, das Stimmrecht des Gesellschafters nicht bloß einer Inhaltskontrolle zu unterziehen, sondern ganz auszuschließen,[811] weil der Ausübende durch Teilnahme an der Abstimmung etwa zum Richter in eigener Sache würde,[812] oder weil er sich an Geschäften oder Rechtsstreitigkeiten mit sich selbst beteiligte.[813] Mithin geht es um „Konstellationen, in

808 Vgl. auch die Wertung des Gesetzgebers in § 152 Abs. 2 KAGB, der die Zulässigkeit haftungsschädlicher Ausschüttungen in der Investmentkommanditgesellschaft gerade von der kumulativen Zustimmung durch Treuhänder und Treugeber abhängig macht, siehe dazu sogleich unten.

809 Dass es ausweislich des Wortlauts der Norm einer doppelten Zustimmung bedarf, ist, soweit ersichtlich, allg.M., siehe nur Oetker/*Oetker*, HGB, § 172 Rn. 54; WBA/*Paul*, KAGB, § 152 Rn. 15.

810 *K. Schmidt*, GesR, § 21 II 2a) [S. 608].

811 Scholz/*K. Schmidt/Bochmann*, GmbHG, § 47 Rn. 99.

812 Vgl. BGH, NZG 2018, 1226 (1228) [Rn. 26]; vgl. auch die Regierungsbegründung zum MoPeG, BegrRegE, BT-Drucks. 19/27635, S. 149 f., bezüglich der dort geregelten gesetzlichen Stimmverbote.

813 Grundlegend *K. Schmidt*, GesR, § 21 II 2a) [S. 608 f.]; vgl. für das Personengesellschaftsrecht auch EBJ/*Freitag*, § 109 Rn. 45 ff.

denen typischerweise Eigeninteressen im Vordergrund stehen“[814] und somit die Besorgnis der Befangenheit[815] des Abstimmenden begründet ist. Um Umgehungen zu verhindern, kann ein Tatbestand für ein Stimmverbot richtigerweise nicht nur daran anknüpfen, dass eine Kollision des Verbandsinteresses mit den Interessen des Stimmrechtsausübenden zu befürchten ist.[816] Vielmehr muss vor allem ein Interessenkonflikt bei der Person zu befürchten sein, in dessen Interesse das Stimmrecht ausgeübt wird. Aus diesem Grund soll das in § 136 Abs. 1 Satz 2 AktG für die Aktiengesellschaft ausdrücklich geregelte Umgehungsverbot, nach dem ein von einem Stimmverbot betroffener Stimmrechtsinhaber sein Stimmrecht auch nicht durch einen Dritten ausüben lassen darf, analog für die anderen Rechtsformen gelten.[817]

Für die denkbaren Konstellationen bei einer qualifizierten Treuhand folgt daraus: Der das Stimmrecht ausübende Treugeber unterliegt einem Stimmverbot zunächst immer dann, wenn in seiner Person eine Betroffenheit vorliegt. Dabei ist es unerheblich, ob er ein eigenes Stimmrecht[818] oder das des Treuhänders ausübt. Im ersteren Fall liegt der Interessenkonflikt und somit die Anwendung des für Gesellschafter geltenden Stimmverbots auf der Hand. Im letzteren Fall ergibt sich dies aus dem Gedanken des § 136 Abs. 1 Satz 1 AktG, wonach auch der befangene Vertreter von der Ausübung des Stimmrechts ausgeschlossen sein müsse.[819]

Hat der Treugeber nur ein derivatives Stimmrecht, kann das Stimmrecht bei Betroffenheit des Treugebers auch nicht durch den Treuhänder selbst ausgeübt werden. Insofern gilt das gleiche wie bei der einfachen Anteilstreuhand. Diese wird Vertretungsfällen gleichgestellt,[820] womit bei Betroffenheit des Treugebers nach dem Gedanken des § 136 Abs. 1 Satz 2 AktG ebenfalls ein Stimmverbot

---

814 Grigoleit/*Herrler*, AktG, § 136 Rn. 1.

815 *K. Schmidt*, GesR, § 21 II 2a) [S. 608].

816 OLG Hamm, NJW-RR 1988, 1439.

817 *Faerber/Garbe*, GWR 2012, 219; für die Stimmverbote des § 47 Abs. 4 GmbHG siehe bspw. Michalski/*Römermann*, GmbHG, § 47 Rn. 105; für das Personengesellschaftsrecht EBJ/*Freitag*, HGB, § 109 Rn. 45 ff.

818 Für diesen Fall auch immer auf die Person des Treugebers abstellend *Armbrüster*, S. 263.

819 § 47 Abs. 4 Satz 1 GmbHG normiert diesen Gedanken nur für den befangenen Gesellschafter, der kein Stimmrecht für andere ausüben dürfe. Gleichwohl wird die Regelung auch auf Nichtgesellschafter angewandt, siehe nur MüKo/*Drescher*, GmbHG, § 47 Rn. 190 m.w.N.

820 MüKo/*Arnold*, AktG, § 136 Rn. 39.

des Treuhänders begründet ist.[821] Unmittelbar aus dem Gedanken des § 136 Abs. 1 Satz 2 AktG, nach dem das Stimmrecht eines vom Stimmverbot betroffenen Stimmrechtsinhabers auch nicht durch einen anderen ausgeübt werden kann, ergibt sich weiter ein Stimmverbot des Treuhänders bei der Ausübung eines dem Treugeber originär zugewiesenen Stimmrechts als Vertreter, sollte in der Person des Treugebers ein Ausschlusstatbestand gegeben sein.

Kollidiert das Verbandsinteresse hingegen mit den Interessen des Treuhänders, so unterliegt der qualifizierte Treugeber richtigerweise keinem Stimmverbot, sofern er das Stimmrecht selbst ausübt. Für den Treugeber mit originärem Stimmrecht liegt das abermals auf der Hand.[822] Gleiches gilt aber auch, wenn dieser als derivativ Berechtigter das Stimmrecht des Treuhänders ausübt.[823] Die Vertretung des Treuhänders durch den Treugeber erfolgt in diesem Fall ausschließlich im Eigeninteresse. Diese Konstellation der Stimmrechtsausübung durch einen Dritten stellt damit eine Ausnahme zu der Annahme dar, die Ausübung eines fremden Stimmrechts erfolge (jedenfalls auch) im Interesse des Stimmrechtsinhabers.[824] Der durch § 136 Abs. 1 Satz 2 AktG zu verhindernde Umgehungsversuch[825] ist bei der qualifizierten Treuhand deshalb nicht zu befürchten. Zwar wird eine teleologische Reduktion des § 136 Abs. 1 Satz 2 AktG beziehungsweise die Nichtanwendung des dahinterstehenden Gedankens für die Fälle eines unabhängigen Vertreters weithin mit dem Argument abgelehnt, es könne in der Abstimmungssituation die Unabhängigkeit des Stimmrechtsausübenden nicht geklärt werden, weil der Gesellschaft die Innenrechtsbeziehungen unbekannt seien.[826] Dies gilt im hiesigen Falle jedoch gerade nicht. Bei der qualifizierten Treuhand sind der Gesellschaft beziehungsweise den Gesellschaftern, die nicht nur der Treuhandbegründung, sondern auch der

---

821 Für ein Stimmverbot des Treuhänders bei einer Interessenkollision beim Treugeber BGH, NJW 1976, 713 (713 f.); *Armbrüster*, S. 269; *Faerber/Garbe*, GWR 2012, 219; Scholz/*K. Schmidt/Bochmann*, GmbHG, § 47 Rn. 154, 157; *Tebben*, S. 354 f.

822 Ebenso *Armbrüster*, S. 263.

823 A.A. *Armbrüster*, S. 263 f.

824 Hier unterscheidet sich die qualifizierte Treuhand beispielsweise auch vom Anteilsnießbrauch oder einer Sicherungstreuhand. Dort nehmen Scholz/*K. Schmidt/Bochmann*, GmbHG, § 47 Rn. 158, an, dass ein Stimmverbot des Hintermannes immer durchgreife, da die Ausübung des Stimmrechts durch den Nießbraucher oder den Sicherungstreuhänder nicht ausschließlich im eigenen Interesse erfolge.

825 Vgl. BegrRegE, BT-Drucks. IV/171 S. 160 [zum gleichlautenden § 130 RegE zum AktG].

826 Vgl. nur MüKo/*Arnold*, AktG, § 136 Rn. 20, 39; Michalski/*Römermann*, GmbHG, § 47 Rn. 103 f.

Einbeziehung in das Verbandsverhältnis zugestimmt haben, die Innenrechtsbeziehungen sehr wohl bekannt.

Allerdings kann im Falle der Betroffenheit eines Treuhänders dieser auch bei der qualifizierten Treuhand grundsätzlich weder ein ihm formal selbst zustehendes noch als Vertreter ein dem Treugeber originär eingeräumtes Stimmrecht ausüben. Eine Einschränkung des in diesem Fall hinter § 136 Abs. 1 Satz 1 AktG stehenden Gedankens wegen der Weisungsabhängigkeit aus dem Treuhandverhältnis ist abzulehnen, da die Gefahr eines weisungswidrigen Verhaltens gleichwohl besteht.[827] Eine Ausnahme ist jedoch dann zu machen, wenn der Treuhänder im Falle der Ausübung des dem Treugeber eingeräumten Stimmrechts nur eine auf ein bestimmtes Stimmverhalten beschränkte Vollmacht erhalten hat, da sich seine Befangenheit dann nicht ausgewirkt haben kann.[828] Nichts anderes kann gelten, wenn der sein eigenes Stimmrecht ausübende Treuhänder eine schriftliche Weisung erhalten hat, da die Gesellschaft ein etwaiges weisungswidriges Verhalten dann nachvollziehen könnte.

C. Beschlussmängelklagen

Im Hinblick auf die Möglichkeit des qualifizierten Treugebers durch die Gesellschafterversammlung gefasste Beschlüsse gerichtlich überprüfen zu lassen, ist danach zu unterscheiden, wie Beschlussmängel für die jeweilige Gesellschaft prozessual geltend gemacht werden müssen. Ist eine allgemeine Feststellungsklage oder die spezielle gesellschaftsrechtliche Anfechtungs- und Nichtigkeitsfeststellungsklage zu erheben?

I. Allgemeine Feststellungsklage

Gilt für die Gesellschaft, wie nach Inkrafttreten des MoPeG nunmehr grundsätzlich nur noch für wenige Gesellschaften, insbesondere den Gesellschaften bürgerlichen Rechts,[829] nicht das sogenannte Anfechtungsmodell, sondern das rechtsgeschäftliche Nichtigkeitsmodell, so führen Beschlussmängel

827 Vgl. BeckOK/*Klimke*, HGB, Stand: 01.04.2024, § 109 Rn. 23.1.

828 So allgemein für Stimmrechtsvertreter BeckOK/*Klimke*, HGB, Stand: 01.04.2024, § 119 Rn. 23.1.

829 Siehe nur MüKo/*Schäfer*, BGB, § 714 Rn. 68; eine Übersicht über das auf eine Rechtsform grundsätzlich anwendbare Beschlussmängelregime findet sich bei BeckOGK/*Otte/Dietlein*, HGB, Stand: 15.04.2024, § 110 Rn. 47 ff.

grundsätzlich zur Nichtigkeit.[830] Prozessual kann die Feststellung dieser Rechtsfolge mittels der allgemeinen Feststellungsklage gemäß § 256 Abs. 1 ZPO beantragt werden.[831] Diese Klage ist von vornherein nicht auf bestimmte Kläger beschränkt, insbesondere nicht auf Gesellschafter. Sie steht jedermann offen,[832] einer besonderen Klagebefugnis bedarf es neben dem allgemeinen Feststellungsinteresse nicht. Insofern kann auch ein qualifizierter Treugeber die Nichtigkeit eines Beschlusses prozessual grundsätzlich durch Feststellungsklage geltend machen.[833] Das im Rahmen der allgemeinen Feststellungsklage notwendige Interesse im Sinne von § 256 Abs. 1 ZPO an der Feststellung der Unwirksamkeit eines Gesellschafterbeschlusses soll sich für einen Gesellschafter schon aus der Zugehörigkeit zur Gesellschaft ergeben, weil er nicht hinzunehmen habe, dass über die Wirksamkeit eines Gesellschafterbeschlusses Rechtsunsicherheit besteht.[834] Die Hürde für die Bejahung des Feststellungsinteresses auch für den qualifizierten Treugeber ist daher nicht hoch. Für ihn kann jedenfalls dann, wenn ihm im Innenverhältnis die gleiche Stellung wie ein Gesellschafter zukommen soll, nichts anderes gelten.[835] Es wäre nicht ersichtlich, wieso er als eine einem Gesellschafter gleichgestellte Person die Rechtsunsicherheit über die Wirksamkeit solle hinnehmen müssen.[836] Darüber hinaus wird ihn schon aufgrund seiner wirtschaftlichen Gesellschafterstellung die Beschlussfassung regelmäßig in irgendeiner Weise berühren, sodass er ein (noch) konkreteres Feststellungsinteresse wird darlegen können.

830 *Wiedemann*, GesR II, § 4 I 5b) [S. 322]; für die GbR vgl. nur MüKo/*Schäfer*, BGB, § 714 Rn. 72.

831 *Wiedemann*, GesR II, § 4 I 5c) [S. 324]; MüKo/*Schäfer*, BGB, § 714 Rn. 80.

832 Vgl. jeweils zur OHG nach alter Rechtslage vor dem MoPeG Oetker/*Lieder*, HGB, 7. Aufl. 2021, § 119 Rn. 73; MüKo/*Enzingner*, HGB, § 119 Rn. 98.

833 So bereits für den einfachen Treugeber *Armbrüster*, S. 315.

834 LG Stuttgart, BeckRS 2020, 21301 [Rn. 24]; Heidel/*Heidel*, BGB, § 714 Rn. 58; vgl. auch BGH, ZIP 2012, 917 (918) [Rn. 24].

835 Ebenso OLG Düsseldorf, NZG 2018, 297 (298) [Rn. 24].

836 Entsprechend bejaht das LG Stuttgart, BeckRS 2020, 21301 [Rn. 24], das Feststellungsinteresse eines qualifizierten Treugebers schlicht damit, dass dieser mittelbarer Gesellschafter gewesen sei und geht auf die Rechtstellung *in concreto* gar nicht ein; vgl. insofern auch die Ansichten, die (ohne nähere Begründung) einem Treugeberaktionär grundsätzlich das Feststellungsinteresse für eine allgemeine Feststellungsklage zusprechen wollen, die diese als in § 249 Abs. 1 Satz 1 AktG nicht genannte taugliche Kläger anstelle der besonderen Beschlussnichtigkeitsklage erheben können sollen MüKo/*Schäfer*, AktG, § 249 Rn. 6 [Fn. 16]; K. Schmidt/Lutter/*Schwab*, AktG, § 249 Rn. 11.

II. Anfechtungs- und gesellschaftsrechtliche Nichtigkeitsfeststellungsklage

Findet auf den Verband hingegen das sogenannte Anfechtungsmodell Anwendung, haben jedenfalls Gesellschafter Beschlussmängel mittels spezieller Anfechtungs- oder Nichtigkeitsklage geltend zu machen.[837] Das Anfechtungsmodell gilt für die Aktiengesellschaft gemäß den §§ 241 ff. AktG und für die Personenhandelsgesellschaften, sofern nicht zum Feststellungsmodell optiert wurde,[838] gemäß den §§ 110 ff. HGB. Für die GmbH gilt das Anfechtungsmodell auf Grundlage richterlicher Rechtsfortbildung in analoger, teilweise modifizierter Anwendung der aktienrechtlichen Vorschriften[839].

Die spezielle gesellschaftsrechtliche Anfechtungs- oder die Nichtigkeitsklage kann im Gegensatz zur allgemeinen Feststellungsklage nicht von jedermann erhoben werden, vielmehr bedarf es einer gesonderten Klage- beziehungsweise Anfechtungsbefugnis.[840] Gesellschaftsfremden Dritten soll diese Befugnis grundsätzlich nicht zustehen und auch nicht durch Gesellschaftsvertrag eingeräumt werden können.[841] Bei der einfachen Treuhand wird gemeinhin angenommen, die Anfechtungsbefugnis liege allein beim Treuhänder.[842] Eine Nichtzuweisung dieser Befugnis an einen qualifizierten Treugeber hätte zur Folge, dass dieser Anfechtungsgründe gar nicht, die Nichtigkeit prozessual nur im Rahmen der allgemeinen Feststellungsklage geltend machen könnte, deren

837 Auch in dem Falle, in dem der Beschluss an einem zur Nichtigkeit führenden Mangel leidet, soll für die Personen, die für die spezielle gesellschaftsrechtliche Nichtigkeitsfeststellungsklage klagebefugt sind, die allgemeine Feststellungsklage nicht statthaft oder jedenfalls mangels Feststellungsinteresses nicht zulässig sein (BGH, NJW 1978, 1325; Rowedder/Pentz/*Ganzer*, GmbHG, Anh. § 47 Rn. 71a; BeckOGK/*Vatter*, AktG, Stand: 01.01.2023, § 249 Rn. 27).

838 Zu dieser Möglichkeit siehe BegrRegE, BT-Drucks. 19/27635, S. 111; Schäfer/*Liebscher*, Neues PersGesR, S. 131 f., 163 f.

839 BGH, NZG 2016, 552 (553) [Rn. 20]; Lutter/Hommelhoff/*Bayer*, GmbHG, Anhang zu § 47 Rn. 1; Rowedder//Pentz/*Ganzer*, GmbHG, Anh. § 47 Rn. 1. Zur Frage, ob es zukünftig zu einem Analogiewechsel hin zugunsten der §§ 110 ff. HGB kommen wird, siehe bspw. *Guntermann*, GmbHR 2024, 397.

840 Vgl. § 111 Abs. 1 (ggf. i.V.m. § 114) HGB; §§ 245, 249 Abs. 1 Satz 1 AktG; für die GmbH nur BeckOK/*Leinekugel*, GmbHG, Stand: 01.05.2024, § 47 Anhang Rn. 142.

841 Michalski/*Römermann*, GmbHG, Anhang § 47 Rn. 439.

842 Siehe nur BGH, NJW 1966, 1458 (1459); *Blaurock*, S. 230; Noack/Servatius/Haas/*Noack*, GmbHG, Anhang nach § 47 Rn. 137; BeckOK/*Otte/Dietlein*, HGB, Stand: 15.04.2024, § 111 Rn. 16.

Urteilstenor nur *inter partes* und nicht wie das der gesellschaftsrechtlichen Nichtigkeitsfeststellungsklage *inter omnes* wirkt.[843]

Die Anfechtungsbefugnis wird überwiegend als ein aus der Mitgliedschaft entspringendes materiell-rechtliches Verwaltungsrecht verstanden,[844] das dem Inhaber für die speziellen Beschlussmängelklagen die prozessuale Aktivlegitimation verleiht.[845] Dieses Mitgliedschaftsrecht soll einem qualifizierten Treugeber ausdrücklich zugewiesen werden können.[846] Dann ergibt sich eine Zuweisung auch aus einer umfassenden Gleichstellungsabrede, da dieses Recht dem Innenverhältnis zuzuordnen ist.[847]

Tatsächlich lassen sich keine Gründe finden, die dagegen sprechen, dass einem qualifizierten Treugeber die Anfechtungsbefugnis *qua* gesellschaftsrechtlicher Regelung zugewiesen werden kann.[848] Im Gegenteil wird man, jedenfalls wenn man – wie hier – von einer eigenen mitgliedschaftlichen Stellung des qualifizierten Treugebers ausgeht, eine Klagebefugnis des derart in den Verband einbezogenen Treugebers sogar ohne eindeutige Zuordnungsregelung annehmen und somit – wie das Recht auf Teilnahme an der Gesellschafterversammlung[849] – einem unverzichtbaren Kernbereich der Mitgliedschaft eigener Art zurechnen müssen.

Zutreffend führt *Noack* aus, dass es bei einem Verstoß gegen zur Anfechtung führende Normen aus dem Gesellschaftsvertrag und dem Gesetz um nichts anderes als um die „Respektierung der internen Verbandsordnung“ gehe.[850] Ein Recht zu verlangen, dass die interne Verbandsordnung respektiert wird, muss aber jedem zustehen, der Teil dieser Verbandsordnung ist. Es wäre zudem widersprüchlich, dürfte derjenige, der wie ein qualifizierter Treugeber mit Willen der (hier: sonstigen) Mitglieder des Verbands in dessen Rechte- und Pflichtengefüge einbezogen ist, die etwaige Verletzung seiner Rechtsposition

---

843 *Armbrüster*, S. 318.

844 Siehe nur Schäfer/*Liebscher*, Neues PersGesR, S. 131 f., 163 f.; *Noack*, ZIP 2020, 1382 (1385); MüKo/*Wertenbruch*, GmbHG, Anhang § 47 Rn. 288 f.

845 MüKo/*Wertenbruch*, GmbHG, Anhang § 47 Rn. 288.

846 So für zulässig erachtet bei OLG Köln, NJW-RR 1997, 487 (488); *Armbrüster*, S. 319.

847 So ausdrücklich OLG München, BeckRS 2012, 20321; vgl. auch LG Stuttgart, BeckRS 2020, 21301 [Rn. 29].

848 Für diese Möglichkeit auch Reichert/*Schlitt/Bortfeldt*, GmbH & Co. KG, § 40 Rn. 63.

849 Siehe oben, S. 141.

850 Noack/Servatius/Haas/*Noack*, GmbHG, Anhang nach § 47 Rn. 2.

nicht gerichtlich überprüfen lassen.[851] Der gleiche Gedanke steht auch hinter der Ansicht, nach der die Anfechtungsbefugnis als eine Annexkompetenz zu sonstigen Mitgliedschaftsrechten zu begreifen sei. So soll die Anfechtungsbefugnis jedenfalls etwa aus der Zuordnung eines Stimmrechts[852] oder auch bloß dem Teilnahmerecht an der Gesellschafterversammlung folgen[853]. Die Anfechtungsbefugnis muss sodann als eine in diesem Falle gewollte Möglichkeit der negativen Einflussnahme auf die Willensbildung angesehen werden.[854]

D. Organschaftliche Geschäftsführungs- und Vertretungsbefugnis

I. Kapitalgesellschaft

Ein qualifizierter kann wie ein einfacher Treugeber und auch jeder Dritte unproblematisch als Geschäftsführer beziehungsweise Vorstand einer Kapitalgesellschaft bestellt werden und erhält dadurch umfassende Geschäftsführungs- sowie organschaftliche Vertretungsbefugnis.[855] Die geltenden Publizitätsvorschriften können dabei freilich mit einem etwaigen Wunsch nach Anonymität kollidieren.

II. Personengesellschaft

1. Geschäftsführung (Innenverhältnis)

Bei der Erörterung, ob und wie ein qualifizierter Treugeber an einer Beschlussfassung der Gesellschaftergesamtheit beziehungsweise -versammlung über Geschäftsführungsmaßnahmen mitwirken kann, wurde bereits festgestellt, dass das Prinzip der Selbstorganschaft einem originären Geschäftsführungsrecht qualifizierter Treugeber nicht entgegensteht.[856] Zum einen folgt daraus für die treuhänderische Beteiligung an dem Anteil eines persönlich haftenden Gesellschafters, dass, wenn der Gesellschaftsvertrag den Treugebern pauschal

851 *Milde*, FS Konzen (2006), 541 (559 f.), spricht sich daher für eine zwingende Anfechtungsbefugnis aus, soweit die Verletzung von dem Treugeber zugewiesenen Rechten geltend gemacht wird.
852 *Fleck*, FS Fischer (1979), 107 (122 f.); vgl. auch Rowedder/Pentz/*Ganzer*, GmbHG, Anh. § 47 Rn. 44.
853 OLG München, BeckRS 2012, 20321.
854 So *Armbrüster*, S. 318.
855 *Armbrüster*, S. 296; *Eden*, S. 120; MüKo/*K. Schmidt*, HGB, vor § 230 Rn. 68.
856 Siehe oben, § 6B.III.2, S. 150 ff.

„das Stimmrecht" zuweist oder diese im Innenverhältnis umfassend den Gesellschaftern gleichstellt, gleichzeitig aber nicht von den gesetzlichen Regelungen betreffend die Geschäftsführungsbefugnis abweicht, die qualifizierten Treugeber in entsprechender Anwendung der §§ 715 Abs. 1 BGB, 116 Abs. 1 HGB die „geborenen Geschäftsführer"[857] sind. Zum anderen spricht deswegen auch nichts dagegen, dass einem qualifizierten Treugeber durch Gesellschaftsvertrag oder Bestellungsakt Geschäftsführungskompetenzen – alleine oder als Mitglied eines aus mehreren Personen bestehenden, von der Gesellschaftergesamtheit zu unterscheidenden Geschäftsführungsorgans – übertragen werden.[858]

2. Vertretung (Außenverhältnis)

Die Vertretung der Gesellschaft ist zwar immer zugleich eine Geschäftsführungsmaßnahme, dies gilt jedoch nicht andersherum, weshalb die Befugnis zur Führung der Geschäfte im Innenverhältnis und die Vertretungsmacht streng zu unterscheiden sind.[859] Dass Personen, denen die grundsätzliche Geschäftsführungsbefugnis im Innenverhältnis zusteht, auch zur Vertretung der Gesellschaft befugt sind, ist zumeist sinnvoll[860] und dürfte praktisch auch den Regelfall darstellen. Die Vorschriften des Personengesellschaftsrechts sehen als gesetzestypische Ausgestaltung deshalb einen entsprechenden Gleichlauf vor (vgl. §§ 715 Abs. 1, 720 Abs. 1 BGB, 116 Abs. 1, 125 Abs. 1 HGB)[861], das Bürgerliche Gesetzbuch enthielt deshalb mit § 714 BGB in der Fassung vor Inkrafttreten des MoPeG eine Auslegungsregel derart, dass ein GbR-Gesellschafter, dem die Geschäftsführung obliegt, im Zweifel auch Vertretungsmacht zukommen

857 Die Gesellschafter einer GbR oder OHG als „geborene" Geschäftsführer bezeichnend z.B. MAH Personengesellschaftsrecht/*Karrer*, Teil E, § 14 Rn. 102; Oetker/*Lieder*, HGB, § 116 Rn. 4.

858 Vgl. ebenso *Werra*, S. 67, der sich auf das Urteil BGH, NJW 1953, 1548 stützt, in dem jedoch lediglich die grundsätzliche Zulässigkeit der Gleichstellung von Treugebern und Gesellschaftern im Innenverhältnis bejaht wird; ebenso *Dogan*, S. 229, für die Figur des stillen Innenkommanditisten.

859 MüKo/*Schäfer*, BGB, § 715 Rn. 7; *Wiedemann*, GesR II, § 4 II 1b) [S. 330].

860 Vgl. andersherum BeckOK/*Schöne*, BGB, 68. Ed., Stand: 01.11.2023, § 715 Rn. 8: „Das alleinige Bestehen einer Geschäftsführungsbefugnis ohne entsprechende Handlungsberechtigung nach außen macht nur wenig Sinn."

861 Vgl. zur bewussten gesetzgeberischen Entscheidung die Regierungsbegründung zu § 720 BGB, BegrRegE, BT-Drucks. 19/27635, S. 162, wonach ein Bedürfnis bestanden habe, die Befugnis zur organschaftlichen Vertretung eigenständig, aber dennoch in Parallele zur Geschäftsführungsbefugnis zu regeln.

solle.[862] Zwingend ist dieser Gleichlauf indes nicht.[863] Im Einzelfall kann es Sachgründe für eine unterschiedliche Verteilung von Geschäftsführungs- und Vertretungsbefugnis geben, insbesondere wenn sich das Geschäftsführungsrecht nur auf einzelne Arten von Geschäften bezieht oder etwa auf ein Widerspruchsrecht beschränkt ist[864]. Eine Gleichstellung von Treugebern mit Gesellschaftern ist zumeist – wie entsprechend formulierte Gleichstellungsklauseln zeigen – nur im Innenverhältnis gewollt. Da die Vertretung das rechtsgeschäftliche Außenhandeln darstellt,[865] ist anzunehmen, dass eine Vertretungsbefugnis mit entsprechender Gleichstellungsklausel oder der bloßen Einräumung von Geschäftsführungsbefugnissen[866] gerade nicht intendiert wird. Ein Auftreten nach Außen im Rechtsverkehr widerspräche jedenfalls dem möglichen Zweck der treuhänderischen Gestaltung, die Beteiligung Dritten gegenüber zu verbergen.[867]

Sollte eine organschaftliche Vertretungsbefugnis des qualifizierten Treugebers ausnahmsweise gewollt sein, fragt sich, ob diese überhaupt zulässig ist. Ersatzweise käme jedenfalls in Betracht, dass der Treugeber als Vertreter der Gesellschaft mit rechtsgeschäftlich erteilter Vollmacht auftritt[868] – eine Lösung, von der auch für geschäftsführende Kommanditisten in der Praxis gebraucht gemacht wird[869].

Die Möglichkeit, die Gesellschaft und somit auch ihre Gesellschafter im Außenverhältnis wirksam zu verpflichten, ist für die übrigen Beteiligten in gewisser Weise „gefährlicher" als die auf das Innenverhältnis beschränkten Geschäftsführungsbefugnisse eines Treugebers. Denn unzweifelhaft wäre die mit der Unbeschränkbarkeit des Umfangs der organschaftlichen Vertretungsbefugnis (§§ 720 Abs. 3 Satz 2 BGB, 125 Abs. 4 Satz 2 HGB) zum Ausdruck

---

862 MüKo/*Schäfer*, BGB, 8. Aufl. 2020, § 714 Rn. 18.

863 BeckOK/*Klimke*, HGB, Stand: 01.04.2024, § 116 Rn. 7; BeckOK/*Schöne*, BGB, 68. Ed., Stand: 01.11.2023, § 714 Rn. 6.

864 So MüKo/*Schäfer*, BGB, 8. Aufl. 2021, § 714 Rn. 21.

865 MüKo/*Schäfer*, BGB, § 715 Rn. 7.

866 Zur Problematik in den Fällen, in denen sich in vor dem Inkrafttreten des MoPeG geschlossenen GbR-Gesellschaftsverträgen lediglich Regelungen zur Geschäftsführung finden, vgl. BeckOK/*Schöne,* BGB, Stand: 01.05.2024, § 720 Rn. 5.1.

867 Vgl. *Eden*, S. 120.

868 Vgl. *Armbrüster*, S. 296; *Dogan*, S. 228; *Eden*, S. 120; allgemein zur Vertretung der Gesellschaft durch Bevollmächtigte MüKo/*K. Schmidt/Drescher*, HGB, § 125 Rn. 9 f.; Henssler/Strohn/*Steitz*, GesR, § 124 HGB Rn. 18 ff.

869 Henssler/Strohn/*Gummert*, GesR, § 170 HGB Rn. 5; MüKo/*K. Schmidt/Drescher*, HGB, § 125 Rn. 10; dazu ausführlich Oetker/*Oetker*, HGB, § 170 Rn. 8 ff.

kommende gesetzgeberische Intention zu berücksichtigen, dem Verkehrsschutz grundsätzlich Vorrang gegenüber dem Schutz der Verbandsmitglieder vor treupflichtwidrigem organschaftlichen Vertreterhandeln einzuräumen.[870] Dem Inhaber der Vertretungsmacht gebührt die Letztentscheidungsbefugnis über die Eingehung von Verpflichtungen der Gesellschaft und damit verbunden der Haftung der persönlich haftenden Gesellschafter; daraus könnte man folgern, dass das Selbstbestimmungsrecht der übrigen Mitglieder des Verbands im größeren Umfang beschnitten sei als bei der „Übertragung" der Geschäftsführungsbefugnis.[871] Diese Folgerung ist aber nicht zwingend. Ebenso gut lässt sich hören, dass die Geschäftsführungsbefugnis „die wichtigere Befugnis" sei, weil ein organschaftlicher Vertreter, dem im Innenverhältnis keine Entscheidungsbefugnisse zustehen, gar keine Entscheidungen treffe, sondern nur fremde Entscheidungen ausführe.[872] Ausschlaggebend sollte endlich auch hier sein, dass eine aus der „Übertragung" der Vertretungsbefugnis folgende Aufgabe der Selbstbestimmung zu Gunsten eines persönlich haftenden Mitgesellschafters schon von Gesetzes wegen zulässig ist (vgl. §§ 720 Abs. 1 BGB, 124 Abs. 1 HGB). Mit Verweis auf die oben[873] angestellten Erwägungen zur Frage der Geschäftsführungsbefugnis ist nicht ersichtlich, weshalb dann einem Treugeber, der über einen persönlich haftenden Gesellschafter beteiligt ist, damit im Grundsatz dem gleichen Haftungsrisiko ausgesetzt ist und dem eine qualifizierte Rechtstellung derart eingeräumt wird, dass er im Innenverhältnis als Gesellschafter anzusehen ist, die Möglichkeit der organschaftlichen Vertretung der Gesellschaft mit dem Hinweis auf das Prinzip der Selbstorganschaft verwehrt werden sollte. Ein Treuhandkommanditist kann die KG dann freilich nicht organschaftlich vertreten, solange man der vorherrschenden Ansicht[874] folgt, dass auch einem Direktkommanditisten keine organschaftliche Vertretungsmacht eingeräumt werden könne.

---

870 Vgl. allgemein *Wiedemann*, GesR I, § 10 II 1 [S. 524 ff.]; zu § 126 HGB a.F. Habersack/Schäfer/*Habersack*, HGB, § 126 Rn. 1; vgl. für § 720 Abs. 3 BGB auch die Regierungsbegründung, BegrRegE, BT-Drucks. 19/27635, S. 163 f.

871 Vgl. so die Argumentation bei Oetker/*Oetker*, HGB, § 170 Rn. 31, gegen die Einräumung organschaftlicher Vertretungsmacht zugunsten eines Kommanditisten.

872 *Bergmann*, ZIP 2006, 2064 (2068).

873 § 6B.III.2., S. 150 ff.

874 BGH, NJW 1969, 507 (508); Oetker/*Oetker*, HGB, § 170 Rn. 31; Hopt/*Roth*, HGB, § 170 Rn. 2; zu Recht kritisch *Flume*, Personengesellschaft, § 10 I [S. 132 f.]; a.A. mit ausführlicher Erörterung *Bergmann*, ZIP 2006, 2064 (2070).

Weil die Vertretungsbefugnis das Außenverhältnis betrifft, müssen auch die Interessen des allgemeinen Rechtsverkehrs Beachtung finden. Die Vertretungsverhältnisse der Personenhandelsgesellschaften sind zwingend gemäß § 106 Abs. 2 Nr. 3 HGB im Handelsregister, die der eingetragenen Gesellschaft bürgerlichen Rechts gemäß §§ 707 Abs. 2 Nr. 3, 707a Abs. 1 Satz 1 BGB im Gesellschaftsregister offenzulegen.[875] Der Rechtsverkehr soll sich umfassend und auf einfache Art und Weise über die Vertretungsverhältnisse der Gesellschaft informieren können.[876] Er genießt diesbezüglich den Vertrauensschutz des § 15 HGB.[877] Der Wortlaut des § 707 Abs. 2 Nr. 3 BGB und des § 106 Abs. 2 Nr. 3 HGB, nach dem die Vertretungsbefugnis bzw. die Vertretungsmacht der „Gesellschafter" zur Eintragung anzumelden ist, beruht auf der Annahme, dass nach materiellem Recht lediglich Gesellschafter zur organschaftlichen Vertretung befugt sein könnten; das gleiche gilt für § 4 Abs. 3 GesRV sowie § 40 Nr. 3 HRV, wobei letzterer zudem nur von der Vertretungsmöglichkeit persönlich haftender Gesellschafter ausgeht[878]. All diese Vorschriften setzen als formelles Registerrecht die materielle Rechtslage voraus.[879] Sie müssen daher auf eine veränderte materielle Rechtslage oder auf eine nicht vorausgesehene, aber materiellrechtlich zulässige Gestaltung angepasst beziehungsweise entsprechend angewendet werden.[880] Für den Fall, dass qualifizierten Treugebern organschaftliche Vertretungsmacht eingeräumt wird, könnte dieser Umstand daher analog § 106 Abs. 2 Nr. 3 HGB ins Handelsregister bzw. analog §§ 707 Abs. 2 Nr. 3, 707a Abs. 1 Satz 1 BGB ins Gesellschaftsregister einzutragen und bekanntzumachen (§ 10 HGB ggf. i.V.m. § 707b Nr. 2 BGB) sein.[881] Die dafür notwendige vergleichbare Interessenlage ist mit Blick auf den Sinn und Zweck der Vorschrift, den Rechtsverkehr umfassend über die Vertretungsverhältnisse zu informieren, gegeben. Im Gegensatz zu einer bloßen Generalvollmacht ist die organschaftliche Vertretungsbefugnis dem Umfang nach gemäß §§ 720 Abs. 3 Satz 2 BGB, 125 Abs. 4 Satz 2 HGB nicht

---

875 Die Eintragungspflicht gilt freilich nur für organschaftliche Vertretungsmacht, nicht für rechtsgeschäftlich erteilte Vollmachten, OLG Hamburg, GmbHR 2002, 252; Habersack/Schäfer/*Schäfer*, HGB, § 106 Rn. 22.

876 BegrRegE, BT-Drucks. 14/6855, S. 19.

877 MüKo/*K. Schmidt/Drescher*, HGB, § 125 Rn. 56; für die eGbR erklärt § 707a Abs. 3 BGB § 15 HGB für entsprechend anwendbar.

878 *Bergmann*, ZIP 2006, 2064 (2070).

879 Vgl. für § 40 HRV *Bergmann*, ZIP 2006, 2064 (2070).

880 Vgl. *Bergmann*, ZIP 2006, 2064 (2070); *Brox*, FS H. Westermann (1974), 21 (35).

881 So für die organschaftliche Vertretungsbefugnis von Kommanditisten *Bergmann*, ZIP 2006, 2064 (2070 f.).

beschränkbar, sodass eine Eintragung in das Gesellschafts- beziehungsweise Handelsregister ohne weiteres möglich erscheint.[882]

Hält man es für möglich, dass einem qualifizierten Treugeber in der Personengesellschaft auch organschaftliche Vertretungsmacht eingeräumt werden kann, stünde die grundsätzliche Nichteintragung eines qualifizierten Treugebers in das Gesellschafts- beziehungsweise Handelsregister auch nicht der gesetzgeberischen Intention entgegen, dass sich die Vertretungsverhältnisse ohne Kenntnis der Gesetzeslage durch bloße Einsicht in das Handelsregister ermitteln lassen.[883] Denn die fehlende Vertretungsmacht entspricht dem gesetzlichen Regelfall, die qualifizierten Treugeber sind keinesfalls die geborenen organschaftlichen Vertreter, da §§ 720 Abs. 1 BGB, 124 Abs. 1 HGB gewiss nicht entsprechend auf qualifizierte Treugeber angewendet werden sollten.

E. Informationsrechte

I. Allgemein

Zu den Teilhaberechten eines Gesellschafters gehören auch verschiedene geschriebene und ungeschriebene Informationsrechte,[884] die sich insbesondere im Hinblick auf das Informationsmittel in Einsichts- und Auskunftsrechte konkretisieren lassen.[885] Der Gesetzgeber hat Informationsrechte unter bestimmten Voraussetzungen und in bestimmten Grenzen etwa in § 717 Abs. 1 BGB für den Gesellschafter einer GbR, in § 717 Abs. 1 BGB i.V.m. § 105 Abs. 3 HGB für den persönlich haftenden Gesellschafter einer Personenhandelsgesellschaft, in § 166 Abs. 1 HGB für den Kommanditisten, in § 51a GmbHG für den GmbH-Gesellschafter und in § 131 AktG für den Aktionär vorgesehen.

Ein Informationsinteresse besteht grundsätzlich bei jeder, auch bloß finanziellen, Beteiligung an einer Unternehmung[886] und somit insbesondere auch bei einem Anteilstreugeber. Soweit sich ein einfacher Treugeber nicht in öffentlich zugänglichen Quellen informieren kann, ist er darauf angewiesen, sich für ihn relevante Informationen betreffend seine Beteiligung beim Treuhänder

---

882 Mit diesem Argument lehnte das OLG Hamburg, GmbHR 2009, 252 (253 ff.), die Eintragungsfähigkeit einer Generalvollmacht ab.

883 BegrRegE, BT-Drucks. 14/6855, S. 19.

884 Vgl. *K. Schmidt*, GesR, § 21 III 1e) [S. 624 ff.].

885 BeckOK/*Schindler*, GmbHG, Stand: 01.08.2023; § 51a Rn. 7; *K. Schmidt*, GesR, § 21 III 1e) [S. 627].

886 *C. Bork*, S. 1.

aufgrund seines Auskunftsrechts gemäß § 666 BGB zu verschaffen.[887] Dem Informationsbegehren des Treugebers kann jedoch – jedenfalls bei der verdeckten Treuhand – die dem Treuhänder gegenüber der Gesellschaft obliegende Verschwiegenheitspflicht entgegenstehen.[888]

Eine derartige Konfliktlage besteht bei der qualifizierten Treuhand freilich nicht. Weil dem qualifizierten Treugeber selbst die Treue- und somit eine Verschwiegenheitspflicht obliegt,[889] wäre es aufgrund der bewussten Einbeziehung in das Verbandsverhältnis regelmäßig als widersprüchlich und treuwidrig anzusehen, würden die Gesellschaft oder die Gesellschafter dem Treuhänder eine Informationsweitergabe an den qualifizierten Treugeber verwehren.[890]

Unproblematisch ist aber auch die – regelmäßig praktizierte[891] – direkte Einräumung von Informationsrechten zugunsten eines qualifizierten Treugebers möglich.[892] Dies geschieht bereits durch die statutarische Gleichstellung von Treugebern mit Gesellschaftern (im Innenverhältnis), in diesem Fall stehen den Treugebern jene Informationsrechte zu, die von Gesetzes wegen oder im Statut auch den Gesellschaftern eingeräumt werden.[893] Gleiches gilt für die gesetzliche Gleichstellung des qualifizierten Treugebers in der Investment-KG.[894]

Wie bei den zuvor behandelten Teilhaberechten stellt sich die Frage, inwiefern ein qualifizierter Treugeber Informationsrechte unmittelbar geltend machen kann, ohne dass diese ihm explizit oder durch eine umfassende Gleichstellung eingeräumt sind. Dies wird verschiedentlich für den Fall und gleichfalls mit dem Grund bejaht, dass der Treugeber Teil des auch ihn umfassenden

887 Ausführlich dazu *Tebben*, S. 274.

888 Vgl. dazu *Armbrüster*, S. 304 ff.; *Blaurock*, S. 181; *Tebben*, S. 272 f.

889 Siehe bereits oben, § 5C.I, S. 130.

890 Vgl. *Tebben*, S. 272 ff.; so im Ergebnis bereits für die „einvernehmliche" Treuhand *Armbrüster*, S. 306 f.; *Beuthien*, ZGR 1974, 26 (52); *Blaurock*, S. 181 f.; Saenger/Aderhold/*Eickhoff*, § 7 Rn. 268; *Maulbetsch*, S. 105.

891 Vgl. beispielhaft § 13 der den Entscheidungen zugrundeliegenden Gesellschaftsverträge in BGH, NJW 2013, 2190; § 16 des Gesellschaftsvertrages in BGH, ZIP 2013, 619; § 8 des Gesellschaftsvertrages in BGH, NZG 2015, 269; OLG Koblenz, OLGZ 1989, 223 (224).

892 *Armbrüster*, S. 301; *Maulbetsch*, S. 105; MüKo/*K. Schmidt*, HGB, vor § 230 Rn. 67; *Tebben*, S. 387.

893 OLG München, DNotZ 2009, 152 (153 f.); *Armbrüster*, FS Kanzleiter (2010) 31 (49); Staub/*Casper*, HGB, § 161 Rn. 249.

894 Siehe nur FK-KapAnlR/*Hoffert*, KAGB, § 152 Rn. 31; Oetker/*Oetker*, HGB, § 161 Rn. 217; EBJ/*Paefgen/Franke*, HGB, Anhang 3 zu § 179, § 152 KAGB Rn. 6; WBA/*Paul*, KAGB, § 152 Rn. 9.

Verbandsverhältnisses sei.[895] Dahinter verbirgt sich der in diesem Zusammenhang unausgesprochene, aber zutreffende Gedanke, dass unabhängig der positiv-rechtlichen Informationsansprüche ein Mindestmaß an Informationsrechten zwingender Bestandteil einer jeden Verbandsmitgliedschaft sein müsse.[896]

Man mag ein solches allgemeines Informationsrecht dogmatisch als verbandsrechtliches Institut einordnen.[897] Sofern Informationsansprüche keine vertragliche Hauptleistungspflicht darstellen, werden sie im Schuldrecht als leistungsbezogene Nebenpflicht nach § 241 Abs. 1 BGB, als Schutzpflicht nach § 241 Abs. 2 BGB, vor allem aber auf die nach § 242 BGB geschuldete Treue gestützt.[898] Es spricht nichts dagegen, auch für einen ungeschriebenen Informationsanspruch innerhalb eines Verbands auf diese Normen, insbesondere auf § 242 BGB, zu rekurrieren,[899] wobei Voraussetzungen, Umfang und Grenzen eines solchen Anspruches sich aus den Besonderheiten des Verbandsverhältnisses als das die § 242 BGB voraussetzende Sonderverbindung[900] ergeben. Insofern gilt das gleiche wie für die oben erörterte Herleitung der gesellschaftsrechtlichen Treuepflicht.[901] Dazu passt, dass Informationsansprüche teilweise auch aus der gesellschaftsrechtlichen Treuepflicht abgeleitet werden.[902] Ein Recht auf bestimmte Informationen und damit korrespondierende Pflichten zur Informationserteilung sind im Verbandsverhältnis für das Funktionieren der verbandsrechtlichen Organisation unabdingbar: Wenn alle Mitglieder die Pflicht zur Verfolgung eines gemeinsamen Zwecks eint, bedarf es sowohl für die Erfüllung dieser Pflicht als auch zur gegenseitigen Kontrolle[903] jener Pflichterfüllung

---

895 *Armbrüster*, S. 301 ff.; MüKo/*K. Schmidt*, HGB, vor § 230 Rn. 67; *Schiemann*, FS Zöllner (1998), 503 (510 f.); *Tebben*, S. 386 f.

896 Vgl. allgemein *K. Schmidt*, GesR, § 21 III 1a) [S. 624 f.].

897 So wohl *K. Schmidt*, GesR, § 21 III 1a) [S. 624 f.].

898 BeckOGK/*Kähler*, BGB, Stand: 01.05.2024, § 242 Rn. 667.

899 In der Tat werden aus § 242 BGB auch im Gesellschaftsrecht Informationspflichten begründet: allgemein Staudinger/*Looschelders/Olzen*, BGB, Neubearbeitung 2019, § 242 Rn. 1023; speziell bspw. BGH, NJW 1954, 1564

900 Vgl. bereits oben im Zusammenhang mit der Treuepflicht Text zu und Nachweise in den Fn. 619-623; zum Erfordernis des Vorliegens einer Sonderverbindung für einen auf § 242 BGB gestützten Informationsanspruch siehe nur BeckOGK/*Kähler*, BGB, Stand: 01.05.2024, § 242 Rn. 674 m.w.N.

901 § 5A, S. 121 ff.

902 So bspw. BGH, NJW-RR 2003, 169 (170), NJW 2007, 917 [Rn. 9].

903 Zur Kontrollfunktion des Informationsrechts siehe *Wiedemann*, GesR I, § 7 II 2 [S. 373 f.].

ein gewisses Maß an Information. Das Informationsrecht eines Verbandsmitglieds korreliert zwingend sowohl mit ihm obliegenden Pflichten als auch mit anderen Mitgliedschaftsbefugnissen.[904] Zum Tragen kommt hier abermals der Korrelations- oder auch Annexgedanke, der auch und gerade für das Bestehen und den Umfang eines ungeschriebenen Informationsrechts des qualifizierten Treugebers fruchtbar gemacht werden kann:[905] Ist der Treugeber in die Willensbildung des Verbands beispielsweise einbezogen, indem ihm ein umfassendes Stimmrecht zusteht, so muss ihm zwingend das Recht zustehen, sich alle Informationen besorgen zu können, die für die Ausübung des Stimmrechts notwendig sind. Die Einräumung eines unmittelbaren Gewinnanspruchs bedarf eines Auskunftsanspruches hinsichtlich der Höhe des Gewinnanteils.[906] Auch aus einer Korrelation zur Auferlegung bestimmter Haftpflichten folgt ein zwingender Informationsanspruch zur Beurteilung potentieller Haftungsrisiken.[907]

Sind dem qualifizierten Treugeber Informationsrechte nicht explizit oder durch umfassende Gleichstellung eingeräumt, so steht auch ihm ein zum Kernbereich seiner Mitgliedschaft gehörender Informationsanspruch gegen die Gesellschaft oder – wie gleich noch zu zeigen sein wird – in Ausnahmefällen auch gegen andere Mitglieder zu. Der Umfang und Inhalt dieses Informationsanspruchs richtet sich nach dem schutzwürdigen Informationsbedürfnis, welches wiederum von der sonstigen Rechtstellung des Treugebers abhängt.[908]

---

904 So auch *K. Schmidt*, GesR, § 21 III 1d) [S. 627], der das Informationsrecht insoweit als Hilfsrecht zur Wahrnehmung mitgliedschaftlicher Positionen bezeichnet, dass dem Schutz und der Ausübung von Mitgliedschaftsrechten diene.

905 So *Armbrüster*, S. 303.

906 BGH, Urt. v. 03.11.1975 – II ZR 98/74, Rn. 28 [zit. nach juris] für den Fall der Abtretung von Vermögensrechten an einen an einer stillen Gesellschaft beteiligten Unterbeteiligten; *Blaurock*, S. 180. *Armbrüster*, S. 302, weist darauf hin, dass sich ein solcher Anspruch bereits aus dem § 242 BGB folgenden allgemeinen Auskunftsanspruch ableiten ließe. Dies ist jedoch, wie soeben gezeigt, kein Widerspruch, wenn man annimmt, dass ein außerordentlicher Informationsanspruch eines jeden Verbandsmitglieds sich aus der Anwendung des Grundsatzes von Treu und Glauben auf das Verbandsverhältnis unter Berücksichtigung der verbandsrechtlichen Besonderheiten ergibt.

907 *Armbrüster*, S. 303 f.

908 Vgl. auch *Tebben*, S. 386 f., der den außerordentlichen Informationsanspruch des qualifizierten Treugebers daher grundsätzlich auf einen engen Kern beschränkt; vgl. allgemein *K. Schmidt*, GesR, § 21 III 1a) [S. 624 f.], der das allgemeine verbandsrechtliche Informationsrecht durch das Informationsbedürfnis legitimiert und zugleich begrenzt wissen will.

Folgt man der Ansicht, dem qualifizierten Treugeber komme eine mitgliedschaftliche Stellung zu, nicht, so wird man gleichwohl im Einzelfall für Informationsrechte auf § 242 BGB zurückgreifen können.

II. Auskunftsanspruch bezüglich der Identität der Mitbeteiligten

Im Zusammenhang mit qualifizierten Treuhandbeteiligungen sind die Gerichte zuletzt vor allem durch Klagen auf Auskunft über die Identität von Mitbeteiligten des Klägers beschäftigt worden.[909] Während Gesellschafter einer Personenhandelsgesellschaft sich mit Hilfe des Handelsregisters (vgl. §§ 9 Abs. 1 i.V.m. 106 Abs. 2 Nr. 2c), Abs. 6, 162 Abs. 1 HGB)[910] und die Gesellschafter einer eingetragenen GbR mit Hilfe des Gesellschaftsregisters (vgl. §§ 9 Abs. 1 Satz 1 HGB i.V.m. 707b Nr. 2 BGB i.V.m. §§ 707 Abs. 2 Nr. 2a), Abs. 3, 707a Abs. 1 BGB) in der Regel[911] über ihre Mitgesellschafter informieren können, wird die Beteiligung eines Treugebers in keinem öffentlich einsehbaren Register verlautbart.[912] Auch das aus praktisch notwendigen Gründen[913] geführte „interne" Register[914] wird von der Geschäftsführung oder sonstigen registerführenden Personen einem

909 Für Rechtsprechungsbeispiele siehe die Nachweise in den folgenden Fußnoten.

910 Zwar sieht § 106 Abs. 2 Nr. 2c) HGB nur die Angabe des Wohnortes, nicht der Wohnanschrift eines Gesellschafters vor (siehe nur EBJ/*Born*, HGB, § 106 Rn. 34). Allerdings kann durch Einsicht in die Registerunterlagen die Anschrift in der Regel dem Beglaubigungsvermerk des Notars entnommen (MüKo/*Langhein*, HGB, 4. Aufl. 2016, § 106 Rn. 22) oder die Anschrift ggf. durch eine Melderegisterauskunft nach § 44 BMG ermittelt werden (vgl. *Fest*, FS Makoto Arai (2015), 274 (285)).

911 Zutreffend weist *Fest*, FS Makoto Arai (2015), 274 (285), darauf hin, dass eine Änderung des Wohnortes eines Gesellschafters keine zwingende Eintragungspflicht darstelle (siehe nur EBJ/*Born*, HGB, § 106 Rn. 101 m.w.N.) und das Handelsregister somit keine ausreichende Gewähr biete.

912 Siehe zu diesem Fakt und der hier zugrundeliegenden Annahme oben, § 4A.III, S. 108 f.

913 Dass die Gesellschaft zur Durchsetzung eigener unmittelbarer Rechte gegen ihre Gesellschafter sowie Treugeber deren Identität sowie den Umfang einer entsprechenden (mittelbaren) Kapitalbeteiligung kennen muss, ebenso zur Erfüllung unmittelbar gegen diese bestehender Verpflichtungen, liegt auf der Hand. Darüber hinaus dient ein solches internes Register unter anderem auch zur Vorlage bei den Finanzbehörden zwecks gesonderter Feststellung der Besteuerungsgrundlagen oder zur Vorlage bei finanzierenden Kreditinstituten. Daraus erklärt sich, dass eine Offenlegung an diese Personen zumeist explizit von einer Anonymitätsklausel ausgenommenen wird, vgl. beispielhaft die Klauseln des Verweises in Fn. 102.

914 Für beispielhafte Klauseln siehe unten, Fn. 101, 102.

Treugeber oder sonstigem Anleger regelmäßig nicht zugänglich gemacht. Denn zumeist wird den Treugebern im Gesellschafts- oder Treuhandvertrag die Möglichkeit der Anonymität zugesichert.[915] Dieser (vermeintlich bestehende) Anonymitätsanspruch kollidiert jedoch nicht zuletzt mit dem (nicht selten erst in der Krise zum Tragen kommenden) Bedürfnis der Beteiligten, sich außerhalb beziehungsweise im Voraus einer Gesellschafterversammlung zusammenzuschließen, abzusprechen und so tatsächlich entscheidenden Einfluss auf die Angelegenheiten der Gesellschaft ausüben zu können.[916]

Vor diesem Hintergrund stellt sich die Frage nach einem Auskunftsanspruch von Beteiligten über die Identität ihrer Mitbeteiligten.

1. *Grundlage des Auskunftsanspruches*

Um die Frage nach dem Bestehen eines solchen Auskunftsanspruches beantworten zu können, muss man sich zunächst vergegenwärtigen, welches die Anspruchsgrundlage für ein solches Begehren sein könnte. Nach Ansicht des Bundesgerichtshofes aus dem Jahre 2009 könne ein GbR-Gesellschafter das Recht auf Auskunft über den Namen und die Anschriften seiner Mitgesellschafter aus § 716 Abs. 1 BGB a.F. ableiten.[917] Warum es sich bei dieser Information um eine „Angelegenheit der Gesellschaft" i.S.d. 716 Abs. 1 BGB a.F. beziehungsweise § 118 Abs. 1 HGB a.F. – § 717 Abs. 1 Satz 2 BGB spricht nunmehr von einer „Gesellschaftsangelegenheit" – handeln solle, erklärt der 2. Zivilsenat hingegen nicht.[918]

Im Ergebnis und der sachlichen Begründung des Bestehens eines solchen Anspruches ist ihm jedoch zu folgen. Soweit er zur Frage der Nichtabdingbarkeit des Anspruches ausführt, dass „das Recht, seinen Vertragspartner zu kennen, […] in jedem Vertragsverhältnis […] selbstverständlich" sei,[919] kann dem zumindest[920] für ein Gesellschaftsverhältnis zugestimmt werden.

---

915 Zur Wirksamkeit einer solchen Anonymitätsklausel siehe sogleich unten.

916 *Fest*, FS Makoto Arai (2015), 274 (282 ff.); *Schürnbrand*, ZGR 2014, 256 (261).

917 BGH, NJW 2010, 439 [Rn. 7 f.]; zustimmend zur Anspruchsgrundlage *Dogan*, S. 298, 301 f.

918 Ebenso kritisch und zudem darauf hinweisend, dass diese Anspruchsgrundlage wegen § 716 Abs. 2 BGB a.F. (jetzt § 717 Abs. 1 Satz 3 BGB) der vom BGH angenommenen Unabdingbarkeit des Auskunftsanspruches widerspricht *Altmeppen*, NZG 2010, 1321 (1322); *Priester*, ZIP 2011, 697 (700); MüKo/*Schäfer*, BGB, 8. Aufl. 2020, § 716 Rn. 14.

919 BGH, NJW 2010, 439 [Rn. 10].

920 Kritisch zur Pauschalisierung im Hinblick auf jedes Vertragsverhältnis MüKo/*Schäfer*, BGB, § 717 Rn. 14.

Richtigerweise folgt das Auskunftsrecht aus diesem Rechtsverhältnis selbst.[921] Es sollte als eine Konkretisierung des bereits oben[922] erläuterten und angenommenen ungeschriebenen allgemeinen Informationsrechts, das jeder verbandsrechtlichen Mitgliedschaft innewohnt, anzusehen sein.[923] So gleicht sich auch die angeführte Argumentation für die Begründung dieses Informationsrechts: Wenn sich verschiedene Personen zur Erreichung eines gemeinsamen Zwecks zusammenschließen, sich somit zu gegenseitiger Treue verpflichtet sind (gesellschaftsrechtliche Treuepflicht), so setzt dies zwingend die Möglichkeit gegenseitiger Kontrolle im Hinblick auf die Erfüllung dieser Pflicht voraus.[924] Dies gilt speziell für (zumindest auch) aus der Treuepflicht abgeleitete Wettbewerbs- oder Stimmverbote.[925] Dafür ist es wiederum notwendig, die Identität der anderen Mitglieder zu erfahren. Darüber hinaus kann ein entsprechender Auskunftsanspruch auch Bedeutung erlangen für die Ausübung weiterer Mitgliedschaftsrechte, insbesondere der (kollektiven) Minderheitenrechte.[926] Das wird besonders deutlich, wenn – wie in den gerichtlich entschiedenen Fällen häufig[927] – das Statut ein Quorum für bestimmte Maßnahmen, beispielsweise für die Einberufung einer Gesellschafterversammlung, vorsieht.[928] Ohne Anspruch auf Auskunft darüber, wer die anderen Mitglieder sind und wo sie wohnen, verkommt dieses Minderheitenrecht zu einem zahnlosen Tiger. Da das oben angenommene allgemeine Informationsrecht eines jeden Gesellschafters ebenfalls als verbandsrechtliche Ausprägung des Grundsatzes von Treu und

---

921 So später auch BGH, NJW 2013, 2190 (2191) [Rn. 12]; *Priester*, ZIP 2011, 697 (700).

922 Siehe oben, § 6E.I, S. 168 ff.

923 Vgl. insofern auch BGH, NJW 2013, 2190 (2191) [Rn. 12]: „mitgliedschaftliches Recht"; ablehnend *Dogan*, S. 301: weil sich das Auskunftsrecht bereits aus §§ 716 Abs. 1 BGB a.F., 118 Abs. 1 HGB a.F. ergebe, dürfe man nicht auf ein ungeschriebenes Recht rekurrieren und somit letztlich die grds. Abdingbarkeit des Auskunftsrechts gemäß § 118 Abs. 2 HGB a.F. negieren.

924 Vgl. OLG München, ZIP 2011, 1204 (1206); der Sache nach auch BGH, NJW 2013, 2190 (2193) [Rn. 31]; *Armbrüster*, FS Kanzleiter (2010), 31 (33); Staub/*Casper*, HGB, § 161 Rn. 251.

925 BGH, ZIP 2013, 619 (622) [Rn. 30 ff.].

926 Vgl. Staub/*Casper*, HGB, § 161 Rn. 251.

927 Siehe nur BGH, NJW 2010, 439 [Rn. 11]; NJW 2013, 2190; ZIP 2013, 619; NZG 2015, 269.

928 Der BGH, NJW 2013, 2190 (2194) [Rn. 35], sieht hierin ein Indiz dafür, „dass der Gesellschaftsvertrag das Bestehen eines Auskunftsanspruches als selbstverständlich voraussetzt".

Glauben angesehen werden kann, deckt sich die hiesige Annahme insofern mit der Ansicht, das Recht auf Auskunft über die Identität der Mitgesellschafter sei Ausfluss des Grundsatzes von Treu und Glauben und beruhe auf § 242 BGB.[929]

Im Übrigen ist ein solcher Auskunftsanspruch aufgrund der Schwierigkeiten und Kosten, die eine Ermittlung der Identität der Mitgesellschafter in einer Personenhandelsgesellschaft oder einer eGbR anhand der Registerinformationen mit sich bringt, im Grundsatz auch bei einer eGbR, OHG oder KG anzuerkennen.[930]

2. *Übertragung auf qualifizierte Treuhandgestaltungen*

Zwingende Konsequenz der obigen Ausführungen ist, dass auch ein qualifizierter Treugeber, wenn und weil er ebenfalls Mitglied des Verbandsverhältnisses ist, unter denselben Voraussetzungen und in denselben Grenzen Auskunft verlangen können muss über die Identität und Anschrift sowohl seiner Mittreugeber als auch der als Gesellschafter beteiligten Mitglieder.[931] Auch ihm muss es möglich sein, die Einhaltung der gegenseitig bestehenden Treuepflichten kontrollieren zu können, auch für ihn bedarf es der Auskunft, um von gegebenenfalls bestehenden Minderheitenrechten effektiv Gebrauch machen zu können.[932] Das gleiche gilt selbstredend für einen Gesellschafter, der regelmäßig nicht über die Identität der mit ihm im Verband gebundenen Treugeber informiert ist. Auch diesem steht ein entsprechender Auskunftsanspruch zu.[933]

Es ist jedoch stets auf die konkrete Ausgestaltung der Beteiligungsverhältnisse zu achten. Liegt der Fall etwa so, dass die Treugeber nur untereinander eine Innengesellschaft bilden und mangels unmittelbarer Rechte und Pflichten in der Hauptgesellschaft keine mitgliedschaftliche Stellung eigener Art erlangen, so besteht ein Auskunftsanspruch nur im Hinblick auf die Identität der Mittreugeber.[934]

---

929 *Altmeppen*, NZG 2010, 1321 (1322); MüKo/*Schäfer*, BGB, § 717 Rn. 15.

930 Ohne weitere Begründung geht auch der BGH, NJW 2011, 921 (924) [Rn. 18] sowie ZIP 2013, 619 (620) [Rn. 14], davon aus.

931 Zutreffend BGH, NJW 2013, 2190 (2191) [Rn. 11]; a.A. *Asmus/K. Markwardt*, ZIP 2012, 1581 (1586).

932 Ebenso BGH, NJW 2013, 2190 (2193 f.) [Rn. 29 ff.].

933 BGH, ZIP 2013, 619 (620) [Rn. 14].

934 Zutreffend *Fest*, FS Makoto Arai (2015), 274 (295); Staub/*Casper*, HGB, § 161 Rn. 251.

3. *Darlegung eines konkreten Informationsinteresses?*

Wie oben bereits festgestellt, ist Geltungsgrund des hier als Grundlage angesehenen ungeschriebenen Informationsrechts eines jeden Verbandsmitglieds ein berechtigtes Informationsbedürfnis; es wird durch ein solches daher sogleich begrenzt. Dies stimmt auch mit seiner Herleitung aus § 242 BGB insofern überein, als dass ein auf dieser Grundlage begründeter Auskunftsanspruch ebenfalls ein Informationsinteresse, das den Interessen des Informationsschuldners und etwaiger Dritter überwiegen muss, voraussetzt.[935] *Schäfer*, der als Grundlage für den hier behandelten Auskunftsanspruch allein § 242 BGB heranzieht, verlangt für einen Anspruch auf Auskunft über die Identität der Mitbeteiligten daher (sowie aufgrund datenschutzrechtlicher Erwägungen[936]) ein konkretes berechtigtes Interesse, wofür der bloße Wunsch nach Kontakt mit Mitgesellschaftern gerade nicht ausreichen solle.[937]

Richtig ist, dass auch der hier behandelte Auskunftsanspruch einem legitimen Zweck dienen und damit ein berechtigtes Informationsinteresse vorhanden sein muss. Es ist jedoch davon auszugehen, dass der Wunsch nach Kontakt mit Mitbeteiligten und damit die Geltendmachung des Informationsanspruchs kaum jemals Selbstzweck sein wird. Deshalb erscheint es vorzugswürdig, ein die Auskunft rechtfertigendes Interesse zu vermuten, wenn der Anspruchsteller und die Beteiligten, deren Identität er erfahren möchte, gemeinsam Teil eines Verbands mit den sich daraus ergebenden Mitgliedschaftsrechten und -pflichten, von denen allen voran die zwingende Treuepflicht auch wechselseitig besteht, sind. Denn wer seine Mitbeteiligten nicht kennt, kann schon nicht kontrollieren, ob diese ihrer Pflicht zur Zweckförderung und Treue nachkommen. Schon dieser Kontrollfunktion des hier behandelten Informationsrechts widerspräche es, würde man von dem Anspruchsteller die Darlegung eines weitergehenden konkreten Interesses im Rahmen eines anlassbezogenen[938] Auskunftsrechts verlangen. Auch um seiner eigenen Zweckförderungspflicht nachzukommen und effektiv an der verbandsinternen Willensbildung teilnehmen zu können, muss es einem Mitglied jederzeit ohne besonderen Anlass möglich sein, mit den Mitbeteiligten in Kontakt zu treten. Vor diesem Hintergrund erscheint es

---

935 Vgl. BeckOGK/*Kähler*, BGB, Stand: 01.05.2024, § 242 Rn. 730 ff.

936 Dazu siehe sogleich unten, § 6E.II.7, S. 183 ff.

937 MüKo/*Schäfer*, BGB, § 717 Rn. 15.

938 Der BGH, NJW 2011, 921 (924) [Rn. 22], betont, dass es sich gerade nicht um ein anlassbezogenes Auskunftsrecht handele, stützt sich für eine Begründung jedoch darauf, dass der Anspruch aus § 716 BGB a.F. folge und nicht aus § 242 BGB.

vorzugswürdig, einem Mitglied nicht die Darlegung eines ohnehin kaum konkret zu beschreibenden Informationsbedürfnisses aufzubürden, sondern ihm andersherum die Geltendmachung des Informationsanspruches nur in Einzelfällen mit einer entsprechenden Darlegungs- und Beweislastverteilung[939] zu versagen, wenn die Informationen zu einem Zweck begehrt werden, der keinen Bezug zur Wahrnehmung der mitgliedschaftlichen Rechte und Erfüllung mitgliedschaftlicher Pflichten erkennen lässt.[940] Auf diese „Grenze des Auskunftsrechts" wird sogleich nochmals einzugehen sein.[941]

4. *Abdingbarkeit und Recht auf Anonymität?*

Gesellschafts- und Treuhandverträge sehen regelmäßig vor, dass eine Offenlegung der Treugeberbeteiligung durch die Treuhänderin oder eine andere registerführende Person gegenüber Dritte, mit Ausnahme der Geschäftsführung, von Behörden oder auch der finanzierenden Banken, ausgeschlossen beziehungsweise von der expliziten Zustimmung der betroffenen Beteiligten abhängig ist.[942] Durch eine solche Klausel kann bei einer qualifizierten Treugeberstellung mit der Rechtsprechung des Bundesgerichtshofes zutreffenderweise nicht der Anspruch auf Auskunft über die Identität der Mittreugeber und Gesellschafter ausgeschlossen werden.[943] Das Recht auf Auskunft über Namen und Anschrift der Mitbeteiligten ist somit dem unverzichtbaren Kernbereich der Mitgliedschaft (*sui generis*) zuzuordnen.[944]

---

939 So auch *Chatard/Horn*, ZIP 2019, 2242 (2244); in der Konsequenz muss der auskunftbegehrende Kläger auch nur seine Mitgliedschaftstellung darlegen und gerade nicht den mit der Auskunft verfolgten Zweck, wie das OLG München, ZIP 2019, 368 (370), zutreffend ausführt.

940 Vgl. ähnlich *Priester*, ZIP 2011, 697 (701).

941 Siehe unten, § 6E.II.6, S. 181 f.

942 Für Beispiele siehe Nachweise in Fn. 102.

943 BGH, NJW 2010, 439 [Rn. 10 f.]; NJW 2011, 921 (924) [Rn. 20]; NJW 2013, 2190 (2193) [Rn. 24]; ebenso Staub/*Casper*, HGB, § 161 Rn. 251; *Priester*, ZIP 2011, 697 (701); a.A. *Armbrüster*, FS Kanzleiter (2010), 31 (40); *Asmus/K. Markwardt*, ZIP 2012, 1581 (1588); *Dogan*, S. 302 ff.; differenzierend *Schürnbrand*, ZGR 2014, 256 (264 f.): Beschränkung des Auskunftsanspruches auf Fälle, in denen der Anspruchsteller ein konkretes berechtigtes Interesse geltend machen und sein Transparenzinteresse nicht anderweitig befriedigen kann; ähnlich OLG Hamburg, NZG 2010, 1342 (1343).

944 Das stellt als Ergebnis der BGH-Rechtsprechung auch *Holler*, ZIP 2010, 2429 (2432), fest.

Sofern sich eine solche Anonymitätsklausel lediglich im zwischen dem Treuhänder und dem Treugeber geltenden Treuhandvertrag findet, kann diese das aus dem Verbandsverhältnis (der Hauptgesellschaft) folgende Auskunftsrecht ohnehin nicht beeinträchtigen.[945]

Aber auch eine Klausel im Gesellschaftsvertrag kann dieses Recht nicht abbedingen. Ein solches Ergebnis stützte der Bundesgerichtshof zunächst auf eine bei Publikumsgesellschaften anwendbare[946] Inhaltskontrolle gemäß § 242 BGB.[947] Dass der Ausschluss des Informationsrechts eine Inhaltskontrolle nicht standhalten würde scheint richtig, da das gegen das Schutzinteresse der Anleger streitende Anonymitätsinteresse anderer Anleger durch die Initiatoren eines Publikumsfonds häufig vorgeschoben ist, die Anonymität tatsächlich eher der Verhinderung einer effektiven, weil gemeinsamen Ausübung von Verwaltungsrechten durch die Anleger zu dienen bestimmt ist.[948]

Auf eine speziell auf Publikumsgesellschaften zugeschnittene Inhaltskontrolle kommt es jedoch gar nicht an, vergegenwärtigt man sich, wie das hiesige Auskunftsrecht begründet wird.[949] So scheint auch der Bundesgerichtshof in seinen späteren Urteilen nicht mehr davon auszugehen, dass sich die Unabdingbarkeit aus einer speziellen Inhaltskontrolle ergäbe.[950] Es widerspricht bereits der Natur eines Verbandsverhältnisses, welches auf die gemeinsame Förderung eines bestimmten Zwecks gerichtet ist und deshalb gegenseitige Treuepflichten begründet, dass durch die Anonymisierung der Vertragsschließenden die Möglichkeit gegenseitiger Kontrolle sowie die effektive Teilnahme an der gesellschaftlichen Willensbildung erheblich erschwert würde.[951] In einem solchen Maße können Verbandsmitglieder nicht auf Kontrolle und Einwirkungsmacht verzichten, da die Verpflichtung zur Zweckförderung und die Unterwerfung unter den Verbandswillen andernfalls eine nicht zulässige Aufgabe des Selbstbestimmungsrecht als allgemeine Schranke der Privatautonomie darstellte. Die Zuordnung des Auskunftsrechts bezogen auf die Identität der Mitbeteiligten zum unverzichtbaren Kernbereich einer Mitgliedschaft

---

945 BGH, NJW 2013, 2190 (2194) [Rn. 39].

946 Hierzu und zur Inhaltskontrolle speziell der Verträge im Zusammenhang mit der qualifizierten Treuhand siehe bereits oben, § 4D, S. 117 ff.

947 BGH, NJW 2010, 439 [Rn. 10].

948 In diese Richtung wohl auch *Priester*, ZIP 2011, 697 (702).

949 Vgl. auch *Priester*, ZIP 2011, 697 (701); zur hierzu geäußerten Kritik bei *Dogan*, S. 301 ff., siehe bereits Fn. 923.

950 BGH, NJW 2013, 2190 (2193) [Rn. 24].

951 Vgl. BGH, NJW 2013, 2190 (2193) [Rn. 31].

(jedenfalls in der Personengesellschaft) durch den Bundesgerichtshof[952] ist denn auch die Konsequenz aus eben diesem Gedanken, da der Geltungsgrund eines verzichtsfesten Kernbereichs einer Mitgliedschaft gerade in dem Verbot der Selbstentmündigung zu sehen ist[953].

Dies gilt entgegen einer Ansicht, die den im Aktienrecht geltenden Grundsatz des „gläsernen Aktionärs" auf Publikumspersonengesellschaften anwenden will,[954] für deren Anleger genauso. Eine unterschiedliche Behandlung zu Aktionären rechtfertigt sich nämlich jedenfalls durch die unmittelbare persönliche Haftung der Gesellschafter,[955] im Falle der qualifizierten Treugeber durch deren mittelbare persönliche Haftung[956]. Insofern kann auch der vereinzelt vertretenen Ansicht nicht gefolgt werden, dass zumindest der Auskunftsanspruch der qualifizierten Treugeber abdingbar sein solle, weil die Reichweite der Gleichstellung im Innenverhältnis zur Disposition der Beteiligten stünde.[957] Auch hier findet die Gestaltungsfreiheit des verbandsrechtlichen Innenverhältnis ihre Grenze in den allgemeinen Schranken der Privatautonomie, die jedenfalls bei der Aufgabe der Selbstbestimmung endet.

Weiter erschließt sich nicht, weshalb es für die Frage der Abdingbarkeit des Anspruches auf das Bestehen eines Wahlrechts der Anleger in einer Publikumsgesellschaft zwischen unmittelbarer und mittelbarer Beteiligung ankommen solle, weil den „Anlegern [dann] schon im Zeitpunkt ihrer Beteiligung die Entscheidungsoption samt ihren jeweiligen Vor- und Nachteilen deutlich vor Augen [geführt]" werde.[958] Für die Frage der Zulässigkeit sogenannter

952 BGH, NJW 2011, 921 (924) [Rn. 20].

953 *Hermanns*, ZIP 2005, 2284 (2287); vgl. auch Nachweise in und Text zu Fn. 752.

954 Vgl. *Holler*, ZIP 2010, 2429, der mit dem Begriff des „gläsernen Aktionärs" ausdrücken will, dass im Aktienrecht aufgrund der Möglichkeit von Inhaberaktien und mangels Anspruches auf Mitteilung der Identität der Namensaktionäre, die Anonymität der Aktionäre der Regelfall ist.

955 Vgl. auch OLG München, ZIP 2011, 1204 (1207).

956 Insofern geht der Verweis bei *Holler*, ZIP 2010, 2429 (2432), auf die Nichtanwendung der §§ 128, 130 HGB a.F. (jetzt §§ 126 f. HGB und §§ 721 f. BGB) auf Treugeber fehl; auch *Asmus/K. Markwardt*, ZIP 2012, 1581 (1586), lassen in diesem Zusammenhang die mittelbare Haftung außen vor; *Priester*, ZIP 2011, 697 (701), stellt fest, dass bereits der Verlust des Investments für einen Anleger vergleichbar elementar sein könne; zur mittelbaren Treugeberhaftung siehe näher unten, § 7A, S. 186 ff.

957 So *Armbrüster*, FS Kanzleiter (2010), 31 (40); *Asmus/K. Markwardt*, ZIP 2012, 1581 (1588).

958 So aber *Schürnbrand*, ZGR 2014, 256 (265 f.).

Anonymitätsklauseln ist das zum einen ein Zirkelschlussargument, da zunächst beantwortet werden muss, ob der Auskunftsanspruch überhaupt zur Disposition der Beteiligten steht. Zum anderen leuchtet nicht ein, weshalb derjenige, der nach dieser Ansicht durch die Wahl der bloß mittelbaren Beteiligung auf seinen Auskunftsanspruch verzichtet, damit das Recht derer beeinträchtigen können solle, die sich für eine unmittelbare Beteiligung und die (teilweise) Preisgabe ihrer Identität durch die Eintragung im Handelsregister entschieden haben.

Was durch eine Wahlmöglichkeit hingegen bekräftigt wird, ist, dass sich im Falle eines Verbands, dessen Statut die Beteiligung qualifizierter Treugeber vorsieht, sich die zwischen allen Beteiligten bestehende gesellschaftsrechtliche Treuepflicht zu einer Verschwiegenheitspflicht gegenüber Dritten hinsichtlich der Identität qualifizierter Treugeber konkretisiert, da die jeweils anderen Beteiligten davon ausgehen müssen, dass eine bewusste Entscheidung für eine Anonymität gegenüber Dritten gewählt wurde.[959]

5. *Passivlegitimation*

Da sich der Anspruch aus dem Verbandsverhältnis selbst ergibt, kann die Auskunft von jeder Person verlangt werden, die in das gegenseitige Treuepflichtverhältnis einbezogen ist und die Information unschwer erteilen kann[960]. Dazu gehört neben den einzelnen Mitgliedern auch die Gesellschaft als solche, für die sich der Auskunftsanspruch insofern als eine Sozialverpflichtung darstellt. Praktisch wird somit regelmäßig die registerführende Treuhänderin[961], die Geschäftsführung oder die Gesellschaft selbst passivlegitimiert sein.[962] Sofern eine gesellschaftsfremde Person das Register verwaltet, wird man von dieser mangels Treuepflichtbindung keine Auskunft verlangen können.[963] Gleichwohl kann durch die Vereinbarung einer solchen Fremdverwaltung

959 Vgl. auch *Priester*, ZIP 2011, 697 (701). Zur Ausnahme bei einer Abtretung von Freihaltungsansprüchen des Treuhänders gegenüber einem Treugeber bei Inanspruchnahme durch einen Gesellschaftsgläubiger siehe unten, § 7A.III, S. 198.

960 BGH, NZG 2015, 269 (272).

961 Explizit entschieden durch BGH, NZG 2015, 269 (272).

962 Vgl. auch BGH, NJW 2013, 2190 (2195) [Rn. 46 ff.]. In dem oben beschriebenen Fall, in dem lediglich eine Innen-GbR zwischen den Treugebern besteht, ohne dass diese einzeln in die Hauptgesellschaft integriert sind, kann sich der Anspruch gerade nicht gegen die Hauptgesellschaft oder deren Geschäftsführung richten (vgl. Staub/*Casper*, HGB, § 161 Rn. 251).

963 A.A. *Armbrüster*, EWiR 2015, 137 (138).

der unabdingbare Auskunftsanspruch nicht durch die Hintertür abbedungen werden. Man wird annehmen müssen, dass in diesem Fall ohne Weiteres der Verband oder eine verbandsinterne Person auf Informationserteilung in Anspruch genommen werden kann, in deren Auftrag die registerführende Person handelt. Der in Anspruch genommene Vertragspartner der registerführenden Person kann nämlich von letzterem die gewünschten Informationen aus dem Auftrags- oder Geschäftsbesorgungsverhältnis verlangen und somit dem Anspruchsteller unschwer erteilen.

6. *Grenzen des Auskunftsrechts*

Inhaltlich ist der nicht anlassbezogene Auskunftsanspruch richtigerweise auf Nennung der Namen und Anschriften der Mitbeteiligten begrenzt. Sofern auch ein Anspruch auf Auskunft über die Beteiligungshöhe zuerkannt wird,[964] ist nicht ersichtlich, weshalb diese Information für die Durchführung des Gesellschaftsvertrages zwingend erforderlich sein soll.[965] Denn alleine durch die Kenntnis über die Identität der übrigen Beteiligten wird es einem Anleger ermöglicht, zur Ausübung von Minderheitenrechten mit anderen Beteiligten zu kommunizieren und auch etwaige Treuepflichtverstöße aufzudecken. Entgegen der Ansicht des Bundesgerichtshofes[966] muss ein Beteiligter nicht zwingend wissen, wie die Stimmen und damit die Machtverhältnisse in der Gesellschaft verteilt sind. Er muss nur in der Lage sein, die tatsächliche Stimmrechtsausübung durch die Beteiligten in einer konkreten Beschlussfassung nachvollziehen und kontrollieren zu können. Dabei wird er auch feststellen können, ob die Gesellschaft durch einen oder wenige Großanleger dominiert wird.[967] Zur Abschätzung seines Einflusses genügt es bereits zu wissen, wieviel Kapital er zusammen mit anderen Beteiligten, zu denen er in Kontakt treten konnte, im Verhältnis zum gesamten Kapital hält. Besteht für die Auskunft über den Umfang einer Beteiligung im Einzelfall ausnahmsweise ein berechtigtes Interesse, so ist dieses im Rahmen eines anlassbezogenen Auskunftsbegehrens konkret geltend zu machen.

---

964 OLG München, ZIP 2019, 368 (369); *Chatard/Horn*, ZIP 2019, 2242 (2244); Oetker/*Lieder*, HGB, § 105 Rn. 88; *Vosberg/Klawa*, EWiR 2019, 231 (232).

965 Ebenso LG München, BeckRS 2017, 154167 [Rn. 28].

966 BGH, ZIP 2013, 619 (622 f.) [Rn. 34].

967 Die Kenntnis über diesen Umstand führen *Chatard/Horn*, ZIP 2019, 2242 (2244), als Argument für einen Anspruch auf Auskunft über die Beteiligungshöhe an; vgl. auch BGH, ZIP 2013, 619 (622 f.) [Rn. 34].

Sollen die begehrten Daten zu einem Zweck genutzt werden, der nicht im Zusammenhang mit der Ausübung mitgliedschaftlicher Rechte oder der Erfüllung mitgliedschaftlicher Pflichten des Beteiligten steht, ist dem Auskunftsbegehrenden die Geltendmachung des Rechts im Ergebnis verwehrt.[968] Der Geltendmachung des Rechts auf Auskunft über Namen und Adressen der Mitbeteiligten solle dann das Verbot der unzulässigen Rechtsausübung (§ 242 BGB) oder das Schikaneverbot gemäß § 226 BGB entgegenstehen.[969] Wie oben dargestellt, fehlt es in diesen Fällen richtigerweise schon an den tatbestandlichen Voraussetzungen des Auskunftsrechts. Durch die dort angenommene umgekehrte Darlegungs- und Beweislastverteilung kommt man praktisch jedoch zu denselben Ergebnissen.

Unzulässig ist ein Auskunftsbegehren im Ergebnis zumindest dann, wenn die gewonnen Daten – wie praktisch vermutlich häufig – zum Zwecke der Mandatsakquise durch den Rechtsanwalt des Auskunftsbegehrenden genutzt werden sollen.[970] Dabei bedarf es jedoch eines kollusiven Zusammenwirkens des Beteiligten mit seinem Rechtsanwalt; denn wenn der Berater die im Rahmen des Mandats zulässig gewonnenen Daten eigenmächtig zur Mandatsakquise nutzt, heißt das nicht, dass der Beteiligte mit der Auskunft zweckfremde Interessen verfolgt.[971] Da jedoch der Beweis regelmäßig nicht wird gelingen können, sollte man hohe Anforderungen an ein erhebliches Bestreiten seitens des Auskunftsbegehrenden stellen, wenn wegen mehrerer Indizien eine konkrete Missbrauchsgefahr Nahe liegt.[972] Nur ein schwaches Indiz stellt richtigerweise der Umstand dar, dass die Anzahl der Beteiligten und somit der begehrten Daten extrem hoch ist, da dies für Publikumsgesellschaften keinesfalls unüblich ist.[973] Gewichtiger dürfte dagegen beispielsweise der Umstand sein, dass der Auskunftsbegehrende seine (möglicherweise noch verhältnismäßig geringe) Beteiligung erst kürzlich, gegebenenfalls noch in einer Krise des Fonds, erworben hatte. Wenn ein gleichartiges Vorgehen dann noch in ähnlichen Fonds

968 Siehe bereits oben, § 6E.II.3, S. 176 ff.

969 BGH, NJW 2011, 921 (924) [Rn. 22]; NJW 2013, 2190 (2194) [Rn. 43].

970 BGH, NJW 2013, 2190 (2195) [Rn. 44]; *Chatard/Horn*, ZIP 2019, 2242 (2244).

971 BGH, NJW 2013, 2190 (2194 f.) [Rn. 44 f.].

972 In diese Richtung grds. auch Staub/*Casper*, HGB, § 161 Rn. 251: erhöhte Darlegungslast des Auskunftsersuchenden.

973 Darauf maßgeblich abstellend aber OLG Bamberg, BeckRS 2014, 5425; diesem zustimmend Staub/*Casper*, HGB, § 161 Rn. 251.

beobachtet werden kann[974], drängt sich zumindest die Vermutung auf, dass sich die Aktivlegitimation „erkauft" wurde.

7. Datenschutzrechtliche Zulässigkeit

Die Zubilligung des Auskunftsanspruchs, wie er hier beschrieben wurde, begegnet zuletzt auch keinen datenschutzrechtlichen Bedenken.[975]

In der Auskunftserteilung ist eine grundsätzlich unter Erlaubnisvorbehalt gestellte Verarbeitung personenbezogener Daten zu sehen (vgl. Art. 6 Abs. 1 Unterabs. 1, Art. 4 Nr. 1 DSGVO): Es handelt sich schon bei dem Namen und der Adresse um Informationen, die sich mit dem jeweiligen Beteiligten auf eine identifizierte Person beziehen, und somit um personenbezogene Daten.[976] Zudem ist bereits mit der Übermittlung des Namens eines Beteiligten logischerweise die Information der Beteiligung selbst verknüpft.[977] Diese personenbezogenen Daten werden zunächst durch die Übermittlung durch den Auskunftsverpflichteten offengelegt und auf Seiten des Auskunftsbegehrenden aufgrund eines aktiven Tuns entgegengenommen,[978] mithin erhoben.[979] Die damit jeweils vorliegende Verarbeitung muss gemäß Art. 5 Abs. 1 lit. a) DSGVO unter anderem auf rechtmäßige Weise erfolgen und damit einen der Erlaubnistatbestände des Art. 6 Abs. 1 Unterabs. 1 DSGVO erfüllen.[980]

---

974 Diese vorstehend genannten Umstände lagen offenbar im Fall des OLG München, ZIP 2019, 368 (vgl. vor allem das vorinstanzliche Urteil des LG München, BeckRS 2017, 154167) vor, allerdings stand hier kein Missbrauch wegen der konkreten Gefahr der Mandatsakquise im Raum, da die Daten (zulässigerweise) zum Ankauf von Beteiligungen genutzt werden sollten.

975 BGH, NZG 2020, 381 (383) [Rn. 26 ff.]; OLG München, ZIP 2019, 368 (370); LG Hamburg, BeckRS 2021, 13293 [Rn. 15 f.]; *Chatard/Horn*, ZIP 2019, 2242 (2244 ff.); a.A. *Dogan*, S. 309 ff.; MüKo/*Schäfer*, BGB, § 717 Rn. 15.

976 *Chatard/Horn*, ZIP 2019, 2242 (2244).

977 *Hoeren*, ZIP 2010, 2436.

978 Zur Definition vgl. Kühling/Buchner/*Herbst*, DS-GVO, Art. 4 Rn. 21; Simitis/Hornung/Döhrmann/*Roßnagel*, DS-GVO, Art. 4 Rn. 15; anders die Definition bei BeckOK/*Schild*, DS-GVO, Stand: 01.05.2024, Art. 4 Rn. 35, nach der ein Erheben das Beschaffen beim Betroffenen voraussetze – dann würde vorliegend kein Erheben gegeben sein.

979 *Chatard/Horn*, ZIP 2019, 2242 (2245) m.w.N.

980 *Chatard/Horn*, ZIP 2019, 2242 (2245).

Die Verarbeitung ist nach zutreffender vorherrschender Ansicht gemäß Art. 6 Abs. 1 Unterabsatz. 1 Buchst. b) DSGVO gesetzlich erlaubt, denn es handelt sich um eine Verarbeitung, die – wie bereits für die Begründung des Anspruches herausgearbeitet – erforderlich ist für die Erfüllung eines Vertrages, dessen Vertragspartei die betroffene Person ist.[981] Bei dem Vertragsverhältnis kann es sich auch um einen Gesellschaftsvertrag handeln,[982] das Merkmal „Erfüllung eines Vertrages“ im Sinne des Art. 6 Abs. 1 Unterabs. 1 Buchst. b) DSGVO umfasst gleichermaßen Leistungs-, Neben- und Rücksichtnahmepflichten[983] und damit im Verbandsrecht auch die gesellschaftsrechtliche Treuepflicht. Die Gesellschafter sowie die qualifizierten Treugeber als die betroffenen Personen, deren Daten verarbeitet werden, sind allesamt durch das Verbandsverhältnis verbunden.[984] Ihnen allen obliegt die Förderung des Verbandszwecks und die damit einhergehende Treuepflicht. Genau zu diesem Zweck ist, wie oben gezeigt, die Datenverarbeitung erforderlich.

981 OLG München, ZIP 2019, 368 (370); *Chatard/Horn*, ZIP 2019, 2242 (2245); bereits für den ähnlich lautenden § 28 Abs. 1 Satz 1 Nr. 1 BDSG a.F. BGH, NJW 2011, 921 (923) [Rn. 17]; a.A. *Dogan*, S. 309 ff.; MüKo/*Schäfer*, BGB, § 716 Rn. 15; für § 28 Abs. 1 Satz 1 Nr. 1 BDSG n.F. *Hoeren*, ZIP 2010, 2436 (2437).

982 Kühling/Buchner/*Buchner/Petri*, DS-GVO, Art. 6 Rn. 30; *Chatard/Horn*, ZIP 2019, 2242 (2245); Simitis/Hornung/Spiecker/*Schantz*, DS-GVO, Art. 6 Rn. 16.

983 BeckOK/*Albers/Veit*, DS-GVO, Stand: 01.05.2024, Art. 6 Rn. 43.

984 Davon geht *Hoeren*, ZIP 2010, 2436 (2437), gerade nicht aus und verneint im Ergebnis die datenschutzrechtliche Zulässigkeit im Hinblick auf den ähnlich lautenden § 28 Abs. 1 Satz 1 Nr. 1 BDSG n.F. soweit es um die Daten der Treugeber geht.

§ 7 Haftung des qualifizierten Treugebers

Eines der am meisten diskutierten Themen im Zusammenhang mit der qualifizierten Anteilstreuhand ist die Haftung des Treugebers. Gerade hier gibt es eine Fülle an Rechtsprechung. Das verwundert nicht. Bei dieser Frage sind zum einen verstärkt die Interessen außenstehender Dritter, nämlich der Gesellschaftsgläubiger, betroffen. Zum anderen hört die „Freundschaft" bekanntlich bei Geld auf. So kommt es auch innerhalb der am Verband Beteiligten häufig zu Meinungsverschiedenheiten, wenn es um die finanzielle Verantwortlichkeit für die Geschäfte der Gesellschaft geht und erstmals die Realisierung von (tatsächlichen) Verlusten droht.

Im Folgenden soll grundsätzlich unterschieden werden zwischen der mittelbaren und der unmittelbaren Haftung des Treugebers. Unter mittelbarer Haftung ist hierbei jegliche Inanspruchnahme des Treugebers zu verstehen, die auf einem Regressanspruch des Treuhänders zurückzuführen ist. Die mittelbare Haftung kann auch zu einer unmittelbaren Haftung gegenüber der Gesellschaft, Mitbeteiligte oder Dritte führen, wenn diese nämlich aus dem vom Treuhänder abgetretenen oder nach Vollstreckung gegen den Treuhänder überwiesenem Recht vorgehen. Unter der Überschrift unmittelbare Haftung sind sodann etwaige originäre Ansprüche des Verbands, dessen Mitglieder oder Drittgläubiger gegen den qualifizierten Treugeber zu erörtern.

Die mittelbare Treugeberhaftung wurzelt allein in der Rechtsbeziehung zwischen Treuhänder und Treugeber, aus der sich entsprechende Regressansprüche ergeben. Vor dem Hintergrund, dass in dieser Arbeit vor allem Besonderheiten aufgrund der Einbeziehung des Treugebers in das Verbandsverhältnis untersucht werden sollen, vermag es daher auf den ersten Blick verwundern, dass die mittelbare Haftung in diesem Teil der Arbeit in einer gewissen Ausführlichkeit vorangestellt wird. Dies ist aber aus zwei Gründen notwendig: Weil eine unmittelbare Haftung qualifizierter Treugeber in der Regel rechtsgeschäftlich nicht vereinbart, ja gerade nicht gewollt ist, und das Gesetz eine unmittelbare Haftung mittelbar beteiligter Gesellschafter nicht ausdrücklich vorschreibt, setzt eine etwaig vorzunehmende Rechtsfortbildung zunächst eine (planwidrige) Lücke voraus.[985] Eine solche Lücke wird von der Rechtsprechung und Teilen der Literatur unter anderem durch Verweis auf die mittelbare Treugeberhaftung

---

985 Allgemein *Larenz*, Methodenlehre, S. 370 ff.; *Rüthers/Fischer/Birk*, Rechtstheorie, Rn. 822 ff.

verneint.[986] Für die Beantwortung der Frage nach einer zwingenden unmittelbaren Haftung kann es daher auf das Bestehen, den Umfang und die praktische und rechtliche Durchsetzbarkeit der aus der mittelbaren Haftung resultierenden Ansprüche ankommen.[987] Weiter hat nach Ansicht der höchstrichterlichen Rechtsprechung die „Qualifikation" des Treugebers, also seine Einbeziehung in das Verbandsverhältnis, Auswirkungen auf die mittelbare Haftung.[988] Es wird insofern gar von einer „wirtschaftlichen Außenhaftung" gesprochen.[989]

A. Mittelbare Haftung

I. Bestehen eines Freistellungsanspruches im Treuhandverhältnis

Ein Freistellungsanspruch des Treuhänders kann zunächst ausdrücklich vertraglich vereinbart sein.[990] Andernfalls folgt er auch aus §§ 675 Abs. 1, 670 i.V.m. § 257 BGB.[991] In jeden Fall sind aber die nachfolgend aufgezeigten Besonderheiten, die sich aus dem Gegenstand der Geschäftsbesorgung im Falle der Anteilstreuhand ergeben, zu berücksichtigen.

Uneinigkeit besteht über die Frage, ob der Freistellungsanspruch auch ausgeschlossen oder zumindest weitestgehend beschränkt werden kann. Die Rechtsprechung hält einen Ausschluss des Aufwendungs- und damit auch des Freistellungsanspruches offenbar grundsätzlich für möglich.[992] In der Literatur wird die Wirksamkeit eines solchen Ausschlusses hingegen überwiegend bezweifelt.[993]

---

986 Vgl. nur BGH, NZG 2009, 57 (59) [Rn. 24]; MüKo/*Heinze*, GmbHG, § 2 Rn. 176; *Wiesner*, FS Ulmer (2003), 673 (681).

987 Vgl. auch *Geibel*, LMK 2009, 274746.

988 Dazu siehe unten, § 7A.V.3, S. 203.

989 Z.B. bei *Schäfer*, ZHR 177 (2013), 619 (627); *Schürnbrand*, ZGR 2014, 256 (269).

990 BGH, NJW 2011, 2351 (2352) [Rn. 11]; *Schürnbrand*, ZGR 2014, 256 (269); *Tebben*, Gesellschaftsrecht in der Diskussion 2010, 161 (170); beispielsweise enthielt der Treuhandvertrag, der dem Sachverhalt in OLG Karlsruhe, WM 2009, 2121 zugrunde lag, eine solche explizite Freistellungsklausel.

991 BGH, NZG 2009, 57 (58 f.) [Rn. 24]; NJW 2010, 2197 [Rn. 11]; *Armbrüster*, NJW 2009, 2167 (2169); *Klöhn*, Gesellschaftsrecht in der Diskussion 2012, 143 (147); *Schaub*, DStR 1996, 65 (67 f.); MüKo/*K. Schmidt*, HGB, vor § 230 Rn. 75.

992 Vgl. BGH, NJW 1980, 1163 (1164); NJW 2011, 2351 (2353) [Rn. 15].

993 *Beuthien*, ZGR 1974, 26 (49); *Kümmerlein*, S. 156 ff.; *Peters*, S. 79; *Pfeifle/Heigl*, WM 2008, 1485 (1486); *Schaub*, DStR 1996, 65 (67); *Tebben*, Gesellschaftsrecht in der Diskussion 2010, 161 (170); für die Möglichkeit einer Abbedingung Staub/*Casper*, HGB, § 161 Rn. 254.

Der gesetzliche Aufwendungsersatzanspruch aus § 670 BGB wird im Allgemeinen als dispositiv angesehen.[994] Eine grundsätzliche Wirksamkeit des Ausschlusses oder zumindest einer Beschränkung des Freistellungsanspruches unterstellt, ist jedoch zu beachten, dass die Übernahme der wirtschaftlichen Risiken aus der Gesellschafterstellung gerade die Treuhand als solche charakterisiert und sie von anderen mittelbaren Beteiligungen abgrenzt.[995] Bei einem Ausschluss oder einer wesentlichen Beschränkung der Aufwendungsersatzansprüche, z.B. auf die Erstattung der zu erbringenden Einlage[996], wäre daher möglicherweise schon gar nicht mehr von einem Treuhandverhältnis auszugehen. Die gesamte Konstruktion könnte in diesem Fall als eine andere Form der (atypischen) mittelbaren Gesellschaftsbeteiligung auszulegen sein. Zu denken ist an einen Anteilsnießbrauch oder eine stille Unterbeteiligung[997]. Dann wäre gegebenenfalls die Möglichkeit einer Zuordnung gesellschaftsrechtlicher Befugnisse an den mittelbar Beteiligten anders zu beurteilen, weil für deren Zulässigkeit maßgeblich die grundsätzliche Übernahme des wirtschaftlichen Risikos des Treugebers streitet.[998] Indes scheint die Frage nach der Möglichkeit eines Ausschlusses der Freistellungsansprüche überwiegend theoretischer Natur zu sein, hatte doch die Rechtsprechung – soweit ersichtlich – die Frage noch nicht zu entscheiden und findet sich auch in den darüber hinaus gesichteten Praxisbeispielen keine derartige Gestaltung.[999] Dass ein Ausschluss grundsätzlich nicht dem Interesse eines Treuhänders entspricht, liegt auf der Hand. Zudem würde eine solche Gestaltung zu einer geringeren Kreditwürdigkeit der Hauptgesellschaft führen mit der Folge höherer Finanzierungskosten.[1000] Die Zuweisung eines umfassenden Unternehmerrisikos an den Treugeber ist zudem Voraussetzung für die häufig gewollte Anerkennung der Mitunternehmerschaft,[1001]

994 Allg.M.; siehe nur BAG, NJW 2004, 2036 (2038); BeckOGK/*Riesenhuber*, BGB, Stand: 01.04.2024, § 670 Rn. 4 f.; MüKo/*F. Schäfer*, BGB, § 670 Rn. 3.

995 *Tebben*, Gesellschaftsrecht in der Diskussion 2010, 161 (170): der Freistellungsanspruch des Treuhänders ist „typusprägend“; *Wertenbruch*, NZG 2013, 285 (286).

996 So z.B. *Schiemann*, FS Zöllner (1998), 503 (512).

997 So *Tebben*, S. 290.

998 Siehe oben, S. 59, 87 f.

999 Siehe auch *Peters*, S. 79: „Anspruchsausschluß wird aber die Ausnahme sein“.

1000 Vgl. *Zinger*, BB 2014, 458 (460), der darauf hinweist, dass der Freistellungsanspruch die Finanzierungsgrundlage der Gesellschaft ist.

1001 Siehe bereits unten, S. 43 f.

sodass eine weitgehende Beschränkung schon in dieser Hinsicht ein Risiko darstellen würde.[1002]

Findet sich im Ausnahmefall dennoch eine Gestaltung, die derart auszulegen ist, dass ein Gesellschafter seine Beteiligung nach außen für einen anderen hält, im Innenverhältnis aber weitestgehend rechtlos gestellt ist, so könnte ein Ausschluss oder eine wesentliche Beschränkung von Aufwendungsersatz- und Freistellungsansprüchen auch als sittenwidrig und damit als nichtig anzusehen sein (§ 138 Abs. 1 BGB).[1003] Die Beurteilung erfordert eine Gesamtwürdigung aller mit der qualifizierten Treuhand im Zusammenhang stehenden Vereinbarungen.[1004] Für die Annahme einer Sittenwidrigkeit genügt wohl nicht alleine der Umstand, dass dem Treugeber die Chancen der Unternehmung eingeräumt werden, das Risiko aber alleine oder weitestgehend den Treuhänder träfe. Dies zumindest dann nicht, wenn dem Treuhänder eine Vergütung gezahlt wird.[1005] Der Treuhänder ist häufig auch nicht in einer schwächeren Verhandlungsposition, sodass das für die Knebelungsfälle im Rahmen des § 138 Abs. 1 BGB typische Ausnutzen einer Übermacht bestünde.[1006] Im Gegenteil, bei den weit verbreiteten Publikumsfonds wird die Vertragsgestaltung von den im Lager des Treuhänders stehenden Initiatoren vorgegeben.[1007] Zu berücksichtigen sein dürfte hingegen, dass das Risiko für den Treuhänder zum Zeitpunkt des Vertragsschlusses, gerade wenn er eine nicht haftungsbeschränkte Beteiligung mittelt, nur schwerlich abgesehen werden kann.[1008] Gepaart mit

---

1002 Zu den Anforderungen an ein ausreichendes Mitunternehmerrisiko, insb. zu der str. Frage, ob eine auf die Einlage beschränkte Verlustbeteiligung genügt, siehe Brandis/Heuermann/*Bode*, § 15 EStG, Rn. 349 f.

1003 So auch, ohne nähere Begründung, OLG Celle, JW 1938, 1591 (1592), für den Fall der Treuhand an einem einzelkaufmännischen Geschäftsbetrieb; für dahingehende Literaturansichten siehe die Nachweise im Folgenden.

1004 Vgl. BGH, NJW-RR 2013, 1258 (1260) [Rn. 29]: die Anwendung des § 138 Abs. 1 BGB erfordert eine Gesamtwürdigung aller relevanten Umstände bei Vertragsschluss.

1005 Diesen Umstand berücksichtigen auch *Beuthien*, ZGR 1974, 26 (49), sowie *Schaub*, DStR 1996, 65 (67). In den auf die treuhänderische Beteiligung angelegten Publikumspersonengesellschaften wird der Treuhänder, respektive die Treuhandgesellschaft, häufig durch die Gesellschaft selbst vergütet, vgl. beispielhaft Beck'sche Online-Formulare Vertrag/*Giehl*, Stand: 01.01.2023, Formular 7.6.1.5.1 Gesellschaftsvertrag eines Fonds (GmbH & Co KG) [§ 14].

1006 Vgl. allgemein MüKo/*Armbrüster*, BGB, § 138 Rn. 115.

1007 *Schürnbrand*, ZGR 2014, 256 (257); *Zinger*, BB 2014, 458.

1008 Vgl. auch *Schaub*, DStR 1996, 65 (67).

der starken Abhängigkeit vom Treugeber in der qualifizierten Treuhand kann die Eingehung eines solchen Risikos unter Umständen der Aufgabe des Selbstbestimmungsrechts gleichen, wenn und weil der Treuhänder sich faktisch seiner wirtschaftlichen Entscheidungsfreiheit entledigt.[1009] Dies kann auch nur bedingt dadurch ausgeglichen werden, dass der Treuhänder die Treuhandschaft gegebenenfalls kündigen kann. Denn aus gesellschaftsrechtlicher Sicht ist es nicht möglich, sich seiner haftungsrechtlichen Verantwortung durch Verlassen des Verbandes zu entledigen (vgl. nur § 126 i.V.m. 137 HGB bzw. § 721 i.V.m. 728b BGB). Hat sich das einmal übernommene Risiko realisiert, könnte der Treuhänder darauf im Nachhinein nicht mehr reagieren. Einer das zulässige Maß übersteigenden Selbstentmündigung könnte man höchstens dadurch begegnen, dass man zu einem unentziehbaren Kernbereich der Treuhändermitgliedschaft[1010] auch Zustimmungsrechte bei Entscheidungen, die für den Treuhänder ein außergewöhnliches Haftungsrisiko bedeuteten, zählt.

Eine Sittenwidrigkeit käme aber auch gegenüber der Allgemeinheit, speziell den Gesellschaftsgläubigern in Betracht. Dies darf aber nicht vorschnell angenommen werden. Da die Gläubiger, wie sogleich noch aufgezeigt wird, grundsätzlich nicht auf eine Haftung der Treugeber vertrauen dürfen, müssen neben einem Ausschluss oder einer Beschränkung der Freistellungsansprüche noch weitere Umstände hinzukommen, die die Annahme einer Sittenwidrigkeit gegenüber der Allgemeinheit rechtfertigen.[1011] Die Haftungsabschirmung des Treugebers durch einen Treuhänder ist auch nicht *per se* verwerflich, denn sie kann insbesondere Fondsinitiatoren als Verkaufsargument dienen.[1012] Eine bewusst in Kauf genommene[1013] (sittenwidrige) Gläubigerbenachteiligung erfordert jedenfalls, dass der Treuhänder ohne Regressansprüche gegen den Treugeber nahezu vermögenslos wäre.[1014] Zusammenfassend ist an dieser Stelle

---

1009 Vgl. *Kümmerlein*, S. 157, und *Schaub*, DStR 1996, 65 (68): „Selbstentmündigung"; *Tebben*, Gesellschaftsrecht in der Diskussion 2010, 161 (170); vgl. auch BGH, NJW 1965, 2174, für die Annahme einer Sittenwidrigkeit im umgekehrten Fall, in dem ein Treugeber umfassend auf seine Weisungsrechte gegenüber dem Treuhänder verzichtet.

1010 Siehe hierzu bereits oben, § 6B.III.1, S. 147 ff.

1011 Vgl. auch *Kapitza*, S. 82: „unter Umständen" eine Gläubigerbenachteiligung.

1012 Staub/*Casper*, HGB, § 161 Rn. 254.

1013 Voraussetzung für diese Fallgruppe ist neben der Kenntnis der sittenwidrigen Umstände zumindest auch die „Billigung" des sittenwidrigen Zwecks, vgl. BeckOK/*Wendtland*, BGB, Stand: 01.05.2024, § 138 Rn. 25 m.w.N.

1014 *Eden*, S. 99 f.; *Kümmerlein*, S. 156; *Peters*, S. 79; tatsächlich sei eine solche Vermögenslosigkeit nach Aussage *Alfred Bergmanns*, wiedergegeben bei *Schwarz*, Tagungsbericht VGR 2012 (2013), 165, „im Grunde" der Fall.

festzuhalten, dass eine Beschränkung des Freistellungsanspruches zwar nicht grundsätzlich ausgeschlossen ist, die Wirksamkeit eines solchen Ausschlusses aber immer eine Einzelfallprüfung erfordert.

Das Bestehen eines Freistellungsanspruches setzt zuletzt freilich im Grundsatz voraus, dass das Treuhandverhältnis wirksam begründet wurde. Die Fehlerhaftigkeit des Treuhandverhältnisses hat jedoch in der Regel nicht dessen anfängliche Nichtigkeit zur Folge und somit keinen Einfluss auf das Bestehen eines Freistellungsanspruches.[1015] Die Anwendung der Lehre von der fehlerhaften Gesellschaft bei der qualifizierten Treuhand auch auf das Treuhandverhältnis wurde oben bereits begründet.[1016]

II. Erfasste Verbindlichkeiten

1. Allgemein

Nach der allgemeinen Definition von Aufwendungen[1017] hat der Treugeber dem Treuhänder Ersatz zu leisten, wenn letzterer wegen der nach dem Treuhandverhältnis zu besorgenden Geschäfte ein freiwilliges Vermögensopfer erbringt. Da die Geschäftsbesorgung das Halten und Verwalten des Gesellschaftsanteils umfasst, sind die daraus resultierenden Vermögenseinbußen vor allem in den Verpflichtungen des Treuhänders aufgrund seiner formellen Gesellschafterstellung zu sehen.[1018] Soweit der Treuhänder seine Inanspruchnahme als Gesellschafter nicht verhindern kann, könnte man meinen, diese Einbußen seien gar nicht freiwillig. In Fällen, bei denen die Vermögenseinbuße auf einer unvermeidbaren rechtlichen Verpflichtung beruht, muss jedoch bereits auf die Übernahme der Geschäftsbesorgung abgestellt werden: Soweit diese ungezwungen erfolgte, werden auch alle daraus vorhersehbaren Vermögensopfer „freiwillig" erbracht.[1019]

1015 Explizit a.A. wegen Nichtanwendbarkeit der Grundsätze der fehlerhaften Gesellschaft *Armbrüster*, NJW 2009, 2167 (2169); siehe dort auch zu der Frage, ob ein Freistellungsanspruch dann aus Geschäftsführung ohne Auftrag oder Bereicherungsrecht folgen würde.

1016 Siehe oben, § 4C.II, S. 115 ff.

1017 Dazu siehe MüKo/*F. Schäfer*, BGB, § 670 Rn. 12 ff.

1018 Vgl. *M. Markwardt*, S. 74.

1019 Vgl. allgemein BeckOGK/*Riesenhuber*, BGB, Stand: 01.04.2024, § 670 Rn. 15; speziell für die Aufwendungen des Anteilstreuhänders *M. Markwardt*, S. 74; bei der ähnlichen Problematik im Rahmen eines Regresses nach § 716 Abs. 1 BGB für die Befriedigung von Gesellschaftsgläubigern stellt die h.M. für das Kriterium der „Freiwilligkeit" auf das Bestehen einer Pflicht gegenüber der Gesellschaft ab, vgl. nur Oetker/*Lieder*, 7. Aufl. 2021, HGB, § 110 Rn. 7.

Aufwendungen, die der Treugeber dem Treuhänder daher zu ersetzen hat, sind beispielsweise Vermögenseinbußen aufgrund der Erbringung der Einlage sowie einer weitergehenden Ausfallhaftung nach § 24 GmbHG,[1020] der Haftung für einen Liquidationsfehlbetrag,[1021] für vereinbarte Nachschusspflichten, für Gesellschaftsverbindlichkeiten,[1022] für die Verlustdeckung in der Vorgesellschaft,[1023] oder auch aufgrund der Inanspruchnahme durch Mitgesellschafter im Rahmen eines Gesamtschuldnerregresses. Kein Aufwendungsersatz wird allerdings geschuldet, wenn der Treuhänder die Aufwendungen nicht „den Umständen nach für erforderlich halten" durfte, § 670 BGB. Das setzt voraus, dass die Haftung an ein nicht weisungsgebundenes[1024] Verhalten des Gesellschafters anknüpft, das sich gegenüber dem Treugeber als treuwidrig darstellt. Zu denken ist zum Beispiel an eine Rückzahlungsverpflichtung aus § 31 Abs. 1 GmbHG, wenn der Treuhänder die verbotene Kapitalrückzahlung eigenverantwortlich veranlasst hat,[1025] oder an eine Haftung aufgrund der Gründerverantwortlichkeit nach § 9a GmbHG.[1026]

2. Verlustausgleichsansprüche und Haftung für Altverbindlichkeiten

a) Nach- und Verlustausgleichshaftung nach allgemeinen Regeln

Nach allgemeinen Regeln kann es dazu kommen, dass der Treugeber in der Personengesellschaft mittelbar auch noch nach der Beendigung seiner Beteiligung haftet.

So kann er dem Treuhänder zunächst zur Freistellung verpflichtet sein im Hinblick auf eine diesen treffende Verlustausgleichspflicht gemäß § 728a BGB beziehungsweise § 136 HGB (gegebenenfalls i.V.m. § 161 Abs. 2 HGB):

Hält der Treuhänder lediglich für den Treugeber eine Beteiligung, ist also darüber hinaus weder für sich selbst noch für einen anderen Treugeber an der

1020 BGH, NJW 1960, 285 (286); NJW 1992, 2023 (2024); *Armbrüster*, GmbHR, 2001, 1021 (1027); *Tebben*, S. 397.

1021 BGH, NZG 2011, 1432.

1022 BGH, NJW 2010, 2197 [Rn. 11]; NJW 2013, 452 (453) [Rn. 20 f.]; OLG Stuttgart, WM 2009, 2121 (2123); *Krenzel*, S. 120; *Maulbetsch*, S. 168; *Tebben*, S. 290.

1023 BGH, NJW 2001, 2092.

1024 Vgl. MüKo/*F. Schäfer*, BGB, § 670 Rn. 30.

1025 Auch *Armbrüster*, S. 380, der aber für den Fall, dass die Zahlungen an den Treugeber weitergeleitet werden wegen des Verbots widersprüchlichen Verhaltens (§ 242 BGB) einen Freistellungsanspruch bejaht. Es erscheint vorzugswürdig dem Treuhänder dann nur einen Bereicherungsanspruch zuzugestehen.

1026 So für § 9a GmbHG explizit auch *Tebben*, S. 392.

Gesellschaft beteiligt, so kann die Beteiligung des Treugebers dadurch abgewickelt werden, dass der Treuhänder aus der Gesellschaft ausscheidet. Das Ausscheiden hat bei ermitteltem negativen Abfindungsanspruch den oben erwähnten Anspruch der Gesellschaft auf Verlustausgleich zur Folge – im Falle eines (Treuhand-)Kommanditisten freilich beschränkt auf seine nicht erbrachte Pflichteinlage.[1027] Von der entsprechenden Verpflichtung kann der Treuhänder Freistellung durch den Treugeber verlangen.[1028]

Ist der Treugeber über einen Treuhänder beteiligt, der noch anderen Personen die Beteiligung mittelt, führt eine im Rahmen der Abwicklung der mittelbaren Beteiligung erfolgende Teilkündigung der Mitgliedschaft des Treuhänders lediglich zu einer Verminderung dessen Kapitalanteils; ein Ausscheiden im wörtlichen Sinne liegt nicht vor.[1029] Ist jedoch die Beteiligung gegebenenfalls auch mehrerer Treugeber an der Gesellschaft über einen Treuhänder gerade vorgesehen, ist der Gesellschaftsvertrag derart auszulegen, dass die nach allgemeinem Personengesellschaftsrecht als einheitlich zu betrachtende Beteiligung im Innenverhältnis fiktiv wie uneinheitliche Anteile, die den jeweiligen Treugebern zuzuordnen sind, behandelt werden sollen.[1030] Daher müssen die lediglich das Innenverhältnis betreffenden[1031] §§ 728a BGB bzw. 136 HGB genauso wie eine entsprechende Regelung des Gesellschaftsvertrags, die an das Ausscheiden eines Gesellschafters anknüpft, im Falle der qualifizierten Treuhand in der Weise angewendet werden, dass bei einem „Teilausscheiden" des Treuhänders eine fiktive Auseinandersetzungsbilanz gebildet wird und der Treuhänder ein etwaig fiktives negatives Abfindungsguthaben an die Gesellschaft zu zahlen hat.[1032] Von dieser Haftung hat der Treugeber den Treuhänder dann wiederum freizustellen.[1033]

Ein Ausscheiden des Treuhänders als Konsequenz der Beendigung der mittelbaren Beteiligung des Treugebers kann darüber hinaus auch eine Nachhaftung

---

1027 Zum Verlustausgleichsanspruch siehe bspw. Henssler/Strohn/*Kilian*, GesR, § 728a BGB Rn. 1 ff.; speziell zur KG EBJ/*Notz*, HGB, Anhang 2 zu § 179 Rn. 193; MünchHdb. Bd. 2/*Schulte*, § 37 Rn. 48.

1028 OLG Naumburg, BeckRS 2013, 22621; Oetker/*Lieder*, HGB, § 105 Rn. 84; *Stari/Beuster*, DStR 2014, 271 (273).

1029 Vgl. auch *Stari/Beuster*, DStR 2014, 271 (273).

1030 Hierzu siehe bereits oben, S. 71 ff.

1031 Vgl. KG, NZG 2009, 1222; *Paul*, GWR 2015, 463 (466); §§ 728a BGB und 136 HGB stehen zur Disposition der Gesellschafter, vgl. nur BeckOK/*Schöne*, BGB, Stand: 01.05.2024, § 728a Rn. 8; EBJ/*Saam*, HGB, § 136 Rn. 3.

1032 So zutreffend OLG Naumburg, BeckRS 2013, 22621; wohl zustimmend *Stari/Beuster*, DStR 2014, 271 (273); vgl. auch MünchHdb. Bd. 2/*Jaletzke*, § 63 Rn. 30 f.

1033 OLG Naumburg, BeckRS 2013, 22621; *Stari/Beuster*, DStR 2014, 271 (273).

für Altverbindlichkeiten der Gesellschaft gemäß § 728b BGB bzw. § 137 HGB (gegebenenfalls i.V.m. § 161 Abs. 2 HGB) zur Folge haben:

Die Kündigung oder sonstige Beendigung des Treuhandvertrages ändert nichts daran, dass der Treuhänder von dieser Nachhaftung vom Treugeber grundsätzlich freizustellen ist.[1034] Bei dem soeben beschriebenen „Teilausscheiden" des Treuhänders muss folgendes gelten: In der GbR und der OHG hat eine Teilkündigung im Außenverhältnis keine Konsequenzen, da die Haftung aus § 721 BGB bzw.§ 126 HGB ohnehin unbeschränkt ist.[1035] Wird der Treuhänder nach der Beendigung der mittelbaren Beteiligung persönlich durch Gesellschaftsgläubiger in Anspruch genommen, muss für das Innenverhältnis schlicht eine „als-ob-Betrachtung" vorgenommen werden. Es ist zu prüfen, ob und in welchem Umfang die jeweiligen noch beteiligten und bereits „ausgeschiedenen" Treugeber haften würden, hätten sie sich direkt an der Gesellschaft beteiligt. Dem Treuhänder steht dann ein Freistellungsanspruch gegen den Treugeber in dem Umfang zu, wie letzterer gehaftet hätte, wäre er als unmittelbar beteiligter Gesellschafter aus der Gesellschaft vollständig ausgeschieden. Dies bedeutet beispielsweise, dass der Treugeber für nach seinem Ausscheiden begründete Verbindlichkeiten keiner mittelbaren Haftung unterläge (Umkehrschluss aus § 728b BGB bzw. § 137 HGB).

In der Kommanditgesellschaft bedeutet die Teilkündigung zunächst eine Herabsetzung der Pflichteinlage des Treuhandkommanditisten, die als solche ebenfalls keinerlei Auswirkungen auf das Außenverhältnis hat.[1036] Gleichwohl ist im Zweifel anzunehmen, dass mit der Änderung der Pflichteinlage auch die Haftsumme im entsprechenden Verhältnis herabgesetzt werden soll.[1037] Erfolgt die Herabsetzung der Pflichteinlage zum Zwecke der Abwicklung der mittelbaren Beteiligung des Treugebers, muss erst Recht angenommen werden, dass auch die auf ihn entfallende Haftsumme im entsprechenden Verhältnis herabgesetzt werden soll.[1038] Eine Herabsetzung der Haftsumme ist Gesellschaftsgläubigern gegenüber gemäß § 174 HGB unbeachtlich, sofern deren Forderungen zur Zeit der Eintragung der Herabsetzung im Handelsregister bereits begründet waren.

1034 Vgl. BGH, NJW 1980, 1163 (1164); *Paul*, GWR 2015, 463 (466); *Veith*, BKR 2015, 233 (234).

1035 Insofern vergleichbar mit einer Herabsetzung der Pflichteinlage eines Kommanditisten, die ebenfalls keinerlei Auswirkungen auf das Außenverhältnis hat, siehe unten, Fn. 1036.

1036 Oetker/*Oetker*, HGB, § 174 Rn. 2; EBJ/*von Selle*, HGB, § 174 Rn. 1.

1037 EBJ/*von Selle*, HGB, § 174 Rn. 1.

1038 Vgl. MünchHdb. Bd. 2/*Jaletzke*, § 63 Rn. 31.

Richtigerweise kann auch hier, wie bei der GbR und der OHG, das Bestehen und der Umfang der Freistellungsverpflichtung dadurch ermittelt werden, dass die Zwischenschaltung des Treuhänders zum Zwecke der Berechnung negiert wird. Bei der KG besteht freilich die Besonderheit, dass ein Treugeber bei unmittelbarer Beteiligung nur dann im Außenverhältnis haften würde, wenn seine Haftsumme entweder nicht vollständig erbracht oder zurückgezahlt worden ist, §§ 171 Abs. 1, 172 Abs. 4 HGB. Das Verhältnis, in dem die Treugeber dem Treuhänder zum Aufwendungsersatz beziehungsweise zur Freistellung verpflichtet sind, bestimmt sich sodann nach dem Verhältnis des Umfangs der jeweils nicht erbrachten oder zurückgezahlten fiktiven Haftsummen. Kommt es nun zu einer Inanspruchnahme des Treuhänders, nachdem die Herabsetzung der auf den ausgeschiedenen Treugeber entfallenden Haftsumme im Handelsregister eingetragen worden ist, kann bei der im Innenverhältnis anzustellenden Berechnung so getan werden, als sei der Treugeber als fiktiver Kommanditist aus der Gesellschaft ausgeschieden. Der Zeitpunkt seines Ausscheidens entspricht dann dem Zeitpunkt der Eintragung der Herabsetzung der Haftsumme. Insgesamt kommt man auf diese Weise zu logischen Ergebnissen:

i. Für nach diesem Zeitpunkt begründete Verbindlichkeiten würde er als (fiktiver) Kommanditist nicht haften. Diesem Umstand entspricht es, dass der tatsächliche Kommanditist, der Treuhänder, für nach diesem Zeitpunkt begründete Verbindlichkeiten gemäß § 174 HGB nur im Umfang der herabgesetzten Haftsumme haftet.
ii. Für vor diesem Zeitpunkt begründete Verbindlichkeiten würde er als (fiktiver) Kommanditist im Umfang einer etwaig nicht erbrachten oder zurückgezahlten Haftsumme gegenüber Gesellschaftsgläubigern haften, allerdings nur nach Maßgabe des § 137 Abs. 1 HGB, das heißt im Rahmen der fünfjährigen Nachhaftung. Diesem Umstand entspricht es, dass nach höchstrichterlicher Rechtsprechung im Falle der Herabsetzung der Haftsumme die fünfjährige Nachhaftungsfrist auf die Außenhaftung des Kommanditisten für Altverbindlichkeiten im Umfang des die neue Haftsumme übersteigenden Betrags analoge Anwendung findet.[1039] Der 2. Zivilsenat des Bundesgerichtshofs betont im entsprechenden Urteil gar, dass die Herabsetzung der Hafteinlage aus Sicht der Gläubiger wie ein teilweises Ausscheiden des Kommanditisten wirke; wer teilweise ausscheide, solle im Umfang seines Ausscheidens nicht strenger als ein Gesellschafter haften, der vollständig ausscheidet.[1040]

1039 BGH, NZG 2021, 1014 (1015) [Rn. 14].
1040 BGH, NZG 2021, 1014 (1015) [Rn. 14].

b) Nach- und Verlustausgleichshaftung in der Investment-KG

Die Rechtstellung eines qualifizierten Treugebers, der an einer Investment-KG beteiligt ist, stellt sich im Hinblick auf die Nach- und Verlustausgleichshaftung etwas anders dar.

§ 152 Abs. 3 Satz 2 KAGB bestimmt, dass Kommanditisten nicht verpflichtet sind, entstandene Verluste auszugleichen. Weiter heißt es in Abs. 6, dass die Erfüllung des Abfindungsanspruches bei Ausscheiden eines Kommanditisten während der Laufzeit der Investmentkommanditgesellschaft nicht als Rückzahlung der Einlage gilt (Satz 1) und dieser ab dem Zeitpunkt des Ausscheidens nicht für Verbindlichkeiten der Gesellschaft haftet (Satz 2). Für einen an einer Investment-KG beteiligten Kommanditisten ist damit bei seinem Ausscheiden sowohl eine Verlustausgleichshaftung[1041] als auch eine Nachhaftung für Altverbindlichkeiten gesetzlich ausgeschlossen.[1042] Da die vorgenannten Normen ausweislich ihres Wortlauts nur die Kommanditisten enthaften,[1043] wird zumindest diskutiert, dass etwas anderes für die als Treugeber beteiligten Anleger gelten könnte.[1044] Dies dürfte jedoch nicht der Intention des Gesetzgebers entsprechen. § 152 Abs. 1 Satz 3 KAGB ordnet zwar lediglich die Gleichstellung von Treugebern mit Direktkommanditisten im Innenverhältnis an.[1045] Der Gesetzgeber ging aber dennoch davon aus, dass er damit sichergestellt habe, „dass der mittelbar über einen Treuhandkommanditisten beteiligte Anleger so gestellt wird, als ob er direkt an der geschlossenen Publikumsgesellschaft als Kommanditist beteiligt ist".[1046] Nach der Regierungsbegründung solle das heißen, „dass die in diesem Gesetz für Anleger geltenden Schutzvorschriften [...] auch für den mittelbar beteiligten Anleger [...] gelten."[1047] Die Intention des Gesetzgebers war es also, auch für einen Anleger, der sich nur als Treugeber an der Investmentkommanditgesellschaft beteiligt, das gleiche Anlegerschutzniveau sicherzustellen wie bei einer unmittelbaren Beteiligung. Mit dieser Intention wäre es unvereinbar, würde ein qualifizierter Treugeber im Falle der Beendigung seiner

---

1041 WBA/*Paul*, KAGB, § 152 Rn. 22; ders. GWR 2015, 463 (466).

1042 MüKo/*Brungs*, HGB, Anh. § 161 Rn. 113, 118; FK-KapAnlR/*Hoffert*, KAGB, § 152 Rn. 77; WBA/*Paul*, KAGB, § 152 Rn. 31 ff.

1043 *Veith*, BKR 2015, 233 (236).

1044 Siehe die Nachweise im Folgenden.

1045 *Veith*, BKR 2015, 233 (236), der daher offenbar an der Intention des Gesetzgebers, dem Treugeber auch im Außenverhältnis keiner weitergehenden Haftung aussetzen zu wollen, zweifelt.

1046 BegrRegE, BT-Drucks. 17/12294, S. 250.

1047 BegrRegE, BT-Drucks. 17/12294, S. 250.

Anlage aufgrund seiner bloß mittelbaren Haftung letztlich doch einer Verlustausgleichs- oder Nachhaftung unterliegen.

Dieses zwingende Ergebnis lässt sich im Hinblick auf eine Verlustausgleichshaftung leicht begründen. Es ergibt sich unmittelbar aus § 152 Abs. 3 Satz 2 KAGB, ohne dass auf eine Analogie zurückgegriffen werden muss:[1048] Die Vorschrift besagt: „Die Kommanditisten sind nicht verpflichtet, entstandene Verluste auszugleichen." Auch der Treuhandkommanditist ist Kommanditist, die Vorschrift gilt also auch für ihn. Verringert er aufgrund des Ausscheidens eines Treugebers seine Pflichteinlage entsprechend und ergibt eine für die Bestimmung des Abfindungsanspruchs zu erstellende Auseinandersetzungsbilanz einen Fehlbetrag, ist der Treuhänder daher nicht verpflichtet, diesen auszugleichen. Dann aber besteht auch keine Verbindlichkeit, von der der Treugeber den Treuhänder freizustellen hätte.

Im Hinblick auf eine Nachhaftung für Altverbindlichkeiten der Investmentkommanditgesellschaft lässt sich eine Enthaftung des Treugebers ebenfalls begründen, man wird hier ob des klaren Wortlauts des § 152 Abs. 6 Satz 2 KAGB diese Vorschrift jedoch analog anwenden müssen.[1049] Die Vorschrift besagt, dass die Kommanditisten „ab dem Zeitpunkt des Ausscheidens" nicht für Verbindlichkeiten der Investmentkommanditgesellschaft haften. Der Treuhandkommanditist scheidet aber gerade nicht aus, sondern wird lediglich, wie oben dargestellt, nach einer Teilkündigung seine Haftsumme entsprechend herabsetzen.[1050] Er würde also bei wortlautgetreuer Anwendung des § 152 Abs. 6 Satz 2 KAGB im Falle einer bloßen Herabsetzung seiner Einlage weiter mit der vorherigen Haftsumme für Altverbindlichkeiten haften. Dies könnte sodann einen Freistellungsanspruch gegen den Treugeber nach sich ziehen, wodurch dieser letztlich einer Nachhaftung unterläge.[1051] Es wird insofern vorgeschlagen, die Vorschrift analog auf den Treugeber anzuwenden, wodurch als Rechtsfolge ein Aufwendungsersatz- und schließlich Freistellungsanspruch im Treuhandverhältnis ausgeschlossen sei.[1052] Vorzugsweise sollte man aber

---

1048 Vgl. zur nachfolgenden Begründung *Veith*, BKR 2015, 233 (236), der auf diese Weise jedoch im Zusammenhang mit dem Entstehen eines Freistellungsanspruches für Nachhaftungsansprüche argumentiert.

1049 A.A. *Veith*, BKR 2015, 233 (236), der offenbar ein „Teilausscheiden" ohne weiteres von der Vorschrift als umfasst ansieht und eine Analogie nicht für notwendig hält.

1050 *Paul*, GWR 2015, 463 (466).

1051 *Paul*, GWR 2015, 463 (466).

1052 *Paul*, GWR 2015, 463 (467); WBA/*Paul*, KAGB, § 152 Rn. 35; zustimmend MüKo/*Brungs*, HGB, Anh. § 161 Rn. 138.

noch weiter gehen und für eine Analogie nicht am Tatbestandsmerkmal „Kommanditist", sondern am Tatbestandsmerkmal „Ausscheiden" ansetzen und die Vorschrift auch bei einem „Teilausscheiden" im Sinne einer Teilkündigung, die infolge der Beendigung einer mittelbaren Beteiligung erklärt wird, anwenden. Als Rechtsfolge wäre sodann § 174 HGB in der Investmentkommanditgesellschaft unanwendbar. Auch den Altgläubigern würde der Treuhänder fortan nur noch beschränkt auf die (nicht geleistete beziehungsweise zurückgezahlte) neue Haftsumme haften. Ein Aufwendungsersatz- und folglich Freistellungsanspruch gegen den Treugeber scheitert dann mangels Vorliegens der Voraussetzungen des § 670 BGB: Eine Befriedigung von Gesellschaftsgläubigern kann fortan kein Vermögensopfer mehr sein, das der Treuhänder „zum Zwecke der Ausführung des Auftrags", also gerade im Hinblick auf das Treuhandverhältnis zum ausgeschiedenen Treugeber erbringt. Denn die Herabsetzung der Haftsumme bezüglich des ehemals für den Treugeber gehaltenen Anteils hat auch gegenüber Altgläubigern zu einer entsprechenden Enthaftung des Treuhänders geführt.[1053] Diese Begründung mag auf den ersten Blick unnötig kompliziert erscheinen. Tatsächlich wird hierdurch jedoch exakt der vom Gesetzgeber intendierte Zustand geschaffen, nämlich derjenige, der bestünde, hätte sich der Treugeber unmittelbar als Kommanditist beteiligt. In diesem Fall wäre seine Nachhaftung durch § 152 Abs. 6 Satz 2 KAGB ausgeschlossen gewesen, seine nicht aufgebrachte oder zurückgezahlte Haftsumme wäre dem Zugriff der Gläubiger vollständig entzogen worden. Will man im Rahmen einer Analogie lediglich dem Treuhandkommanditisten einen Freistellungsanspruch versagen, so stehen die Altgläubiger – zumindest theoretisch – zu Lasten des Treuhandkommanditisten besser da als gäbe es lediglich unmittelbar beteiligte Anleger.[1054] Es ist jedoch nicht ersichtlich, weshalb das Bestehen und der Umfang des Anspruchs eines Altgläubigers gegen den Treuhandkommanditisten von dem aus Sicht des Gläubigers vollkommen zufälligen Umstand abhängen soll, ob sich ein Anleger direkt oder nur mittelbar beteiligt.

1053 I.E. so auch *Veith*, BKR 2015, 233 (236), der ohne Analogie dazu kommt, dass § 152 Abs. 6 KAGB ein Teilausscheiden umfasse und dann schlicht feststellt, dass ein Freistellungsanspruch mangels Haftung des Treuhandkommanditisten nicht entstehen könne.

1054 Vgl. auch FK-KapAnlR/*Hoffert*, KAGB, § 152 Rn. 77, und WBA/*Paul*, KAGB, § 152 Rn. 32: die Enthaftung in § 152 Abs. 6 KAGB erfolgt gleichermaßen zu Lasten der Gesellschaftsgläubiger wie der sonstigen Gesellschafter, deren quotale Haftung sich erhöht.

Im Ergebnis lässt sich festhalten, dass der qualifizierte Treugeber in der Investmentkommanditgesellschaft keiner mittelbaren Haftung für einen Auseinandersetzungsfehlbetrag oder einer Nachhaftung für Altverbindlichkeiten der Gesellschaft unterliegt.

III. Abtretbarkeit und Pfändbarkeit des Freistellungsanspruches

Nicht selten besteht das Vermögen eines zwischengeschalteten Treuhänders nahezu lediglich aus den oben dargestellten Freistellungsansprüchen gegen den oder die Treugeber.[1055] Sowohl Gesellschaft als auch Gläubiger werden daher häufig versucht sein, auf die Haftungsmasse des Treugebers durchzugreifen.[1056] In der Praxis tritt der Treuhänder, bevor es zu einer eigenen Inanspruchnahme kommt, seinen Freistellunganspruch daher häufig an den Gläubiger ab.[1057] Ist der Treuhänder hierzu nicht bereit, müssen die Gläubiger gegen ihn einen Titel erstreiten und im Rahmen der Zwangsvollstreckung die Freistellungsansprüche pfänden und sich überweisen lassen.[1058] Die dafür notwendige Abtretbarkeit des Anspruches (§ 851 Abs. 1 ZPO) scheitert nicht schon daran, dass sich ein Freistellungsanspruch in einen Zahlungsanspruch umwandeln würde und somit eine Inhaltsänderung erfährt (§ 399 Var. 1 BGB). Mangels Schutzbedürftigkeit des Schuldners kann ein Freistellungsanspruch an den Gläubiger der freizustellenden Schuld abgetreten werden.[1059] Ein rechtsgeschäftliches Abtretungsverbot ist grundsätzlich denkbar, wenngleich ein explizit vereinbartes Verbot im Hinblick darauf, dass dies die Fremdfinanzierung der Gesellschaft erschweren könnte, regelmäßig nicht vorliegen wird.[1060] Ein Abtretungsverbot könnte jedoch konkludent vereinbart sein, wenn und weil der Treuhänder zur Verschwiegenheit über die Identität des Treugebers verpflichtet ist.[1061] Dem ist jedoch entgegenzuhalten, dass sich der Treugeber nach

1055 Vgl. die Aussage *Alfred Bergmanns*, wiedergegeben bei *Schwarz*, Tagungsbericht VGR 2012 (2013), 165; *Tebben*, Gesellschaftsrecht in der Diskussion 2010, 161 (170).

1056 *Schiemann*, FS Zöllner (1998), 503 (507).

1057 *Tebben*, Gesellschaftsrecht in der Diskussion 2010, 161 (170); *Armbrüster*, S. 326; für Beispiele siehe BGH, NJW 2011, 2351; 2013, 452; 2013, 862.

1058 *Pfeifle/Heigl*, WM 2008, 1485 (1486).

1059 Allg.M., vgl. nur BGH, NJW 1954, 795; MüKo/*Krüger*, BGB, § 257 Rn. 9.

1060 *Zinger*, BB 2014, 458 (460).

1061 *Tebben*, Gesellschaftsrecht in der Diskussion 2010, 161 (171); dazu auch OLG Köln, WM 2009, 942 (944); ablehnend LG Hamburg, BeckRS 2018, 4254 [Rn. 43 i.V.m. Rn. 26].

Treu und Glauben nicht auf die Verschwiegenheitspflicht berufen dürfte, wenn er nicht bereit ist, den Treuhänder pflichtgemäß freizustellen.[1062] Aus Sicht der Gesellschaft und ihrer Gläubiger ist letztlich entscheidend, dass ein vertragliches Abtretungsverbot wegen § 851 Abs. 2 ZPO nicht zu einer Unpfändbarkeit der Forderung führen würde und diese zumindest zur Einziehung überwiesen werden könnte.[1063]

IV. Verjährung

Eine mittelbare Inanspruchnahme des Treugebers würde regelmäßig ausscheiden, wenn der zu pfändende Befreiungsanspruch frühzeitig verjährte. Befreiungsansprüche unterliegen der regelmäßigen Verjährungsfrist von drei Jahren, für deren Beginn es maßgeblich auf die Anspruchsentstehung ankommt, § 199 Abs. 1 BGB.[1064] Die Anspruchsentstehung kann bei Befreiungsansprüchen grundsätzlich nicht unabhängig von der Fälligkeit der Schuld ermittelt werden, von der freizustellen ist. Andernfalls könnte der Befreiungsanspruch des Treuhänders verjähren, bevor die Schuld, von der der Treugeber den Treuhänder freizustellen hat, fällig geworden ist.[1065] Zu denken ist an den praktisch häufigen Fall, in denen die Gesellschaft die Rückzahlung eines Darlehens schuldet.[1066] Die anspruchsbegründenden Umstände im Sinne des § 199 Abs. 1 BGB für den Befreiungsanspruch wären dem Treugeber wohl bereits bei Valutierung des Darlehens bekannt, wohingegen Ansprüche aus diesem erst Jahre später fällig werden können.[1067] Dieses, dem Sinn eines Befreiungsanspruch insbesondere in Treuhandfällen zuwider laufende Ergebnis hat der Bundesgerichtshof richtigerweise dadurch korrigiert, dass die Verjährungsfrist für Befreiungsansprüche erst mit Ablauf des Jahres beginnen soll, in dem die Gesellschaftsschuld fällig wird.[1068]

1062 Vgl. *Tebben*, Gesellschaftsrecht in der Diskussion 2010, 161 (172).

1063 Zu § 851 ZPO siehe nur Saenger/*Kemper*, ZPO, § 851 Rn. 8 ff.

1064 Siehe nur MüKo/*Krüger*, BGB, § 257 Rn. 8.

1065 *Veith*, BKR 2015, 233.

1066 So bei BGH, NJW 2010, 2197.

1067 Zur Verjährung des Darlehensrückzahlungsanspruches siehe nur MüKo/*Berger*, BGB, § 488 Rn. 86.

1068 BGH, NJW 2010, 2197 (2198 f.) [Rn. 20 ff.]; zustimmend *Tebben*, Gesellschaftsrecht in der Diskussion 2010, 161 (172 f.); einschränkend aber BGH, WM 2017, 2234 (2236 f.) [Rn. 19 ff.]: der Befreiungsanspruch wandelt sich in einen Zahlungsanspruch um, wenn die Inanspruchnahme mit Sicherheit zu erwarten ist;

V. „Schwächen“ der mittelbaren Haftung

Im Vergleich zu einer unmittelbaren Haftung weist die mittelbare Haftung aus Sicht der Gläubiger einige Schwächen auf. Diese Schwächen erschöpfen sich, wie sogleich zu zeigen sein wird, nicht in erhöhten praktischen Durchsetzungsschwierigkeiten, die die Befriedigung der Gläubiger verzögern und das Insolvenzrisiko sowie die Rechtsverfolgungskosten erhöhen.[1069]

1. Subsidiarität

Aus Sicht eines Gesellschaftsgläubigers ist die mittelbare Haftung faktisch eine subsidiäre: Wird der Treuhänder als persönlich haftender Gesellschafter von einem Gesellschaftsgläubiger in Anspruch genommen, so stehen ihm zwei (weitere) Regressmöglichkeiten zu. Er kann primär Aufwendungsersatz und zuvor Befreiung von der Gesellschaft aus § 716 BGB (gegebenenfalls i.V.m. § 105 Abs. 3 HGB und jeweils i.V.m. § 257 BGB) verlangen, subsidiär[1070] kann er die Mitgesellschafter nach § 426 Abs. 1 Satz 1 (i.V.m. § 257) BGB quotal in Anspruch nehmen.[1071]

Es wird nun teilweise – zumindest für die einfache Treuhand – angenommen, der Treuhänder müsse sich vorrangig darum bemühen, diese Regressansprüche durchzusetzen, bevor er beim Treugeber Regress nehmen dürfe.[1072] Der Freistellungsanspruch stehe unter einer entsprechenden aufschiebenden

dann aber sei diese Umwandlung für den Beginn der Verjährungsfrist maßgebend; a.A. *Rutschmann*, NZG 2010, 776 (777 f.).

1069 Als Schwäche der mittelbaren Treugeberhaftung die Vielzahl anzustrengender Erkenntnis- und Vollstreckungsverfahren hervorhebend BGH, NJW 1992, 2023 (2024); *Geibel/Schiemann*, LMK 2009, 274746; *Pfeifle/Heigl*, WM 2008, 1485 (1486); kritisch bezüglich dieses Arguments *Tebben*, Gesellschaftsrecht in der Diskussion 2010, 161 (170 f.)

1070 Die Subsidiarität des Gesamtschuldnerausgleichs zwischen den Gesellschaftern zur Inanspruchnahme der Gesellschaft nach § 716 BGB ergibt sich aus dem Gedanken des § 710 BGB sowie der Treuepflicht des Treuhänders, BGH, NJW-RR 2008, 256 (257) [Rn. 17]; BeckOK/*Klimke*, HGB, Stand: 01.04.2024, § 126 Rn. 56 m.w.N.; MüKo/*Schäfer*, BGB, § 721 Rn. 33.

1071 Siehe nur MüKo/*Schäfer*, BGB, § 721 Rn. 31 ff., [für die GbR]; BeckOK/*Klimke*, HGB, Stand: 01.04.2024, § 126 Rn. 50 ff. [für die OHG]; für den nicht enthafteten Kommanditisten gilt gem. § 161 Abs. 2 HGB das gleiche wie für einen OHG-Gesellschafter, Henssler/Strohn/*Gummert*, GesR, § 172 HGB Rn. 1.

1072 *Beuthien*, ZGR 1974, 26 (48); *Eden*, S. 80 f.; *Krenzel*, S. 56 f.; *M. Markwardt*, S. 74; *Pfeifle/Heigl*, WM 2008, 1485 (1486); *Schaub*, DStR 1996, 65 (67); *Tebben*, S. 290;

Bedingung.[1073] Der Annahme einer solchen Subsidiarität des Freistellungsanspruches ist zuzustimmen. Soweit nicht explizit etwas anderes geregelt ist, kommt man dazu durch Auslegung des Treuhandvertrages.[1074] Der Treuhänder soll für den Treugeber den Gesellschaftsanteil halten und verwalten. Daraus folgt richtigerweise, dass es gar zu seiner Leistungspflicht gehört, sich als Haftungssubjekt für Verbindlichkeiten aus der Beteiligung zur Verfügung zu stellen und für den Treugeber etwaige Regressmöglichkeiten auszuschöpfen. Nur wenn letzteres nicht möglich ist, besteht eine Ausgleichspflicht des Treugebers, durch die dieser wirtschaftlich so gestellt wird, als sei er selbst Inhaber der Beteiligung. Er kann daher nur Aufwendungsersatz oder – wenn er selbst noch nicht geleistet hat – Freistellung verlangen, wenn und soweit ein Regress gegen die Gesellschaft oder Mitgesellschafter erfolglos war.

Diese Subsidiarität ist auch im Rahmen der mittelbaren Haftung beachtlich, denn sie kann dem Gläubiger gemäß § 404 BGB entgegengehalten werden.[1075] Das verkompliziert die Inanspruchnahme des Treugebers verglichen mit der eines unmittelbar haftenden Gesellschafters, der nach § 721 BGB bzw. § 126 HGB gesamtschuldnerisch haftet und deshalb von vornherein auf die gesamte Gesellschaftsschuld in Anspruch genommen werden könnte.[1076]

2. *Keine Ausfallhaftung für Mittreugeber*

Die mittelbare Haftung steht einer unmittelbaren Haftung auch insofern nach, als dass das Ausfall- und somit Insolvenzrisiko häufig anders verteilt ist als bei einer unmittelbaren Haftung. Gesellschafter haften in der Regel für den Ausfall ihrer Mitgesellschafter. So ordnet das Gesetz eine entsprechende Ausfallhaftung an einigen Stellen explizit an, etwa in § 737 Satz 2 BGB bzw. § 149 Satz 2 HGB für einen Liquidationsfehlbetrag, oder nach den §§ 24, 31 Abs. 3 GmbHG für die Kapitalaufbringung und -erhaltung in der GmbH. Dass die Personengesellschafter im Rahmen der persönlichen Außenhaftung ihr gegenseitiges

a.A. *Kapitza*, S. 80 [für den Regress gegenüber einem Treugeberkommanditisten in einem geschlossenen Publikumsfonds].

1073 *Beuthien*, ZGR 1974, 26 (48); *Pfeifle/Heigl*, WM 2008, 1485 (1486); *Schaub*, DStR 1996, 65 (67).

1074 Ebenso *Eden*, S. 80 f.; *M. Markwardt*, S. 74.

1075 *Eden*, S. 95; *Pfeifle/Heigl*, WM 2008, 1485 (1487); *Schaub*, DStR 1996, 65 (67); zu (weiteren) Durchsetzungshindernissen bei der Geltendmachung des Freistellungsanspruches durch Gesellschaftsgläubiger siehe näher sogleich, § 7A.V.3, S. 203 ff.

1076 Vgl. auch *Pfeifle/Heigl*, WM 2008, 1485 (1487).

Ausfallrisiko zu tragen haben, ergibt sich daraus, dass die Haftung gemäß § 721 Satz 1 BGB bzw. § 126 Satz 1 HGB als gesamtschuldnerische Haftung ausgestaltet ist,[1077] wobei das Ausfallrisiko im Rahmen des Gesamtschuldnerregresses nach § 426 Abs. 1 Satz 2 BGB wiederum auf alle Gesellschafter gleichmäßig verteilt wird[1078].

Im Rahmen der mittelbaren Haftung haftet ein Treugeber hingegen nur anteilig entsprechend der Höhe seiner vom Treuhänder treuhänderisch für ihn gehaltenen Beteiligung an der Gesellschaft. Er kann nicht für einen Ausfall anderer Treugeber, die über denselben Treuhänder mittelbar beteiligt sind, verantwortlich gemacht werden.[1079] Der Aufwendungsersatzanspruch des Treuhänders umfasst nämlich keine Verluste, die darauf zurückzuführen sind, dass der Treuhänder auch anderen Treugebern eine Beteiligung mittelt. „Beauftragt" der Treugeber den Treuhänder für ihn eine Beteiligung in bestimmter Höhe zu halten, dann sind „zum Zwecke der Ausführung des Auftrags" nur solche Aufwendungen erforderlich, die für das Halten und Verwalten der Beteiligung gerade in dieser Höhe notwendig sind.[1080]

Etwas anderes könnte nur dann angenommen werden, wenn die Treugeber untereinander eine Innengesellschaft im Hinblick auf den vom Treuhänder nach außen gehaltenen Anteil bildeten – wobei dann mangels Einbeziehung der Treugeber in die Außengesellschaft keine qualifizierte Treuhand vorläge.[1081] Es käme dann gemäß § 709 Abs. 3 BGB, der nach § 740 Abs. 2 BGB auch auf die nicht rechtsfähige Gesellschaft Anwendung findet, auf die (konkludent) vereinbarte Verlustbeteiligung der Treugeber innerhalb dieser Innengesellschaft an.[1082] Es wird dann regelmäßig anzunehmen sein, dass die Treugeber den Anteil am Verlust auf den Betrag ihrer Einlage beschränken, sodass es sich um eine von *K. Schmidt* so bezeichnete Innen-KG handelt, in der dann der

---

1077 Vgl. allgemein zur Verringerung des Insolvenzrisikos als Vorteil der Gesamtschuld gegenüber einer Teilschuld BeckOGK/*Kreße*, BGB, Stand: 01.06.2024, § 421 Rn. 2 f.

1078 BeckOGK/*Kreße*, BGB, Stand: 01.06.2024, § 426 Rn. 13.

1079 Ebenso BGH NJW 2001, 2092; Staub/*Casper*, HGB, § 161 Rn. 254 [mit der vermutlich irrtümlichen Annahme, ein Treugeberkommanditist würde auch bei unmittelbarer Beteiligung nicht für den Ausfall seiner Mitgesellschafter haften (siehe nur MünchHdb. Bd. 2/*Herchen*, § 31 Rn. 16, 19)]; *Tebben*, S. 291.

1080 *Tebben*, S. 291.

1081 Zu dieser Konstruktion siehe bereits oben, § 3C.I, S. 81 ff.

1082 In der Innengesellschaft gilt auch § 722 BGB, siehe nur BeckOK/*Schöne*, BGB, Stand: 01.02.2023, § 722 Rn. 1 m.w.N.

Treuhänder als fiktiver Komplementär ohne Kapitalanteil fungiert.[1083] Konsequenterweise wird man dann die für die Kommanditgesellschaft geltenden Regelungen zum Innenregress bei Inanspruchnahme des Komplementärs anwenden müssen, das heißt, dass die einzelnen Treugeber als virtuelle Kommanditisten (nur) bis zur Höhe ihrer fiktiven Haftsumme, soweit diese nicht geleistet ist oder zurückgewährt wurde, hafteten – in dieser Höhe jedoch auch für den Ausfall eines Mittreugebers als virtuellem Mitgesellschafter.[1084]

Zwar ist denkbar, dass die Beteiligten etwas anders vereinbaren, namentlich dass ein Treugeber auch für den Ausfall eines anderen Treugebers gegenüber dem Treuhänder einzustehen habe. Bei der Durchsicht einer Vielzahl von Treuhand- und Gesellschaftsverträgen findet sich eine solche Vereinbarung explizit jedoch nicht. Dagegen stößt man regelmäßig auf gegenteilige (und aus hiesiger Sicht klarstellende) Regelungen, die eine entsprechende Verantwortlichkeit ausschließen.[1085] Hierin zeigt sich, dass der durch die Zwischenschaltung eines Treuhänders mögliche Vorteil, nämlich das Insolvenzrisiko der anderen Beteiligten auf diesen zu verschieben, wohl bewusst genutzt werden soll.[1086] Richtigerweise wird man daher auch eine umfassende Gleichstellungsabrede für die Rechtstellung im Innenverhältnis nicht ohne Weiteres derart auslegen können, dass im Rahmen der mittelbaren Haftung den Treugeber eine Ausfallhaftung, wie sie § 426 Abs. 1 Satz 2 BGB im Rahmen eines Gesamtschuldnerausgleichs vorsieht, treffen soll.

3. *Durchsetzungshindernisse bei Störungen im Treuhandverhältnis*

Der Treugeber kann dem jeweiligen Gläubiger, an den der Freistellungsanspruch abgetreten oder zur Einziehung überwiesen wurde, Einwendungen entgegenhalten, die er auch dem Treuhänder hätte entgegenhalten können (§ 404 beziehungsweise §§ 1275, 404, 412 BGB analog[1087]). Insbesondere soll nach

---

1083 Vgl. MüKo/*K. Schmidt*, HGB, vor § 230 Rn. 75; zur Innen-KG siehe bereits oben, § 3C.I, S. 81 ff.

1084 Zum Regress des Komplementärs bei Mitgesellschaftern allgemein MünchHdb. Bd. 2/*Herchen*, § 31 Rn. 12 ff.

1085 Siehe beispielhaft den in den Tatbestandsausführungen auszugsweise wiedergegebenen Treuhandvertrag bei OLG Karlsruhe, WM 2009, 2121 oder den Gesellschaftsvertrag bei BGH, NJW 2013, 452.

1086 Vgl. insofern auch Staub/*Casper*, HGB, § 161 Rn. 254, der die Beschränkung des Freistellungsanspruchs als Möglichkeit der Initiatoren von Publikumsfonds benennt, die Anlage attraktiver zu machen.

1087 Siehe nur Kindl/Meller-Hannich/*Bendtsen*, ZPO, § 835 Rn. 14.

§ 406 beziehungsweise §§ 1275, 406, 412 BGB analog i.V.m. § 392 BGB grundsätzlich auch eine Aufrechnung gegen den Befreiungsanspruch, der sich nun in einen Zahlungsanspruch umgewandelt hat, mit Ansprüchen möglich sein, die dem Treugeber gegenüber dem Treuhänder vor der Abtretung beziehungsweise Beschlagnahme jedenfalls bereits zustanden.[1088] An der Möglichkeit einer Aufrechnung kann in solchen Konstellationen gezweifelt werden. § 406 BGB setzt nach seinem Sinn und Zweck voraus, dass bereits vor Abtretung beziehungsweise Überweisung eine Aufrechnungslage bestand[1089], denn nur dann würde die Rechtsposition des Schuldners durch die Abtretung oder Überweisung tatsächlich verschlechtert. Die notwendige Gleichartigkeit der Forderungen entsteht jedoch erst durch die Abtretung oder Überweisung und die damit verbundene Umwandlung des Befreiungs- in einen Zahlungsanspruch.[1090] Kann der Treugeber also gegenüber dem Treuhänder mit dem Befreiungsanspruch gar nicht aufrechnen, ist nicht ersichtlich, wieso er das gegenüber dem Zessionar beziehungsweise Vollstreckungsgläubiger können soll.[1091] Dem Treugeber verbliebe nichtsdestotrotz die Geltendmachung eines Zurückbehaltungsrechts. Die mittelbare Haftung hätte also gegenüber einer unmittelbaren Haftung für den Gläubiger dennoch den Nachteil, dass Störungen im Treuhandverhältnis ihre Durchsetzung beeinträchtigen oder gar verhindern können.

a) Kein genereller Einwendungsverzicht des qualifizierten Treugebers

Der Bundesgerichtshof und ihm folgend ein Teil der Literatur versagen dem qualifizierten Treugeber sowohl eine Aufrechnung mit Ansprüchen aus dem Treuhandverhältnis als auch die Geltendmachung von Zurückbehaltungsrechten.[1092] In den von der Rechtsprechung entschiedenen Fällen versuchten

---

1088 Für die Aufrechnung nach Abtretung vgl. nur BGH, NJW 2011, 2351 (2354) [Rn. 25 ff.]; NJW 2013, 452; NJW 2013, 862; *Schäfer*, ZHR 177 (2013), 619 (627); *Schiemann*, FS Zöllner (1998), 503 (512); *Wertenbruch*, NZG 2013, 285 (286 f.); *Zinger*, BB 2014, 458 (460).

1089 Grüneberg/*Grüneberg*, § 406 Rn. 1, 5; Schulze/*Fries*, BGB, § 406 Rn. 1.

1090 *Wertenbruch*, NZG 2013, 285 (287).

1091 So auch Winter/*Bode*, Beratungspraxis GmbH & Co. KG, Rn. T83; allgemein ebenso BeckOGK/*Mäsch*, BGB, Stand: 01.04.2024, § 329 Rn. 13; a.A. BGH, NJW 1954, 795 (795 f.).

1092 BGH, NJW 2011, 2351 (2354) [Rn. 25 ff.]; 2013, 452 (454 f.) [Rn. 32 ff.]; 2013, 862 (865) [Rn. 37]; *Gottschalk*, GWR 2011, 325 (326 f.); *Schürnbrand*, ZGR 2014, 256 (272); *Stöber*, NZG 2011, 738 (741); *Wertenbruch*, NZG 2013, 285 (286 ff.); a.A. OLG Karlsruhe, WM 2009, 2121 (2125 f.); *Bitter/Thelen*, WuB 2012, 745 (747 f.);

die Treugeber den aus abgetretenen Freistellungsansprüchen gegen sie vorgehenden Gesellschaftsgläubiger oder Insolvenzverwalter (vgl. § 171 Abs. 2 HGB) jeweils angebliche Schadenersatzansprüche gegen den Treuhänder aus Haftung für Prospekt- oder Aufklärungsfehler entgegenzuhalten.

Grundsätzlich könne sich ein Aufrechnungs- und Einwendungsausschluss entweder aus (ergänzender) Vertragsauslegung ergeben oder aus dem Grundsatz von Treu und Glauben.[1093] In den vorliegenden Fällen wird der Einwendungsausschluss letztlich aus der von den Beteiligten vereinbarten Gleichstellung des Treugebers im Innenverhältnis mit einem unmittelbaren Gesellschafter hergeleitet:[1094] Aus dieser ergebe sich, dass der Treugeber nicht schlechter, aber auch nicht besser gestellt werden soll als ein unmittelbar beteiligter Gesellschafter. Ihm solle insbesondere das Anlagerisiko zugewiesen werden. Daraus folge, dass der Treugeber sich der mittelbaren Inanspruchnahme nicht durch Aufrechnung mit Ansprüchen gegen den Treuhänder entziehen dürfe. Der Treugeber könne nur solche Einwendungen geltend machen, die auch einem Gesellschafter gegenüber einem Gläubiger zustünden; weil dazu nach § 128 Abs. 1 HGB gerade keine persönlichen Einwendungen gegen die Gesellschaft gehörten, könne auch der Treugeber dem Treuhänder und schließlich einem Gesellschaftsgläubiger keine Einwendungen aus dem Treuhandverhältnis entgegenhalten.[1095]

Dass dem Treugeber gar keine Einwendungen aus dem Treuhandverhältnis gegen die Regressansprüche des Treuhänders zustehen sollen, kann weder im Hinblick auf die Begründung noch im Ergebnis überzeugen.

Ein Einwendungsausschluss kann jedenfalls nicht aus einer stillschweigenden Vereinbarung hergeleitet werden, insbesondere nicht aus der Gleichstellungsabrede der Beteiligten. Mit einer etwaigen Gleichstellungsabrede wollen diese sicherstellen, dass der Treugeber im Innenverhältnis die gleichen Rechte und Pflichten hat, als hätte er sich unmittelbar beteiligt. Wieso aber sollte daraus etwas für den im schuldrechtlichen Treuhandverhältnis wurzelnden Freistellungsanspruch folgen? Aus der Gleichstellungsabrede können sich richtigerweise Direktansprüche gegen den Treugeber ergeben, weil und soweit er auch als Gesellschafter einer entsprechenden – und zwar dem Innenverhältnis

---

Klöhn, Gesellschaftsrecht in der Diskussion 2012, 143; *Schiemann*, FS Zöllner (1998), 503 (512).

1093 BGH, NJW 2011, 2351 (2354) [Rn. 27] mit Verweis auf BGH, NJW 1985, 2820.

1094 Vgl. BGH, NJW 2011, 2351 (2354) [Rn. 27]; NJW 2013, 452 (454 f.) [Rn. 32 ff.]; *Wertenbruch*, NZG 2013, 285 (287).

1095 Vgl. BGH, NJW 2013, 862 (865) [Rn. 36]; *Wertenbruch*, NZG 2013, 285 (287).

zuzuordnenden – Haftung ausgesetzt wäre.[1096] Die Pflicht zur Freistellung des Treuhänders entspringt jedoch dem Treuhandverhältnis und hat mit der Einbeziehung des Treugebers in das Innenverhältnis der Gesellschaft zunächst gar nichts zu tun. So entnimmt auch der Bundesgerichtshof die grundsätzliche Pflicht zur Freistellung schließlich nicht der Gleichstellungsabrede, sondern einer expliziten Vereinbarung im Treuhandvertrag, hilfsweise den gesetzlichen Vorschriften des Auftragsrechts.[1097] Den an der Treuhandbeziehung Beteiligten lässt sich hingegen kein mutmaßlicher Wille dahingehend entnehmen, dass sich der Treugeber nicht auf Einwendungen aus dem Treuhandverhältnis berufen dürfe.[1098] Für den Treugeber liegt das auf der Hand; dem Treuhänder kann es letztlich egal sein, denn dass der Treugeber ihm keine Ansprüche entgegenhalten darf, bedeutet nicht, dass der Treuhänder von einer möglichen Haftung im Treuhandverhältnis befreit wäre.[1099] Im Übrigen darf nicht unbeachtet bleiben, dass der unterstellte Ausschluss der Aufrechnungsmöglichkeit gar einer AGB-Kontrolle, die jedenfalls im reinen Treuhandverhältnis Anwendung findet[1100], wegen § 309 Nr. 3 BGB nicht standhalten würde.[1101]

Darüber hinaus kann die Annahme, bei der qualifizierten Treuhand solle durch die Zwischenschaltung des Treuhänders der Treugeber nicht besser gestellt werden als wäre er unmittelbarer Gesellschafter geworden,[1102] nicht überzeugen. Der Treugeber soll im Innenverhältnis die gleichen Rechte und Pflichten haben, wie ein unmittelbarer Gesellschafter. Damit ist nichts darüber gesagt, wie die Treugeber für Gesellschaftsverbindlichkeiten haften sollen.[1103] Die Annahme des Bundesgerichtshofes, die Treugeber sollten letztlich wie unmittelbar beteiligte Gesellschafter für Gesellschaftsverbindlichkeiten haften,

1096 Dazu siehe unten, § 7C.I, S. 229 ff.

1097 Siehe bereits Nachweise in den Fn. 990 sowie 991.

1098 I.E. ebenso *Dogan*, S. 268; *Foerster*, S. 157; *Menkel*, NZG 2016, 1253 (1255).

1099 *Bitter/Thelen*, WuB 2012, 745 (748); *Stumpf*, BB 2012, 1429 (1433); vgl. auch OLG Karlsruhe, WM 2009, 2121 (2125): keine schutzwürdigen Interessen der Treuhänderin; a.A. *Schäfer*, ZHR 177 (2013), 619 (629 f.).

1100 Zur Klauselkontrolle siehe bereits oben, § 4D, S. 117 ff.

1101 *Dogan*, S. 275 ff.; *Klöhn*, Gesellschaftsrecht in der Diskussion 2012 (2013), 143 (158 f.); *Menkel*, NZG 2014, 1253 (1255).

1102 BGH, NJW 2013, 452 (455) [Rn. 40].

1103 In eine ähnliche Richtung argumentiert *Klöhn*, Gesellschaftsrecht in der Diskussion 2012 (2013), 143 (155): „Dabei ist jedoch zu bedenken, dass diese Gleichstellung nur das Innenverhältnis von Gesellschafter und Gesellschaft einerseits und Treugeber und Treuhänder andererseits betrifft. Der BGH vergleicht hingegen die Innenhaftung des Treugebers mit der Außenhaftung des Gesellschafters."

verwundert umso mehr, als dass der Gesellschaftsvertrag in einem Fall explizit klarstellte, dass die Treugeber lediglich quotal für Gesellschaftsverbindlichkeiten haften sollten[1104] – und damit nicht für den Ausfall eines Mitttreugebers einzustehen zu haben.[1105] Hierin zeigt sich deutlich, was bei der Zwischenschaltung eines Treuhänders regelmäßig dem Willen der Beteiligten entsprechen dürfte, nämlich dass dem Treugeber im Rahmen der Außenhaftung gerade eine vorteilhaftere Rechtstellung zu teil wird.

Ebenfalls kann die – gewiss zutreffende – Feststellung, aus der Gesamtkonzeption der qualifizierten Treuhand ergäbe sich, dass dem Treugeber alleine das Anlagerisiko zugewiesen werden solle,[1106] in diesem Zusammenhang nicht zu einem Einwendungsausschluss führen.[1107] Das Anlagerisiko ist und bleibt dem Treugeber dadurch zugewiesen, dass er den Treuhänder überhaupt freizustellen hat. Angenommen, es handelte sich nicht um Ansprüche wegen Prospektfehlern oder Aufklärungspflichtverletzungen, sondern um Ansprüche auf noch nicht weitergeleitete Ausschüttungen der Gesellschaft,[1108] dann würde die Aufrechnung gerade dazu führen, dass sich das Anlagerisiko so, wie von den Parteien vereinbart, realisierte. Denn der Treugeber „bezahlt" die Haftungsübernahme des Treuhänders dann mit dem Erlöschen der Gegenansprüche (§ 389 BGB). Aber auch wenn es sich – wie in den von der Rechtsprechung entschiedenen Fällen – um Schadenersatzansprüche wegen vorvertraglicher Pflichtverletzungen handelte, verschiebt sich nicht das Anlagerisiko. Vielmehr wälzt der Treugeber nur den Schaden, der ihm durch Übernahme des Anlagerisikos entstanden ist, auf den Treuhänder ab.

Im Verhältnis zu den anderen Beteiligten und den Gesellschaftsgläubigern geht es damit in der Sache nicht um das Anlagerisiko, sondern vielmehr darum, wer das Insolvenzrisiko des Treuhänders zu tragen hat.[1109] Nach

1104 BGH, NJW 2013, 452 (453).

1105 Siehe bereits oben, § 7A.V.2., S. 201 ff.

1106 BGH, NJW 2011, 2351 (2354) [Rn. 27].

1107 A.A. *Schäfer*, ZHR 177 (2013), 619 (629 f.).

1108 Ein solcher Anspruch ergibt sich, soweit nicht eigens im Treuhandvertrag geregelt, aus §§ 667, 675 BGB, siehe Saenger/Aderhold/*Eickhoff*, § 7 Rn. 279; *Tebben*, S. 280. In der Regel wird ein solcher Anspruch jedoch an den qualifizierten Treugeber abgetreten, sodass dieser einen Direktanspruch gegen die Gesellschaft erlangt, siehe bereits oben, Text zu Fn. 99.

1109 *Klöhn*, Gesellschaftsrecht in der Diskussion 2012 (2013), 143 (148 f.); *Dogan*, S. 268; krit. dagegen *Schäfer*, ZHR 177 (2013), 619 (629); vgl. auch *Menkel*, NZG 2014, 1253 (1254).

Ansicht des Bundesgerichtshofs sollen dies offenbar nicht die Gesellschaftsgläubiger sein.[1110] Da sich die Gläubiger durch den Vertrag mit der Gesellschaft aber mittelbar den Treuhänder selbst als Geschäftspartner ausgesucht haben, ist nicht ersichtlich, weshalb das Insolvenzrisiko im Verhältnis Gläubiger und Treugeber einseitig zu Lasten letzterer verteilt werden sollte.[1111] Im Allgemeinen gibt es nichts, woraus die Gläubiger ein schutzwürdiges Vertrauen auf die Inanspruchnahme des Treugebers herleiten könnten.[1112] So wird vom Bundesgerichtshof gar die Abbedingung eines Freistellungsanspruches für möglich gehalten.[1113] Gläubigerschutzaspekte zwingen somit nicht zur Annahme eines Einwendungsausschlusses.[1114]

Ebenfalls liegt es fern, dass die Beteiligten eine entsprechende Verteilung des Insolvenzrisikos bewusst wählen wollten.[1115] Etwas anderes ergibt sich auch nicht aus der Annahme, dass dadurch die Finanzierungskosten der Gesellschaft verringert würden, weil die Banken maßgeblich die Haftung der Treugeber als Kreditgrundlage betrachteten[1116]. Potenzielle Gläubiger werden sich nicht auf etwas verlassen, was explizit gar nicht geregelt ist. Wollen die Beteiligten bewusst die Kreditgrundlage der Gesellschaft stärken, würden (und sollten) sie

---

1110 Das findet sich bestätigt durch eine Aussage *Alfred Bergmanns* als Vorsitzender Richter des 2. Zivilsenats des BGH, nach *Schwarz*, Tagungsbericht VGR 2012 (2013), 165; ebenso *Schlick*, WM 2014, 581 (590).

1111 Ähnlich *Dogan*, S. 269; *Menkel*, NZG 2014, 1253 (1255).

1112 So in diesem Zusammenhang auch OLG Karlsruhe, WM 2009, 2121 (2125); vgl. ebenso für die Frage nach einer direkten Haftung der Treugeber unten, § 7B.II.2.a), S. 216 ff.

1113 Siehe Urteile in Fn. 992; auf diesen Aspekt ebenfalls zutreffend hinweisend *Bitter/Thelen*, WuB 2012, 745 (748); *Dogan*, S. 273.

1114 Zur Frage, ob der der Gläubigerschutz Vorrang haben sollte vor dem Anlegerschutz, *Klöhn*, Gesellschaftsrecht in der Diskussion 2012 (2013), 143 (159 f.); einen notwendigen Gläubigerschutz i.E. ablehnend auch OLG Karlsruhe, WM 2009, 2121 (2125); vgl. auch *Bitter/Thelen*, WuB 2012, 745 (747 f.); dagegen stellt das OLG Stuttgart, NZG 2010, 716 (718), ausdrücklich auf den Gläubigerschutz ab.

1115 Daran ebenfalls zweifelnd *Schäfer*, ZHR 177 (2013), 619 (631); *Zinger*, BB 2014, 458 (461); vgl. auch *Klöhn*, Gesellschaftsrecht in der Diskussion 2012 (2013), 143 (156): „Der Schuldner haftet nicht, ‚wo er will‘, sondern ‚wo er soll‘."

1116 So aber *Schürnbrand*, ZGR 2014, 256 (272), krit. dazu auch *Klöhn*, Gesellschaftsrecht in der Diskussion 2012 (2013), 143 (155), der aber fälschlicherweise annimmt, die Treugeber würden gar nichts zur Kreditgrundlage der Gesellschaft beitragen; dazu wiederum krit. *Schäfer*, ZHR 177 (2013), 619 (631).

das durch einen expliziten Einwendungsausschluss tun,[1117] oder durch direkte Vereinbarungen mit den Gläubigern – insbesondere dadurch, dass die Treugeber Personal- oder Realsicherheiten stellen, sofern das ihrem Wunsch nach Anonymität nicht entgegensteht.[1118]

Was bleibt ist die Frage, ob es wertungsmäßig angemessen ist, dass der Treugeber durch die Geltendmachung von Einwendungen teilweise sein Insolvenzrisiko auf andere an der Gesellschaft Beteiligte verschieben können soll. Wie sogleich zu zeigen sein wird, bietet hier die Lehre vom fehlerhaften Verband eine differenzierende Lösung an, die aber nicht zu einem vollständigen Einwendungsausschluss führt.

Somit lässt sich festhalten, dass die mittelbare Haftung nicht dadurch gegen Störungen im Treuhandverhältnis immunisiert wird, dass der Gestaltung ein konkludent vereinbarter Einwendungsausschluss zu entnehmen ist.

b) Keine Durchsetzungshindernisse bei fehlerhafter Beteiligung

Mit *Tebben* ist ein Einwendungsausschluss insbesondere bei den soeben erwähnten Sachverhalten regelmäßig mit den Grundsätzen der fehlerhaften Gesellschaft zu begründen.[1119] Gerade wenn die Pflichtverletzung des Treuhänders darin besteht, dass er es unterlässt, den Treuhänder ausreichend über Anlagerisiken aufzuklären, wäre er wegen der Rechtsfolge der Naturalrestitution gemäß § 249 Abs. 1 BGB so zu stellen, als hätte er sich nicht mittelbar an der Gesellschaft beteiligt.[1120] Da solche Schadenersatzansprüche einer Rückabwicklung der mittelbaren Beteiligung mit *ex tunc*-Wirkung gleichkommen,[1121] sind sie mit den nach hiesiger Ansicht auch auf die qualifizierte Treuhand anzuwendenden Grundsätzen der fehlerhaften Gesellschaft nicht vereinbar.[1122] Wenn man einem fehlerhaft beigetretenen Gesellschafter Bereicherungsansprüche

1117 Ähnlich *Dogan*, S. 273: die Gesellschaftsgläubiger müssten mit den Gläubigern einen Aufrechnungsausschluss vereinbaren.

1118 Vgl. *Schürnbrand*, ZGR 2014, 256 (273), für den Fall, dass die Beteiligten eine eindeutige Abrede abweichend von einem Einwendungsausschluss treffen.

1119 *Tebben*, Gesellschaftsrecht in der Diskussion 2010 (2011), 161 (175 ff.); auch *Schäfer*, ZHR 177 (2013), 619 (632 f.); *Menkel*, NZG 2016, 1253 (1256); ablehnend *Dogan*, S. 277.

1120 *Geibel*, BB 2005, 1009 (1013).

1121 Oetker/*Lieder*, HGB, § 105 Rn. 159.

1122 *Schäfer*, ZHR 177 (2013), 619 (632 f.); sowie *Tebben*, Gesellschaftsrecht in der Diskussion 2010 (2011), 161 (175 ff.); ablehnend wohl *Klöhn*, Gesellschaftsrecht in der Diskussion 2012 (2013), 143 (160).

versagt und lediglich auf die Möglichkeit einer Kündigung verweist, darf die so bezweckte geordnete Rückabwicklung nicht dadurch umgangen werden, dass man dem Gesellschafter Schadenersatzansprüche gegen die Gesellschaft zugesteht, nach denen der Gesellschafter vermögensrechtlich so zu stellen wäre, als sei er niemals dem Verband beigetreten.[1123] Bei der fehlerhaften Beteiligung eines qualifizierten Treugebers muss, wenn man auch die Abwicklung des Treuhandverhältnisses mit Wirkung *ex tunc* ablehnt, das gleiche für auf Naturalrestitution gerichtete Schadenersatzansprüche gegen den Treuhänder gelten.[1124] Andernfalls würde einerseits zwischen den mittelbar über den Treuhänder Beteiligten das durch die Grundsätze der fehlerhaften Gesellschaft zu vermeidende „Windhundrennen" stattfinden,[1125] andererseits würden unmittelbar beteiligte Gesellschafter bei Ausfall des Treuhänders das Verlustrisiko alleine übernehmen, obwohl sie bewusst eine Risikogemeinschaft auch mit den Treugebern durch deren Einbeziehung eingegangen sind.[1126] Der fehlerhaft beigetretene qualifizierte Treugeber kann sich von seiner mittelbaren Beteiligung insgesamt nur trennen, indem er diese für die Zukunft kündigt; er erhält dann einen Abfindungsanspruch nach dem aktuellen Wert seiner Beteiligung. Einen darüber hinausgehenden Schadenersatz kann er – zumindest gegen den Treuhänder oder direkt gegen die Gesellschaft – nur dann geltend machen, wenn die (hypothetischen) Abfindungsansprüche der Gesellschafter und anderen Treugeber nicht gefährdet sind, was insbesondere nach erfolgter Abwicklung der Hauptgesellschaft der Fall wäre.[1127]

In einem anderen Sachverhalt mit durchaus vergleichbarer Interessenlage hat der Bundesgerichtshof übrigens ebenso geurteilt:[1128] Mehrere Anleger waren mit einer Gesellschaft als Inhaberin des Handelsgeschäfts in einer atypisch

1123 Ausführlich zum Verhältnis von Schadenersatzansprüchen zu der Lehre von der fehlerhaften Gesellschaft *Schäfer*, ZHR 170 (2006), 373; auch *Schäfer*, ZIP 2012, 2421 (2422 ff.).

1124 *Tebben*, Gesellschaftsrecht in der Diskussion 2010 (2011), 161 (176 f.); offenbar a.A. BGH, NZG 2013, 980 (982 f.) [Rn. 24 ff.].

1125 *Tebben*, Gesellschaftsrecht in der Diskussion 2010 (2011), 161 (176 f.); krit. zu diesem Argument im Zusammenhang mit derselben Problematik bei der stillen Gesellschaft *Wertenbruch*, NJW 2005, 2823 (2825).

1126 Siehe bereits oben, § 4C.II, S. 115 f., für die grundsätzliche Anwendung der Lehre von der fehlerhaften Gesellschaft auf die qualifizierte Treuhand.

1127 So auch der BGH, NJW 2001, 2718 (2720), für die Ansprüche aus der Rückabwicklung einer mittelbaren Fondsbeteiligung über einen Treuhänder nach Widerruf; vgl. auch *Tebben*, Gesellschaftsrecht in der Diskussion 2010 (2011), 161 (177).

1128 BGH, NZG 2013, 1422 (1425 f.) [Rn. 25 ff.].

stillen Gesellschaft verbunden (mehrgliedrige atypische stille Gesellschaft). Schadenersatzansprüche gegen die Geschäftsinhaberin wegen vorvertraglicher Aufklärungspflichtverletzungen wurden vom 2. Zivilsenat dabei ausdrücklich von deren Vermögenslage abhängig gemacht, weil andernfalls die Grundsätze der fehlerhaften Gesellschaft entgegenstünden.

Die Rechtsprechung versagt unmittelbar beteiligten Anlegern bereits zutreffend Prospekthaftungsansprüche gegen die Gesellschaft.[1129] Bei der qualifizierten Treuhand müssen auch Prospekthaftungsansprüche des Treugebers gegen den Treuhänder versagt werden. Man käme dann zu einer aus Wertungsgründen gebotenen Gleichbehandlung von Gesellschaftern und Treugebern.[1130] Sind die Gesellschaft und der Treuhänder vermögenslos, profitieren im Ergebnis vor allem die Gesellschaftsgläubiger, denen die Treugeber keinen Schadenersatzanspruch gegen den Treuhänder entgegenhalten können. Dieser Umstand ist hingegen nur ein Reflex. Die Anwendung der Grundsätze der fehlerhaften Gesellschaft auf die qualifizierte Treuhandbeteiligung rechtfertigt sich – wie an entsprechender Stelle ausgeführt – nur damit, dass die gewollte und gelebte Risikoverteilung der Beteiligten nicht negiert werden darf und dass auch hier eine geordnete Abwicklung ermöglicht werden soll. Hingegen führt die Lösung nicht dazu, dass dem Treugeber durch einen unterstellten Einwendungsverzicht ausnahmslos das Insolvenzrisiko des Treuhänders alleine auferlegt wird. Es bleibt dem Treugeber möglich, dem Treuhänder tatsächlich bestehende sonstige Ansprüche aus dem Treuhandverhältnis entgegenzuhalten. Denkbar wären beispielsweise nicht weitergeleitete Gewinne oder sonstige Auszahlungen der Gesellschaft, falls die Treugeber hierauf (ausnahmsweise) keinen Direktanspruch gegen die Gesellschaft haben.

B. Unmittelbare Haftung gegenüber Gesellschaftsgläubigern

Die Frage nach einer unmittelbaren Haftung gegenüber Gesellschaftsgläubigern stellt sich zuvorderst bei der Beteiligung an einer Personengesellschaft. Der Umstand, dass qualifizierte Treuhandbeteiligungen in der Mehrzahl der Fälle bei Publikumsgesellschaften in Form der GmbH & Co. KG begegnen, in denen die Anleger wirtschaftlich die Stellung eines Kommanditisten einnehmen, verringert die Bedeutung dieser Frage nicht. Im Gegenteil, entsprechende Fondskonzeptionen sehen häufig feste, gewinnunabhängige Ausschüttungen

1129 BGH, NJW 2013, 155 [Rn. 16]; *Schäfer*, ZHR 177 (2013), 619 (632).

1130 Vgl. ebenso die Aussage *K. Schmidts* nach *Hecker*, Tagungsbericht VGR 2010 (2011), 181 (182).

vor, was gegebenenfalls zu einem Wiederaufleben der persönlichen Gesellschafterhaftung nach § 172 Abs. 4 i.V.m. § 171 Abs. 1 HGB führt.[1131] Für unter den Anwendungsbereich des KAGB fallende Kommanditgesellschaften bedarf es für solche Ausschüttungen gemäß § 152 Abs. 2 KAGB nunmehr freilich der Zustimmung der Treuhandkommanditistin und des Treugebers, ausgeschlossen sind solche Ausschüttungen damit jedoch nicht.

I. Meinungsbild in Rechtsprechung und Literatur

Während bei der einfachen Treuhand – soweit ersichtlich – Einigkeit darüber herrscht, dass der Treugeber keiner persönlichen Außenhaftung unterworfen ist,[1132] findet sich bezüglich eines qualifizierten Treugebers ein differenziertes Meinungsbild. Zumeist wird schlicht eine analoge (1.) oder sogar direkte (2.) Anwendung der §§ 721 Satz 1 BGB bzw. 126 Satz 1 HGB auf den Treugeber diskutiert. Namentlich *Schäfer* beantwortet konsequenterweise auch die Frage nach dem Verhältnis zwischen einer etwaigen Treugeberhaftung und der Gesellschafterhaftung des Treuhänders und vertritt eine subsidiäre Außenhaftung des Treuhänders neben dem Treugeber (3.). Weiter wird auf die Möglichkeit einer Rechtscheins- oder Deliktshaftung hingewiesen (4.).

1. *Akzessorische Außenhaftung analog § 721 Satz 1 BGB bzw. § 126 Satz 1 HGB*

Ohne wirkliche Begründung[1133] hatte das OLG Schleswig auf einen qualifizierten Treugeber, der mittelbar an einer GbR beteiligt war, § 128 Satz 1 HGB a.F. (zweifach) analog angewendet und ihm somit der akzessorischen Außenhaftung unterwurfen.[1134] Diese Ansicht stellt auch eine gewichtige Meinung in der Literatur dar.[1135] Der Bundesgerichtshof lehnt eine akzessorische Außenhaftung des qualifizierten Treugebers dagegen

1131 *Priester*, DStR 2013, 1786; *Stumpf*, BB 2012, 1429; beispielhaft BGH, NJW 2011, 2351 (2352), dort § 12 Abs. 3 des Gesellschaftsvertrages.

1132 *Beuthien*, ZGR 1974, 26 (48); *Blaurock*, S. 124 f., 214; *Krenzel*, S. 120; *Peters*, S. 80 ff.; *Tebben*, S. 414; MüKo/*K. Schmidt*, HGB, vor § 230 Rn. 60.

1133 Zu dieser Kritik vgl. *Wagner*, BKR 2008, 57 (58 ff.).

1134 OLG Schleswig, WM 2007, 1516 (1518 ff.).

1135 Habersack/Schäfer/*Habersack*, HGB, § 128 Rn. 9; *Pfeifle/Heigl*, WM 2008, 1485 (1489 ff.) [für den Fall, dass man den Treugeber nicht schon als Gesellschafter qualifiziert]; auch *Schäfer*, ZHR 177 (2013), 619 (634 ff.), der aber noch weitergeht und die Haftung des Treuhänders beschränken will, dazu siehe sogleich.

ausdrücklich ab.[1136] Er stützt sich im Wesentlichen darauf, dass es an der Schutzbedürftigkeit der Gläubiger fehle. Diese dürften eine Haftung des Treugebers nicht erwarten. Zudem könnten sie den Treuhänder in Anspruch nehmen und in diesem Zusammenhang in dessen Freistellungsanspruch gegen den Treugeber aus §§ 675, 670 BGB vollstrecken.[1137] Der wohl überwiegende Teil der Literatur schließt sich dieser Auffassung im Ergebnis an.[1138]

2. *Direkte Anwendung der §§ 721 Satz 1 BGB bzw. 126 Satz 1 HGB*

Andere kommen hingegen durch eine direkte Anwendung der §§ 721 Satz 1 BGB bzw. 126 Satz 1 HGB zu einer Außenhaftung des qualifizierten Treugebers.[1139] Sie wollen Gestaltungen, die nach hiesigem Verständnis zu einer auf das Innenverhältnis beschränkten Mitgliedschaft eigener Art führen, nicht anerkennen. Stattdessen befördern sie den qualifizierten Treugeber zu einem Gesellschafter. Ein auf die Beteiligung an der Gesellschaft gerichteter Geschäftswille sei nämlich erkennbar, es läge lediglich eine Rechtsformverfehlung vor.[1140] Damit seien die Tatbestandsvoraussetzungen für eine persönliche Haftung nach § 721 Satz 1 BGB bzw. § 126 Satz 1 HGB erfüllt; mangels Eintragung einer nur beschränkten Haftung im Übrigen auch für den qualifizierten Treugeberkommanditisten, der damit als Komplementär zu qualifizieren sei.[1141]

3. *Subsidiäre Haftung des Treuhänders*

Eine weitere Ansicht zur Außenhaftung bei der qualifizierten Beteiligungstreuhand wird von *Schäfer* ins Spiel gebracht. Auch er spricht sich für eine

---

1136 Für die GbR BGH, NZG 2009, 57 (58 f.) [Rn. 21 ff.]; für die KG BGH, NZG 2009, 380 (385) [Rn. 35].

1137 BGH, NZG 2009, 57 (58 f.) [Rn. 24].

1138 Bspw. *Eden*, S. 96; MüKo/*K. Schmidt*, HGB, vor § 230 Rn. 60; *Schürnbrand*, ZGR 2014, 256 (272); *Tebben*, Gesellschaftsrecht in der Diskussion 2010 (2011), 161 (166); *Weipert*, ZHR 157 (1993), 513 (515), *Wiesner*, FS Ulmer (2003), 673 (680 f.); *Zinger*, BB 2014, 458 (459).

1139 Für die qualifiziert mittelbare Beteiligung an einer KG *Kindler*, FS K. Schmidt (2009), 871; für die GbR *Kindler*, ZIP 2009, 1146; *Pfeifle/Heigl*, WM 2008, 1485 (1488 f.); aus der Rspr. OLG Frankfurt, Urt. v. 30.11.2004 – 24 U 55/03, Rn. 18 ff. [zit. nach juris].

1140 Vgl. *Kindler*, ZIP 2009, 1146 (1146 f.); *Kindler*, FS K. Schmidt (2009), 871 (873 ff.); siehe hierzu bereits unten, § 3C.II.2.d) S. 94 ff.

1141 Vgl. *Kindler*, FS K. Schmidt (2009), 871 (881 ff.).

akzessorische Außenhaftung des qualifizierten Treugebers aus.[1142] Zur Vermeidung einer Haftungsinflation solle jedoch die Haftung des Treuhänders ausgeschlossen sein, solange dieser zur Rechtsdurchsetzung gegen den Treugeber Namen und ladungsfähige Anschrift bereitstellt.[1143] Primäres Haftungssubjekt wäre neben der Gesellschaft somit der Treugeber. Einer Treuhänderhaftung komme somit nur Sicherungsfunktion im Hinblick auf die praktische Haftungsdurchsetzung zu, nicht aber in Bezug auf die Bonität der Treugeber.[1144]

4. *Rechtschein- und Deliktshaftung*

Unbestritten haftet ein Anteilstreugeber jedenfalls nach allgemeiner Rechtscheinhaftung, wenn er sich einem gutgläubigen und damit schutzwürdigen Dritten gegenüber als Gesellschafter geriert – also als ein sogenannter Scheingesellschafter anzusehen ist.[1145] *Schiemann* zieht daraus für den qualifizierten Treugeber einen Erst-Recht-Schluss:[1146] Wenn schon der Scheingesellschafter nach außen hafte, müsse erst Recht jemand haften, der bei einer „Zusammenschau von schuldrechtlichen und gesellschaftsrechtlichen Elementen" als wirklicher Gesellschafter erscheine.

Im Zusammenhang mit der Frage nach der unmittelbaren Haftung des Anteilstreugebers gegenüber Gesellschaftsgläubigern wird auch § 826 BGB als Anspruchsgrundlage ins Spiel gebracht.[1147] Soweit ersichtlich, wird aber nicht vertreten, dass qualifizierte Treuhandgestaltungen *per se* eine sittenwidrige Schädigung der Gesellschaftsgläubiger darstellten. Eine solche Deliktshaftung wird vielmehr als *ultima ratio* im Falle der vorsätzlichen Gläubigerbenachteiligung erwähnt, ohne dass deren Voraussetzungen näher benannt würden. Häufig ist die Rede von einem vorsätzlichen Dazwischenschalten eines vermögenslosen Treuhänders.[1148] Nach hiesiger Ansicht kann der Regressanspruch des Treugebers jedoch zumindest nicht vollständig ausgeschlossen werden, das

---

1142 *Schäfer*, ZHR 177 (2013), 619 (634 ff.); *Schäfer*, Gutachten, S. 112.

1143 *Schäfer*, ZHR 177 (2013), 619 (640 f.).

1144 *Schäfer*, ZHR 177 (2013), 619 (641).

1145 *Armbrüster*, S. 422; *Blaurock*, S. 216 f.; *Dogan*, S. 229; *Peters*, S. 80; *Zinger*, BB 2014, 458 (459).

1146 *Schiemann*, FS Zöllner (1998), 503 (511); zutreffend krit. dazu BGH, NZG 2009, 57 (58) [Rn. 23].

1147 Z.B. bei *Armbrüster*, S. 422; *Beuthien*, ZGR 1974, 26 (48); *Blaurock*, S. 216; *Eden*, S. 99; *M. Markwardt*, S. 77; *Peters*, S. 80; *Tebben*, S. 415.

1148 Vgl. *Armbrüster*, S. 422; *Beuthien*, ZGR 1974, 26 (48); *Eden*, S. 99; *Peters*, S. 80; *Schaub*, DStR 1996, 65 (67) [für die GmbH]; *Tebben*, S. 415.

bewusste Dazwischenschalten eines vermögenslosen Treuhänders dürfte damit kaum möglich sein.

II. Stellungnahme

Es ist zu untersuchen, inwiefern die vorgenannten Ansichten respektive die hierzu vorgebrachten Begründungen überzeugen können und somit schließlich zu einer unmittelbaren Außenhaftung eines qualifizierten Treugebers führen.

1. Keine Haftung als Gesellschafter

Eine entsprechende Anwendung der gesetzlichen Haftungsnormen zu diskutieren wäre redundant, wenn sich deren direkte Anwendung schon durch Auslegung der Tatbestandsvoraussetzungen ergäbe. Es geht hier schlicht um die Frage, ob die qualifizierten Treugeber das Tatbestandsmerkmal „Gesellschafter" erfüllen. Dies kann nicht schon deshalb abgelehnt werden, weil die Treugeber gerade nicht ausdrücklich erklärt haben, dem Verband als Gesellschafter beitreten zu wollen.[1149] Wie an anderer Stelle bereits erläutert,[1150] würde eine Erklärung der Treugeber, die auf eine Einbeziehung in das Innenverhältnis des Gesellschafterverbands gerichtet ist, ohne dabei (haftender) Vollgesellschafter werden zu wollen, nach den Regeln der Rechtsformverfehlung – läge denn eine solche vor – dazu führen, dass diese als Gesellschafter zu behandeln wären.[1151] Durch die mittlerweile gewohnheitsrechtliche Anerkennung der qualifizierten Treuhand ist jedoch gerade nicht von einer Rechtsformverfehlung auszugehen.[1152]

2. Keine Analogie mangels Regelungslücke

Den qualifizierten Treugeber entsprechend § 721 Satz 1 BGB bzw. § 126 Satz 1 HGB einer unmittelbaren Haftung zu unterwerfen, würde zunächst eine Regelungslücke voraussetzen.[1153] Mit den vorgenannten Normen regelt der Gesetzgeber nicht nur, dass Gesellschaftsgläubigern der Zugriff auf das Privatvermögen der Personengesellschafter eröffnet ist, sondern auch wann und in

1149 So aber *Brömmelmeyer*, NZG 2006, 529 (530).

1150 Siehe oben, S. 96 f.

1151 Im Ergebnis a.A. *Tebben*, Gesellschaftsrecht in der Diskussion 2010, 161 (167): die Einbeziehung in den Verband sei unwirksam.

1152 Siehe oben, S. 97.

1153 Siehe bereits Fn. 985.

welchem Umfang sie darauf zugreifen dürfen. Ganz im Sinne der Gläubiger ist die Haftung eine nicht subsidiäre, zwischen den Gesellschaftern gesamtschuldnerische, also nicht quotale, und der Höhe nach unbeschränkte sowie unbeschränkbare Haftung.[1154] Für die mittelbare Haftung, derentwegen das Vorliegen einer Lücke verschiedentlich[1155] verneint wird, gilt das nicht. Wie oben herausgearbeitet wurde, ist die mittelbare Haftung subsidiär zur Haftung der Gesellschaft, die Treugeber können nur quotal und nicht gesamtschuldnerisch in Anspruch genommen werden und darüber hinaus ist die mittelbare Haftung nicht gegen Störungen im Treuhandverhältnis immunisiert.[1156] Insofern bleibt die mittelbare Haftung aus Sicht eines Gläubigers hinter einer Außenhaftung entsprechend § 721 Satz 1 BGB bzw. § 126 Satz 1 HGB nicht nur aufgrund der Kumulierung von Risiken aus einer Mehrzahl an anzustrengenden Erkenntnis- und Vollstreckungsverfahren zurück, sondern auch im Hinblick auf die Verteilung der Insolvenzrisiken.[1157]

Trotz dieser Schwächen der mittelbaren Haftung wäre eine Regelungslücke aber zu verneinen, wenn das geltende Gesellschaftsrecht, insbesondere die Art und Weise wie es die Interessen der Gesellschaftsgläubiger berücksichtigt, gar kein Anlass dafür bietet, dass die Gläubiger auf einen Zugriff auf das Vermögen qualifizierter Treugeber vertrauen dürfen.

a) Treugeber als Kreditgrundlage der Gesellschaft?

Als Argument für eine Haftung der qualifizierten Treugeber wird im Allgemeinen angeführt, faktisch bildeten diese die Kreditgrundlage der Gesellschaft, insbesondere weil die dazwischengeschalteten Treuhänder häufig nahezu vermögenslos seien.[1158]

Selbst wenn anzunehmen wäre, dass die Gesellschaftsgläubiger von der Existenz der Treugeber regelmäßig wissen und deshalb über eine möglicherweise unzureichende Bonität des Treuhänders hinwegsehen, könnte dieser Umstand ein schutzwürdiges Vertrauen auf den Zugriff des persönlichen Vermögens des einzelnen Treugebers nicht rechtfertigen. Das Argument erweist

---

1154 Zum Haftungscharakter der §§ 721 Satz 1 BGB, 126 Satz 1 HGB siehe nur Oetker/*Bösche/Fest*, HGB, § 126 Rn. 4 ff.; *Kübler/Assmann*, GesR. S. 84 [zur unveränderten alten Rechtslage vor Inkraftreten des MoPeG].

1155 Vgl. z.B. BGH, NZG 2009, 57 (58 f.) [Rn. 24]; *Tebben*, ZGR 2001, 586 (612); *Wiesner*, FS Ulmer (2003), 673 (681).

1156 Siehe unten, § 7A.V, S. 200 ff.

1157 Vgl. auch *Pfeifle/Heigl*, WM 2008, 1485 (1486).

1158 Z.B. *Schäfer*, ZHR 177 (2013), 619 (631).

sich bei näherer Betrachtung nämlich als ein Zirkelschluss. Die Treugeber tragen nur dann zur Kreditgrundlage der Gesellschaft bei, wenn ihre Haftung tatsächlich gesichert ist – entweder durch Gesetz, was es erst zu begründen gilt, oder durch vertragliche Vereinbarung.[1159] So ist das dem Personengesellschaftsrecht zugrundeliegende Konzept der persönlichen Gesellschafterhaftung auch nichts weiter als die gesetzliche Normierung dessen, was die Parteien vermutlich privatautonom als Folge der rechtlichen Selbstständigkeit der Personengesellschaften vereinbart hätten.[1160] Sie dient als Ersatz für das Fehlen eines gesetzlichen Schutzes für die Aufbringung und Erhaltung des Gesellschaftsvermögens.[1161] Es ist zutreffend, wenn aus diesem Konzept geschlossen wird, dass die hinter der Gesellschaft stehenden Personen in erhöhtem Maße die Kreditgrundlage der Gesellschaft bildeten.[1162] Wirkung und Ursache müssen jedoch auseinandergehalten werden: Die in § 721 Satz 1 BGB bzw. § 126 Satz 1 HGB angeordnete persönliche Haftung der Personengesellschafter ist nicht die Folge berechtigter Erwartungen des Rechtsverkehrs, sondern begründet diese erst.[1163] Wohl auch deshalb wird oftmals eine analoge Anwendung dieser Vorschrift gar nicht wirklich diskutiert, sondern die Außenhaftung des Treugebers schlicht mit dem Argument abgelehnt, diese seien eben keine Gesellschafter[1164] (für die einzig und allein eine Haftung angeordnet wird).

In diesem Zusammenhang kann auch nicht überzeugen, wenn auf die häufig unzureichende Kapitalausstattung der Treuhänder verwiesen und damit

---

1159 Insofern spielt es auch keine Rolle, ob – wie *Foerster*, S. 157, ausführt – der Gesellschaft die treuhänderische Beteiligung bekannt ist und diese somit als Kreditgrundlage nutzen könne.

1160 Vgl. *Tröger*, FS H. P. Westermann (2008), 1533 (1541).

1161 BGH, NJW 1962, 536 (537); NJW 2003, 1803 (1804); Oetker/*Boesche/Fest*, HGB, § 126 Rn. 3; *K. Schmidt*, GesR, § 49 I 1a) [S. 1409]; *Wiedemann*, GesR I, § 10 III 1 b) [S. 538].

1162 NJW 2003, 1803 (1804); Oetker/*Boesche/Fest*, HGB, § 126 Rn. 3; *K. Schmidt*, GesR, § 49 I 1a) [S. 1409].

1163 Vgl. auch *Zinger*, BB 2014, 458 (459): Hinsichtlich des mittelbaren Gesellschafters sieht das Gesetz keinen Vertrauensschutz vor, weshalb deren Außenhaftung die gesetzliche Grundlage fehlt; *Dogan*, S. 248: Außenhaftung und Registerpublizität bedingen sich gegenseitig; allgemein darauf abstellend, dass Gläubiger aufgrund der Haftungsverfassung des deutschen Personengesellschaftsrechts nicht die Haftung Dritter erwarten dürfen BGH, NZG 2009, 57 (58) [Rn. 24]; im Zusammenhang mit der Frage zur Haftung eines Anteilsnießbrauchers *Wedemann*, ZGR 2016, 798 (830).

1164 So z.B. Oetker/*Lieder*, HGB, § 105 Rn. 81; *Wertenbruch*, NZG 2013, 285 (286); EBJ/*Sander*, HGB, § 171 Rn. 122.

ein besonderes Schutzbedürfnis der Gläubiger begründet wird.[1165] Das Gesetz schützt an keiner Stelle vor dem einem jeden Rechtsgeschäft innewohnenden allgemeinen Insolvenzrisiko.[1166] Was durch das Gesetz geschützt sein kann, ist das Vertrauen auf die Richtigkeit bestimmter Informationen, die wiederum der Prognose des Insolvenzrisikos dienen; so vereinfacht die Veröffentlichung der Personengesellschafter im Handels- beziehungsweise Gesellschaftsregister die Prüfung der Kreditwürdigkeit für potentielle Geschäftspartner, § 15 Abs. 1 und Abs. 3 HGB schützen das Vertrauen auf die Richtigkeit der in den Registern eingetragenen Haftungssubjekte.[1167] Die Vorschrift nimmt den Gläubigern jedoch nicht das Prognoserisiko, das heißt das Risiko, die Bonität der Gesellschafter falsch einzuschätzen und deshalb womöglich nicht ausreichend Sicherheiten zu verlangen.[1168] Insofern stehen Gläubiger einer Personengesellschaft, an der Treugeber mittelbar beteiligt sind, nicht schlechter als solche, die Ansprüche gegen dem gesetzlichen Typus entsprechende Gesellschaften haben.[1169] Hier wie dort haben die Gesellschaftsgläubiger die Möglichkeit nähere Auskünfte über die Vermögensverhältnisse der haftenden Gesellschafter zu verlangen. Handels- und Gesellschaftsregister erleichtern den Zugang zu solchen Informationen. Ist die Kreditwürdigkeit der Gesellschaft aufgrund zweifelhafter Bonität der haftenden Gesellschafter gering, so können Geschäftspartner dieses Risiko entweder einpreisen oder sich zusätzlich rechtsgeschäftlich absichern.[1170] Für letzteres kommt dann beispielsweise in Betracht, sich den (direkten) Zugriff auf das Vermögen der Treugeber zu sichern, indem dieser der Gesellschaftsschuld beitritt, bürgt oder auch eine Realsicherheit stellt.[1171] In der Praxis wird von dieser Möglichkeit konsequenter Weise auch Gebrauch gemacht.[1172]

1165 Siehe z.B. *Schäfer*, ZHR 177 (2013), 619 (631); wie hier *Dogan*, S. 247.

1166 Vgl. auch *Saenger*, GesR, Rn. 805 als Argument gegen eine Durchgriffshaftung im Falle einer Unterkapitalisierung im Kapitalgesellschaftsrecht.

1167 Vgl. auch *Klöhn*, Gesellschaftsrecht in der Diskussion 2012 (2013), 143 (156).

1168 *Armbrüster*, ZIP 2009, 1885 (1889); vgl. auch *Dogan*, S. 248.

1169 Ähnlich *Klöhn*, Gesellschaftsrecht in der Diskussion 2012, 143 (156); vgl. auch OLG Karlsruhe, WM 2009, 2121 (2122).

1170 Vgl. auch BGH, NZG 2009, 57 (58 f.) [Rn. 24]; *Tebben*, Gesellschaftsrecht in der Diskussion 2010, 161 (169).

1171 Vgl. BGH, NZG 2009, 57 (58 f.) [Rn. 24]: „Mithaftungsübernahme"; OLG Schleswig, WM 2007, 1516 (1519); auch *Blaurock*, S. 216.

1172 Darauf weist auch Staub/*Casper*, HGB, § 161 Rn. 253, hin; Beispiele finden sich bei OLG Schleswig, WM 2007, 1516 [Sicherungsabtretung von Ansprüchen aus Kapitallebensversicherungen sowie Schuldbeitritt]; BGH, NZG 2009, 57 [Sicherungsabtretung von Ansprüchen aus Kapitallebensversicherungen].

Die hier angestellten Erwägungen zur Kreditgrundlage der Gesellschaft erfordern auch das von *Schäfer* ins Spiel gebrachte Modell,[1173] wonach die Treugeber, sofern die Treuhänder deren Namen und ladungsfähige Anschrift dem Gläubiger mitgeteilt haben, nicht nur neben, sondern gar anstelle der Treuhänder haften, abzulehnen. Denn dieses Modell führt dazu, dass es einem Geschäftspartner der Gesellschaft nicht mehr möglich ist, auf sicherer Grundlage das Insolvenzrisiko der Gesellschaft einzuschätzen, weil er die haftenden Personen bei Vertragsschluss noch gar nicht kennt.[1174] Tatsächlich würde die Lage des Gesellschaftsgläubigers eher verschlechtert, als verbessert.[1175]

Erweckt der qualifizierte Treugeber ausnahmsweise den Anschein, er wäre Gesellschafter (Scheingesellschafter) oder würde aufgrund sonstiger Umstände persönlich haften und deshalb maßgeblich zur Kreditgrundlage der Gesellschaft beitragen, so kann ein gutgläubiger Gesellschaftsgläubiger diesen nach den Grundsätzen der Rechtscheinhaftung in Anspruch nehmen.[1176] Ein solcher Schein wird aber selten bei Offenkundigkeit der qualifizierten Treuhand bestehen. Die Kenntnis des Gläubigers von der qualifizierten Treugeberstellung einer Person rechtfertigt gerade nicht die Erwartung einer persönlichen Haftung.[1177] Denn ist dem Gläubiger bekannt, dass ein Personengesellschafter nur als Treuhänder fungiert, dann wird ihm sein Insolvenzrisiko erst Recht vor Augen geführt – er ist also gewarnt. *Schiemanns*[1178] Vergleich eines qualifizierten Treugebers mit einem Scheingesellschafter müsste deshalb zum gegenteiligen Ergebnis kommen: Ist für einen Dritten erkennbar, dass eine Person im Innenverhältnis zwar wie ein Gesellschafter behandelt wird, ohne aber Gesellschafter zu sein, so schließt diese Offenkundigkeit das Vertrauen auf eine persönliche Haftung und folglich eine Rechtscheinhaftung zwingend aus.[1179]

1173 Siehe oben, § 7B.I.3, S. 213 f.

1174 Kritisch zu einer subsidiären Haftung des Treuhänders ebenfalls *Schürnbrand*, ZGR 2014, 256 (273); *Zinger*, BB 2014, 458 (459).

1175 Vgl. auch *Dogan*, S. 248.

1176 *Armbrüster*, ZIP 2009, 1885 (1889); *Dogan*, S. 229; *Kindler*, ZIP 1146 (1149); *Zinger*, BB 2014, 458 (459); allgemein zur Haftung eines Scheingesellschafters MAH Personengesellschaftsrecht/*Gummert*, Teil C, § 7 Rn. 30; MüKo/*Fleischer*, HGB, § 105 Rn. 525 f.

1177 *Armbrüster*, ZIP 2009, 1885 (1889 f.).

1178 *Schiemann*, FS Zöllner (1998), 503 (511), siehe bereits oben, S. 214.

1179 Vgl. auch BGH, NZG 2009, 57 (59) [Rn. 23].

b) Keine besonderen Zurechnungsgründe aus der qualifizierten Treugeberstellung

Es fragt sich weiter, ob sich aus der „Qualifizierung", die dem Treugeber letztlich eine verstärkte und sicherere Rechtsposition im Hinblick auf Einflussnahmemöglichkeiten und wirtschaftliche Partizipation an der Gesellschaft ermöglicht, eine Regelungslücke ergibt.

aa) Einräumung von Vermögensrechten

Typisch für Gestaltungen im Rahmen einer qualifizierten Treuhand ist, dass dem Treugeber Vermögensrechte eingeräumt werden. Er kann dadurch – sei es aus eigenem oder sei es aus abgetretenem Recht – Ansprüche auf etwaige Auszahlungen aus dem Gesellschaftsvermögen geltend machen. Die persönliche Haftung im Personengesellschaftsrecht soll die Gläubiger mangels Kapitalerhaltungsvorschriften vor einer Schmälerung des Gesellschaftsvermögens zugunsten des Privatvermögens der Gesellschafter schützen.[1180] Dieser Zweck könnte womöglich nicht erreicht werden, wenn das Vermögen aus der Gesellschaft unmittelbar an die Treugeber anstelle der nach § 721 Satz 1 BGB bzw. § 126 Satz 1 HGB persönlich haftenden Treuhänder fließt.

Ein derartiges Ausnutzen der Privatautonomie wurde durch den Gesetzgeber aber bewusst nicht für unzulässig erklärt, sondern die Abtretung der Vermögensrechte als explizite Ausnahme vom Abspaltungsverbot in § 711a Satz 2 BGB sogar positivrechtlich für zulässig erachtet.[1181] Die Einräumung von Vermögensrechten durch Einbeziehung in die persönliche Haftung zu sanktionieren, liegt bereits deshalb fern. Gesellschaftsgläubiger sind durch die gesetzlich explizit für zulässig erachtete Abspaltung von Vermögensrechten gar gewarnt, sie dürfen schlicht nicht erwarten, dass der persönlich haftende Gesellschafter auch Inhaber der Vermögensrechte ist.

Auch darüber hinaus lässt sich dem Gesetz nirgends ein Zusammenhang zwischen Gewinn- beziehungsweise sonstiger Vermögensrechte und Haftung entnehmen.[1182] Ein solcher Zusammenhang würde den Gesellschaftsgläubigern auch keinen besseren Schutz vor Abflüssen aus dem Gesellschaftsvermögen garantieren. Denn selbst wenn Ausschüttungen an die der persönlichen Haftung unterliegenden Gesellschafter erfolgen, sind diese nicht daran gehindert,

---

1180 *Tröger*, FS H. P. Westermann (2008), 1533 (1549); vgl. auch Nachweise in Fn. 1161.

1181 Auf diesen Umstand weist auch *Armbrüster*, S. 211; ders., ZIP 2009, 1885 (1889), hin.

1182 *Armbrüster*, S. 211; ders., ZIP 2009, 1885 (1889); *Wedemann*, ZGR 2016, 798 (830).

über dieses Vermögen frei zu verfügen.[1183] Ab dem Zeitpunkt, in dem Gesellschaftsvermögen in das Privatvermögen eines persönlichen haftenden Gesellschafters übergegangen ist, konkurrieren die Gesellschaftsgläubiger immer auch mit dessen privaten Gläubigern.[1184] Die persönliche Gesellschafterhaftung kann die fehlende Kapitalbindung im Personengesellschaftsrecht deshalb an sich schon nur bedingt ersetzen.[1185] So liegt hier zumindest keine auf Treuhandgestaltungen zurückzuführende Regelungslücke vor; man könnte die persönliche Haftung in ihrer kapitalersetzenden Funktion eher allgemein als unvollkommen bezeichnen.[1186]

Nur der Vollständigkeit halber soll noch angemerkt sein, dass, sofern man annimmt, dem Treugeber stünden die Vermögensrechte nicht originär, sondern nur aus abgetretenem Recht zu, ein Gesellschaftsgläubiger auch gegenüber einem Treuhandgesellschafter nicht gehindert ist, sich den Zugriff auf zukünftige Vermögensansprüche durch Pfändung des gesamten Gesellschaftsanteils zu sichern.[1187] Eine solche Pfändung, die auch die Verstrickung der Vermögensrechte zur Folge hat,[1188] würde nämlich sofort wirksam, die Abtretung künftiger Rechte dagegen erst mit deren Entstehung.[1189] Das führt dazu, dass der Treugeber die Sozialansprüche nur mit einem Pfändungspfandrecht belastet erwirbt, falls der Treuhänder zu diesem Zeitpunkt überhaupt noch

1183 Vgl. in diesem Zusammenhang auch den Verweis von *Armbrüster*, S. 421, auf BGH, NJW 1985, 1776 (1777): „Das Vermögen des persönlich haftenden Gesellschafters ist dem Zugriff der Gesellschaftsgläubiger nur in seinem jeweiligen Bestande ausgesetzt, unterliegt aber keinem gesetzlichen Kapitalerhaltungsgrundsatz"; vgl. auch *Foerster*, S. 159; Staub/*Thiessen*, HGB, § 171 Rn. 85.

1184 Dagegen zur Nachrangigkeit der privaten Gläubiger im Hinblick auf den Zugriff des in der Gesellschaft gebundene Vermögens *Tröger*, FS H. P. Westermann (2008), 1533 (1543 ff.).

1185 Dazu *K. Schmidt*, GesR, § 18 IV 2c) [S. 542 f.]; *Tröger*, FS H. P. Westermann (2008), 1533 (1549 f.).

1186 So nämlich *K. Schmidt*, GesR, § 18 IV 2c) [S. 542 f.].

1187 Praktisch wird ein solches Vorgehen eher unbedeutend sein, da der Gläubiger bei Werthaltigkeit des Gesellschaftsanteils die Gesellschaft selbst in Anspruch nehmen kann. Möglicherweise hat der Gläubiger aber ein Interesse, die Gesellschafter in Anspruch zu nehmen, wenn die Gesellschaft keine freien Mittel hat und eine Insolvenz verhindert beziehungsweise verzögert werden soll, vgl. *Blaurock*, S. 257.

1188 MüKo/*Schäfer*, BGB, § 726 Rn. 11.

1189 Vgl. BGH, NJW-RR 1987, 989; BGH, NZG 2010, 356 (357); Henssler/Strohn/*Kilian*, GesR, § 711a BGB Rn. 22; Kindl/Meller-Hannich/*Koch*, ZPO, § 859 Rn. 18.

verfügungsberechtigt ist.[1190] Auch kann der Treugeber einer Vollstreckung in den Gesellschaftsanteil kein Drittwiderspruchsrecht entgegenhalten, wenn es sich um einen Gesellschaftsgläubiger statt eines Privatgläubigers des Treuhänders handelt.[1191]

bb) Einräumung von Verwaltungsrechten

Ebenfalls typisch ist die Einräumung unmittelbarer Verwaltungsrechte. Für den Treugeber bedeutet das eine Absicherung seiner Einwirkungsbefugnis, da er vor treuwidrigem, einer Weisung unterlaufendem Verhalten des Treuhänders geschützt ist. Für den Umfang seiner Einwirkungsmacht bedeutet das im Vergleich zur einfachen Treuhand aufgrund seines dortigen Weisungsrechts jedoch grundsätzlich nichts. Der Treuhänder ist bei der Ausführung von Weisungen ebenso durch dessen gesellschaftsrechtliche Treuepflicht begrenzt[1192] wie der ebenfalls der Treuepflicht unterliegende[1193] qualifizierte Treugeber bei der persönlichen Ausübung von Mitgliedschaftsrechten.

Eine Regelungslücke ob der grundsätzlichen Einwirkungsmacht von Treugebern anzunehmen, setzt zunächst überhaupt voraus, dass die persönliche Gesellschafterhaftung Ausdruck einer zwingenden Korrelation von Einwirkungsmacht und Haftung ist.

Zur Vermeidung opportunistischen Verhaltens mag die Untrennbarkeit von Herrschaftsbefugnissen und Haftungspflichten eventuell wünschenswert erscheinen.[1194] Die Geltung eines dahingehenden Rechtsprinzips unterstellt,[1195] dürfte aus diesem allein aber keine Ableitung von Haftungsregeln folgen, da es immer „der konkretisierenden Ausgestaltung durch das positive Recht

---

1190 MüKo/*Schäfer*, BGB, § 711a Rn. 28 f.

1191 *Beuthien*, ZGR 1974, 26 (73 f.); *Blaurock*, S. 256 f.; Reichert/*Schlitt/Bortfeldt*, GmbH & Co. KG, § 40 Rn. 66; Hopt/*Roth*, HGB, § 105 Rn. 92; MüKo/*K. Schmidt*, HGB, vor § 230 Rn. 80. Das verkennen *Pfeifle/Heigl*, WM 2008, 1485 (1492), wenn sie eine Außenhaftung wegen der „rechtlichen Beurteilung der Zwangsvollstreckung gegenüber dem Treuhänder" für gerechtfertigt halten.

1192 Zum Vorrang der gesellschaftsrechtlichen Treuepflicht des Treuhänders gegenüber der Treuepflicht aus dem Treuhandvertrag siehe *Beuthien*, ZGR 1974, 26 (41); *Blaurock*, S. 181; *M. Markwardt*, S. 61 f.; vgl. auch BGH, NJW 1952, 178 (179 f.).

1193 Siehe oben, § 5, S. 121 ff.

1194 Vgl. auch *Blaurock*, S. 215; *Reuter*, ZGR 1978, 633 (640 f.); allgemein dazu *Wiedemann*, GesR I, § 10 III 2 [S. 543 ff.].

1195 Für die Geltung eines solchen Rechtsprinzips *Wiedemann*, GesR I, § 8 II 3a) [S. 432]; vgl. auch *Armbrüster*, ZIP 2009, 1885 (1888): „Leitbild".

[bedarf], in deren Rahmen ggf. auch ein gewichtender Ausgleich mit anderen, gegenläufigen Prinzipien getroffen werden muss".[1196]

Indes kommt ein zwingender Zusammenhang zwischen Herrschaft und Haftung im Personengesellschaftsrecht bereits nur scheinbar zum Ausdruck.[1197] So kann beispielsweise die Tatsache, dass nach §§ 116, 164 HGB gerade den nach außen unbeschränkt haftenden Gesellschaftern das Geschäftsführungsrecht zustehen soll, zur Positivierung eines solchen Prinzips nicht angeführt werden.[1198] Während die §§ 710 BGB a.F. sowie 114 Abs. 2 HGB a.F. für die GbR und die OHG noch ausdrücklich klarstellten, dass unmittelbar haftenden Gesellschaftern die Geschäftsführungsbefugnis entzogen werden kann, ergibt sich diese Möglichkeit nunmehr aus §§ 708 BGB bzw. § 108 HGB.[1199] Davon abgesehen, steht die Übernahme der Außenhaftung in keinem Zusammenhang mit der Verlustbeteiligung im Innenverhältnis.[1200] Diese steht vielmehr zur Disposition der Verbandsmitglieder, vgl. §§ 709 Abs. 3, 708 BGB (ggf. i.V.m. § 105 Abs. 3 HGB). Die zwingende Übernahme der Außenhaftung eines Gesellschafters sagt insofern nur bedingt etwas aus über dessen tatsächliche Verantwortung innerhalb des Verbands.[1201] Weiter stellt das Gesetz in den vorgenannten Normen ebenfalls die Stimmrechtsverteilung zur Disposition der Verbandsmitglieder und macht sie an keiner Stelle abhängig von dem Risiko, das das jeweilige Verbandsmitglied etwa durch die Übernahme der Außenhaftung oder seiner Verlustbeteiligung im Innenverhältnis trägt.[1202]

Ist ein Grundsatz des Gleichlaufs von Herrschaft und Haftung im deutschen Personengesellschaftsrecht also nicht verankert, hat die Rechtsprechung konsequenterweise auch Gestaltungen, die einem solchem Prinzip zuwiderliefen, nicht für unzulässig erklärt. Exemplarisch dafür steht die Bundesgerichtshofentscheidung im sogenannten *Rektorfall*, nach der die Ausstattung eines

1196 *Grigoleit*, S. 20 f.

1197 Vgl. auch *Blaurock*, S. 215 f.; a.A. *Timm*, EWiR 1992, 995, der von einem das „Unternehmensrecht jedenfalls als rechtspolitische Maxime beherrschende[n] Grundsatz" ausgeht.

1198 In diese Richtung aber wohl *Wiedemann*, WM 1994, 4. Sonderbeilage, S. 11: „gesetzlich eingerichtete[r] Gleichlauf von eigener Geschäftsführung und persönlicher Haftung".

1199 Ebenso *Dogan*, S. 252 f.

1200 Ebenso *Dogan*, S. 252.

1201 Auch *Armbrüster*, S. 200 f., bemerkt, dass sowohl die Außenhaftung als auch die Innenhaftung Verantwortung begründen würden.

1202 Vgl. auch *Armbrüster*, S. 201.

Kommanditisten mit Verwaltungsrechten gleich denen eines gesetzestypischen Komplementärs nicht dessen unbeschränkte Haftung nach sich ziehe.[1203] Auf der anderen Seite sieht der Bundesgerichtshof in dem Umstand, dass einem Gesellschafter das Geschäftsführungs- und Vertretungsrecht entzogen wird, richtigerweise keinen Grund, diesen von der haftungsrechtlichen Verantwortung im Außenverhältnis zu befreien.[1204]

Nach den gesetzlichen Vorgaben sowie der dazu ergangenen Rechtsprechung kann ein Gesellschaftsgläubiger also nicht die Erwartung haben, dass die die Gesellschaft beherrschenden Personen ihm unmittelbar haften. Er kann nicht einmal davon ausgehen, dass diese Personen im Innenverhältnis ein entsprechendes Risiko tragen. Die Einwirkungsmacht eines Treugebers, insbesondere durch die Einräumung von Verwaltungsrechten, ist daher ebenfalls nicht geeignet, dessen persönliche Haftung zu begründen.[1205]

Als Zwischenergebnis lässt sich festhalten, dass das Personengesellschaftsrecht den Gesellschaftsgläubigern keinen Anlass gibt darauf zu vertrauen, dass sie sich aus einem anderen Vermögen als das der Gesellschaft sowie der tatsächlichen oder zumindest im Gesellschafts- bzw. Handelsregister verlautbarten Gesellschafter befriedigen könnten. Aus diesem Grund gibt es im Hinblick auf den Gläubigerschutz auch keine Regelungslücke, die durch entsprechende Anwendung der §§ 721 Satz 1 BGB bzw. 126 Satz 1 HGB ausgefüllt werden müsste. Ein im Einzelfall ausnahmsweise berechtigtes Vertrauen der Gesellschaftsgläubiger ist über die Grundsätze der Rechtscheinhaftung ausreichend geschützt und eine bewusste Schädigung von Gesellschaftsgläubigern kann mit § 826 BGB begegnet werden.

c) Gleichlauf von Innen- und Außenhaftung?

Insbesondere Gestaltungen, nach denen der Treugeber einem Gesellschafter im Innenverhältnis des Verbands gleichgestellt werden soll, sind regelmäßig dahingehend auszulegen, dass dem Treugeber gegenüber der Gesellschaft sowie den Verbandsmitgliedern eine unmittelbare Haftung für die originär den

1203 BGH, NJW 1966, 1309; *Timm*, EWiR 1992, 995 (996), sieht dagegen die Begründung im *Rektorfall* mit der Ausweitung der unmittelbaren Einlagenhaftung im Kapitalgesellschaftsrecht auf Treugeber als überholt an.

1204 BGH, NJW 1966, 1309 (1310).

1205 Ebenso BGH, NZG 2009, 57 (58) [Rn. 22]; *Armbrüster*, ZIP 2009, 1885 (1888); *Wiesner*, FS Ulmer (2003), 673 (678); zustimmend im Zusammenhang mit der Frage nach der Haftung des Anteilsnießbrauchers *Wedemann*, ZGR 2016, 798 (829); a.A. wohl *Wiedemann*, NZG 2013, 1041 (1045).

Treuhänder treffenden Sozialverpflichtungen obliegt.[1206] Namentlich *Schäfer* führt als Argument für eine Außenhaftung an, es bedürfe eines Gleichlaufs mit der unmittelbaren Innenhaftung:[1207] Das zeige sich insbesondere im Insolvenzfall einer KG, wenn der Insolvenzverwalter zwar den Anspruch der Gesellschaft auf ausstehende Einlageleistung gegen den Treugeber (§ 80 InsO), aber nicht den – gerade wegen der ausstehenden Hafteinlage bestehenden – Anspruch der Gläubiger aufgrund der §§ 171 Abs. 2 HGB, 93 InsO geltend machen könne. Außerdem sei nicht ersichtlich, welchen Vorteil die Treugeber noch dadurch hätten, dass die Gläubiger nur aus abgetretenem Recht gegen sie vorgehen könnten, wenn sie der Gesellschaft gegenüber sowieso unmittelbar hafteten.

Dass aus der unmittelbaren Innenhaftung zwingend eine Außenhaftung folgen müsse, kann nicht überzeugen.[1208] Zunächst haben die qualifizierten Treugeber sehr wohl ein Interesse daran, trotz einer unmittelbaren Innenhaftung, nicht der Außenhaftung zu unterliegen. Einerseits verhindern derartige Treuhandgestaltungen, dass der Treugeber auch außerhalb einer Krise oder Insolvenz von den Gläubigern in Anspruch genommen werden kann. Denn solange der Treugeber seine Sozialverpflichtungen erfüllt hat und die Gesellschaft liquide ist, wäre eine Inanspruchnahme des Treugebers durch einen Gesellschaftsgläubiger wegen der oben erörterten[1209] Subsidiarität der mittelbaren Haftung nicht möglich.

Weiter ist unverständlich, wieso es nicht „zusammen passen" solle, dass im Insolvenzfall der Verwalter zwar offene Einlagenforderungen direkt geltend machen könne,[1210] nicht jedoch die im Insolvenzfall ihm zur Einziehung übergehenden[1211] Ansprüche der Gesellschaftsgläubiger. Immerhin ist der umgekehrte Fall bereits im Gesetz angelegt und wirft ebenfalls keine Probleme auf. Bei einer Einlagenrückgewähr an den Kommanditisten besteht grundsätzlich gar kein Anspruch der Gesellschaft, nämlich dann, wenn die Einlagenrückgewähr mit Rechtsgrund, zum Beispiel aufgrund eines Gesellschafterbeschlusses

---

1206 Zur unmittelbaren Haftung gegenüber dem Verband und seinen Mitgliedern siehe sogleich unten, § 7C, S. 228 ff. bzw. § 7D, S. 261 ff.

1207 *Schäfer*, ZHR 177 (2013), 619 (634 f.).

1208 I.E. ebenso *Dogan*, S. 253 f.; ohne nähere Begründung auch Staub/*Casper*, HGB, § 161 Rn. 253.

1209 Siehe oben, § 7A.V.1, S. 200 f.

1210 *Schäfer*, ZHR 177 (2013), 619 (634 ff.).

1211 Die zivilrechtliche Rechtsfolge des § 171 Abs. 2 HGB ist umstritten, aber letztlich ohne praktische Relevanz, vgl. nur MüKo/*K. Schmidt/Grüneberg*, HGB, § 172 Rn. 117.

oder eines gesellschaftsvertraglichen Anspruches, erfolgt ist.[1212] In diesen Fällen kann der Verwalter also zwar die Gläubigeransprüche geltend machen, aber mangels Existenz keine Sozialansprüche der Gesellschaft.

d) Ausnahme für Treugeberkommanditisten?

Auch für die Haftung von Treugeberkommanditisten gilt, dass das Gesetz keinerlei Anhaltspunkte dafür bietet, dass Gesellschaftsgläubiger auf die Haftung eines anderen als den im Handelsregister verlautbarten Kommanditisten vertrauen dürften.[1213] Es wird aber teilweise vertreten, dass Treugeberkommanditisten zumindest dann nach außen haften sollten, wenn ihnen Zahlungen zugeflossen sind, die das wirtschaftlich auf sie entfallende Haftkapital schmälern.[1214] Jedoch gibt es keinen Grundsatz der Kapitalerhaltung im Recht der Kommanditgesellschaft, das Gesetz verbietet Rückzahlungen der Hafteinlage nicht.[1215] Erfolgt eine solche, entsteht im Unterschied zum Kapitalgesellschaftsrecht gerade kein sofortiger Rückzahlungsanspruch der Gesellschaft.[1216] Es verbietet sich deshalb für die Frage nach der unmittelbaren Haftung des Treugeberkommanditisten Parallelen zur – richtigerweise – unmittelbaren Haftung von (qualifizierten) Treugebern im Kapitalgesellschaftsrecht[1217] zu ziehen; der Gläubigerschutz wird durch die wieder auflebende Außenhaftung des Kommanditisten auf eine nicht vergleichbare Art und Weise gewährleistet.[1218] Nach einer Rückzahlung der Hafteinlage dient den Gläubigern als Haftungsmasse wieder das Privatvermögen der Kommanditisten. Um dieses konkurrieren die Gesellschaftsgläubiger mit den Privatgläubigern. Es unterliegt vorbehaltlich der Gefahr einer Anfechtung nach Insolvenzrecht oder Anfechtungsgesetz

---

1212 BGH, BeckRS 2014, 16416 [Rn. 12 ff.]; MüKo/*K. Schmidt/Grüneberg*, HGB, § 172 Rn. 68.

1213 Staub/*Casper*, HGB, § 161 Rn. 253; vgl. auch OLG München, BeckRS 2009, 26423.

1214 *Canaris*, FS Fischer (1979), 31 (58) [allgemein für „Hintermänner"]; *Schäfer*, ZHR 177 (2013), 619 (639).

1215 Oetker/*Oetker*, HGB, § 172 Rn. 16. Es kann jedoch ein Verstoß gegen die Kapitalerhaltungsvorschriften betreffend die Komplementärin in einer Kapitalgesellschaft & Co. KG vorliegen, woraus sich ein Rückzahlungsanspruch ergeben kann, dazu siehe unten, § 7C.II.1.c), S. 236 ff.

1216 BeckOK /*Beyer*, HGB, Stand: 01.04.2024, § 172 Rn. 18; MüKo/*K. Schmidt/Grüneberg*, HGB, § 172 Rn. 68.

1217 Dazu siehe unten, § 7C.II.2, S. 238 ff.

1218 Vgl. ebenso *Tebben*, Gesellschaftsrecht in der Diskussion 2010 (2011), 161 (168 f.); *Tebben*, S. 405; auf die Einbeziehung von Hintermännern im Kapitalerhaltungsrecht verweisend *Canaris*, FS Fischer (1979), 31 (58).

keinerlei Bindungen.[1219] Grundsätzlich macht es deshalb auch keinen Unterschied, ob Auszahlungen direkt oder über den Treuhänder an den Treugeber erfolgen.

Im Interesse des Gläubigerschutzes muss also lediglich die Haftung des Treuhänders, auf die die Gläubiger einzig und alleine vertrauen dürfen, sichergestellt werden. Das geschieht dadurch, dass Entnahmen, die dem Treugeber unmittelbar zufließen, (auch) das Kapitalkonto des Treuhänders schmälern und somit dessen Haftung gegebenenfalls wieder aufleben lassen.[1220] Die Zahlung würde dem Treuhänder jedenfalls zugerechnet, wenn und weil die Gesellschaft gegenüber dem Treugeber auf einen vom Treuhänder abgetretenen Anspruch leistet. Aber auch wenn man annimmt, der Treugeber habe einen eigenen, originären Anspruch, muss eine solche Zurechnung stattfinden. Das gleiche gilt bei verdeckten Ausschüttungen an den Treugeber. Damit sind Zahlungen gemeint, die der Treugeber als Erfüllung eines Verkehrsgeschäfts aus dem Vermögen der Kommanditgesellschaft erhält, wobei der Leistung der Gesellschaft keine äquivalente Gegenleistung gegenübersteht.[1221] Solche Zahlungen an einen Kommanditisten können zum Aufleben seiner persönlichen Haftung führen, da sie in der Regel als Rückzahlung der Einlage i.S.d. § 172 Abs. 4 HGB zu werten sind.[1222] Durch das wirtschaftliche Interesse an der Gesellschaft und die Einflussmöglichkeiten des qualifizierten Treugebers ist die Gefahr des Abschlusses eines unvorteilhaften Geschäftes mit diesem höher als mit einem beliebigen Dritten. Zum Schutz der Gesellschaftsgläubiger vor einer derartigen Schmälerung des haftenden Gesellschaftsvermögens wird man es deshalb nicht genügen lassen können, dass dieser Gefahr lediglich durch das Korrektiv der unbeschränkten Haftung des Komplementärs, einer Anwendung des § 826 BGB im Einzelfall[1223] oder einer Insolvenzanfechtung begegnet wird. Es bedarf auch hier der Zurechnung der verdeckten Ausschüttung an den Treuhänder, sodass es wegen § 172 Abs. 4 HGB gegebenenfalls zum Wiederaufleben der Kommanditistenhaftung kommt.

1219 Staub/*Thiessen*, HGB, § 171 Rn. 85; im anderen Zusammenhang auch *Foerster*, S. 159.

1220 *Canaris*, FS Fischer (1979), 31 (57); EBJ/*Sander*, HGB, § 172 Rn. 38; Staub/*Thiessen*, HGB, § 172 Rn. 110.

1221 MüKo/*K. Schmidt/Grüneberg*, HGB, § 172 Rn. 74; Oetker/*Oetker*, HGB, § 172 Rn. 20.

1222 MüKo/*K. Schmidt/Grüneberg*, HGB, § 172 Rn. 74; Oetker/*Oetker*, HGB, § 172 Rn. 20 f.

1223 *Canaris*, FS Fischer (1979), 31 (58).

Begründen lässt sich die Zurechnung damit, dass das Halten der Kommanditbeteiligung durch den Treuhänder – auch bei der qualifiziert mittelbaren Beteiligung – ursächlich dafür ist, dass der Treugeber ein wirtschaftliches Interesse an der Kommanditgesellschaft hat und auf die Willensbildung Einfluss nehmen kann. Mag seine Einwirkungsmacht auch auf originären Mitgliedschaftsrechten beruhen, ist die Verbandsmitgliedschaft eigener Art dennoch an das Bestehen der treuhänderischen Beteiligung geknüpft.[1224] Insofern kann man den Treuhänder im entferntesten Sinne als Veranlasser einer jeden Zuwendung an den Treugeber *causa societatis* ansehen.[1225]

III. Zwischenergebnis zur Außenhaftung

Der qualifizierte Treugeber haftet den Gesellschaftsgläubigern grundsätzlich nicht unmittelbar mit seinem persönlichen Vermögen. Durch qualifizierte Treuhandgestaltungen wird ein Gesellschaftsgläubiger mit keinen Risiken belastet, die er nicht auch bei einem Geschäft mit einer Personengesellschaft ohne Beteiligung eines qualifizierten Treugebers zu tragen hat. Nur im Einzelfall kann dem Treugeber eine persönliche und unmittelbare Haftung nach den Grundsätzen der Rechtscheinhaftung oder gemäß § 826 BGB obliegen.

C. Unmittelbare Haftung gegenüber der Gesellschaft

Zu untersuchen ist weiter, ob den qualifizierten Treugeber eine unmittelbare Haftung gegenüber der Gesellschaft trifft. Eine solche Innenhaftung kommt im Unterschied zur Außenhaftung auch und gerade für die qualifizierte mittelbare Beteiligung an einer Kapitalgesellschaft in Betracht. Es muss jeweils unterschieden werden, ob eine solche Haftung zwischen den Beteiligten vereinbart ist, sich eine etwaige Verpflichtung also bereits durch Auslegung des Gesellschafts- oder Treuhandvertrages ergibt, oder eine Haftungsgleichstellung von Treugeber und Treuhänder im Innenverhältnis zwingend ist, etwa wegen ausdrücklicher gesetzlicher Anordnung oder gebotener Gesetzesanalogie.

1224 Siehe hierzu oben, § 3C.II.2.c), S. 91 f.

1225 Bei Veranlassung einer Zahlung an einen Dritten wird diese dem Kommanditisten als Einlagenrückgewähr zugerechnet, Staub/*Thiessen*, HGB, § 172 Rn. 110 m.w.N.

I. Vereinbarte unmittelbare Innenhaftung

Forderungen der Gesellschaft gegen den Treugeber können sich zunächst schlicht daraus ergeben, dass die Beteiligten einen entsprechenden Direktanspruch vereinbart haben.

Eine explizite Vereinbarung einer Treugeberhaftung sehen Gestaltungen im Zusammenhang mit qualifizierten Treuhandbeteiligungen zumeist nur im Hinblick auf die Erbringung der Einlage und sonstiger Beiträge vor.[1226] Im Übrigen wird man eine solche Verpflichtung möglicherweise aus einer Auslegung gewinnen können.[1227] Allgemein muss aber gelten, dass direkte Ansprüche der Gesellschaft nicht voreilig anzunehmen sind, da es dem Treugeber durch eine unmittelbare Haftung nicht wie bei der mittelbaren Haftung möglich ist, sich auf Einwendungen aus dem Treuhandverhältnis zu berufen.[1228] So sollte beispielsweise auch nicht alleine aus dem Umstand, dass der Treugeber im Treuhandvertrag den Gesellschaftsvertrag für sich bindend erklärt[1229] oder seine Rechtstellung nur durch die Gesamtschau mehrere Regelungen der eines Gesellschafters angenähert wird,[1230] auf eine unmittelbare Verpflichtung gegenüber der Gesellschaft geschlossen werden.

Indes wird man für eine dahingehende Auslegung aber – falls vorhanden – auf eine explizite Gleichstellungsklausel zurückgreifen können: Wenn die Treugeber im Innenverhältnis zur Gesellschaft wie Gesellschafter behandelt werden sollen, dann ist im Zweifel auch anzunehmen, dass damit eine entsprechende Haftung im Innenverhältnis einhergehen soll.[1231] Entsprechend ist

1226 So bspw. der dem Urteil BGH, BeckRS 2012, 23235 [Rn. 3] zugrundeliegende Gesellschaftsvertrag oder der dem Urteil BGH, ZIP 2011, 2299 (2300) [Rn. 5] zugrunde liegende Treuhandvertrag für die Pflicht zur Zahlung der Einlage; siehe auch LG Hamburg, BeckRS 2018, 4254 [Rn. 5], für einen Direktanspruch auf Zahlung des Agios.

1227 *Armbrüster*, S. 324.

1228 *Armbrüster*, S. 324.

1229 Ebenso BGH, Urt. v. 07.03.1983 – II ZR 82/82, Rn. 6 [zit. nach juris]; *Armbrüster*, S. 325 f.

1230 So aber BGH, ZIP 2011, 2299, der einen unmittelbaren Anspruch einer OHG gegen einen qualifizierten Treugeber auf Ausgleich eines Liquidationsfehlbetrages trotz Fehlens einer expliziten Klausel oder einer umfassenden Gleichstellungsklausel bejaht; wie hier OLG Düsseldorf, Urt. v. 28.03.1991 – 6 U 163/90 [Rn. 41, zit. nach juris].

1231 So wohl auch BGH, BeckRS 2012, 23236 [Rn. 11]; a.A. OLG München, BeckRS 2012, 23288.

auch ein an einer Investment-Kommanditgesellschaft beteiligter qualifizierter Treugeber der Gesellschaft gegenüber aufgrund der gesetzlich angeordneten Gleichstellung mit Kommanditisten unmittelbar bezüglich Sozialansprüche verpflichtet.[1232]

1. Verdrängende oder doppelte Haftung?

Kommt man dazu, dass eine unmittelbare Haftung des Treugebers für Ansprüche aus dem Innenverhältnis vereinbart ist, stellt sich die Frage, wie sich eine solche Vereinbarung auf die Haftung des Treuhänders auswirkt.

Wie oben bereits ausgeführt, begründet auch die Mitgliedschaft des qualifizierten Treugebers eigener Art keine Vermögensbeteiligung; der qualifizierte Treugeber hält keinen eigenen Kapitalanteil und die vermögensrechtliche Stellung des qualifizierten Treugebers ist immer eine vom Treuhänder abgeleitete.[1233] Wenn in den Gestaltungen daher beispielsweise von den „Einlagen der Treugeber" oder schlicht „der Einlage" die Rede ist,[1234] kann damit nur der wirtschaftlich auf den Treugeber entfallende Anteil der Einlageverpflichtung des Treuhänders gemeint sein. Eine eigene Einlageverpflichtung des Treugebers ist damit nicht begründet; vielmehr soll dieser für die gesellschaftsrechtlich begründeten Verpflichtungen des Treuhänders einstehen.[1235] Um eine Abwicklung über den Treuhänder zu erübrigen, wird der Gesellschaft ein eigener und direkter Anspruch gegen den Treugeber eingeräumt. Gleichzeitig wird aber nicht gewollt sein, dass die Gesellschaft kumulativ Zahlung vom Treuhänder und vom Treugeber verlangen kann. Die Leistung des einen muss also zugleich eine Leistung des anderen mit Erfüllungswirkung darstellen.[1236] Dieses

---

1232 So für die Einlageverpflichtung LG Kleve, Urt. v. 6.10.2015 – 4 O 21/15 [Rn. 17, zit. nach juris]; EBJ/*von Selle*, HGB, Anhang 3 zu § 179, § 152 KAGB Rn. 6; WBA/*Paul*, KAGB, § 152 Rn. 9.

1233 Siehe oben, S. 89.

1234 Vgl. beispielsweise bei Beck'sche Online-Formulare Vertrag/*Giehl*, Stand: 01.01.2023, Formular 7.6.1.5.1 Gesellschaftsvertrag eines Fonds (GmbH & Co KG) [§ 6 Abs. 3]; BGH, ZIP 2011, 2299 [Rn. 5]; BeckRS 2012, 23236 [Rn. 2].

1235 Vgl. ebenso *Tebben*, S. 369; a.A. *Kapitza*, S. 225: „Wird die Einlagenleistung nur zwischen der Fondsgesellschaft und dem Treugeber abgewickelt, liegt ein gesellschaftsrechtliches Einlagenverhältnis vor"; vgl. auch bereits S. 218.; widersprüchlich ist deshalb sein Hinweis auf S. 72, wo von einem Schuldbeitritt des Treugebers gesprochen wird.

1236 *Tebben*, S. 369.

Gestaltungsziel lässt sich am ehesten mit einem Schuldbeitritt des qualifizierten Treugebers erreichen.[1237] Jener tritt den aus dem Gesellschaftsverhältnis entspringenden Verpflichtungen des Treuhänders im Umfang des wirtschaftlich auf ihn entfallenden Anteils bei.

Zu klären ist sodann, ob gegebenenfalls sogar eine befreiende Schuldübernahme vereinbart werden kann. Das wäre zumindest im Personengesellschaftsrecht möglich, wo weder Kapitalaufbringungs- noch -erhaltungsvorschriften existieren[1238]. Dort ist über die allgemeine Zweckförderungspflicht keine weitere Beitragspflicht durch das Gesetz vorgeschrieben,[1239] selbst die Haftung für einen Liquidationsfehlbetrag ist abdingbar[1240] und vereinbarte Einlagepflichten können im Innenverhältnis erlassen werden, wie sich aus einem Umkehrschluss zu § 172 Abs. 3 HGB ergibt.[1241] Deshalb muss die Gesellschaft grundsätzlich auch einer befreienden Schuldübernahme zustimmen können. Zu beachten ist jedoch, dass die Schuldübernahme eines Treugeberkommanditisten nur im Innenverhältnis befreiende Wirkung haben kann. Von der Außenhaftung ist der Treuhänderkommanditist somit erst befreit, wenn der Treugeber die geschuldete Einlageleistung in Höhe der auf ihn entfallenden Haftsumme tatsächlich bewirkt hat, denn vorher hat weder der Treuhänder selbst noch der Treugeber für diesen die Einlage „geleistet".[1242] Zur Begründung könnte man auch § 172 Abs. 3 HGB heranziehen, wenn man sich vorstellt, dass die befreiende Schuldübernahme faktisch wie ein Erlass der Hafteinlage gegen Verpflichtung eines Dritten wirkt.[1243]

Im Kapitalgesellschaftsrecht ist eine befreiende Schuldübernahme aus Gläubigerschutzgründen nicht möglich, für die Kapitalaufbringung ergibt sich das

1237 Siehe bereits oben, § 3B.III, S. 77 ff.; durch den Schuldbeitritt entsteht eine Gesamtschuld, siehe nur MüKo/*Heinemeyer*, BGB, vor § 414 Rn. 19.

1238 *K. Schmidt*, GesR, § 18 IV 2c) [S. 542].

1239 *K. Schmidt*, GesR, § 47 II 1a) [S. 1376]; Henssler/Strohn/*Servatius*, GesR, § 709 BGB Rn. 2.

1240 BeckOGK/*Koch*, BGB, Stand: 01.01.2024, § 737 Rn. 7; MüKo/*Schäfer*, BGB, § 737 Rn. 4.

1241 MüKo/*K. Schmidt/Grüneberg*, HGB, § 172 Rn. 42 f.

1242 Vgl. allgemein zu den Voraussetzungen einer haftungsbefreienden Einlageleistung MüKo/*K. Schmidt/Grüneberg*, HGB, § 172 Rn. 44 ff.

1243 Vgl. insofern auch MüKo/*Heinemeyer*, BGB, vor § 414 Rn. 12: die befreiende Schuldübernahme hat Verfügungscharakter.

aus § 19 Abs. 2 Satz 1 GmbHG und § 66 AktG;[1244] hier kommt daher nur eine Schuldmitübernahme in Betracht.[1245]

Die obigen Ausführungen gelten entsprechend, wenn der Treuhänder seine Freistellungsansprüche aus dem Treuhandverhältnis an die Gesellschaft abtritt. Eine solche Abtretung stellt zwar nur eine Vereinfachung der mittelbaren Haftung dar, soll aber dennoch an dieser Stelle kurz Erwähnung finden, da sich im Ergebnis eine unmittelbare Haftung des Treugebers ergibt. Befreiende Wirkung kann die Abtretung grundsätzlich nur für solche Verpflichtungen des Treuhänders haben, die schon dem Grunde nach dispositiv sind. Im Kapitalgesellschaftsrecht kann eine solche Abtretung deshalb im Sinne eines effektiven Gläubigerschutzes nur erfüllungshalber erfolgen.[1246] Eine Leistung an Erfüllungs statt ist beispielsweise im Rahmen der Kapitalaufbringung grundsätzlich unzulässig.[1247] Gegebenenfalls kann nach Eintragung der Gesellschaft die Abtretung des Freistellungsanspruches als verdeckte Sacheinlage befreiend angerechnet werden.[1248] Zwar werden Forderungen gegen den Sacheinlageschuldner selbst sowie gegen Mitgesellschafter mangels funktionaler Äquivalenz zur Bareinlage die Eigenschaft als zulässiger Sacheinlagegegenstand abgesprochen,[1249] ein Anspruch gegen den qualifizierten Treugeber ermöglicht aber den Zugriff auf eine andere Vermögensmasse,[1250] die ansonsten nach hier vertretener Ansicht[1251] nicht für die Kapitalaufbringung haftet. Im Ergebnis gilt das gleiche für die Kommanditistenhaftung, die grundsätzlich

---

1244 BeckOK/*Ziemons*, GmbHG, Stand: 01.05.2024, § 19 Rn. 87; K. Schmidt/Lutter/*Fleischer*, AktG, § 66 Rn. 5.

1245 Vgl. auch *Tebben*, S. 369; anders vermutlich *Köhl*, GmbHR 1998, 119 (121), der davon ausgeht, ein Geschäftsanteilstreuhänder könne sich durch Abtretung seines Freistellungsanspruches befreien.

1246 *Armbrüster*, S. 328, differenziert nicht zwischen Kapital- und Personengesellschaften, „im Zweifel" solle die Abtretung nur erfüllungshalber erfolgen; a.A. für eine Abtretung mit Erfüllungswirkung im Hinblick auf die Erbringung der Stammeinlage wohl *Köhl*, GmbHR 1998, 119 (121).

1247 K. Schmidt/Lutter/*Fleischer*, AktG, § 66 Rn. 5; MüKo/*Herrler*, GmbHG, § 7 Rn. 89; HCL/*Casper*, GmbHG, § 19 Rn. 57 f.

1248 Auf diese grundsätzliche Möglichkeit bei einer Leistung an Erfüllungs statt weisen MüKo/*Herrler*, GmbHG, § 7 Rn. 92; UCL/*Casper*, GmbHG, § 19 Rn. 53 ff., hin.

1249 HCL/*Ulmer/Casper*, GmbHG, § 5 Rn. 58, 66; vgl. auch LG Krefeld, GmbHR 1987, 310 (311).

1250 So zutreffend MüKo/*Schwandtner*, GmbHG, § 5 Rn. 131, für die Sacheinlagefähigkeit einer Forderung gegen eine dem Inferenten nahestehende Person.

1251 Siehe sogleich unten, § 7C.II.2.b), S. 240 ff.

durch Forderungseinbringung zum Erlöschen gebracht werden kann.[1252] Der Treuhänder muss deshalb auch durch Abtretung eines Anspruches gegen den Treugeber auf die Hafteinlage leisten können. Seine Haftung erlischt in diesem Fall, wenn und soweit sein Anspruch vollwertig ist.[1253] Bei der offenen Publikumsinvestmentkommanditgesellschaft sind Sacheinlagen indes gemäß § 152 Abs. 7 KAGB grundsätzlich unzulässig. Um dem Sinn und Zweck der Norm, nämlich die Vermeidung von Bewertungsschwierigkeiten zum Schutz der Mitanleger, gerecht zu werden,[1254] wird man hier auch eine nicht vereinbarte, aber erbrachte Sachleistung nicht auf die Hafteinlage anrechnen können.[1255]

2. *Umfang der vereinbarten Innenhaftung*

Geht man davon aus, dass der qualifizierte Treugeber den Verpflichtungen des Treuhänders beitritt, stellt sich weiter die Frage, in welchem Umfang dieser Beitritt erfolgt, falls der Treuhänder mehreren Personen die Beteiligung mittelt. Grundsätzlich gilt, dass ein Schuldbeitritt nur in dem Umfang erfolgt, wie der Treugeber bei unmittelbarer Beteiligung selbst haften müsste. Das stellt kein Problem dar, soweit es etwa um die Erbringung der Einlage oder eine Nachschusspflicht geht.

Nicht derart einfach lässt sich der Haftungsumfang bestimmen bei einer gesetzlich angeordneten Ausfallhaftung für Gesellschafter wie beispielsweise im Rahmen der Haftung für einen Liquidationsfehlbetrag gemäß § 737 Satz 2 BGB. Haften die qualifizierten Treugeber dann auch für ihren gegenseitigen Ausfall, oder übernehmen sie nur quotal den Anteil der Ausfallshaftungsverpflichtung des Treuhänders, den ihre wirtschaftliche Beteiligung im Verhältnis zu den anderen Treugebern ausmacht? Sofern sich dazu in den Verträgen keine eindeutigen Aussagen finden lassen, muss die Antwort durch (ergänzende) Vertragsauslegung gewonnen werden. Enthält der Gesellschafts- oder Treuhandvertrag eine umfassende Gleichstellungsklausel, nach der die Treugeber wie Gesellschafter zu behandeln sind, so spricht das zunächst dafür, dass den einzelnen Treugebern auch eine Haftung für den Ausfall von Mittreugebern

1252 MüKo/*K. Schmidt/Grüneberg*, HGB, § 172 Rn. 60; Staub/*Thiessen*, HGB, § 171 Rn. 152 f.

1253 Allgemein Staub/*Thiessen*, HGB, § 171 Rn. 142 f.

1254 EBJ/*Paefgen*, HGB, Anhang 3 zu § 179, § 152 KAGB Rn. 17; FK-KapAnlR/*Hoffert*, KAGB, § 152 Rn. 80.

1255 Vgl. WBA/*Paul*, KAGB, § 152 Rn. 38.

treffen soll, soweit eine etwaige Ausfallhaftung auch für Gesellschafter im Statut nicht wirksam[1256] abbedungen ist.

Dass eine unmittelbare Haftung für den Ausfall anderer Beteiligter im Zweifel nicht vereinbart sein soll, könnte sich daraus ergeben, dass in den Verträgen an irgendeiner Stelle ausdrücklich von einer nur „quotalen Haftung" der Treugeber die Rede ist, beispielsweise im Zusammenhang mit der mittelbaren Haftung für Gesellschaftsschulden.[1257] Zu berücksichtigen sein kann auch der Umstand, dass sich die Treugeber untereinander gar nicht bekannt sind, also selbst im Innenverhältnis anonym bleiben wollen.[1258] Denn dass jemand die haftungsrechtliche Verantwortung für eine ihm unbekannte Person übernehmen will, sollte eher nicht anzunehmen sein.

II. Zwingende unmittelbare Innenhaftung

Auf die soeben erörterte Frage, ob und in welchem Umfang der Treugeber die unmittelbare Haftung seines Treuhänders gegenüber der Gesellschaft (mit)übernommen hat, kommt es letztlich nicht an, wenn eine unmittelbare Innenhaftung der Treugeber bereits gesetzlich angeordnet ist oder aufgrund gesetzlicher Wertungen für zwingend erachtet werden muss. Bei der Untersuchung, ob den qualifizierten Treugeber eine unmittelbare Innenhaftung treffen muss, bietet es sich an, zwischen der mittelbaren Beteiligung an einer Personen- und an einer Kapitalgesellschaft zu differenzieren.

1. Personengesellschaft

a) Grundsatz

Das Innenverhältnis in einer Personengesellschaft steht – wie bereits mehrmals angeklungen ist – zu einer umfassenden Disposition der Gesellschafter, solange

---

1256 Die eine Ausfallhaftung anordnenden Normen im GmbH-Recht sind nicht disponibel, vgl. §§ 24, 25 GmbHG; §§ 31 Abs. 3 und 4 GmbHG. Da aber die Verlusttragungspflicht im Rahmen der Liquidation im Personengesellschaftsrecht insgesamt ausgeschlossen werden kann (BeckOGK/*Koch*, BGB, Stand: 01.01.2023, § 737 Rn. 7), muss es dort auch möglich sein, (nur) über die Ausfallhaftung zu disponieren.

1257 Für Beispiele siehe bereits Fn. 1085.

1258 Die Tatsache, dass eine Anonymität der Beteiligung im Innenverhältnis durch die Gestaltung von qualifizierten Treuhandvereinbarungen nicht garantiert werden kann, siehe bereits oben, § 6E.II, S. 172 ff., hindert nicht, eine entsprechende Klausel dennoch für die Auslegung heranzuziehen.

die allgemeinen Schranken der Privatautonomie eingehalten werden.[1259] Eine Pflicht zur Aufbringung eines bestimmten Kapitals- oder zur Erhaltung des Gesellschaftsvermögens gibt es nicht.[1260] Gläubigerschutz wird stattdessen durch die unbeschränkte und unbeschränkbare, persönliche, primäre sowie gesamtschuldnerische Außenhaftung[1261] gewährleistet.[1262] Diese knüpft allein an die tatsächliche Gesellschafterstellung beziehungsweise an die Eintragung im Gesellschafts- bzw. Handelsregister an und ist – wie oben ebenfalls angesprochen – von jeglichen Ausgestaltungen im Innenverhältnis vollkommen unabhängig. Auch fußt das Personengesellschaftsrecht nicht auf einem Prinzip, nach dem Herrschaft und Haftung in irgendeiner Weise zwingend korrespondieren müssten.[1263] Wenn schon Gesellschafter einer Haftung im Innenverhältnis nicht unterliegen müssen, gibt es auch keine Gründe, den an einer Personengesellschaft beteiligten qualifizierten Treugeber zwingend neben oder anstelle seines Treuhänders in dessen Innenhaftung einzubeziehen.[1264] Damit ist es grundsätzlich der Gestaltungsfreiheit der Beteiligten überlassen, den qualifizierten Treugeber einer unmittelbaren Haftung gegenüber der Gesellschaft zu unterwerfen oder nicht.[1265] Eine Ausnahme gilt jedoch im Hinblick auf den qualifizierten Treugeber, der an einer Investment-KG beteiligt ist. Die gesetzlich angeordnete umfassende Gleichstellung führt dort zu einer direkten Innenhaftung des Treugebers[1266] und ist nicht disponibel[1267].

b) Schadenersatzpflichten

Eine zwingende unmittelbare Haftung gegenüber der Gesellschaft kommt jedoch in Folge einer Pflichtverletzung des Treugebers in Betracht. Denkbar ist hier vor allem eine Verletzung der auch ihm obliegenden gesellschaftsrechtlichen

---

1259 Vgl. nur *K. Schmidt*, GesR, § 47 I 1 [S. 1375].

1260 MAH Personengesellschaftsrecht/*Gummert*, Teil C, § 6 Rn. 1 ff.

1261 Vgl. bereits Fn. 1154 zum Haftungscharakter.

1262 *Wiedemann*, GesR I, § 10 III 1b) [S. 538 f.].

1263 Siehe oben, § 7B.II.2.b)bb), S. 222 ff.

1264 Ebenso für die Einlageverpflichtung *Armbrüster*, S. 323 sowie S. 422 f., speziell bei qualifizierter Treugeberstellung; vgl. auch *Fleck*, EWiR 1991, 801 f. [§ 171 HGB 2/91].

1265 I.E. ebenso *Armbrüster*, S. 323 ff.

1266 Siehe oben, § 7C.I, S. 229.

1267 Siehe oben, S. 49.

Treuepflicht,[1268] aufgrund derer er der Gesellschaft gegenüber zum Schadenersatz verpflichtet sein kann.[1269]

c) Besonderheiten bei der Kapitalgesellschaft & Co. KG

Eine zwingende unmittelbare Haftung kann außerdem für Treugeberkommanditisten einer Kapitalgesellschaft & Co. KG durch Anwendung von Kapitalerhaltungsvorschriften in Betracht kommen.

Ausgangspunkt dieser Problematik ist, dass eine Zahlung aus dem Vermögen der KG bei der Komplementärin eine Unterbilanz bewirken oder vertiefen kann, entweder durch entsprechenden Wertverlust einer etwaigen Kapitalbeteiligung an der KG, oder dadurch, dass bei drohender persönlicher Inanspruchnahme durch KG-Gläubiger ein Erstattungsanspruch nach § 716 Abs. 1 BGB i.V.m. §§ 161 Abs. 2, 105 Abs. 3 HGB mangels Vollwertigkeit nicht mehr in voller Höhe aktiviert werden kann.[1270] Soweit eine solche Zahlung einem Treugeber direkt oder mittelbar zufließt, gilt es zu unterscheiden:

Ist der Treugeber an der Komplementärin direkt beteiligt, so unterliegt er den für diese anwendbaren Kapitalerhaltungsregeln mit der Folge, dass die Rechtsfolgen einer verbotenen Kapitalauszahlung ihn direkt treffen.[1271] Nichts anderes kann für den Fall gelten, dass der Treugeberkommanditist mittelbar als (qualifizierter) Treugeber an der Kapitalgesellschaft beteiligt ist, wenn und weil[1272] ihm dort wie ein Gesellschafter die Pflicht zur Kapitalerhaltung obliegt.[1273] Erfolgt die Zahlung aus dem Vermögen der KG, so hat ihr gegenüber die Erstattung zu erfolgen, da der Anspruch der Kapitalgesellschaft zum Gesamthandvermögen der KG gehört.[1274]

1268 Siehe hierzu oben, § 5, S. 121 ff.

1269 *Armbrüster*, S. 417 i.V.m. S. 410; *Tebben*, ZGR 2001, 586 (610); vgl. auch *Kümmerlein*, S. 162; allgemein zu Schadenersatzansprüchen der Gesellschaft als Sanktion für Treuepflichtverstöße der Gesellschafter MüKo/*Fleischer*, HGB, § 105 Rn. 333.

1270 BGH, NJW 1973, 1036 (1038); MünchHdb. Bd. 2/*Gummert*, § 54 Rn. 22.

1271 Allgemein für die Haftung von Direktkommanditisten in dieser Konstellation BGH, NJW 1973, 1036 (1038); MüKo/*Ekkenga*, GmbHG, § 30 Rn. 195; Scholz/*Verse*, GmbHG, § 30 Rn. 131.

1272 Dazu siehe sogleich unten, § 7C.II.2.c), S. 252 ff.

1273 So vermutlich auch Scholz/*Verse*, GmbHG, § 30 Rn. 131, der das Auszahlungsverbot analog anwenden will, wenn der Empfänger der Zahlung aus dem KG-Vermögen „weder unmittelbar noch mittelbar" an der Komplementär-GmbH beteiligt ist.

1274 BGH, NJW 1973, 1036 (1038).

Nach der von der Rechtsprechung vertretenen Ansicht haben auch Nur-Kommanditisten, zumindest im Fall einer Kapitalgesellschaft & Co. KG, in der kein persönlich haftender Gesellschafter eine natürliche Person ist,[1275] den Kapitalerhaltungsgrundsatz zu beachten und damit Zahlungen aus dem Vermögen der KG, die das Garantiekapital der Kapitalgesellschaft beeinträchtigen, zu erstatten.[1276] Nach vorzugswürdiger Ansicht werden nicht die Kapitalerhaltungsregeln auf die KG angewendet, sondern der Anwendungsbereich der für die Komplementärin geltenden Vorschriften auf die Nur-Kommanditisten erweitert.[1277] Ob es überzeugt, diesen eine Mitverantwortung für die Erhaltung des Garantiekapitals der Komplementärin aufzubürden, mag hier dahinstehen. Folgt man dieser Ansicht, wird man jedenfalls auch einen qualifizierten Treugeberkommanditisten der Kapitalerhaltungshaftung unterwerfen müssen, wenn sein wirtschaftliches Interesse an sowie seine Einwirkungsmöglichkeiten in der KG mit der Stellung eines typischen Kommanditisten vergleichbar ist,[1278] mithin die für die Kapitalerhaltungshaftung maßgeblichen Zurechnungskriterien in seiner Person erfüllt sind.[1279] Denn in diesem Fall besteht die Gefahr einer ungerechtfertigten Vermögensverschiebung zu Lasten der Gläubiger, der durch entsprechende Ausweitung des Anwendungsbereichs der Kapitalerhaltungsregeln auf die Kommanditisten einer Kapitalgesellschaft & Co. KG gerade entgegengewirkt werden soll.[1280]

1275 Kritisch zu dieser Einschränkung *Pöschke/Steenbreker*, NZG 2015, 614 (618).

1276 BGH, NJW 1990, 1725 (1728 f.); zustimmend *Altmeppen*, GmbHG, § 30 Rn. 172; Lutter/*Hommelhoff*, GmbHG, § 30 Rn. 64; teilweise werden zusätzliche Voraussetzungen gefordert: MüKo/*Ekkenga*, GmbHG, § 30 Rn. 197 [ein dem § 51a GmbHG entsprechendes Informationsrecht des Kommanditisten]; *Pöschke/Steenbreker*, NZG 2015, 614 (618 f.) [rechtliche oder faktische Möglichkeit der Einflussnahme auf die Geschäftsführung, um Auszahlungen zu veranlassen].

1277 MüKo/*Ekkenga*, GmbHG, § 30 Rn. 196; Michalski/*Heidinger*, GmbHG, § 30 Rn. 170; a.A. *K. Schmidt*, GesR, § 56 V 1b) [S. 1656].

1278 I.E. wohl ebenso *Altmeppen*, GmbHG, § 30 Rn. 175: „Nur-Kommanditisten und solche Dritte […], die ihnen bei wirtschaftlicher Betrachtung gleichzuachten sind"; auf Einwirkungsmöglichkeiten abstellend auch *Pöschke/Steenbreker*, NZG 2015, 614 (618 f.) [insb. die dortige Fn. 59], die jedoch die typischen Befugnisse eines Kommanditisten noch nicht als ausreichend erachten.

1279 So *Armbrüster*, S. 417 f.; siehe zur Einbeziehung des qualifizierten Treugebers in die §§ 30, 31 GmbHG sogleich unten, § 7C.II.2.c), S. 252 ff.

1280 Vgl. BGH, NJW 1990, 1725 (1729).

2. *Kapitalgesellschaft*

Eine zwingende unmittelbare Innenhaftung des qualifizierten Treugebers könnte dagegen im Kapitalgesellschaftsrecht auch über Schadenersatzpflichten hinaus angezeigt sein.

a) *Gründerhaftung*

Für die sogenannte Gründerhaftung in § 9a GmbHG und § 46 AktG enthält das Gesetz ausnahmsweise ausdrückliche Regelungen zur Haftung derjenigen, „für deren Rechnung" die Gesellschafter Geschäftsanteile beziehungsweise Aktien übernommen haben. Damit wird für die dort genannten Fälle[1281], unter anderem, dass zum Zwecke der Errichtung der Gesellschaft falsche Angaben gemacht werden (§ 9a Abs. 1 GmbHG, § 46 Abs. 1 Satz 1 AktG) oder die Gesellschaft durch Einlagen oder Gründungsaufwand geschädigt wird (§ 9a Abs. 2 GmbHG, § 46 Abs. 2 AktG), auch und gerade eine Haftung für Treugeber angeordnet.[1282]

Dem Wortlaut der Norm lässt sich nicht entnehmen, dass es dabei auf die konkrete Ausgestaltung eines Treuhänderverhältnisses, geschweige denn, wie dieses tatsächlich gelebt würde, ankäme.[1283] Soweit teilweise dennoch eine restriktive Auslegung derart gefordert wird[1284], dass der Treugeber Einfluss auf die Gründung genommen haben muss oder hätte nehmen können, widerspricht die damit verbundene Rechtsunsicherheit aufgrund von Abgrenzungsschwierigkeiten dem offensichtlichen Ziel des Gesetzgebers, zugunsten der Gesellschaft sowie ihren Gläubigern die ordnungsgemäße Kapitalaufbringung sicherzustellen und dafür auch jeglichen Beweisschwierigkeiten vorzubeugen.[1285] Das zeigt sich zum einen daran, dass die Kenntnis oder grob fahrlässige Unkenntnis des Gesellschafters oder Hintermannes über die die Haftung begründenden

1281 Zur nur im Aktienrecht geregelten Ausfallhaftung des § 46 Abs. 4 AktG siehe auch unten, § 7C.II.2.b)bb), S. 248 f.

1282 *Armbrüster*, GmbHR 2001, 1021 (1026); Lutter/Hommelhoff/*Bayer*, GmbHG, § 9a Rn. 13; *Tebben*, S. 366 f.; Henssler/Strohn/ *Schulenburg*, GesR, § 46 AktG Rn. 13.

1283 MüKo/*Herrler*; GmbHG, § 9a Rn. 28; Michalski/*Tebben/Kämper*, GmbHG, § 9a Rn. 17.

1284 Noack/Servatius/Haas/*Servatius*, GmbHG, § 9a Rn. 4; *K. Schmidt*, NJW 1980 1769 (1771); HCL/*Ulmer/Habersack*, GmbHG, § 9a Rn. 36.

1285 Vgl. MüKo/*Herrler*; GmbHG, § 9a Rn. 28; Lutter/Hommelhoff/*Bayer*, GmbHG, § 9a Rn. 13.

Umstände widerleglich vermutet wird (vgl. § 9a Abs. 3 und 4 GmbHG, § 46 Abs. 3 und 5 AktG). Zum anderen ist eine Exkulpation des Hintermannes gar nicht möglich, wenn schon die Verantwortlichkeit des Gesellschafters nicht widerlegt werden kann (§§ 9a Abs. 4 Satz 2 GmbHG, 46 Abs. 5 Satz 2 AktG).[1286] Der vom Gesetzgeber intendierte Zwang zur Einhaltung der Gründungsvorschriften[1287] soll dadurch verstärkt werden, dass es nicht möglich ist, sich durch Untätigkeit der Verantwortung zu entziehen.[1288] Richtigerweise trifft die Haftung deshalb schlicht jeden, dem der Geschäftsanteil oder die Aktie auch nur teilweise wirtschaftlich zuzurechnen ist,[1289] und somit einfache wie qualifizierte Treugeber gleichermaßen.[1290] Entscheidend für die Anwendung der §§ 9a Abs. 4 GmbHG, 46 Abs. 5 AktG dürfte dagegen der Zeitpunkt sein, in dem das Treuhandverhältnis begründet wird. Da auch Gesellschafter im Rahmen der Gründungshaftung nur dann verantwortlich sind, wenn sie die Anteile zum Zeitpunkt der Eintragung der Gesellschaft hielten,[1291] kann für den „Hintermann" nichts anderes gelten. § 9a Abs. 4 GmbHG muss über den Wortlaut hinaus deshalb voraussetzen, dass Geschäftsanteile für fremde Rechnung „bei Gründung" der Gesellschaft übernommen wurden, auch das Treuhandverhältnisses zum diesem Zeitpunkt also begründet war. Entsprechendes gilt für die Gründerhaftung im Aktienrecht.

Während dem Treugeber eine Kenntnis oder das Kennenmüssen des Treuhänders zwingend zugerechnet wird (§ 9a Abs. 4 Satz 2 GmbHG, § 46 Abs. 5 Satz 2 AktG), bleibt letzterem die Möglichkeit sich trotz Verantwortlichkeit des Treugebers zu exkulpieren.[1292] Dies wird ihm bei einer qualifizierten Treuhandgestaltung eher gelingen als bei einer einfachen, wenn und weil der Treugeber

1286 Hieraus leitet auch *Armbrüster*, S. 382 f., ab, dass es auf die Möglichkeit eines Einflusses auf den Gründungsvorgang nicht ankommen kann.

1287 BegrRegE, S. 35, enthalten in BR-Drucks. 404/77.

1288 MüKo/*Herrler*, GmbHG, § 9a Rn. 28; Lutter/Hommelhoff/*Bayer*, GmbHG, § 9a Rn. 13.

1289 Michalski/*Tebben/Kämper*, GmbHG, § 9a Rn. 17.

1290 *Ulmer*, FS Odersky (1996) 873 (881); vgl. auch *Armbrüster*, S. 382 f.; ders. GmbHR 2001, 1021 (1026).

1291 Lutter/Hommelhoff/*Bayer*, GmbHG, § 9a Rn. 2; Michalski/*Tebben/Kämper*, GmbHG, § 9a Rn. 16; K. Schmidt/Lutter/*Bayer*, AktG, § 46 Rn. 6.

1292 Eine Zurechnung der Bösgläubigkeit des Treugebers diskutierend, aber ablehnend, *Tebben*, S. 367.

hier durch die Möglichkeit der unmittelbaren Einflussnahme auf den Gründungsvorgang weniger auf dessen Mitwirkung angewiesen ist.[1293]

b) Kapitalaufbringung

aa) §§ 14, 19, 24 GmbHG

Die Rechtsprechung[1294] und ein Teil der Literatur[1295] bejahen bereits für den einfachen Treugeber eine unmittelbare Verpflichtung zur Erbringung der Einlage auf den Geschäftsanteil und für die in § 24 GmbHG normierte Ausfallhaftung. Dafür wird größtenteils auf den Gläubigerschutz rekurriert.[1296] Der Bundesgerichtshof betont dabei die Zumutbarkeit der Haftung des Treugebers, denn dieser hätte kein berechtigtes Interesse, bloß mittelbar für die Kapitalaufbringung einstehen zu müssen.[1297] Zudem habe der Gesetzgeber in § 9a Abs. 2 GmbHG sowie § 46 Abs. 5 AktG nur einen allgemeinen Rechtsgedanken normiert, nach dem auch Hintermänner in die Finanzierungsverantwortung der Kapitalgesellschaft miteinbezogen seien.[1298] Weiter wird vorgebracht, eine entsprechende Haftung sei die zwingende Kehrseite der Möglichkeit, die Mitgliedschaftsrechte (zumindest mittelbar) ausüben zu können sowie des damit verbundenen wirtschaftlichen Interesses an der Gesellschaft.[1299] Teilweise wird explizit auf die Einwirkungsmacht abgestellt.[1300] Daher würden nicht einfache,

---

1293 Vgl. zu dieser Argumentation auch Michalski/*Tebben/Kämper*, GmbHG, § 9a Rn. 17, für die Entlastungsmöglichkeit des eines einfachen Treuhänders ohne tatsächlichen Einfluss.

1294 BGH, NJW 1960, 285 (286 f.); NJW 1992, 2023 (2024 f.); OLG Hamburg, BB 1984, 1253; a.A. OLG Düsseldorf, BeckRS 1991, 00560 [Rn. 26 ff.]; *Ulmer*, FS Odersky (1996), 873 (887), deutet die BGH-Rechtsprechung aus dem Jahre 1992 allerdings so, dass nach dieser nur der qualifizierte Treugeber in die Kapitalaufbringung unmittelbar einzubeziehen sei (anders jedoch noch in ZHR 156 (1992), 377 (379)).

1295 Lutter/Hommelhoff/*Bayer*, GmbHG, § 14 Rn. 27; Rowedder/Pentz/*Pentz/Maul*, GmbHG, § 24 Rn. 18; a.A. *Armbrüster*, GmbHR 2001, 1021 (1026 f.); *Ballerstedt*, JZ 1960, 513 (514 ff.); Michalski/*Ebbing*, GmbHG, § 24 Rn. 45; *Tebben*, S. 393 ff.; *Ehlke*, DB 1985, 795 ff.

1296 BGH, NJW 1960, 285 (286); NJW 1992, 2023 (2024); OLG Hamburg, BB 1984, 1253 (1253 f.); Lutter/Hommelhoff/*Bayer*, GmbHG, § 14 Rn. 27.

1297 BGH, NJW 1992, 2023 (2024).

1298 BGH, NJW 1960, 285 (287) [bezogen auf § 39 AktG i.d.F. von 1937 (RGBl. I S. 107 ff.)]; *Canaris*, FS Fischer (1979), 31 (40) [bezogen auf § 46 Abs. 5 AktG].

1299 BGH, NJW 1992, 2023 (2024 f.); Lutter/Hommelhoff/*Bayer*, GmbHG, § 14 Rn. 27.

1300 *Peters*, S. 51 ff.; MüKo/*K.Schmidt*, HGB, vor § 230 HGB Rn. 60; ders., GesR, § 61 III 3b) [S. 1832].

wohl aber qualifizierte Treugeber zur Kapitalaufbringung herangezogen werden müssen.[1301] Dieses Ergebnis begründet namentlich *Ulmer* mit der Anwendung des § 18 Abs. 2 GmbHG.[1302]

Eine Haftung des Treugebers anstelle des Treuhänders wird zu Recht nicht ernsthaft erwogen.[1303] So gehen die oben genannten Ansichten allesamt von einer – in der Regel gesamtschuldnerischen, nur ausnahmsweise subsidiären[1304] – Haftung des Treugebers neben dem Treuhänder aus. Die ordnungsgemäße Kapitalaufbringung darf im Sinne des Gläubigerschutzes, den die §§ 19 (Abs. 2 – 6), 24 GmbHG bezwecken,[1305] nicht dadurch gefährdet werden, dass Unsicherheit über die Person des Schuldners herrscht.[1306] Die Gesellschafterliste bezweckt und gewährleistet, dass der Gesellschaft – und mittelbar auch ihren Gläubigern – ein problemlos zu identifizierender Schuldner für die Aufbringung des Stammkapitals zur Verfügung steht (vgl. § 16 Abs. 1 Satz 1 GmbHG).[1307] Deshalb muss jedenfalls der Treuhänder als formaler Gesellschafter als Haftungssubjekt für die Kapitalaufbringung dienen.[1308] Es stellt sich mithin nur die Frage, ob neben dem Treuhänder auch Treugeber, oder zumindest qualifizierte Treugeber, zur Erbringung der ihnen wirtschaftlich zugeordneten Einlage unmittelbar herangezogen werden können und zudem auch für den Ausfall anderer Gesellschafter nach § 24 GmbHG haften.

Für die Beantwortung dieser Frage erweist sich der Hinweis darauf, dass der Gesetzgeber eine unmittelbare Verantwortung von Treugebern für die Einhaltung der Gründungsvorschriften in § 9a Abs. 4 GmbHG und § 46 Abs. 5 AktG vorgesehen hat, als wenig hilfreich.[1309] Weder kann in der speziell für die Gründerverantwortlichkeit getroffenen Regelung die Normierung eines allgemeinen

---

1301 So HCL/*Ulmer/Löbbe*, GmbHG, § 2 Rn. 73.

1302 *Ulmer*, FS Odersky (1996), 873 (894).

1303 Vgl. auch MüKo/*Schütz*, GmbHG, § 24 Rn. 47: „unbestritten".

1304 So MüKo/*K.Schmidt*, HGB, vor § 230 HGB Rn. 60.

1305 Michalski/*Ebbing*, GmbHG, § 19 Rn. 1; § 24 Rn. 3; Noack/Servatius/Haas/*Servatius*, GmbHG, § 19 Rn. 2.

1306 Ebenso BGH, NJW 1960, 285 (286); *Armbrüster*, S. 383.

1307 BGH, NJW-RR 2015, 659 (660) [Rn. 21]; MüKo/*Heidinger*, GmbHG, § 40 Rn. 10.

1308 BGH, NJW 1960, 285 (286); *Tebben*, S. 368 f.

1309 *Tebben*, S. 395 [dort Fn. 185], weist in diesem Zusammenhang zutreffend auf den allgemein geringen argumentativen Wert von Rückschlüssen aus dem Bestehen oder Nichtbestehen bestimmter Normen hin.

Grundsatzes gesehen werden,[1310] noch kann ein Umkehrschluss überzeugen, nach dem das Schweigen des Gesetzes zu der Haftung von Hintermännern in den §§ 19, 24 GmbHG dahingehend zu werten sei, dass der Gesetzgeber solche Personen außerhalb der Gründerhaftung bewusst nicht unmittelbar in die Pflicht nehmen wolle[1311]: § 9a GmbHG ist mit den im GmbHG normierten Haftungstatbeständen zur Kapitalaufbringung nicht vergleichbar. Denn während § 9a GmbHG zumindest deliktsähnlich ausgestaltet ist[1312], indem es sich um eine verschuldensabhängige Haftung für deliktische Verhaltensweisen handelt, knüpft die Pflicht zur Erbringung der eigenen Einlage wie auch die Ausfallhaftung in § 24 GmbHG allein an die Verbandszugehörigkeit an.[1313]

Als Begründung für die unmittelbare Einbeziehung qualifizierter Treugeber in die Kapitalaufbringung kann auch nicht alleine angeführt werden, dem Treugeber wäre eine unmittelbare Haftung aufgrund seines wirtschaftlichen Interesses an der Gesellschaft grundsätzlich zumutbar:[1314] Wenn die Auslegung des Gesellschafts- oder Treuhandvertrages ergibt, dass die Beteiligten eine unmittelbare Haftung der Treugeber nicht wollen, bedarf es vor dem Hintergrund, dass die Unbeachtlichkeit dieses Willens ein Einschnitt in die Privatautonomie bedeutet, der positiven Feststellung einer Gefährdung berechtigter Drittinteressen. Die Zumutbarkeit würde dann erst im Rahmen einer Interessenabwägung relevant.

Allerdings können die Bemühungen, eine zwingende unmittelbare Haftung eines Treugebers mit schutzwürdigen Interessen der Gesellschaftsgläubiger zu begründen, insgesamt nicht überzeugen. Im Gegensatz zum Personengesellschaftsrecht gewährt das Kapitalgesellschaftsrecht Gläubigerschutz dadurch, dass es die Aufbringung und Erhaltung des den Gesellschaftsgläubigern allein haftenden Gesellschaftsvermögens sicherzustellen versucht.[1315] Zutreffend ist

---

1310 OLG Hamburg, BB 1984, 1253; MüKo/*Heinze*, GmbHG, § 2 Rn. 176; *Roth/Thöni*, FS GmbHG (1992), 245 (267); *Singhof/Seiler*/Schlitt, Mittelbare Gesellschaftsbeteiligungen, Rn. 550.

1311 Ebenso BGH, NJW 1992, 2023 (2025); OLG Hamburg, BB 1984, 1253 (1254); *Ehlke*, DB 1985, 795 (796); *Tebben*, S. 395; für einen Umkehrschluss jedoch *Ulmer*, ZHR 156 (1992), 377 (383).

1312 Die Rechtsnatur der Gründerhaftung ist umstritten, vgl. dazu MüKo/*Herrler*, GmbHG, § 9a Rn. 6 f.; K. Schmidt/Lutter/*Bayer*, AktG, § 46 Rn. 2 m.w.N.

1313 OLG Düsseldorf, BeckRS 1991, 00560 [Rn. 27 f.]; HCL/*Ulmer/Löbbe*, GmbHG, § 2 Rn. 73; ähnlich auch *Ballerstedt*, JZ 1960, 513 (518).

1314 Vgl. ähnlich *Ulmer*, ZHR 156 (1992), 377 (384).

1315 *Wiedemann*, GesR I, § 10 I 2 [S. 518].

deshalb die im Zusammenhang mit hiesiger Problematik bei einfachen Treuhandverhältnissen von Befürwortern einer unmittelbaren Treugeberhaftung anzutreffende Aussage, das Privileg der Haftungsbeschränkung in der Kapitalgesellschaft erfordere im Gläubigerinteresse zwingend die Sicherstellung der Aufbringung und Erhaltung eines Haftungsfonds.[1316] Weiter heißt es, dieses Gläubigerinteresse könne durch die mittelbare Treugeberhaftung nicht in gleich effektiver Weise gewahrt werden, da die Gesellschaft den Einwendungen aus dem Treuhandverhältnis ausgesetzt sei und der Zugriff auf das Vermögen des Treugebers über eine Pfändung der Freistellungsansprüche eine „Verdoppelung der Prozesse und der Zwangsvollstreckung" bedeute.[1317]

Auch für die qualifizierte Treuhand ist zutreffend, dass mittelbare und unmittelbare Haftung nicht gleichwertig sind und daher eine mittelbare Haftung nicht den gleichen Gläubigerschutz bewirkt. Die praktischen Durchsetzungsschwierigkeiten fallen bei der qualifizierten Treuhand möglicherweise weniger ins Gewicht, da der Gesellschaft das Vorliegen eines Treuhandverhältnisses und die Identität des Treugebers bekannt ist, eine etwaige Anonymität von Treugebern die Durchsetzung daher nicht erschwert.[1318] Zudem könnte der Treuhänder schon aufgrund seiner gesellschaftsrechtlichen Treuepflicht dazu angehalten sein, seine Freistellungsansprüche an die Gesellschaft abzutreten, wodurch es nicht einmal zu einer Verdoppelung der Verfahren käme.[1319] Nach hier vertretener Auffassung ist die mittelbare Haftung jedoch nicht vollends gegen Störungen im Treuhandverhältnis immun.[1320] Hinzu kommt, dass die mittelbare Haftung dem Umfang nach hinter einer unmittelbaren Haftung entsprechend § 24 GmbHG zurückbleibt, denn es besteht kein Regressanspruch

---

1316 BGH, NJW 1992, 2023 (2024); *Timm*, EWiR 1992, 995.

1317 BGH, NJW 1992, 2023 (2024); zustimmend *Timm*, EWiR 1992, 995; ebenso Rowedder/Pentz/*Pentz/Maul*, GmbHG, § 24 Rn. 18. Eine unmittelbare Haftung wird mit Verweis auf die mittelbare Haftung dagegen abgelehnt bei *Armbrüster*, S. 386 ff.; ders. GmbHR 2001, 1021 (1027); Michalski/*Ebbing*, GmbHG, § 24 Rn. 45; *Ehlke*, DB 1985, 795 (799); Henssler/Strohn/*Verse*, GesR, § 24 GmbHG Rn. 5.

1318 So auch *Tebben*, S. 399; ausführlich zur Offenlegungsproblematik bei der einfachen Treuhand *Ehlke*, DB 1985, 795 (799 ff.).

1319 *Ehlke*, DB 1985, 795 (799).

1320 Siehe oben, § 7A.V.3., S. 203 ff.; a.A. gerade für die mittelbare Haftung im Rahmen der Kapitalaufbringung, weil der Einwendungsausschluss aus dem Rechtsgedanken des § 19 Abs. 2 GmbHG hergeleitet werden soll, *Armbrüster*, S. 386 f.; ders., GmbHR 2001, 1021 (1027); *Ehlke*, DB 1985, 795 (799 ff.); MüKo/*Heinze*, GmbHG, § 2 Rn. 178.

des Treuhänders gegen einen Treugeber für den Ausfall eines anderen Treugebers.[1321]

Indes bedarf es aber zunächst der Begründung, weshalb der vom Gesetzgeber intendierte Gläubigerschutz überhaupt eine Haftung von Treugebern, oder wenigstens qualifizierten Treugebern, erfordert. Erst danach würde die Frage tatsächlich relevant, ob hierzu eine mittelbare Haftung gegebenenfalls ausreiche.

Dass sich Personen an einer GmbH beteiligen, die möglicherweise von vornhinein oder zumindest bei späterer Fälligkeit nicht in der Lage sind, ihre gesamte Einlageschuld zu begleichen, ist im System der gesetzlichen Haftungsverfassung für Kapitalgesellschaften bereits angelegt.[1322] Diese Gefahr beruht auf dem Verzicht auf eine gesetzliche Volleinzahlungspflicht (vgl. § 7 Abs. 2 GmbHG). Der Gesetzgeber hat diese Schutzlücke im System der Kapitalaufbringung bewusst in Kauf genommen.[1323] Jeder Gläubiger einer GmbH trägt somit grundsätzlich das Insolvenzrisiko der Gesellschafter, soweit das Stammkapital noch nicht eingezahlt ist. Offenbar wird bei Strohmanngründungen oder sonstigen Treuhandgestaltungen diese Risiko allgemein als gesteigert angesehen.[1324] Diese zweifelhaften rechtspolitischen Erwägungen alleine können jedoch für die Begründung der Anwendung der Kapitalaufbringungsvorschriften über den Wortlaut hinaus nicht überzeugen.[1325] Das Gesetz bietet keine Anhaltspunkte dafür, dass Gläubiger darauf vertrauen dürften, dass andere Personen als die Gesellschafter das in der Satzung ausgewiesene Stammkapital aufbringen.[1326] Immerhin sind es auch (nur) die Gesellschafter, deren Identität in der Satzung oder wenigstens in der Gesellschafterliste publiziert wird.[1327]

1321 Siehe oben, § 7A.V.2, S. 201 ff.

1322 Vgl. auch *Ballerstedt*, JZ 1960, 513 (515).

1323 Siehe BegrRegE, BT-Drucks. 8/1347, S. 32.

1324 So eindeutig OLG Hamburg, BB 1984, 1253; die gleiche Beobachtung macht *Ulmer*, ZHR 156 (1992), 377 (382); kritisch zu einer solchen Pauschalisierung *Ballerstedt*, JZ 1960, 513 (514); *Ehlke*, DB 1985, 795.

1325 Ähnlich *Ballerstedt*, JZ 1960, 513 (514); *Ulmer*, ZHR 156 (1992), 377 (381). Gleichwohl ist die für die Rechtsfortbildung notwendige Lückenfeststellung immer ein „rechtspolitischer Akt", *Rüthers/Fischer/Birk*, Rechtstheorie, Rn. 873, und macht diese nicht per se unzulässig, vgl. auch *Röhl/Röhl*, S. 625: Lückenfeststellung ist Wertung.

1326 OLG Düsseldorf, BeckRS 1991, 00560 [Rn. 28].

1327 *Ehlke*, DB 1985, 795 (798 f.), der aber auch darauf hinweist, dass die Persönlichkeit eines GmbH-Gesellschafters eine nur untergeordnete Rolle spiele; dass die Gesellschafterliste auch dem Gläubigerschutz dient, erkennen MüKo/*Heidinger*,

Weiter lässt sich den gesetzlichen Vorschriften auch sonst nicht entnehmen, dass qualifizierte Treugeber aufgrund ihrer Rechtstellung zwingend für die Kapitalaufbringung verantwortlich zeichnen müssten. § 24 GmbHG knüpft schlicht an die Gesellschafterstellung an. Somit ist jeder einzelne Gesellschafter, wenn auch nur subsidiär, der Gesellschaft gegenüber für die Aufbringung des gesamten Stammkapitals verantwortlich.[1328] Daraus wird teilweise gefolgert, dass das mit der Zugehörigkeit zum Verband typischerweise einhergehende wirtschaftliche Interesse sowie die Einwirkungsmacht zwingend zu einer Finanzierungsverantwortung führe.[1329] Folgerichtig müsste man dann auch den qualifizierten Treugeber, der das tatsächliche wirtschaftliche Interesse an der Gesellschaft besitzt und ebenfalls auf diese, regelmäßig sogar unmittelbar, einwirken kann, gleichermaßen eine Finanzierungsverantwortung auferlegen. Überdies wäre das dogmatisch noch mit der hier vertretenen Ansicht begründbar, dass ein qualifizierte Treugeber selbst als Verbandsmitglied anzusehen ist.[1330] Damit würde aber unterstellt, dass § 24 GmbHG der Gesellschaft nicht bloß leicht zu identifizierende Schuldner an die Hand geben will, sondern gerade deswegen an die Gesellschaftereigenschaft anknüpfe, weil diese bei der typischen Ausgestaltung mit einer gewissen Einwirkungsmacht verbunden ist.[1331] Für die in § 9a GmbHG normierte und an ein vermutetes Verschulden anknüpfende Gründerhaftung ergibt das Sinn, der Gesetzgeber begründete die dortige Einbeziehung von Treugebern gar explizit mit diesem Umstand.[1332] Für die Ausfallhaftung des § 24 GmbHG ist dagegen nicht ersichtlich, warum sich diese aus der Möglichkeit einer Einflussnahme auf die Gesellschaft oder die Mitgesellschafter rechtfertigen solle. Sie setzt voraus, dass der jeweilige Anteilsinhaber als primärer Schuldner wegen Zahlungsunfähigkeit ausfällt.[1333]

GmbHG, § 40 Rn. 5; HCL/*Paefgen*, GmbHG, § 40 Rn. 26; Scholz/*Seibt*, GmbHG, § 40 Rn. 3.

1328 HCL/*Leuschner*, GmbHG, § 24 Rn. 44.

1329 HCL/*Ulmer/Löbbe*, GmbHG, § 2 Rn. 73.

1330 In diese Richtung *Ulmer*, ZHR 156 (1992), 377 (390), ders., FS Odersky (1996), 873 (894), der wegen der Verbandsmitgliedschaft auf einen „besonderen Zuordnungsgrund" verzichten will und seine Ansicht zusätzlich mit § 18 Abs. 2 GmbHG begründet, dazu sogleich.

1331 Vgl. *Ehlke*, DB 1985, 795 (798).

1332 BegrRegE, S. 35, enthalten in BR-Drucks. 404/77.

1333 Die Subsidiarität setzt neben einem erfolglosen Kaduzierungsverfahren auch die Zahlungsunfähigkeit des Kaduzierten voraus, siehe nur Michalski/*Ebbing*, GmbHG, § 24 Rn. 18; MüKo/*Schütz*, GmbHG, § 24 Rn. 21 ff.

Auf die Solvenz des jeweils anderen können die Gesellschafter aber keinen Einfluss nehmen, weshalb sich aus der Einwirkungsmacht alleine nicht die Verantwortung für die Aufbringung der Stammeinlage der Mitgesellschafter begründen lässt. Wenig überzeugen kann in diesem Zusammenhang auch die Argumentation, die Haftung rechtfertige sich daraus, dass man auf die Wahl der Mitgesellschafter hätte Einfluss nehmen können und deren Bonität beim Erwerb der Gesellschafterstellung überprüfen könne.[1334] Dieser Argumentation steht entgegen, dass § 24 GmbHG nicht den Zeitpunkt, währenddessen der zur Ausfallhaftung Verpflichtete die Stellung als Gesellschafter innehaben muss, regelt und daher zumindest derjenige nicht soll haften müssen, der vor Fälligkeit der Einlagenschuld des ausfallenden Gesellschafters aus der GmbH ausgeschieden ist.[1335] Würde sich die Verantwortung des Gesellschafters daraus ergeben, dass er Einfluss auf die Wahl der Mitgesellschafter nehmen konnte, wäre nicht ersichtlich, weshalb er sich dieser Verantwortung durch Ausscheiden soll entledigen können.

Es zeigt sich also ein relevanter Unterschied zur sogleich zu erörternden Kapitalerhaltungshaftung:[1336] Dort rechtfertigt insbesondere die mit der typischen Gesellschafterstellung verbundene Einwirkungsmacht die Vermutung, dass der Gesellschafter den Abfluss bereits gebundenen Vermögens veranlasst hat und somit seine Stellung als Rückzahlungsschuldner.[1337] Die im GmbH-Recht normierte Ausfallhaftung gemäß § 31 Abs. 3 GmbHG kann daher damit begründet werden, dass Gesellschafter aufgrund ihrer Einwirkungsmacht von vornhinein angehalten werden sollen, ungerechtfertigte Vermögensabflüsse zu verhindern. Aufgrund dieses Unterschieds kann es nicht überzeugen, wenn für eine Einbeziehung eines Treugebers in die Kapitalaufbringungshaftung angeführt wird,[1338] es müsse hier das gleiche gelten wie im Rahmen der Kapitalerhaltungshaftung.[1339]

Endlich ist noch anzuführen, dass auch und gerade im Kapitalgesellschaftsrecht ein allgemeines Rechtsprinzip, nach dem Einwirkungsmacht und Haftung

---

1334 So aber *Peters*, S. 51.

1335 BGH, NJW 1996, 2306 (2307); NJW 2015, 2731 [Rn. 9]; Noack/Servatius/Haas/*Kersting*, GmbHG, § 24 Rn. 6.

1336 Zur Kapitalerhaltung siehe mit entsprechenden Nachweisen unten, § 7C.II.2.c), S. 252 ff.

1337 Vgl. MüKo/*Ekkenga*, GmbHG, § 30 Rn. 175.

1338 So BGH, NJW 1992, 2023 (2025).

1339 I.E. ebenso *Tebben*, S. 394 f.

korrelieren müssten, nicht positiv normiert ist und nicht als Begründung herangezogen werden kann.[1340]

Weiter gilt für den Fall, dass dem qualifizierten Treugeber die Vermögensrechte aus dem Geschäftsanteil unmittelbar zustehen, das im Rahmen der Außenhaftung gesagte entsprechend:[1341] In der Gesellschaft gebundenes Vermögen unterliegt nach einem Übergang in das Privatvermögen des Gesellschafters dort keinerlei Sicherungen zugunsten der Gesellschaft und deren Gläubiger.[1342] Diese dürfen also nicht darauf vertrauen, dass ein Gesellschafter gerade deshalb in der Lage ist seine Einlage zu erbringen, weil ihm die Vermögensvorteile der Beteiligung zufließen.[1343]

Zuletzt kann auch die von *Ulmer* befürwortete Heranziehung des § 18 Abs. 2 GmbHG nicht überzeugen.[1344] Nach dieser Norm haften „Mitberechtigte" an einem Geschäftsanteil für die auf den Anteil zu bewirkenden Leistungen gesamtschuldnerisch. Zunächst unterscheidet sich das hier vertretene Modell von dem dogmatischen Verständnis *Ulmers*[1345] gerade darin, als dass hier von zwei verschiedenen Mitgliedschaften im Hinblick auf den Treugeber und den Treuhänder auszugehen ist, während nach *Ulmer* eine „Mitberechtigung von zwei (oder mehr) Personen am einheitlichen Gesellschaftsanteil" vorläge.[1346] Darüber hinaus erschöpft sich die Regelung des § 18 Abs. 2 GmbHG in der Anordnung einer Gesamtschuld. Dass die Mitberechtigten überhaupt haften, ergibt sich bereits daraus, dass sie als Anteilsinhaber jeweils Gesellschafter[1347] sind, mithin aus der jeweiligen Anspruchsnorm selbst.[1348] Eine Wertung kann der Regelung daher nicht entnommen werden.

1340 Vgl. *Armbrüster*, S. 378 f.; a.A. *Timm*, EWiR 1992, 995.

1341 Siehe oben, § 7B.II.2.b)aa), S. 220 ff.

1342 Vgl. in einem anderen, aber ähnlichen Zusammenhang *Ehlke*, DB 1985, 795 (802): Das GmbHG sieht keine Sanktionen gegen eine allgemeine Vermögensverminderung vor.

1343 *Ehlke*, DB 1985, 795 (798), führt aus, dass ein solches Vertrauen tatsächlich bestünde und in Treuhandfällen enttäuscht werden könne, äußert sich aber nicht dazu, ob das Vertrauen gerechtfertigt ist.

1344 I.E. auch MüKo/*Heinze*, GmbHG, § 2 Rn. 177; *Tebben*, S. 398 f.

1345 Hierzu siehe bereits oben § 3C.II.2.c), S. 91 f.

1346 *Ulmer*, ZHR 156 (1992), 377 (388).

1347 Lutter/Hommelhoff/*Bayer*, GmbHG, § 18 Rn. 4; MüKo/*Reichert/Weller*, GmbHG, § 18 Rn. 42 ff.; Henssler/Strohn/*Verse*, GesR, § 18 GmbHG Rn. 4.

1348 So auch *Tebben*, S. 399.

Gewiss kann es Fälle geben, in denen Treuhandkonstellationen keinem redlichen Zweck dienen und bewusst in nicht hinnehmbarer Weise dazu genutzt werden, die Kapitalaufbringungsvorschriften zu umgehen. Diese Fälle dürften wertungsmäßig vergleichbar sein mit verschiedenen Konstellationen, die allgemein als „Durchgriffsproblem" diskutiert werden,[1349] insbesondere wegen Rechtsformmissbrauchs oder materieller Unterkapitalisierung. Wie dem Gläubigerschutz im Rahmen dieser Konstellationen Rechnung getragen werden soll, ist hoch umstritten.[1350] Für den hiesigen Fall erscheint es vorzugswürdig, die Treugeber nach § 826 BGB für eine sittenwidrige Schädigung der Gesellschaftsgläubiger haften zu lassen.[1351] Rechtsfolge müsste dann unter anderem eine Ausfallhaftung gegenüber der GmbH sein, denn nach dem Gedanken der Naturalrestitution, die grundsätzlich für Verstöße gegen § 826 BGB vorgesehene Rechtsfolge,[1352] müssen sich die Treugeber so behandeln lassen, als wären sie der Gesellschaft als Gesellschafter mit allen Rechten und Pflichten beigetreten. Schädigendes Verhalten ist nämlich gerade das Vorschieben eines vermögenslosen Treuhänders.

Insgesamt lässt sich also festhalten, dass Anteilstreugeber grundsätzlich weder direkt für die Erbringung der ihnen wirtschaftlich zuzurechnenden Stammeinlage von der GmbH herangezogen werden können noch der Ausfallhaftung nach § 24 GmbH unterliegen, soweit eine solche Verpflichtung nicht rechtsgeschäftlich begründet ist. Eine qualifizierte Rechtstellung eines GmbH-Anteilstreugebers führt zu keinem anderen Ergebnis.

bb) Einlageverpflichtung im Aktienrecht

Im Aktienrecht existiert keine verschuldensunabhängige Haftung für den Ausfall anderer Aktionäre im Rahmen der Kapitalaufbringung.[1353] Dafür geht die dortige Gründerhaftung über die des GmbH-Rechts hinaus: Die Gründer

---

1349 Eine umfassende Darstellung der Durchgriffsproblematik findet sich bei *K. Schmidt*, GesR, § 9 [S. 217 ff.].

1350 Siehe dazu insbesondere die Darstellung bei Michalski/*Lieder*, GmbHG, § 13 Rn. 331 ff.

1351 So auch *Ballerstedt*, JZ 1960, 513 (514 f.), der allgemein von einer Haftung nach § 826 BGB wegen „sittenwidriger Täuschung der Öffentlichkeit über das Vorhandensein eines in Höhe des Stammkapitals kreditwürdigen Unternehmens" spricht.

1352 Siehe nur Schulze/*Staudinger*, BGB, § 826 Rn. 11; MüKo/*Wagner*, BGB, § 826 Rn. 57.

1353 MüKo/*Schütz*, GmbHG, § 24 Rn. 4.

haften gemäß § 46 Abs. 4 AktG gesamtschuldnerisch für einen Ausfall der AG, der aufgrund der Zahlungsunfähigkeit oder aufgrund der Leistungsunfähigkeit bei Sacheinlagen eines Aktionärs entstanden ist. Voraussetzung ist aber auch, dass sie die Beteiligung des Aktionärs in Kenntnis der Zahlungs- beziehungsweise Leistungsunfähigkeit angenommen haben. Auch diese spezielle Gründerverantwortlichkeit obliegt entsprechend den obigen Erörterungen[1354] jeglichen Treugebern als Hintermänner gemäß § 46 Abs. 5 AktG.[1355]

Es bleibt aber die Frage, ob ein (qualifizierter) Treugeber von der Aktiengesellschaft unmittelbar zur Zahlung der auf seine mittelbar gehaltenen Aktien anfallenden Einlage herangezogen werden kann. Diese Thematik war – soweit ersichtlich – noch nicht Gegenstand der Rechtsprechung und wurde auch in der Literatur nur ganz vereinzelt aufgenommen. Richtigerweise kann für die Einlageverpflichtung des Treugebers im Aktienrecht nichts anderes gelten als im Recht der GmbH.[1356] Die obige Argumentation gilt für das Aktienrecht entsprechend: Aus der Verantwortlichkeit für die deliktsähnliche[1357] Gründerhaftung kann nichts für die Einlagehaftung hergeleitet werden, das zu § 18 Abs. 2 GmbHG Gesagte gilt ebenso für § 69 AktG,[1358] die prägenden Merkmale einer qualifizierten Treuhand, nämlich die unmittelbare Einwirkungsmöglichkeit sowie die dingliche Inhaberschaft der Vermögensrechte durch den Treugeber zwingen auch im Aktienrecht nicht zu dessen Gleichstellung mit einem Gesellschafter im Rahmen der Einlagenhaftung, und auch darüber hinaus gibt es keinen Grund, dass Gläubiger darauf vertrauen dürften, dass das Grundkapital von Nichtgesellschaftern aufgebracht wird. Nach hier vertretener Ansicht kann eine Aktiengesellschaft daher weder den einfachen noch den qualifizierten Treugeber unmittelbar für die Einlagenhaftung in Anspruch nehmen.

cc) Vorbelastungs- und Verlustdeckungshaftung

Ausdruck des Kapitalaufbringungsgrundsatzes ist auch die richterrechtlich entwickelte Vorbelastungshaftung.[1359] Besteht im Zeitpunkt der Eintragung einer GmbH oder AG eine Unterbilanz, weil im Stadium der Vor-Gesellschaft bereits Geschäfte im Namen der Kapitalgesellschaft getätigt worden sind, durch die

1354 Zur Gründerhaftung siehe bereits oben, § 7C.II.2.a), S. 238 ff.

1355 So auch *Peters*, S. 53.

1356 So auch *Tebben*, S. 394, der damit eine unmittelbare Haftung im Ergebnis ablehnt.

1357 Die Rechtsnatur ist umstritten, dazu siehe bereits Nachweise in Fn. 1312.

1358 Siehe zu § 69 AktG nur MüKo/*Bayer*, AktG, § 69, dort insb. Rn. 5 und Rn. 30.

1359 MüKo/*Pentz*, AktG, § 41 Rn. 114.

das Stamm- beziehungsweise Grundkapital nicht mehr vollständig durch das Nettovermögen gedeckt ist, so haften Gesellschafter gegenüber der Kapitalgesellschaft anteilig auf Ausgleich der Differenz.[1360] Die zur Vorbelastungshaftung führende Verpflichtung der Vor-Gesellschaft durch ihr geschäftsführendes Organ setzt nach umstrittener, aber jedenfalls von der Rechtsprechung vertretenen Ansicht die Zustimmung der Gesellschafter voraus.[1361] Erfolgt diese Zustimmung durch qualifizierte Treugeber, könnte also deren Einwirkungsmacht ihre unmittelbare Verantwortlichkeit rechtfertigen. Dagegen spricht jedoch entscheidend, dass das Zustimmungserfordernis mit dem Schutz der Gesellschafter, und nicht der Gläubiger, begründet wird.[1362] Darüber hinaus ist auch – wie bei der Einlagenhaftung – nicht ersichtlich, wieso Gesellschaftsgläubiger eines besonderen Schutzes bedürften.[1363] Abermals gilt, dass sie so oder so mittelbar das Risiko der Zahlungsunfähigkeit der Gesellschafter zu tragen haben. Dass sich dieses Risiko dadurch erhöht, dass die Gesellschafter zusätzlichen Ansprüchen aus der Vorbelastungshaftung ausgesetzt sind, ist die typische Folge aus der Aufgabe des Vorbelastungsverbots[1364] und betrifft jeden Kapitalgesellschaftsgläubiger unabhängig davon, ob an der Gesellschaft qualifizierte Treugeber beteiligt sind oder nicht.

Die Gläubiger der (wirksam entstandenen) Kapitalgesellschaft müssen hingegen davor geschützt werden, dass die qualifizierten Treugeber ihre Einwirkungsmacht ausnutzen, um den ungerechtfertigten Abfluss bereits im Gründungsstadium der Kapitalgesellschaft real gebundenen Vermögens zu veranlassen. Hier steht insbesondere die Umgehung der Vorschriften im Raum, die zum Zeitpunkt der Anmeldung der Gesellschaft die Einzahlung bestimmter Mindestbeträge des Garantiekapitals vorschreiben (§ 7 Abs. 2 und 3 GmbHG,

---

1360 BGH, NJW 1981, 1373 (1376); die zur GmbH entwickelte Vorbelastungshaftung gilt auch in der AG, siehe nur *Koch*, AktG, § 41 Rn. 8 m.w.N.

1361 BGH, NJW 1981, 1373 (1375); zustimmend *Koch*, AktG, § 41 Rn. 11; HCL/*Ulmer*/*Habersack*, GmbHG, § 11 Rn. 68; a.A. Scholz/*K. Schmidt*, GmbHG, § 11 Rn. 72 f.; MüKo/*Pentz*, AktG, § 41 Rn. 35.

1362 *Koch*, AktG, § 41 Rn. 11; HCL/*Ulmer*/*Habersack*, GmbHG, § 11 Rn. 68.

1363 Die unmittelbare Verantwortlichkeit von einfachen Treugebern ebenfalls mit Verweis auf das entsprechende Ergebnis bei der Einlagenhaftung ablehnend *Armbrüster*, S. 391; ders., GmbHR 2001, 1021 (1028); mit dem bloßen Hinweis darauf, der Treugeber sei kein Gesellschafter, lehnt das OLG Oldenburg, NZG 2000, 378 (379), in einem *obiter dictum* wohl auch eine Vorbelastungshaftung ab; unklar, weil schlicht eine Haftung „im Grundsatz" befürwortend *Singhof*/*Seiler*/Schlitt, Mittelbare Gesellschaftsbeteiligungen, Rn. 550, 552.

1364 Hierzu MüKo/*Merkt*, GmbHG, § 11 Rn. 61 ff.

§§ 36a, 36 Abs. 2 AktG).[1365] Dieser Schutz wird jedoch dadurch gewährleistet, dass man bereits in der Vor-Gesellschaft die §§ 30 Abs. 1, 31 GmbHG, §§ 57, 62 AktG anwendet,[1366] die – wie sogleich zu zeigen sein wird – auch qualifizierte Treugeber unmittelbar verpflichten.

Geht die Gründung einer Kapitalgesellschaft hingegen über das Stadium der Anmeldung zur Eintragung nicht hinaus, haften die Gesellschafter einer Vorgesellschaft im Rahmen der sogenannten Verlustdeckungshaftung unbeschränkt für deren Verbindlichkeiten.[1367] Die Vorgesellschaft ist trotz der als Innenhaftung ausgestalteten Verlustdeckungshaftung[1368] – ein Umstand, der aber vor allem auf einen intendierten Gleichlauf mit der Vorbelastungshaftung zurückzuführen ist[1369] – eher mit einer Personengesellschaft vergleichbar.[1370] Für eine etwaige zwingende Haftung der qualifizierten Treugeber können hier deshalb die gleichen Erwägungen zu Grunde gelegt werden wie im Rahmen der Außenhaftung im Personengesellschaftsrecht.[1371] Wird die Vorgesellschaft nicht alsbald nach Scheitern der Eintragung oder Aufgabe der Eintragungsabsicht liquidiert, finden § 721 Satz 1 BGB bzw. § 126 Satz 1 HGB gar (unmittelbare) Anwendung.[1372] Den Gläubigern ist es möglich, Kenntnis darüber zu erlangen, dass sie mit einer noch nicht eingetragenen, das heißt erst in Gründung befindlichen Kapitalgesellschaft, Verträge schließen. Ihre schutzwürdigen Interessen gehen somit schon grundsätzlich nicht über die von Personengesellschaftsgläubigern hinaus. Eine zwingende unmittelbare Haftung qualifizierter Treugeber ist somit abzulehnen.[1373] Zu beachten ist jedoch: Ergibt sich aus der

---

1365 Vgl. *Theobald*, S. 107 ff.

1366 So Scholz/*K. Schmidt*, GmbHG, § 11 Rn. 62; differenzierend *Theobald*, S. 107 ff., der vertritt, dass die Kapitalerhaltungsregelungen erst ab dem Zeitpunkt der Anmeldung und nur für den Umfang des zu diesem Zeitpunkt real aufgebrachten Kapitals gelten; unklar dagegen BGH, NJW 1981, 1373 (1374).

1367 BGH, NJW 1997, 1507; diese Rechtsprechung wird auf die AG übertragen, siehe nur *Koch*, AktG, § 41 Rn. 9a m.w.N.

1368 BGH, NJW 1997, 1507 (1508).

1369 BGH, NJW 1997, 1507 (1508).

1370 Vgl. *Altmeppen*, NJW 1997, 1509 (1510).

1371 Anders offenbar *Bayer/Pielka*, LM § 11 GmbHG, Nr. 42, Bl. 2, die den BGH dafür kritisieren, dass er bei der Verlustdeckungshaftung nur eine mittelbare Haftung von Hintermännern annimmt, obwohl er diese bei der Kapitalaufbringung und -erhaltung unmittelbar haften lasse.

1372 BGH, NJW 2003, 429 (429 f.).

1373 I.E. für einfache Treugeber auch BGH, NJW 2001, 2092; *Armbrüster*, S. 391; ders. GmbHR 2001, 1021 (1028).

für die spätere Kapitalgesellschaft vereinbarte Satzung oder aus den Treuhandverträgen, dass die Treugeber rechtsgeschäftlich die Haftung der Treuhänder mitübernommen haben, sollte das im Zweifel auch für die Vor-Gesellschaft gelten. Für einige Konstellationen wird vertreten, dass die Vor-Gesellschafter den Gläubigern ausnahmsweise direkt hafteten.[1374] Es ist nur konsequent, diese Außenhaftung sodann für die qualifizierten Treugeber ebenfalls anzunehmen, soweit sie auch im Innenverhältnis zur Gesellschaft gehaftet hätten.

Der Vollständigkeit halber sei erwähnt, dass eine Haftung nach § 11 Abs. 2 GmbHG oder § 41 Abs. 1 Satz 2 AktG für qualifizierte Treugeber nach allgemeinen Regeln in Betracht kommen kann, da hier nicht die Gesellschafterstellung Anknüpfungspunkt ist, sondern ein Handeln im Namen der Gesellschaft. Eine Anwendung auf Gesellschafter, und somit gegebenenfalls auch auf Treugeber, die einem Handeln im Namen der Gesellschaft lediglich zugestimmt haben, wird jedenfalls nach Wegfall des Vorbelastungsverbotes, soweit ersichtlich, nicht mehr vertreten.[1375]

c) Kapitalerhaltung

aa) §§ 30, 31 GmbHG

Für die GmbH ist der Kapitalerhaltungsgrundsatz vor allem in den §§ 30, 31 GmbHG, die im Interesse der Gesellschaftsgläubiger die Erhaltung des garantierten Stammkapitals bezwecken, normiert.[1376] Es gilt im Folgenden zu beantworten, ob und wann ein qualifizierter Treugeber neben oder anstelle des Treuhänders Schuldner eines Erstattungsanspruches aus § 31 Abs. 1 GmbHG, und ob er in die Ausfallhaftung des § 31 Abs. 3 GmbHG miteinzubeziehen ist. Da die Anspruchsgrundlagen in § 31 GmbHG gemäß dessen Absatz 1 eine verbotene Zahlung i.S.d. § 30 GmbHG tatbestandlich voraussetzen, stellt sich zunächst die „Vorfrage“, wann überhaupt ein Verstoß gegen § 30 GmbHG vorliegt, was insbesondere bei einer Zuwendung an einen Nichtgesellschafter einen besonderen Begründungsaufwand erfordert.[1377]

1374 Das betrifft insb. die Fälle der Ein-Mann-Vorgesellschaft, das Vorhandensein nur eines Gläubigers sowie einer masselosen Vor-GmbH, siehe BGH, NJW 1997, 1507 (1509); HCL/*Ulmer/Habersack*, GmbHG, § 11 Rn. 83 f.

1375 Ständige Rspr. seit BGH, NJW 1967, 828; K. Schmidt/Lutter/*Drygala*, AktG, § 41 Rn. 26; HCL/*Ulmer/Habersack*, GmbHG, § 11 Rn. 126, 133 ff.

1376 Siehe nur *Altmeppen*, FS Kropff (1997), 641 (643); Scholz/*Verse*, GmbHG, § 30 Rn. 1 f.

1377 Michalski/*Heidinger*, GmbHG, § 31 Rn. 13.

(1) Verstoß gegen § 30 GmbHG

Der Wortlaut des § 30 Abs. 1 GmbHG verbietet Zahlungen[1378] aus dem zur Erhaltung des Stammkapitals erforderlichen Vermögen an die Gesellschafter. Bedeutsam ist hier das Tatbestandsmerkmal „an die Gesellschafter". Dieses ist unstreitig erfüllt, wenn dem Treuhänder als Gesellschafter unmittelbar etwas zugewendet wird.[1379] Ob er diese Zuwendung an den Treugeber weiterleitet oder nicht, kann erst bei der Frage nach dem richtigen Schuldner des Erstattungsanspruches relevant sein.

Zur Gewährleistung der Effektivität der Kapitalerhaltungsregeln muss der Tatbestand über seinen Wortlaut hinaus auch in bestimmten Fällen als erfüllt angesehen werden, in denen eine Leistung unmittelbar einem Nichtgesellschafter zugewendet wird.[1380] Um eine Umgehung zu verhindern, werden Leistungen an Dritte dem Gesellschafter zugerechnet, wenn dieser dadurch einen eigenen Vermögensvorteil erlangt oder die Leistung zumindest veranlasst hat.[1381] Auf diese Weise wird teilweise auch bei direkter Zuwendung an einen einfachen Treugeber ein Verstoß gegen § 30 Abs. 1 GmbHG begründet: Weil der Treuhänder im Verhältnis zum Treugeber verpflichtet ist, die Vorteile der Gesellschafterstellung an diesen weiterzuleiten (vgl. § 667 BGB), stelle die unmittelbare Zuwendung an den Treugeber eine mittelbare Begünstigung des Treuhänders dar.[1382] Bei der qualifizierten Treuhand, in der der Treugeber häufig einen Anspruch aus abgetretenem Recht des Treuhänders direkt gegen die Gesellschaft hat,[1383] wird man das so nicht begründen können.[1384] Allerdings kann und sollte bereits in der Abtretung eine Veranlassung durch den Treuhänder

---

1378 Eine „Auszahlung" ist dem Sinn und Zweck entsprechend als jede vermögenswerte Zuwendung zu verstehen, die das Gesellschaftsvermögen verringern kann, vgl. nur *Fleck*, FS GmbHG (1992), 391 (399 f.); HCL/*Habersack*, GmbHG, § 30 Rn. 47; Lutter/Hommelhoff/*Hommelhoff*, GmbHG, § 30 Rn. 8.

1379 MüKo/*Ekkenga*, GmbHG, § 30 Rn. 160; Michalski/*Heidinger*, GmbHG, § 30 Rn. 114; Scholz/*Verse*, GmbHG, § 30 Rn. 50a.

1380 Vgl. Henssler/Strohn/*Fleischer*, GesR, § 30 GmbHG Rn. 12.

1381 MüKo/*Ekkenga*, GmbHG, § 30 Rn. 175; HCL/*Habersack*, GmbHG, § 30 Rn. 66 f.; Lutter/Hommelhoff/*Hommelhoff*, GmbHG, § 30 Rn. 20; Scholz/*Verse*, GmbHG, § 30 Rn. 35 ff.

1382 MüKo/*Ekkenga*, GmbHG, § 30 Rn. 160; HCL/*Habersack*, GmbHG, § 30 Rn. 72; BeckOK/*Schmolke*, GmbHG, Stand: 01.05.2024, § 30 Rn. 102.

1383 Siehe oben, § 3B.I.2, S. 58 sowie S. 89.

1384 So auch allgemein bei einer Zession des Anspruches, dessen Auszahlung gegen den Kapitalerhaltungsgrundsatz verstoße HCL/*Habersack*, GmbHG, § 31 Rn. 18.

gesehen werden, die es rechtfertigt, die Zuwendung als eine solche an den Gesellschafter zu beurteilen.[1385]

Darüber hinaus kommt in Betracht, eine das Stammkapital schmälernde Zuwendung an den qualifizierten Treugeber in analoger Anwendung des § 30 GmbHG als verboten anzusehen, ohne diese dem Treuhänder zuzurechnen. Es ist gerade die Rechtstellung der Gesellschafter, insbesondere deren wirtschaftliche Partizipation und grundsätzliche Möglichkeit, auf die Gesellschaft einzuwirken, die eine abstrakte und latente Gefahr begründet, dass das als Verlustpuffer dienende und zur vorrangigen Befriedigung der Fremdgläubiger bestimmte Stammkapital[1386] zugunsten privater Interessen der Gesellschafter verschoben wird.[1387] Diese Gefahr besteht ebenfalls bei einer Person, die eine gesellschafterähnliche Rechtstellung innehat, insbesondere Gesellschafterrechte, die eine Mitwirkung ermöglichen, ausüben kann.[1388] Eine solche Person wird daher zutreffend in analoger Anwendung des § 30 Abs. 1 Satz 1 GmbHG Gesellschaftern gleichgestellt.[1389] Auch qualifizierte Treugeber sind damit in der Regel passend beschrieben, sodass der Tatbestand ebenfalls dann erfüllt sein kann, wenn dem Treugeber etwas zugewendet wird, ohne dass es im Ausgangspunkt einer Zuwendung an den Treuhänder bedarf.[1390] Insbesondere Zahlungen an den Treugeber im Rahmen von Verkehrsgeschäften, die also nicht auf einen abgetretenen, gesellschaftsrechtlichen Anspruch des Treuhänders erfolgen, müssen folglich nicht zwingend dem Treuhänder zugerechnet werden, um den Tatbestand der verbotenen Auszahlung zu erfüllen. Auch *upstream loans*[1391] an den Treugeber, die von § 30 Abs. 1 Satz 1 GmbHG, wie sich aus Satz 2 Alt. 2 ergibt, erfasst sind, dürften damit entsprechend tatbestandlich erfasst sein.

Der Tatbestand des § 30 Abs. 1 Satz 1 GmbHG kann bei unmittelbarer Zuwendung an einen qualifizierten Treugeber mithin sowohl erfüllt sein, wenn

1385 Vgl. i.E. ebenso die Gesetzesbegründung der Verfasser des GmbHG, RT-Drucks. 1890/92, Aktenstück Nr. 660, S. 3746; auch MüKo/*Ekkenga*, GmbHG, § 30 Rn. 176; *Altmeppen*, GmbHG, § 30 Rn. 28.

1386 HCL/*Habersack*, GmbHG, § 30 Rn. 2 f.; Scholz/*Verse*, GmbHG, § 30 Rn. 2.

1387 Vgl. MüKo/*Ekkenga*, GmbHG, § 30 Rn. 166; *Grigoleit*, S. 85.

1388 MüKo/*Ekkenga*, GmbHG, § 30 Rn. 166; Scholz/*Verse*, GmbHG, § 30 Rn. 49.

1389 Vgl. BGH, NJW 1989, 982 (983), NJW-RR 2006, 760 (762) [Rn. 21 f.] jeweils für atypisch stille Beteiligungen; MüKo/*Ekkenga*, GmbHG, § 30 Rn. 166 ff.; Scholz/*Verse*, GmbHG, § 30 Rn. 49 ff.

1390 So bereits für einfache Treugeber BGH, NJW 2004, 1111.

1391 Vgl. dazu nur MüKo/*Ekkenga*, GmbHG, § 30 Rn. 211, 229.

und weil die Leistung dem Treuhänder zuzurechnen ist, als auch dadurch, dass man das Zahlungsverbot in entsprechender Anwendung der Norm auf qualifizierte Treugeber ausdehnt.[1392]

(2) Primärverantwortlichkeit nach § 31 Abs. 1 GmbHG

Dem Wortlaut des § 31 Abs. 1 GmbHG ist lediglich zu entnehmen, dass verbotene Rückzahlungen i.S.d. § 30 GmbHG der Gesellschaft zu erstatten sind. Wer Schuldner dieses Anspruches ist, regelt die Norm dagegen nicht.[1393] Aus einem Umkehrschluss zu Absatz 2 gewinnt man die Erkenntnis, dass der „Empfänger" die Zahlung zu erstatten hat, wobei die Anknüpfung an einen Verstoß gegen § 30 Abs. 1 GmbHG sowie der Wortlaut des § 31 Abs. 3 Satz 1 GmbHG, der die Ausfallhaftung der „übrigen" Gesellschafter anordnet, zeigt, dass damit in der Regel der Gesellschafter gemeint ist.[1394] Tatsächlich kommt man zu wertungsgerechten Ergebnissen, wenn man die Umstände, die dazu geführt haben, dass eine Leistung überhaupt als verbotene Zahlung anzusehen ist, auch bei der Bestimmung des Empfängers und somit des Rückzahlungsschuldners heranzieht.[1395] Damit ist zum einen der Gesellschafter bei direkter oder ihm zuzurechnender Zuwendung als Empfänger anzusehen.[1396] Zum anderen ist ein gesellschafterähnlicher Dritter, auf den § 30 GmbHG analog selbst angewendet wird, dann Rückzahlungsschuldner, wenn ihm ein Vermögensvorteil direkt zugewendet wurde oder ihm die Zuwendung an einen – sodann aus seiner Sicht – Dritten zuzurechnen ist.[1397]

Bei der qualifizierten Treuhand kann, wie oben dargestellt, der persönliche Anwendungsbereich des § 30 GmbH sowohl für den Treuhänder als Gesellschafter sowie für den Treugeber als gesellschaftergleicher Dritter eröffnet sein. Zur Rückzahlung nach § 31 Abs. 1 GmbHG ist jedenfalls derjenige verpflichtet, dem etwas unmittelbar aus dem Gesellschaftsvermögen zugewendet wurde.[1398]

1392 Vgl. ebenso für einfache Treuhandverhältnisse BeckOK/*Schmolke*, GmbHG, Stand: 01.05.2024, § 30 Rn. 101 f.

1393 *Peters*, S. 56.

1394 Michalski/*Heidinger*, GmbHG, § 31 Rn. 13; *Peters*, S. 56.

1395 Vgl. ebenso Noack/Servatius/Haas/*Servatius*, GmbHG, § 31 Rn. 9.

1396 BeckOK/*Schmolke*, GmbHG, Stand: 01.05.2024, § 31 Rn. 14, 19; Henssler/Strohn/*Fleischer*, GesR, § 31 GmbHG Rn. 9; nach *Peters*, S. 56 f., komme in diesen Fällen nur eine analoge Anwendung der Vorschrift in Betracht.

1397 BeckOK/*Schmolke*, GmbHG, Stand: 01.05.2024, § 31 Rn. 21.

1398 So i.E. für einfache Treuhandverhältnisse auch Henssler/Strohn/*Fleischer*, GesR, § 31 GmbHG Rn. 12; *Tebben*, S. 370 f., 404.

Jedoch kann die Zuwendung auch dem jeweils anderen zuzurechnen sein mit der Folge einer gesamtschuldnerischen Verantwortung.[1399]

(3) Anspruchsbeschränkung, § 31 Abs. 2 GmbHG

Sowohl der Treuhänder als auch der Treugeber können, falls beide als Empfänger anzusehen sind, jeweils für sich den Einwand des § 31 Abs. 2 GmbHG, sie hätten die Stammkapital schmälernde Leistung in gutem Glauben erhalten, geltend machen.[1400]

Es stellt sich die Frage nach einer gegenseitigen Zurechnung der Bösgläubigkeit. Eine solche wird allgemein nach den Grundsätzen der Wissenszurechnung, insbesondere nach § 166 BGB, für möglich gehalten.[1401] Der Rechtsgedanke des § 166 BGB lässt sich in der Tat bei einfachen Treuhandverhältnissen für eine Zurechnung vom Treuhänder auf den Treugeber heranziehen, weil er den allgemeinen Grundsatz konkretisiert, „daß derjenige, der einen anderen mit der Erledigung bestimmter Angelegenheiten in eigener Verantwortung beauftragt, sich das in diesem Rahmen erlangte Wissen des anderen zurechnen lassen muß“.[1402] Bei der qualifizierten Treuhand passt diese Zurechnungsnorm dagegen weniger, da dem Treugeber durch die Einbeziehung in das Verbandsverhältnis gerade in höherem Maße Eigenverantwortlichkeit eingeräumt wird, das Treuhandverhältnis im Innenverhältnis mehr oder weniger ignoriert werden soll. Eine Zurechnung der Bösgläubigkeit des Treuhänders an den Treugeber kann gleichwohl über § 404 BGB erfolgen, soweit der Treugeber aus abgetretenen Vermögensrechten eine Stammkapital schmälernde Zahlung empfängt.[1403]

Darüber hinaus wird man nach dem mutmaßlichen Willen der Beteiligten eine Zurechnung der Bösgläubigkeit, insbesondere vom Treugeber an den

---

1399 Die gesamtschuldnerische Haftung, wenn Treuhänder und Treugeber als Empfänger anzusehen sind, ist, soweit ersichtlich, unstreitig, siehe nur Henssler/Strohn/*Fleischer*, GesR, § 31 GmbHG Rn. 12; Michalski/*Heidinger*, GmbHG, § 31 Rn. 22.

1400 Allgemein für Fälle, in denen es zwei Leistungsempfänger gibt, HCL/*Habersack*, GmbHG, § 31 Rn. 36 f.

1401 MüKo/*Ekkenga*, GmbHG, § 31 Rn. 49; Scholz/*Verse*, GmbHG, § 31 Rn. 42.

1402 *Peters*, S. 61. Für einfache Treugeber wird eine Zurechnung der Bösgläubigkeit des Treuhänders auch sonst vielfach vertreten, z.B. von Noack/Servatius/Haas/*Servatius*, GmbHG, § 31 Rn. 18a; Henssler/Strohn/*Fleischer*, GesR, § 31 GmbHG Rn. 25.

1403 So allgemein für die Zurechnung gegenüber einem Zessionar als Empfänger und Rückzahlungsschuldner Michalski/*Heidinger*, GmbHG, § 31 Rn. 53; Lutter/Hommelhoff/*Hommelhoff*, GmbHG, § 31 Rn. 18.

Treuhänder, der im Innenverhältnis mehr oder weniger ignoriert werden soll, nicht zwingend konstruieren müssen. Tatsächlich spricht auch nicht etwa der Aspekt des Gläubigerschutzes dagegen, einen solchen Willen zu respektieren. Gläubigerschutz berücksichtigt § 31 Abs. 2 GmbHG bereits dadurch, dass die Anspruchsbeschränkung nur so weit reicht, wie der Rückzahlungsanspruch zur Befriedigung der Gesellschaftsgläubiger nicht erforderlich ist.[1404] Die Anspruchsbeschränkung wirkt also von vornhinein nur zum Nachteil der Mitbeteiligten, die jedoch nicht schutzwürdig sind, da sie bei der qualifizierten Treuhand den Treugeber bewusst unter Beschneidung der Rechte des Treuhänders in den Verband einbezogen haben und ihn nur als technisches Mittel betrachten. Der Gesellschaft, den Gesellschaftern und Treugebern gegenüber ist es daher gerechtfertigt, dass der Treuhänder sich unter Umständen auf seine Gutgläubigkeit auch berufen kann.

(4) Ausfallhaftung nach § 31 Abs. 3 GmbHG

Liegt eine das Stammkapital schmälernde Zahlung nach § 30 GmbHG vor, so ordnet § 31 Abs. 3 GmbHG eine subsidiäre Verantwortung aller Gesellschafter gegenüber den Gesellschaftsgläubigern an. Rückzahlungen, die von dem primär haftenden „Empfänger" der Leistung nicht zu erlangen sind, müssen, soweit sie zur Befriedigung der Gläubiger erforderlich sind, von den übrigen Gesellschaftern quotal erbracht werden. Dass die Solidarhaftung nicht als „Sanktionsnorm für die Verletzung bestimmter Verhaltens- oder Überwachungspflichten" angesehen werden soll und insbesondere kein Verschulden voraussetzt,[1405] widerspricht nicht der Annahme, dass sie sich vor allem durch die einem Gesellschafter zustehenden Mitwirkungsrechte und die Möglichkeit der Einflussnahme auf Mitgesellschafter rechtfertigt[1406]. So wollten die Verfasser des GmbHG ausdrücklich bezwecken, dass die Gesellschafter „persönlich auf solide Geschäftsführung und vorsichtige Aufstellung der Bilanzen hin[...]wirken".[1407] Dieser präventiven Funktion[1408] der Norm wird man nur gerecht, wenn auch Treugeber, die verbandsintern wie Gesellschafter behandelt werden, insbesondere Einwirkungsbefugnisse ähnlich denen eines Gesellschafters haben,

1404 Vgl. zum Regelungszweck des § 31 Abs. 2 GmbHG MüKo/*Ekkenga*, § 31 Rn. 44.

1405 MüKo/*Ekkenga*, GmbHG, § 31 Rn. 54; vgl. auch *Ulmer*, ZGR 1985, 598 (601 f.).

1406 So *Reemann*, ZIP 1990, 1309 (1311); vgl. auch Michalski/*Heidinger*, GmbHG, § 31 Rn. 60; HCL/*Ulmer*/*Löbbe*, GmbHG, § 2 Rn. 73; krit. dagegen MüKo/*Ekkenga*, GmbHG, § 31 Rn. 54.

1407 RT-Drucks. 1890/92, Aktenstück Nr. 660, S. 3745.

1408 MüKo/*Ekkenga*, GmbHG, § 31 Rn. 54; Scholz/*Verse*, GmbHG, § 31 Rn. 47.

für den Ausfall der Gesellschafter und qualifizierten Mittreugeber haften.[1409] Eine nur mittelbare Haftung kommt wegen ihrer oben aufgezeigten Schwächen nicht in Betracht;[1410] insbesondere bei der Beteiligung mehrerer qualifizierter Treugeber über einen Treuhänder ist nach hier vertretener Ansicht eine Ausfallhaftung nur schwerlich zu konstruieren.[1411] Mangels eigener Kapitalbeteiligung bemisst sich die Quote eines Treugebers nach der Höhe des von ihm mittelbar gehaltenen Anteils, wobei in Höher dieser Quote eine gesamtschuldnerische Haftung mit dem Treuhänder anzunehmen ist.

bb) §§ 57, 62 AktG

Im Aktienrecht ist die Kapitalerhaltung vor allem durch die §§ 57, 62 AktG geregelt. Der Tatbestand einer verbotenen Kapitalrückzahlung nach § 57 AktG unterscheidet sich von jenem nach § 30 GmbHG im Wesentlichen nur darin, dass im Aktienrecht das Gesellschaftsvermögen in größerem Umfang vor dem Zugriff der Gesellschafter geschützt ist.[1412] Umfasst sind nicht nur Zahlungen, die das Grundkapital schmälern würden, sondern jegliche Zahlungen außerhalb eines rechtmäßig festgestellten Bilanzgewinns und auf Grundlage eines Gewinnverwendungsbeschlusses der Hauptversammlung, sofern nicht ausdrücklich gesetzlich gestattet.[1413] Für die Frage, ob und wann Zahlungen an qualifizierte Treugeber den Tatbestand erfüllen, kann daher auf die Ausführungen zum GmbH-Recht verwiesen werden; das gleiche gilt für die Bestimmung des

---

1409 Ebenso HCL/*Ulmer/Löbbe*, GmbHG, § 2 Rn. 73; *Ulmer*, FS Odersky (1996), 873 (894), stützt dieses Ergebnis auf § 18 Abs. 2 GmbHG (zu diesem Ansatz siehe bereits oben, S. 247); allgemein für die Einbeziehung der nach § 30 Abs. 1 GmbHG einem Gesellschafter gleichgestellten Personen MüKo/*Ekkenga*, GmbHG, § 31 Rn. 63; ohne Begründung für die Einbeziehung von Treugebern, wenn der Treuhand von den Mitgesellschaftern zugestimmt wurde Lutter/Hommelhoff/*Hommelhoff*, GmbHG, § 31 Rn. 21; mit den gleichen Gründen für die Einbeziehung einfacher Treugeber *Peters*, S. 63; gegen die Einbeziehung einfacher Treugeber mangels Zurechnungsgründe *Armbrüster*, S. 404; *Tebben*, S. 404; Scholz/*Verse*, GmbHG, § 31 Rn. 54.

1410 A.A. bei einfachen Treuhandverhältnissen HCL/*Habersack*, GmbHG, § 31 Rn. 48; *Tebben*, S. 405; Scholz/*Verse*, GmbHG, § 31 Rn. 54.

1411 Siehe oben, § 7A.V.2; S. 201 ff.

1412 Zum Vergleich der Vermögensbindung in GmbH und AktG Scholz/*Verse*, GmbHG, § 30 Rn. 7 ff.

1413 K. Schmidt/Lutter/*Fleischer*, AktG, § 57 Rn. 9; Grigoleit/*Grigoleit/Rachlitz*, AktG, § 57 Rn. 1.

richtigen Rückzahlungsschuldners für einen Anspruch der Aktiengesellschaft nach § 62 AktG.[1414]

Der Gutglaubensschutz des § 62 Abs. 1 Satz 2 AktG unterscheidet sich von dem des § 31 Abs. 2 GmbHG. Einerseits geht er weiter, weil im Falle der Gutgläubigkeit der Erstattungsanspruch nicht nur beschränkt, sondern ausgeschlossen ist. Andererseits werden höhere Anforderungen an die Gutgläubigkeit gestellt[1415] und der Anwendungsbereich beschränkt sich auf Auszahlungen im Hinblick auf einen vermeintlichen Dividendenanspruch[1416]. Letzteres hat zur Folge, dass der Anspruchsausschluss von vornhinein gerade nur in dem Fall in Betracht kommt, in dem Treuhänder und Treugeber beide als Empfänger der verbotenen Zuwendung anzusehen sind, da die Leistung als vermeintliche Dividendenzahlung nach oben erörterten Grundsätzen immer dem jeweils anderen, nicht unmittelbaren Empfänger, wird zuzurechnen sein.[1417] Es gilt auch hier, dass grundsätzlich beiden Empfängern der Einwand der Gutgläubigkeit zusteht.[1418] Bei der Frage einer gegenseitigen Zurechnung der Bösgläubigkeit dürfen die Gläubigerinteressen an dieser Stelle jedoch nicht unberücksichtigt bleiben, weil der Rückzahlungsanspruch im Aktienrecht vollständig ausgeschlossen wird, und nicht nur soweit, wie eine Erstattung zur Befriedigung der Gläubiger nicht erforderlich ist. Deshalb dürfte zwar eine Zurechnung der Bösgläubigkeit des Treugebers an den Treuhänder nicht zwingend sein, da die Gläubiger mit der Möglichkeit eines Anspruchsausschlusses aufgrund der Gutgläubigkeit rechnen müssen und die Aktiengesellschaft mit dem Treugeber sogar einen Ersatzschuldner bekommt. Hingegen muss eine Zurechnung der Gutgläubigkeit des Treuhänders an den Treugeber, wie im Falle der Zession teilweise mit der Begründung, dass wegen eines Regressanspruches des Zessionars gegen den

---

1414 Für die Problematik bei einfachen Treuhandverhältnissen ebenfalls auf die entsprechende Lösung im GmbH-Recht verweisend *Peters*, S. 62; zwischen den §§ 30, 31 GmbHG und §§ 57, 62 AktG gar nicht unterscheidend *Tebben*, S. 369 ff., 402 ff.; vom Aktienrecht grundsätzlich auf das GmbH-Recht verweisend *Canaris*, FS Fischer (1979), 31 (54 ff.); vgl. für eine Übertragung der Rechtsprechung zum GmbH auf das Aktienrecht *Milde*, FS Konzen (2006), 541 (544).

1415 Bei § 62 Abs. 1 Satz 2 AktG liegt Bösgläubigkeit bereits bei leichter Fahrlässigkeit, bei § 31 Abs. 2 GmbHG nach h.M. dagegen erst bei grober Fahrlässigkeit vor, vgl. m.w.N. Scholz/*Verse*, GmbHG, § 31 Rn. 38.

1416 MüKo/*Bayer*; AktG, § 62 Rn. 65 ff.; Hölters/Weber/*Mayer/Albrecht vom Kolke*, AktG, § 62 Rn. 13.

1417 Siehe oben, S. 253 f.

1418 Vgl. MüKo/*Bayer*, AktG, § 62, Rn. 80; Hölters/Weber/*Mayer/Albrecht vom Kolke*, AktG, § 62 Rn. 16.

Zedenten letzterem der Schutz des § 62 Abs. 2 Satz 1 AktG genommen würde, vorgeschlagen wird,[1419] ausscheiden. Der Treuhänder wäre hier auch nicht schutzbedürftig, da dem Treugeber in diesem Falle kein Rückgriffsanspruch gegen ihn zustünde.[1420]

d) Schadenersatzansprüche

Auch gegenüber einer Kapitalgesellschaft kann sich der an ihr qualifiziert mittelbar beteiligte Treugeber schadenersatzpflichtig machen. Eine direkte Inanspruchnahme droht beispielsweise bei Verletzung der gegenüber der Gesellschaft bestehenden Treuepflicht.[1421]

Durch die Konzipierung der Existenzvernichtungshaftung als deliktische Haftung gemäß § 826 BGB[1422] lässt sich die direkte Inanspruchnahme eines qualifizierten Treugebers auch im Rahmen dieser nunmehr dogmatisch einfach begründen. Es ist nicht ersichtlich, weshalb der mögliche Täterkreis auf formalrechtliche Gesellschafter beschränkt sein sollte,[1423] sodass eine Haftung der Treugeber nicht bloß als Teilnehmer (§ 830 Abs. 2 BGB)[1424] in Betracht kommt.[1425] Zur Erfüllung des Tatbestands ist grundsätzlich jeder in der Lage, dem die tatsächliche Möglichkeit eines existenzvernichtenden Eingriffs gegeben ist; das setzt eine entsprechende Einflussmöglichkeit voraus[1426] sowie zur Begründung der Sittenwidrigkeit eine Pflicht, die Zweckbindung des Gesellschaftsvermögens zur vorrangigen Befriedigung der Gesellschaftsgläubiger zu

---

1419 BeckOGK/*Cahn*, AktG, Stand: 01.06.2024, § 62 Rn. 30; K. Schmidt/Lutter/*Fleischer*, AktG, § 62 Rn. 26.

1420 Dies sieht auch BeckOGK/*Cahn*, AktG, Stand: 01.06.2024, § 62 Rn. 30, als vorgenannter Vertreter für eine Zurechnung der Gutgläubigkeit in den Zessionsfällen so, wenn ein Regressanspruch des Zessionars gar nicht in Betracht kommt.

1421 *Tebben*, ZGR 2001, 586 (610); ebenso für einfache Treuhandverhältnisse *Armbrüster*, S. 410, 417; allgemein zur Schadenersatzpflicht gegenüber der (Kapital-)gesellschaft als Rechtsfolge eines Treuepflichtverstoßes Noack/Servatius/Haas*Fastrich*, GmbHG, § 13 Rn. 30; Scholz/*Seibt*, GmbHG, § 14 Rn. 125; BeckOGK/*Cahn/v. Spannenberg*, AktG, Stand: 01.06.2024; § 53a Rn. 59 f.

1422 BGH, NJW 2007, 2689 (2690 f.) [Rn. 17 ff.].

1423 Ebenso Henssler/Strohn/*Verse*, GesR, § 13 GmbHG Rn. 62.

1424 So aber bspw. *Weller*, ZIP 2007, 1681 (1687).

1425 I.E. allgemein für Treugeber als mögliche Täter HCL/*Raiser*, GmbHG, § 13 Rn. 164; Henssler/Strohn/*Verse*, GesR, § 13 GmbHG Rn. 62.

1426 HCL/*Raiser*, GmbHG, § 13 Rn. 170; vgl. auch BGH, NJW 2007, 2689 (2693 f.) [Rn. 44].

respektieren.[1427] Eine entsprechende Einflussnahme wird dem qualifizierten Treugeber regelmäßig möglich sein. Auch hat er die Zweckbindung des Haftungsfonds zu respektieren, da er die Haftungsbeschränkung für sich mittelbar in Anspruch nimmt und somit wie ein typischer Gesellschafter von dieser profitiert.[1428]

D. Unmittelbare Haftung gegenüber Gesellschaftern und Mittreugebern

Unter Umständen kann es zu einer Haftung eines Gesellschafters gegenüber einem Mitgesellschafter kommen. Zu denken ist beispielsweise an eine Inregressnahme im Wege des Gesamtschuldnerausgleichs, nachdem ein Gesellschaftsgläubiger durch einen Mitgesellschafter befriedigt wurde, ferner an eine Inanspruchnahme gemäß § 721 Satz 1 BGB bzw. § 126 Satz 1 HGB, wenn der Mitgesellschafter die Stellung eines Drittgläubigers gegenüber der Gesellschaft einnimmt. Nicht zuletzt können auch zwischen Gesellschaftern untereinander Schadenersatzansprüche bestehen. Es soll zu untersuchen sein, inwiefern auch einem qualifizierten Treugeber eine solche Haftung gegenüber Gesellschaftern beziehungsweise anderen qualifiziert beteiligten Personen droht.

1. Regressansprüche nach Gläubigerbefriedigung

Befriedigt ein Personengesellschafter einen Gesellschaftsgläubiger, so stellt dies eine Geschäftsbesorgung für die Gesellschaft dar[1429] und er macht zu diesem Zweck i.S.d. § 716 Abs. 1 BGB Aufwendungen, die er von der Gesellschaft grundsätzlich nach § 716 Abs. 1 BGB (i.V.m. § 105 Abs. 3 HGB) ersetzt verlangen kann.[1430] Dabei kommt es nicht darauf an, ob der Gesellschafter von dem Gesellschaftsgläubiger für die Gesellschaftsschuld hätte in Anspruch genommen werden können, denn die Regressvorschriften verlangen lediglich ein Sonderopfer im Interesse der Gesellschaft.[1431] Für die Qualifikation des

---

1427 BGH, NJW 2007, 2689 (2691) [Rn. 25]; vgl. auch *Vetter*, BB 2007, 1965 (1969); *Witt*, DNotZ 2008, 213 (225).

1428 Vgl. *Zöllner*, FS Konzen (2016), 999 (1021): „Grundlage der Haftung ist eine Rücksichtspflicht [...] [als] systemimmanentes Korrelat der Instrumentierung der GmbH als haftungsbegrenzende Institution"; übernommen durch BGH, NJW 2007, 2689 (2691) [Rn. 25].

1429 Schäfer/*Schäfer*, Neues PersGesR, S. 206.

1430 BeckOGK/*Markworth*, HGB, Stand: 15.04.2024, § 126 Rn. 144.

1431 BGH, NJW-RR 2002, 455; Oetker/*Boesche/Fest*, HGB, § 126 Rn. 36.

Vermögensopfers als freiwillig, wie es die Definition der Aufwendung verlangt, kommt es lediglich darauf an, dass keine Pflicht gegenüber der Gesellschaft besteht.[1432] Subsidiär können die Gesellschafter sodann Ausgleich von ihren persönlich haftenden Mitgesellschaftern gemäß § 426 Abs. 1 BGB verlangen.[1433]

Auch einem qualifizierten Treugeber ist der gesellschaftsrechtliche Aufwendungsersatzanspruch gegen die Gesellschaft zuzugestehen.[1434] Die oben genannten Vorschriften setzen nach ihrem Wortlaut zwar eine Gesellschafterstellung voraus. Es ist jedoch nicht ersichtlich, weshalb der in das Innenverhältnis einbezogene Treugeber nicht wie ein Gesellschafter Aufwendungsersatz verlangen können soll. Dies dürfte regelmäßig schon der zur Gleichstellung führenden Abrede im Rahmen einer Auslegung zu entnehmen sein.[1435] Jedenfalls für den Treugeber, dem eine mitgliedschaftliche Stellung eingeräumt wird und dem somit wie einem Gesellschafter die Zweckförderungspflicht obliegt, ist aber auch eine analoge Anwendung der Vorschrift angezeigt.[1436] Die Regressvorschrift des § 716 Abs. 1 BGB erleichtert dem Gesellschafter den Aufwendungsersatz verglichen mit den Aufwendungsersatzansprüchen des Auftragsrechts oder der Geschäftsführung ohne Auftrag. Die Besserstellung ist darin zu sehen, dass es einerseits nicht darauf ankommt, dass der Gesellschafter zur Geschäftsführung befugt war, andererseits im Gegensatz zu § 683 BGB die Aufwendungen nicht objektiv erforderlich sein müssen, sondern auf einen subjektiv-objektiven Maßstab abzustellen ist.[1437] Somit ist von einer Regelungslücke auszugehen. Dieser Besserstellung liegt zudem der Gedanke einer Risikozuordnung zugrunde: Die Gesellschaft erlangt die Vorteile der Geschäftsführung, sie soll somit auch das

---

1432 *Faust*, FS K. Schmidt (2009), 357 (359); MüKo/*Schäfer*, BGB, § 716 Rn. 8.

1433 Siehe nur MüKo/*Schäfer*, BGB, § 721 Rn. 33; EBJ/*Noack*, HGB, § 126 Rn. 51 ff.

1434 BGH, NJW 2015, 3789 (3790) [Rn. 16]; MüKo/*Fleischer*, HGB, § 110 Rn. 15; MüKo/*Schäfer*, BGB, § 705 Rn. 97; *Wertenbruch*, NZG 2016, 401 (404); für den qualifizierten Treugeber einer Investment-KG siehe nur EBJ/*Paefgen*, HGB, Anhang 3 zu § 179, § 152 KAGB Rn. 6; WBA/*Paul*, § 152 Rn. 9; a.A. *Mock*, ZIP 2016, 497 (500).

1435 So wohl auch *Kindler*, FS K. Schmidt (2019), Bd. I, 641 (646).

1436 A.A. für eine Erstreckung des Anwendungsbereichs auf Nichtgesellschafter im Allgemeinen *Mock*, ZIP 2016, 497 (500); *Wertenbruch*, NZG 2016, 401 (404), geht gar von einer unmittelbaren Anwendung auf den qualifizierten Treugeber aus, da dieser am Innenverhältnis unmittelbar beteiligt und § 110 HGB a.F. (jetzt § 716 Abs. 1 BGB) auf das Innenverhältnis zugeschnitten sei.

1437 Vgl. BegrRegE zu § 716 Abs. 1 BGB, BT-Drucks. 19/27635, S. 157; *Fleischer*, BB 2020, 2114 (2115 f.).

Risiko tragen.[1438] In diese Risikoverteilung ist der qualifizierte Treugeber, der durch seine mittelbare Beteiligung dasselbe Risiko und dieselben Chancen wie ein Gesellschafter trägt, ebenfalls miteinzubeziehen, sofern durch Auslegung der maßgeblichen Abreden nicht etwas anderes gewonnen werden kann. In der Ausgestaltung des Aufwendungsersatzanspruches wird weiter auch eine Anreizfunktion gesehen: Die Gesellschafter sollen motiviert werden, sich für die Gesellschaft zu engagieren.[1439] Gegenüber einem qualifiziertem Treugeber, der sich zur Förderung des Gesellschaftszwecks verpflichtet hat und die Risiken und Chancen der Unternehmung wie ein Gesellschafter trägt, kann und sollte diese Anreizfunktion ihren Zweck ebenso erfüllen. Befriedigt ein qualifizierter Treugeber also einen Gesellschaftsgläubiger, ohne der Gesellschaft gegenüber hierzu verpflichtet zu sein, so steht diesem ebenfalls regelmäßig ein Aufwendungsersatzanspruch gegen die Gesellschaft zu.

Ein direkt auf § 426 Abs. 1 BGB gestützter (subsidiärer) Regressanspruch gegen die Gesellschafter oder Mittreugeber muss dagegen zweifellos Ausscheiden, wenn und weil der Treugeber selbst nicht der Haftung gegenüber den Gesellschaftsgläubigern unterliegt und es somit an einem Gesamtschuldverhältnis fehlt.[1440]

Der Bundesgerichtshof will dem qualifizierten Treugeber einen (subsidiären) Ausgleichsanspruch jedoch in analoger Anwendung des § 426 Abs. 1 BGB gegen seine Mittreugeber zugestehen.[1441] Konsequenterweise müssten dann in diesen Gesamtschuldnerausgleich auch die direkt beteiligten Gesellschafter als Berechtigte und Verpflichtete einzubeziehen sein.[1442] Der 2. Zivilsenat begründet die von ihm ausdrücklich so bezeichnete „entsprechende Anwendung von § 426 Abs. 1 BGB“[1443] wenig lehrbuchmäßig, indem er auf die genaue Herausarbeitung einer planwidrigen Regelungslücke, die durch die analoge Anwendung der Regelungen zum Gesamtschuldnerausgleich aufgrund einer vergleichbaren

---

1438 *Fleischer*, BB 2020, 2114, (2115 f.) m.w.N.

1439 *Faust*, FS K. Schmidt (2009), 357 (364).

1440 BGH, NJW 2015, 3789 (3790) [Rn. 20]; *Kindler*, FS K. Schmidt (2019), Bd. I, 641 (647); *Mock*, ZIP 2016, 497 (500); *Wertenbruch*, NZG 2016, 401 (405); a.A. für den Treugeber in einer Investmentkommanditgesellschaft WBA/*Paul*, KAGB, § 152 Rn. 9.

1441 BGH, NJW 2015, 3789 (3791) [Rn. 21].

1442 Ebenso *Retzlaff*, jurisPR-HaGesR 3/2016, Anm. 4.

1443 BGH, NJW 2015, 3789 (3791) [Rn. 21 und Rn. 26].

Interessenlage zu füllen wäre, verzichtet.[1444] Stattdessen rechtfertige sich die entsprechende Anwendung daraus, dass es „widersprüchlich und deshalb treuwidrig“ sei, würde ein Mittreugeber den Ausgleich mit dem Hinweis auf die nur mittelbare Gesellschafterstellung verweigern, wenn „nach den vertraglichen Vereinbarungen [...] im Innenverhältnis alle Treugeber wie unmittelbare Gesellschafter in den Gesellschafterverband einbezogen“ sind.[1445]

Jedenfalls, sofern die Ausgleichsverpflichtung auf eine entsprechende Anwendung des § 426 Abs. 1 BGB gestützt wird, kann dies nicht überzeugen.[1446] Wie *Kindler* in diesem Zusammenhang zutreffend anmerkt, liegt der Zweck der Ausgleichungspflicht des § 426 BGB darin, im Interesse der gesamtschuldnerisch Verpflichteten die Zufallsergebnisse zu korrigieren, die § 421 BGB dadurch ermöglicht, dass die Gläubiger geradezu willkürlich nach ihrem Belieben einen der Schuldner zur Leistung heranziehen können.[1447] Sind die qualifizierten Treugeber jedoch gerade nicht verpflichtet Verbindlichkeiten der Gesellschaft gegenüber deren Gläubiger zu erfüllen, bedürfen sie nicht, jedenfalls nicht zwingend, des Schutzes durch dieses Korrektiv. Auch soweit für eine analoge Anwendung angeführt wird, es hänge aus Sicht der Treugeber vom Zufall ab, ob der Treuhänder seine Ansprüche gegen die Treugeber auf Freistellung von der persönlichen Außenhaftung an die Gesellschaftsgläubiger abtrete und damit eine zur unmittelbaren Anwendung des § 426 Abs. 1 BGB führende Gesamtschuld entstünde,[1448] kann dem nicht gefolgt werden. Die Treugeber haften im Rahmen der mittelbaren Haftung dem Treuhänder gegenüber lediglich teilschuldnerisch, was dazu führt, dass auch die Gesellschaftsgläubiger die einzelnen Treugeber nicht gesamtschuldnerisch in Anspruch nehmen könnten.[1449]

1444 Vgl. *Kindler*, FS K. Schmidt (2019), Bd. I, 641 (649), der daher die Vermutung äußert, der BGH habe tatsächlich gar keine analoge Anwendung der Norm gemeint; vgl. auch *Mock*, ZIP 2016, 497 (501).

1445 BGH, NJW 2015, 3789 (3791) [Rn. 22].

1446 Ebenso *Kindler*, FS K. Schmidt (2019), Bd. I, 641 (647 ff.); *Menkel*, NJW 2016, 261 (262); *Mock*, ZIP 2016, 497 (500 ff.); neben dem BGH eine analoge Anwendung des § 426 Abs. 1 BGB ebenfalls befürwortend *Wertenbruch*, NZG 2016, 401 (405 f.); zustimmend zur Herleitung der Haftung grundsätzlich wohl auch *Altmeppen*, NJW 2016, 1761 (1762).

1447 *Kindler*, FS K. Schmidt (2019), Bd. I, 641 (647); zu diesem Normzweck vgl. allgemein nur BeckOK/*Gehrlein*, BGB, Stand: 01.05.2024, § 426 Rn. 1; MüKo/*Heinemeyer*, BGB, § 426 Rn. 1.

1448 *Wertenbruch*, NZG 2016, 401 (405 f.).

1449 Vgl. gerade zu dieser „Schwäche“ der mittelbaren Haftung oben, § 7A.V.2, S. 201 ff.

Da Dritt-, insbesondere Gläubigerinteressen von der Frage, ob qualifizierte Treugeber in den Innenausgleich einzubeziehen sind, nicht betroffen sind, wäre eine Ausgleichspflicht allein auf Grundlage einer (gesellschafts)vertraglichen Vereinbarung zu begründen.[1450] Genaugenommen macht auch der Bundesgerichtshof selbst nichts anderes als die Ausgleichsverpflichtung aus der umfassenden Gleichstellung von mittelbar mit unmittelbar Beteiligten abzuleiten und stützt sein Ergebnis damit letztlich auf eine (ergänzende) Vertragsauslegung.[1451] Das scheint auf den ersten Blick konsequent, denn geht man von der (analogen) Anwendung des § 426 Abs. 1 Satz 1 BGB aus, wären die vertraglichen Vereinbarungen ebenfalls zu berücksichtigen. Die Norm selbst räumt vertraglichen Ausgleichsvereinbarungen den Vorrang ein („soweit nicht ein anderes bestimmt ist"), sodass es sowohl hinsichtlich der Frage des „ob" als auch des „wie" eines Gesamtschuldnerausgleichs primär auf das Innenverhältnis der Gesamtschuldner ankommt.[1452] Es würde jedoch spätestens in einem Prozess aufgrund der Verteilung der Darlegungs- und Beweislast einen gehörigen Unterschied machen, ob sich der aufgrund der Geltung des § 426 Abs. 1 BGB Ausgleichspflichtige auf eine von der gesetzlichen „Hilfsregel"[1453] abweichende interne Vereinbarung berufen müsste oder – wie hier vertreten – sich die Ausgleichspflicht selbst erst aus der internen Vereinbarung ergibt.[1454] Entsprechend geht der Bundesgerichtshof offenbar auch davon aus, dass dem Treugeber die „Begründungslast" dafür trifft, dass er nicht zum Ausgleich verpflichtet sei.[1455] Dies wird beispielsweise dadurch verdeutlicht, dass der 2. Zivilsenat explizit nach einem anerkennenswerten Interesse des Treugebers, sich nicht an der Sanierung, also am Ausgleich für die Leistung im Rahmen der Außenhaftung, beteiligen zu müssen, fragt.[1456]

Richtigerweise wird man bei der Auslegung vertraglicher Vereinbarungen im Zusammenhang mit der qualifizierten Anteilstreuhand regelmäßig nicht

1450 *Mock*, ZIP 2016, 497 (500 f.).

1451 Vgl. insofern v.a. BGH, NJW 2015, 3789 (3791) [Rn. 22]: „Nach den vertraglichen Vereinbarungen, mit denen sich auch der Beklagte [Treugeber] einverstanden erklärt hat, […]"; ähnlich auch *Mock*, ZIP 2016, 497 (501).

1452 MüKo/*Heinemeyer*, BGB, § 426 Rn. 15.

1453 MüKo/*Heinemeyer*, BGB, § 426 Rn. 15.

1454 Zur Beweislast desjenigen, der sich auf einen von § 426 Abs. 1 Satz 1 BGB abweichenden Ausgleichsmaßstab beruft, siehe nur BGH, NJW 2001, 365 (366); BeckOK/*Gehrlein*, BGB, Stand: 01.05.2024, § 426 Rn. 6.

1455 Vgl. *Mock*, ZIP 2016, 497 (501).

1456 BGH, NJW 2015, 3789 (3791) [Rn. 23].

dazu kommen, dass eine interne Ausgleichsverpflichtung, in der die auch Treugeber miteinzubeziehen sind, bestehen soll. Dies gilt insbesondere auch im Falle einer umfangreichen Gleichstellungsabrede betreffend das verbandsinterne Innenverhältnis – und zwar keinesfalls nur deshalb, weil mit einer Gleichstellungsabrede lediglich bezweckt werden solle, die Treugeber im Verhältnis zur Gesellschaft und nicht auch untereinander einem Gesellschafter gleichzustellen[1457]. Dies ist nämlich, nimmt man wie hier an, die qualifizierten Treugeber haben eine (eigene) mitgliedschaftliche Stellung und sind somit Teil des Verbands, unzutreffend.[1458]

Eine Regelung, nach der die Treugeber im Innenverhältnis so gestellt werden sollen, als seien sie als Gesellschafter beigetreten, verleitet zwar auf den ersten Blick zu der Annahme, einen Regressanspruch, der ja gerade ein Anspruch des Innenverhältnisses ist und dem auch ein Gesellschafter ausgesetzt wäre,[1459] ebenso dem qualifizierten Treugeber zuzugestehen und gegen ihn zuzulassen. Dabei würde man aber vollkommen außer Acht lassen, dass die hier diskutierte Regresspflicht im Innenverhältnis ein Ausgleich für die Inanspruchnahme im Außenverhältnis ist.[1460] In die Außenhaftung sollen und wollen Anteilstreugeber jedoch gerade nicht miteinbezogen werden.[1461] Durch die Annahme der Regresspflicht würde im Ergebnis aber genau das geschehen.[1462] Insofern kann auch und gerade das Argument des Bundesgerichtshofes nicht überzeugen, die Treugeber handelten „widersprüchlich und deshalb treuwidrig, wenn sie ihren Mit-Treugebern einen Ausgleich mit der Begründung verweigern, sie seien nur Treugeber und nicht Vollgesellschafter, weshalb sie nicht der Außenhaftung unterlägen."[1463] Widersprüchlich handelt eher derjenige, der sich einerseits wissentlich und willentlich an einer Gesellschaft beteiligt, die die Beteiligung als Treugeber sowie die damit verbundene Möglichkeit einer Vermeidung der

---

1457 So aber *Mock*, ZIP 2016, 497 (501).

1458 Konsequenterweise geht *Mock*, ZIP 2016, 497 (501), für die von ihm vertretene Ansicht davon aus, dass kein Rechtsverhältnis zwischen den Treugebern untereinander besteht.

1459 Dies im konkreten Fall der BGH-Rechtsprechung zumindest bezüglich der angenommenen Höhe bezweifelnd *Altmeppen*, NJW 2016, 1761.

1460 Vgl. auch *Kindler*, FS K. Schmidt (2019), Bd. I, 641 (649): § 426 Abs. 1 BGB ist „eine Vorschrift des Innenverhältnisses, die an eine wie immer geartete Haftung im Außenverhältnis anknüpft."

1461 In diesem Zusammenhang ebenso *Menkel*, NZG 2016, 261 (262).

1462 Ebenso *Mock*, ZIP 2016, 497 (502).

1463 Kritisch zur Argumentation mit dem Grundsatz *venire contra factum proprium* auch *Kindler*, FS K. Schmidt (2019), Bd. I, 641 (651 f.).

Außenhaftung und somit eine haftungsrechtliche Besserstellung explizit vorsieht, andererseits sodann versucht, einen Treugeber als Ausgleich für Aufwendungen im Rahmen eben dieser Außenhaftung in Anspruch zu nehmen. Die haftungsrechtliche Besserstellung eines qualifizierten Treugebers durch eine bloß mittelbare Haftung über einen Treuhänder gegenüber einer unmittelbaren Außenhaftung wurde oben bereits erörtert.[1464] Es ist kaum davon auszugehen, dass diese Besserstellung nicht gewollt ist. Deshalb darf eine solche auch nicht durch die Annahme einer internen Ausgleichspflicht zwischen den Beteiligten im Wege der Vertragsauslegung unberücksichtigt bleiben.

Zuletzt kann die Annahme einer Ausgleichspflicht auch nicht in dem speziellen Fall einer Sanierungssituation, die auch dem maßgeblichen Urteil des Bundesgerichtshofes zugrunde lag[1465], angenommen werden.[1466] In einer Sanierungssituation mag auch ein qualifizierter Treugeber aufgrund der Treuepflicht unter Umständen dazu verpflichtet sein, einem Beschluss zuzustimmen, der ihn vor die Wahl stellt entweder aus der Gesellschaft auszuscheiden oder sich an der Sanierung durch entsprechende Beiträge zu beteiligen.[1467] Eine echte Nachschusspflicht wird man wegen § 710 BGB hingegen nicht begründen können. So geht auch der Bundesgerichtshof in seinem Urteil davon aus, dass die dortigen Sanierungsbeiträge in Form der Gläubigerbefriedigung freiwillig gewesen seien.[1468] Dieser zwingenden Freiwilligkeit steht es jedoch entgegen, eine Regresshaftung anzunehmen, da diese letztlich zu einer alternativlosen Sanierungspflicht führt. In dieser Alternativlosigkeit liegt gerade der Unterschied zu der Sanieren oder Ausscheiden-Rechtsprechung, die einem Gesellschafter wenigstens und zutreffend die Wahl lässt, entweder einen Nachschuss als Sanierungsbeitrag zu leisten oder auszuscheiden. Alles andere widerspricht der gesetzgeberischen Entscheidung, eine Nachschusspflicht in Ausnahme zu § 710 BGB gerade nur im Falle der Beendigung der Beteiligung – entweder im Falle des Ausscheidens (§ 728a BGB bzw. § 136 HGB) oder im Falle der Auflösung (§ 737 BGB) – vorzusehen.[1469]

1464 Vgl. die Erörterung der „Schwächen“ der mittelbaren Haftung, § 7A.V, S. 200 ff.

1465 Siehe den Tatbestand des Urteils BGH, NJW 2015, 3789.

1466 So aber offenbar *Dogan*, S. 314.

1467 Siehe zu der Anwendung der Sanieren oder Ausscheiden-Rechtsprechung auf qualifizierte Treugeber bereits oben, § 5C.III, S. 133 ff.

1468 BGH, NJW 2015, 3789 (3790) [Rn. 18]; hierauf weist auch *Kindler*, FS K. Schmidt (2019), Bd. I, 641 (652), hin.

1469 Vgl. auch *Kindler*, FS K. Schmidt (2019), Bd. I, 641 (652), der ebenfalls einen Widerspruch zur Wertung des § 707 BGB a.F. (jetzt § 710 BGB) sieht; a.A.

2. Drittgläubigerforderungen

Qualifizierte Treugeber haften den Gesellschaftern und Mittreugebern gegenüber nicht unmittelbar, wenn diese der Gesellschaft als Drittgläubiger gegenüberstehen. Diese Ansprüche aus § 721 BGB bzw. § 126 HGB sind dem Außenverhältnis zuzurechnen und nicht von einer etwaigen Gleichstellungsabrede umfasst; eine zwingende persönliche Außenhaftung in entsprechender Anwendung dieser Vorschriften besteht nicht.[1470] Zum umgekehrten Fall, dass qualifizierte Treugeber der Gesellschaft als Drittgläubiger gegenüberstehen, muss aufgrund der auch für die qualifizierten Treugeber geltenden Treuepflicht das gleiche wie für Gesellschafter gelten: Nach umstrittener aber vorzugswürdiger Ansicht soll die Treuepflicht es gebieten, primär zunächst die Gesellschaft in Anspruch zu nehmen.[1471] Auch die Haftung von Gesellschaftern gegenüber qualifizierten Treugebern für Drittgläubigerforderungen ist somit lediglich eine subsidiäre.[1472]

3. Schadenersatzansprüche

Weil nach hier vertretener Ansicht die qualifizierten Treugeber durch ihren jeweiligen Beitritt zum Verband über das Verbandsverhältnis untereinander sowie zu den Gesellschaftern in einer rechtlichen Sonderverbindung stehen, können sich bei der Verletzung der aus dem Verbandsverhältnis ergebenden Pflichten, insbesondere der Treuepflicht, Schadenersatzansprüche ergeben.[1473]

Wertenbruch, NZG 2016, 401 (408 f.), der in diesem Vorgehen eine zulässige Alternative zum Sanieren oder Ausscheiden sieht, weil wegen der wieder aufgelebten Außenhaftung kein zusätzliches Verlustrisiko geschaffen würde.

1470 Siehe oben, § 7B, S. 211 ff.

1471 *K. Schmidt*, GesR, § 49 I 2b) [S. 1412]; Habersack/Schäfer/*Habersack*, HGB, § 128 Rn. 13; Oetker/*Boesche/Fest*, HGB, § 126 Rn. 6; a.A. BGH, NZG 2013, 1334 (1337) [Rn. 32 ff.]; MüKo/*Schäfer*, BGB, § 705 Rn. 272.

1472 Ebenso *Armbrüster*, S. 365 f.

1473 *Kümmerlein*, S. 162 f.; allgemein MüKo/*Schäfer*, BGB, § 705 Rn. 258, 268; *K. Schmidt*, GesR, § 19 III 1a) [S. 552 f.]; zu Schadenersatzansprüchen wegen Treuepflichtverletzungen MüKo/*K. Schmidt*, HGB, § 105 Rn. 333; Scholz/*Seibt*, GmbHG, § 14 Rn. 125.

§ 8 Insolvenz der Gesellschaft

Bezüglich der Rechtstellung des qualifizierten Treugebers im Zusammenhang mit einer (drohenden) Insolvenz der Gesellschaft sollen im Folgenden nur zwei Fragen herausgegriffen werden, nämlich die nach einer Insolvenzantragspflicht sowie nach der Behandlung etwaiger „Treugeberdarlehen".

A. Insolvenzantragspflicht

Einen qualifizierten Treugeber kann eine Insolvenzantragspflicht jedenfalls nach § 15a Abs. 1 InsO treffen, wenn dieser zugleich Mitglied des vertretungsberechtigten Organs der Gesellschaft oder Abwickler ist. Fraglich ist, ob eine Pflicht nach § 15a Abs. 3 InsO für den an einer GmbH mittelbar beteiligten qualifizierten Treugeber besteht, wenn die GmbH führungslos ist.[1474] Die Einbeziehung anderer Personen als Gesellschafter in diese Pflicht wäre vom Wortlaut der Norm nicht gedeckt, sie kann daher nur durch eine Analogie begründet werden. Das schließt wegen des im Strafrecht geltenden Analogieverbots zwar die strafrechtlichen Sanktionen der Absätze 4 und 5 aus,[1475] nicht jedoch die Erweiterung der Antragspflicht sowie die zivilrechtlichen Rechtsfolgen bei einem Verstoß[1476] derselben.[1477]

Die Insolvenzantragspflicht trifft die Gesellschafter der GmbH nur im Falle einer Führungslosigkeit, also nach den Legaldefinitionen in § 10 Abs. 2 Satz 2 InsO, § 35 Abs. 1 Satz 2 GmbHG, wenn die Gesellschaft keinen Geschäftsführer als organschaftlichen Vertreter hat.[1478] Insofern stellt die Insolvenzantragspflicht zunächst einen Ersatz für die den Gläubigerschutz bezweckende Antragspflicht der Geschäftsführer dar.[1479] Die Überantwortung auf die

---

1474 Da eine analoge Anwendung der Vorschriften auf Kommanditisten einer Kapitalgesellschaft & Co. KG nach h.M. (siehe nur MüKo/*Klöhn*, InsO, § 15a Rn. 113; K. Schmidt/*K. Schmidt/Herchen*, InsO, § 15a Rn. 21) schon nicht in Betracht kommt, soll hier eine Prüfung für Treugeberkommanditisten unterbleiben.

1475 MüKo/*Klöhn*, InsO, § 15a Rn. 328.

1476 Dazu MüKo/*Klöhn*, InsO, § 15a Rn. 140 ff.; die zivilrechtliche Insolvenzverschleppungshaftung trifft insbesondere auch Gesellschafter einer führungslosen GmbH, HambInsOK/*A. Schmidt*, InsO, Anhang zu § 15a InsO Rn. 3, 23.

1477 *Wedemann*, ZGR 2016, 798 (831 f.).

1478 MüKo/*Klöhn*, InsO, § 15a Rn. 88; K. Schmidt/*K. Schmidt/Herchen*, InsO, § 15a Rn. 19.

1479 Vgl. Noack/Servatius/Haas/*Haas*, GmbHG, § 64 Rn. 301.

Gesellschafter rechtfertigt sich dadurch, dass diese – jedenfalls für die fortdauernde – Führungslosigkeit der GmbH verantwortlich sind.[1480] Daraus ergibt sich sogleich auch die Steuerungsfunktion der Regelung, denn die Gesellschafter sollen angehalten werden, die Führungslosigkeit möglichst schnell zu beseitigen.[1481] Betrachtet man diesen Normzweck, muss die Insolvenzantragspflicht jedenfalls dann auf qualifizierte Treugeber ausgedehnt werden, wenn diesen explizit oder durch umfassende Gleichstellungsklausel Stimmrechte in der Gesellschafterversammlung eingeräumt werden, sodass es (gegebenenfalls ausschließlich) die Treugeber sind, die über die Bestellung von Geschäftsführern entscheiden.[1482]

Mit der Annahme einer Insolvenzantragspflicht muss zugleich ein entsprechendes Antragsrecht korrespondieren, welches analog § 15 Abs. 1 Satz 2 InsO angenommen werden kann.[1483] Daraus leitet der Treugeber zugleich seine Einzelvertretungsmacht für das Insolvenzantragsverfahren ab.[1484]

Die Insolvenzantragspflicht sollte daneben weiterhin den Treuhänder als formellen Gesellschafter treffen, der aufgrund der ihm jedenfalls im Umfang eines Kernbereichs verbleibenden Mitgliedschaftsrechte zumindest theoretisch in der Lage sein wird, von der Insolvenzreife oder Führungslosigkeit der Gesellschaft Kenntnis zu erlangen; andernfalls kann er sich – ebenso wie jeder andere Gesellschafter oder qualifizierte Treugeber – auf § 15a Abs. 3 letzter HS. InsO berufen.[1485]

1480 Noack/Servatius/Haas/*Haas*, GmbHG, § 64 Rn. 301; vgl. auch K. Schmidt/*K. Schmidt/Herchen*, InsO, § 15a Rn. 22: „[...]aus der Kompetenz zur Beseitigung der Führungslosigkeit folgt die Antragspflicht."

1481 BegrRegE, BT-Drucks. 16/6140, S. 55.

1482 Ebenso mit vorstehender Argumentation für eine Insolvenzantragspflicht des Anteilsnießbrauchers *Wedemann*, ZGR 2016, 798 (832); gegen eine Ausweitung der Insolvenzantragspflicht auf jedenfalls einfache Treugeber MüKo/*Klöhn*, InsO, § 15a Rn. 88; Scholz/*K. Schmidt*, GmbHG, 11. Aufl. 2015, § 64 Rn. 158.

1483 § 15 Abs. 1 Satz 2 InsO ist an sich deklaratorisch, denn eine „in sich folgerichtige Rechtsordnung postuliert keine Pflichten, die der Normadressat nicht erfüllen kann oder darf", *Berger*, ZInsO 2009, 1977 (1983). Mithin ergibt sich die Befugnis bereits automatisch aus der gesetzlichen Pflicht.

1484 Allgemein zur Ableitung der Einzelvertretungsmacht des antragstellenden Gesellschafters aus dem Antragsrecht *Berger*, ZInsO 2009, 1977 (1979); MüKo/*Klöhn*, InsO, § 15 Rn. 2.

1485 Vgl. entsprechend für den Besteller eines Anteilsnießbrauchs *Wedemann*, ZGR 2016, 798 (832 f.).

B. Treugeberdarlehen (Eigenkapitalersatz)

Das von der Rechtsprechung entwickelte und teilweise im GmbHG normierte Eigenkapitalersatzrecht wurde durch das MoMiG[1486] grundsätzlich in die Insolvenzordnung und das Anfechtungsgesetz verlagert.[1487] Insbesondere stellen die §§ 30 Abs. 1 Satz 3 GmbHG, 57 Abs. 1 Satz 4 AktG ausdrücklich klar, dass Tilgungsleistungen im Rahmen von Gesellschafterdarlehen sich nicht mehr an den Kapitalerhaltungsregeln messen lassen müssen. (Dritt-)Gläubigerschutz wird nunmehr lediglich dadurch gewährleistet, dass die Gläubiger „eines Gesellschafterdarlehens oder Forderungen aus Rechtshandlungen, die einem solchen Darlehen wirtschaftlich entsprechen", unabhängig davon, ob die Rechtshandlungen eigenkapitalersetzende Funktion haben,[1488] letztrangige Insolvenzschuldner (vgl. § 39 Abs. 1 Nr. 5 InsO) sowie diesbezügliche Sicherungs- oder Erfüllungsgeschäfte unter bestimmten Umständen anfechtbar sind (vgl. § 135 Abs. 1 InsO, § 6 AnfG). Da § 39 Abs. 1 Nr. 5 InsO ausdrücklich auch einem Gesellschafterdarlehen wirtschaftlich entsprechende Geschäfte gleichstellt, kann auch ein qualifizierter Treugeber als Gläubiger, insbesondere eines Darlehensrückzahlungsanspruches gegen die Gesellschaft, von den oben genannten Regelungen in direkter Anwendung erfasst sein. Der Anwendungsbereich wird durch diese Formulierung nämlich sowohl in sachlicher als auch in personeller Hinsicht erweitert.[1489]

Für die Frage, welche Personen Gesellschaftern im Hinblick auf das reformierte Eigenkapitalersatzrecht gleichzustellen sind, ist entscheidend, woraus sich die nachrangige Behandlung von Gesellschaftern gegenüber echten Fremdkapitalgebern rechtfertigt.[1490] Die Anfechtungsregelungen hingegen sind nur als Absicherung dieses Nachrangs anzusehen.[1491] Aus diesem Grund ist im Einklang mit dem Bundesgerichtshof und der überwiegenden Meinung im

---

1486 Gesetz zur Modernisierung des GmbH-Rechts und zur Bekämpfung von Missbräuchen vom 23. Oktober 2008, BGBl. 2008 I, 2026.

1487 Eine knappe Darstellung des vormals geltenden Eigenkapitalersatzrechts im Vergleich zu den Änderungen durch das MoMiG findet sich bei Henssler/Strohn/*T. Fleischer*, GesR, § 39 InsO Rn. 2 ff.

1488 K. Schmidt/*K. Schmidt/Herchen*, InsO, § 39 Rn. 31.

1489 BGH, NJW 2011, 1503 (1504) [Rn. 10]; Michalski/*Dahl/Linnenbrink*, GmbHG, Systematische Darstellung 6 Rn. 46; jeweils mit Verweis auf BegrRegE, BT-Drucks. 16/6140, S. 56.

1490 Vgl. Scholz/*Bitter*, GmbHG, Anh. § 64 Rn. 15; *Pentz*, GmbHR 2013, 393 (395).

1491 Scholz/*Bitter*, GmbHG, Anh. § 64 GmbHG, Rn. 37; Saenger/Inhester/*Kolmann*, GmbHG, Anh. § 30 Rn. 32.

Schrifttum abzulehnen, dass ein zu vermutender Informationsvorsprung der Gesellschafter gegenüber gewöhnlichen Gläubigern die Ungleichbehandlung der Kapitalgeber rechtfertige, denn damit können alleine die Anfechtungstatbestände, nicht jedoch der Nachrang, begründet werden.[1492] Stattdessen ist auf die mit der Gesellschafterstellung typischerweise einhergehende Gewinnbeteiligung und Einwirkungsmacht abzustellen.[1493] Das Eigenkapitalersatzrecht dient nach überzeugender Ansicht dazu, die außenstehenden Gläubiger vor „Risikoerhöhungsstrategien" der Eigenkapitalgeber zu schützen:[1494] Der grundsätzliche Nachrang des Eigenkapitals (vgl. § 199 InsO) begründe sich darin, dass Gesellschafter unbeschränkt von den Chancen der Unternehmung profitieren, während Fremdkapitalgeber in der Regel lediglich die Aussicht auf festgeschriebene Erlöse haben. Gesellschafter in der Doppelrolle von Eigen- und Fremdkapitalgeber würden bei Gleichrangigkeit von Gesellschafter- und sonstigen Darlehen grundsätzlich die Möglichkeit haben, durch Zuführung von Fremdkapital nebst Einsatzes eines nur geringen Eigenkapitals unbeschränkt vom Unternehmenserfolg zu profitieren, ohne dabei aber ein verhältnismäßig höheres Verlustrisiko im Vergleich auf die nicht unbegrenzt vom Gewinn der Unternehmung profitierenden Gläubiger zu übernehmen. Dieser Umstand führe dazu, dass ein gesteigertes Risiko der Unternehmung allein die Gewinnchancen der Gesellschafter erhöht, während diese sich die Risiken hingegen mit den Fremdkapitalgebern teilen.

Insofern kann dem Nachrang, indem er einen Ausgleich der Chancen und Risiken herbeiführt, eine verhaltenssteuernde Funktion zugesprochen werden.[1495] Einerseits bedarf es dieser Funktion nur hinsichtlich solcher Personen, denen eine Gewinnbeteiligung Anreiz zu entsprechenden Risikoerhöhungsstrategien schafft. Aus diesem Grund sind Dritte den Gesellschaftern im Rahmen des § 39 Abs. 1 Nr. 5 InsO jedenfalls nur dann gleichzustellen, wenn sie

---

1492 BGH, NJW 2011, 1503 (1504 f.) [Rn. 15 ff.]; Scholz/*Bitter*, GmbHG, Anh. § 64 GmbHG, Rn. 22; a.A. *Kampshoff*, GmbHR 2010, 897 (899).

1493 So auch Scholz/*Bitter*, GmbHG, Anh. § 64 GmbHG, Rn. 251; HambInsOK/*Lüdtke*, InsO, § 39 Rn. 40; ähnlich, aber neben einer Gewinnbeteiligung bereits Informations- und Einsichtsrechte für ausreichend erachtend *Krolop*, GmbHR, 2009, 397 (398, 401).

1494 Scholz/*Bitter*, GmbHG, Anh. § 64 GmbHG, Rn. 30 ff. mit ausführlicher Erläuterung; zustimmend Saenger/Inhester/*Kolmann*, GmbHG, Anh. § 30 Rn. 30; *Wedemann*, ZGR 2016, 798 (834).

1495 Kayser/Thole/*Kleindiek*, InsO, § 39 Rn. 30.

gleich einem Gesellschafter am Erfolg der Unternehmung beteiligt sind.[1496] Das ist bei Treugebern, unabhängig von der konkreten Ausgestaltung des Treuhandverhältnisses und einer etwaigen qualifizierten Rechtstellung, der Fall. Andererseits bedarf es zur Verfolgung solcher Strategien auch eines gewissen Einflusses auf die Gesellschaft. Damit lässt sich auch das Kleinbeteiligtenprivileg des § 39 Abs. 5 InsO erklären[1497] sowie die Ansicht, dass die Einlagen stiller Gesellschafter entgegen § 236 HGB ebenfalls wie Eigenkapital behandelt werden sollen, wenn den Stillen Einflussmöglichkeiten in der Geschäftsinhaberin eingeräumt sind.[1498] Bereits eine mittelbare Einwirkungsmöglichkeit, wie bei der einfachen Treuhand über Weisungsrechte, soll hierfür richtigerweise bereits genügen.[1499]

Mithin gilt für qualifizierte Treugeber, dass sie dem personellen Anwendungsbereich des § 39 Abs. 1 Nr. 5 InsO jedenfalls immer dann unterfallen, wenn sie einem Gesellschafter im Innenverhältnis umfassend gleichgestellt sind.[1500] Gestaltungen, die dem qualifizierten Treugeber weniger Einwirkungsmacht zuerkennen als sie ein einfacher Treugeber über sein Weisungsrecht hätte, sind dagegen kaum denkbar, dürften praktisch jedenfalls nicht relevant sein. Die rein vermögensrechtliche Gleichstellung unter weitgehendem Ausschluss von direkten und mittelbaren Mitwirkungsmöglichkeiten würde eine Anwendung der Regelungen für Gesellschafterdarlehen auf Treugeber jedoch ausschließen. Es dürften in etwa die gleichen Kriterien heranzuziehen sein, wie zur Beurteilung, ob der qualifizierte Treugeber als Mitunternehmer im steuerrechtlichen Sinne anzusehen ist.[1501]

1496 Vgl. auch BGH, NZI 2020, 790 (793) [Rn. 29 f.], wonach eine Teilhabe am Gewinn ab einer bestimmten Schwelle die fehlende Leitungsmacht aber soll ausgleichen können.

1497 Ähnlich Saenger/Inhester/*Kolmann*, GmbHG, Anh. § 30 Rn. 33.

1498 Zu dieser Ansicht BGH, NJW 2012, 3443; Kayser/Thole/*Kleindiek*, InsO, § 39 Rn. 54; vgl. für den Verweis auf atypische stille Beteiligungen auch *Wedemann*, ZGR 2016, 798 (834).

1499 Allgemein für die Gleichstellung einfacher Treugeber mit Gesellschaftern im hiesigen Zusammenhang MüKo/*Behme*, InsO, § 39 Rn. 80; Scholz/*Bitter*, GmbHG, Anh. § 64 GmbHG, Rn. 267; Kayser/Thole/*Kleindiek*, InsO, § 39 Rn. 54; Saenger/Inhester/*Kolmann*, GmbHG, Anh. § 30 Rn. 64.

1500 So auch allgemein für die Einbeziehung Dritter MüKo/*Behme*, InsO, § 39 Rn. 77.

1501 Vgl. *Krolop*, GmbHR, 2009, 397 (402).

Für das Kleinbeteiligtenprivileg muss, wenn ein Treuhänder mehreren Personen eine Beteiligung mittelt oder zusätzlich für eigene Rechnung Anteile hält, die auf den Treugeber entfallende Quote maßgeblich sein.[1502]

1502 Vgl. (wohl) ebenso HambInsOK/*Lüdtke*, InsO, § 39 Rn. 68.

§ 9 Zusammenfassung der Ergebnisse

1. Bei der treuhänderischen Beteiligung an einer Gesellschaft wird zuweilen, wie bei atypischen Gestaltungen im Rahmen der Unterbeteiligung, der stillen Gesellschaft oder dem Nießbrauch, der sogenannte Trennungsgrundsatz durchbrochen. Der qualifizierte Treugeber wird derart in das Verbandsverhältnis einbezogen, dass ihm zur Gesellschaft, den Gesellschaftern und gegebenenfalls anderen qualifiziert mittelbar Beteiligten unmittelbare Rechte zustehen und Pflichten obliegen. Diese Einbeziehung kann derart weit gewollt sein, dass Treugeber im Innenverhältnis unmittelbar beteiligten Gesellschaftern gleichgestellt werden.
2. Die qualifizierte Treuhand als Kind der kautelarjuristischen Praxis wurde im Grundsatz bereits im Jahre 1953 von der Rechtsprechung gebilligt und fortan in Einzelfallentscheidungen stetig weiterentwickelt. Mit § 152 Abs. 1 Satz 3 KAGB hat die qualifizierte Treuhand erstmals Eingang in ein Gesetz gefunden. Nach dieser Regelung hat die treuhänderische Beteiligung an einer geschlossenen Investmentkommanditgesellschaft immer eine qualifizierte mittelbare Beteiligung zu sein. Der Treugeber wird von Gesetzes wegen einem konkret an der Investment-KG beteiligten Kommanditisten im Innenverhältnis gleichgestellt.
   Es ist anzunehmen, dass durch die Ausgestaltung einer treuhänderischen Beteiligung als „qualifiziert" einerseits die Vereinfachungsfunktion der Anteilstreuhand, allen voran die Möglichkeit, organisatorischen und finanziellen Aufwand durch den Registerverkehr zu vermeiden, genutzt, andererseits durch die Stärkung der Rechtsposition des Treugebers dessen Abhängigkeit vom Treuhänder verringert und die einkommensteuerrechtliche Mitunternehmerschaft abgesichert werden soll. Zugleich vermag der Einbeziehung in den Pflichtenkreis auch eine Kreditverschaffungsfunktion zukommen und darin motiviert sein, die Finanzierungskosten der Gesellschaft zu senken.
3. Weder aus den Gestaltungen der Kautelarpraxis noch dem KAGB selbst oder den ihm zugrundeliegenden Gesetzesmaterialien lässt sich schließen, wie die Einbeziehung in das Rechte- und Pflichtengefüge des Verbandsverhältnisses durch Überwindung des Trennungsgrundsatzes rechtstechnisch zu erfolgen hat beziehungsweise dogmatisch zu erklären ist. Neuerer Rechtsprechung durch den Bundesgerichtshof ist jedoch zu entnehmen, dass die

Rechtstellung im und gegenüber dem Verband gesellschaftsrechtlich zu qualifizieren sein kann und regelmäßig zu qualifizieren sein wird.
Soll ein Anteilstreugeber in das Rechte- und Pflichtengefüge des Verbandsverhältnisses einbezogen werden, kommen hierfür rechtstechnisch zwei Möglichkeiten in Betracht. Der qualifizierte Treugeber kann eine vom Treuhänder abgeleitete (derivative) oder eine eigene (originäre) Rechtstellung erlangen.

a. Zu den Möglichkeiten, eine derivative Rechtsposition zu erlangen, gehören die dingliche Übertragung von Mitgliedschaftsrechten des Treuhänders auf den Treugeber, die Einräumung einer bloßen Ausübungsbefugnis hinsichtlich der Mitgliedschaftsrechte des Treuhänders durch Bevollmächtigung- oder Ermächtigung sowie die Bestellung eines beschränkt dinglichen Rechts an der Treuhändermitgliedschaft. Diese Möglichkeiten müssen sich vor allem am Abspaltungsverbot messen und mit den dahinterstehenden sowie sonstigen zivil- und gesellschaftsrechtlichen Grundsätzen vereinbaren lassen. Vor diesem Hintergrund ist von den vorgenannten Möglichkeiten hinsichtlich der mitgliedschaftlichen Verwaltungsrechte letztlich als zulässig anzusehen, dass dem Treugeber die Ausübung der Rechte des Treuhänders mittels Vollmacht ermöglicht wird. Letztere kann als unwiderrufliche und verdrängende Vollmacht ausgestaltet sein. Jene kann nur, aber dennoch, aus wichtigem Grund widerrufen werden kann und verpflichtet den Treuhänder schuldrechtlich, von seinen entsprechenden Rechten keinen Gebrauch zu machen. Lediglich Vermögensrechte können vom Treuhänder an den Treugeber abgetreten, also dinglich übertragen werden. Eine so verstandene derivative Berechtigung ist auch möglich, wenn der Treuhänder einer Vielzahl von Treugebern die Beteiligung mittelt.
   Analog zur derivativen Berechtigung kann die unmittelbare Verpflichtung des Treugebers durch allgemeine zivilrechtliche Instrumente, namentlich durch Schuldbeitritt, Schuldübernahme sowie durch Abtretung der dem Treuhänder zustehenden Freistellungsansprüche an die jeweiligen Gläubiger der Schuld, von der freizustellen ist, erreicht werden.
b. Im Gegensatz zur derivativen Berechtigung hat eine originäre Berechtigung den Vorteil, dass sie die Position des qualifizierten Treugebers nochmals verstärkt, da ein bloß schuldrechtlich wirkender Verzicht auf die Ausübung von Mitgliedschaftsrechten bei gleichzeitiger Bevollmächtigung dem Treugeber gerade keinen absoluten Schutz vor einem treuwidrigen Verhalten des Treuhänders bietet. Auch mit der gesetzlichen

Gleichstellungsanordnung in § 152 Abs. 1 Satz 3 KAGB lässt sich eine originäre Rechtstellung des Treugebers besser vereinbaren.

Eine solche originäre Rechtstellung erlangt der qualifizierte Treugeber weder dadurch, dass ihm isolierte Mitgliedschaftsrechte als Nichtmitglied eingeräumt werden noch dadurch, dass er an dem Gesellschaftsanteil des Treuhänders mitbeteiligt wird und so eine Doppelzuständigkeit an einem einheitlichen Gesellschaftsanteil entsteht. Vielmehr ist er regelmäßig selbst als eigenständiges Mitglied des alle Gesellschafter sowie etwaige weitere qualifiziert mittelbar Beteiligte umfassenden Verbands anzusehen. Bei diesem Verband handelt es sich nicht um einen vom rechtsfähigen Außenverband zu unterscheidenden virtuellen Innenverband nach *Karsten Schmidt*, sondern um das Verbandsverhältnis, dass die Gesellschaft als solche ausmacht. An diesem Verband ist der qualifizierte Treugeber nicht als Gesellschafter beteiligt. Vielmehr ist er als Mitglied eigener Art nach einem Modell, dass bereits durch *Tebben* im Jahre 2000 vertreten wurde, anzusehen.
Die Verbandsmitgliedschaft ist die Grundlage der Einräumung von originären Rechten und der Auferlegung von Pflichten des qualifizierten Treugebers. Deren Zuordnung an den Treugeber und den Treuhänder stellt sich sodann als die Ausgestaltung des gesellschaftsrechtlichen Innenverhältnisses dar. Daher hat die Einräumung von Rechten und Pflichten zwingend im Gesellschaftsvertrag und nicht bloß im Treuhandvertrag zu erfolgen. Weiter muss zur wirksamen Begründung der Mitgliedschaft der qualifizierte Treugeber dem Verband nach den gleichen Regeln wie ein Gesellschafter beitreten.
Mit der Mitgliedschaft eigener Art ist keine Vermögensbeteiligung verbunden. Die vermögensrechtliche Stellung ist immer eine vom Treuhänder abgeleitete. Zur Begründung dieser vermögensrechtlichen Stellung stehen nämlich mit der Möglichkeit, Vermögensrechte abzutreten und auf Zahlung gerichtete Pflichten, gegebenenfalls sogar schuldbefreiend, zu übernehmen, ausreichend schuldrechtliche Instrumente zur Verfügung.
Grundsätzlich ist die Verbandsmitgliedschaft des Treugebers von der Verbandszugehörigkeit des Treuhänders unabhängig und von dieser abstrakt zu betrachten. Daher kann dieses Modell auch für andere Arten der qualifizierten mittelbaren Beteiligung fruchtbar gemacht werden. Allerdings hängt die Frage, welche Rechtstellung dem mittelbar Beteiligten in dem Verband eingeräumt werden kann, maßgeblich von der Art der

mittelbaren Beteiligung ab. Eine weitgehende Gleichstellung des Treugebers mit Gesellschaftern und gleichzeitige Aushöhlung der Mitgliedschaft des Treuhänders ist gerade nur deshalb möglich, weil der Treugeber aufgrund des Treuhandverhältnisses wirtschaftlich die gleichen Chancen hat und Risiken trägt wie ein Gesellschafter. Es ist insofern von einem weitgehenden Interessengleichlauf auszugehen. Hier liegt beispielsweise ein Unterschied zum Nießbraucher, der regelmäßig nur ein zeitlich begrenztes, auf kurzfristigen Profit und damit nicht ein auf nachhaltige Verwirklichung des Gesellschaftszwecks ausgerichtetes Interesse haben wird.

Trotz der Abstraktheit sind die Mitgliedschaften des Treuhänders und des Treugebers nach dem Willen der Beteiligten, der sich jedenfalls aus ergänzender Vertragsauslegung ergibt, miteinander verknüpft. Aus dieser Auslegung ergibt sich, dass der Treuhänder bestimmte Mitgliedschaftsrechte für die Zeit des Bestehens des Treuhandverhältnisses nicht soll ausüben können. Wie einem Gesellschafter für den Fall, dass er eine bestimmte Funktion einnimmt, Sonderrechte eingeräumt werden können, unterliegt der Treuhänder einer Art Sonderbeschränkung im Hinblick auf die normalerweise mit seiner Gesellschafterstellung verbundenen Mitgliedschaftsrechte.

Dem Rechtsform- und gesellschaftsrechtlichen Typenzwang steht das Modell der Mitgliedschaft *sui generis* nicht entgegen, da diese Mitgliedschaft mittlerweile als gewohnheitsrechtlich anerkannt angesehen werden muss. Die Rechtsprechung geht spätestens seit einer Reihe von Urteilen in den 2010er Jahren davon aus, dass die Rechtstellung des qualifizierten Treugebers gesellschaftsrechtlich zu qualifizieren sein kann und dieser sodann als Verbandsmitglied zu betrachten ist.

4. Da die Zuordnung der Rechte und Pflichten, verstanden als die Gestaltung des gesellschaftsrechtlichen Innenverhältnisses, eine gesellschaftsrechtliche Organisationsregelung darstellt, bedarf sie der Form, die für das Statut der jeweiligen Gesellschaftsform gilt. Für den Beitritt des Treugebers zum Verband sind im Personengesellschaftsrecht, solange es sich nicht um eine Publikumspersonengesellschaft handelt, die für Änderungen des Gesellschaftsvertrags geltenden Formvorschriften zu beachten. Im Falle der GmbH bedarf es hingegen keiner notariell zu beglaubigenden oder zu beurkundenden Beitrittserklärung analog § 55 Abs. 1 GmbHG.

Es ist davon auszugehen, dass der qualifizierte Treugeber weder in das Handels- noch in das Gesellschaftsregister einzutragen ist.

Für einen minderjährigen qualifizierten Treugeber bedarf es zur wirksamen Begründung der qualifizierten Treuhand der familienrechtlichen

Genehmigung. Dieses Erfordernis ergibt sich für den Fall, dass eine Mitgliedschaft eigener Art begründet werden soll, direkt aus § 1852 Nr. 2 in Verbindung mit § 1643 Abs. 1 BGB.
Die Grundsätze der fehlerhaften Gesellschaft finden auch bei fehlerhafter Begründung der qualifizierten Treuhandbeteiligung Anwendung. Für eine Klauselkontrolle gilt, dass Regelungen, die lediglich das Verhältnis zwischen Treuhänder und Treugeber regeln, der AGB-Kontrolle unterfallen. Sofern die Regelungen die Rechtstellung des Treugebers im Verband erfassen, mithin wenigstens organisationsrechtlichen Charakter haben, unterfallen sie der Bereichsausnahme des § 310 Abs. 4 Satz 1 BGB, können unter Umständen jedoch der von der Rechtsprechung für Publikumsgesellschaften entwickelten Billigkeitskontrolle des § 242 BGB unterliegen.

5. Sowohl der qualifizierte Treugeber, der als Mitglied eigener Art in das Verbandsverhältnis aufgenommen ist, als auch der lediglich derivativ berechtigte Treugeber unterliegen im Ergebnis der gesellschaftsrechtlichen Treuepflicht. Sie können sich auch gegenüber anderen Beteiligten auf diese berufen. Hieraus ergibt sich in Ermangelung einer anderen Regelung beispielsweise, dass den qualifizierten Treugeber eine Verschwiegenheitspflicht trifft, er in den Anwendungsbereich der Geschäftschancenlehre fällt oder auch einem Wettbewerbsverbot unterliegen kann, wenn seine Rechtstellung nämlich hinsichtlich der Einwirkungsmacht und Informationsmöglichkeiten der eines einem Wettbewerbsverbot unterliegenden Gesellschafters gleichkommt. Für ihn gelten auch die Grundsätze der Sanieren oder Ausscheiden-Rechtsprechung. Für den qualifizierten Treugeber ergibt sich aus der gesellschaftsrechtlichen Treuepflicht gegenüber den anderen Beteiligten in der Regel ein Anspruch auf Zustimmung zu einer Übertragung des Anteils vom Treuhänder auf ihn selbst. Die Treuepflicht verschafft dem qualifizierten Treugeber auch einen Anspruch auf Anonymität gegenüber außenstehenden Dritten.
6. Mit Blick auf die unmittelbare Teilhabe an der Willensbildung, Leitung und Vertretung des Verbandes stellt sich die Rechtstellung des qualifizierten Treugebers wie folgt dar:
   a. Der qualifizierte Treugeber als Mitglied eigener Art hat ein zum Kernbereich seiner Mitgliedschaft gehörendes Recht, an Gesellschafterversammlungen mit einem Rederecht teilzunehmen. Im Übrigen wird sich das Recht zur Teilnahme an der Gesellschafterversammlung, sofern es ihm nicht durch Gleichstellungsabrede oder expliziter Regelung zugewiesen ist, als Annexkompetenz zu anderen zugewiesenen

Rechten, insbesondere einem Stimm- oder Zustimmungsrecht sowie einem Anfechtungsrecht, ergeben.

b. Das Recht, im Rahmen von Gesellschafterbeschlüssen mitzustimmen, das Stimmrecht, kann einem qualifizierten Treugeber explizit oder im Rahmen einer Gleichstellungsabrede zugewiesen werden. Auch einem an einer Investment-KG beteiligten Treugeber ist das Stimmrecht durch die gesetzliche Gleichstellung zugewiesen. Das Stimmrecht ist im Hinblick auf Beschlussgegenstände, die in den Kernbereich der Mitgliedschaft des Treuhänders eingreifen oder für diesen zusätzliche Belastungen begründen, nicht beschränkt. Dem Treuhänder steht in diesen Fällen allerdings zwingend ein Zustimmungsrecht zu. Ebenfalls kann der qualifizierte Treugeber in der Personengesellschaft auch im Hinblick auf Beschlussgegenstände mitstimmen, die Geschäftsführungsangelegenheiten betreffen. Das Prinzip der Selbstorganschaft steht dem nicht entgegen.

Zustimmungsrechte können dem qualifizierten Treugeber ebenfalls eingeräumt werden. Ein Zustimmungsrecht muss ihm als Konsequenz eines unentziehbaren Kernbereichs seiner Mitgliedschaft in manchen Fällen gar zwingend zustehen. Dies betrifft etwa Fälle, in denen dem Treugeber (wirtschaftlich) zusätzliche Belastungen auferlegt werden sollen (Belastungsverbot), oder sein Anteil mit Zustimmung des Inhabers gemäß § 34 Abs. 2 GmbHG eingezogen werden soll.

c. Der qualifizierte Treugeber, der als Gesellschafter von einem Stimmverbot betroffen wäre, darf weder ein originäres Stimmrecht noch im Wege der derivativen Berechtigung das des Treuhänders ausüben. In diesem Fall darf das Stimmrecht auch nicht vom Treuhänder ausgeübt werden – dies gilt für sein eigenes Stimmrecht im Falle einer derivativen Berechtigung genauso wie für ein originäres Stimmrecht des Treugebers, wenn er dieses wiederum als dessen Vertreter ausüben möchte. Kollidiert das Verbandsinteresse hingegen mit den Interessen des Treuhänders, ist dieser also von einem Stimmverbot betroffen, führt das nicht zu einem Stimmverbot des Treugebers. Der Treuhänder darf ein Stimmrecht im Interesse des qualifizierten Treugebers bei eigener Betroffenheit richtigerweise dann ausüben, wenn er eine schriftliche Weisung erhalten hat und die Gesellschaft ein weisungswidriges Abstimmungsverhalten damit nachvollziehen könnte.

d. Der qualifizierte Treugeber kann Beschlussmängel, je nach Statthaftigkeit, sowohl im Rahmen einer Feststellungsklage als auch durch Anfechtungs- und gesellschaftsrechtliche Nichtigkeitsfeststellungsklage geltend machen. Im ersteren Fall besitzt er aufgrund seiner qualifizierten Treugeberstellung *per se* das erforderliche Feststellungsinteresse im Sinne des § 256 Abs. 1 ZPO. Eine Anfechtungsbefugnis als materiell-rechtliches Verwaltungsrecht kann ihm gesondert zugewiesen sein, ist aber auch zu einem zwingenden Kernbereich der Mitgliedschaft eigener Art zu zählen.

e. Die Übernahme der Geschäfts- und Vertretungsbefugnis im Kapitalgesellschaftsrecht begegnet keinen Bedenken. Im Personengesellschaftsrecht kann dem qualifizierten Treugeber die Geschäftsführungsbefugnis zugewiesen werden, wenngleich die qualifizierten Treugeber nicht zu den „geborenen Geschäftsführern" gehören. Unproblematisch kann der qualifizierte Treugeber die Personengesellschaft als Bevollmächtigter auch nach außen vertreten. Richtigerweise kann ihm, sofern er nicht bloß mittelbar beteiligter Treugeberkommanditist ist, auch organschaftliche Vertretungsmacht verliehen werden. In diesem Fall ist jedoch auch eine Eintragungspflicht für das Handels- bzw. Gesellschaftsregister angezeigt.

f. Soweit dem qualifizierten Treugeber Informationsrechte nicht explizit oder über eine Gleichstellungsabrede eingeräumt sind, steht ihm ein zum Kernbereich seiner Mitgliedschaft gehörendes, einer jeden Verbandsmitgliedschaft innewohnendes allgemeines Informationsrecht zu. Der bloß derivativ berechtigte qualifizierte Treugeber kann im Einzelfall auf ein Informationsrecht aus § 242 BGB zurückgreifen.

Aus dem vorerwähnten allgemeinen Informationsrecht folgt auch der einem jedem Gesellschafter zustehende Anspruch auf Auskunft über die Identität seiner Mitgesellschafter. Unter denselben Voraussetzungen und in denselben Grenzen steht dieser Anspruch auch einem qualifizierten Treugeber zu. Der Auskunftsanspruch erstreckt sich nicht nur auf die Identität der (Mit-)Gesellschafter, sondern auch auf die sämtlicher qualifzierter (Mit-)Treugeber. Für den auch bei der qualifizierten Treuhand nicht abdingbaren Anspruch bedarf es nicht der Darlegung eines konkreten Informationsinteresses. Der Anspruch kann jedoch verweigert werden, wenn die Informationen zu einem Zweck begehrt werden, der keinen Bezug zur Wahrnehmung der mitgliedschaftlichen Rechte oder Erfüllung mitgliedschaftlicher Pflichten erkennen lässt. Passivlegitimiert hinsichtlich dieses Auskunftsanspruches ist jedes Verbandsmitglied, dass die begehrten Auskünfte erteilen kann. Die Erfüllung des Anspruchs begegnet zuletzt auch keinen datenschutzrechtlichen Bedenken.

7. Dem qualifizierten Treugeber obliegt zunächst eine mittelbare Haftung. Diese resultiert daraus, dass er dem Treuhänder grundsätzlich zur Freistellung verpflichtet ist, sofern dieser wiederum von der Gesellschaft, anderen Beteiligten oder auch Gläubigern der Gesellschaft in Anspruch genommen wird. Die mittelbare Haftung erfasst bei Personengesellschaften grundsätzlich auch Verlustausgleichsansprüche und eine Haftung für Altverbindlichkeiten. Bei der Investment-KG gilt jedoch etwas anderes: Dort kommt der dem Wortlaut nach nur für Kommanditisten anwendbare gesetzliche Ausschluss der Nach- und Verlustausgleichshaftung auch den Treugebern im Rahmen der mittelbaren Haftung zugute.
   Durch die Abtretbarkeit und Pfändbarkeit der Freistellungsansprüche kann der qualifizierte Treugeber aufgrund seiner mittelbaren Haftung letztlich auch direkt vom jeweiligen Gläubiger in Anspruch genommen werden. Deswegen darf jedoch die für eine analoge Anwendung der nicht subsidiären, nicht quotalen und der Höhe nach unbeschränkten sowie unbeschränkbaren Gesellschafterhaftung notwendige planwidrige Regelungslücke nicht pauschal verneint werden. Denn die mittelbare Haftung offenbart im Vergleich zur Gesellschafterhaftung einige Schwächen. Diese Schwächen liegen neben den erhöhten praktischen Durchsetzungsschwierigkeiten darin, dass der qualifizierte Treugeber nur subsidiär in Anspruch genommen werden darf, sich über die mittelbare Haftung in der Regel keine Ausfallhaftung für Mittreugeber begründen lässt und die mittelbare Haftung auch nicht gegen Störungen im Treuhandverhältnis immunisiert ist. Letzteres heißt, dass der Treugeber dem Gläubiger in der Regel Einwendungen aus dem Treuhandverhältnis, die ihm gegen den Treuhänder zustünden, entgegenhalten kann.
8. Für eine unmittelbare Haftung gilt es zu unterscheiden:
   a. Einer unmittelbaren Haftung gegenüber Gesellschaftsgläubigern im Personengesellschaftsrecht unterliegt der qualifizierte Treugeber lediglich ausnahmsweise nach den Grundsätzen der Rechtscheinhaftung oder gemäß § 826 BGB. Die gesetzliche Ausgestaltung der Haftung im Personengesellschaftsrecht gibt den Gesellschaftsgläubigern keinen Anlass darauf zu vertrauen, dass sie sich aus einem anderen Vermögen als dem der Gesellschaft sowie der tatsächlichen oder zumindest im Handels- und Gesellschaftsregister verlautbarten Gesellschafter befriedigen können. Es bedarf auch keines Gleichlaufs von gegebenenfalls vereinbarter Innen- und zwingender Außenhaftung.
   b. Sofern eine unmittelbare Haftung gegenüber der Personengesellschaft nicht rechtsgeschäftlich, insbesondere aufgrund einer umfassenden

Gleichstellungsklausel, begründet ist, ist eine solche nur in Ausnahmefällen zwingend. Diese Fälle betreffen etwaige Schadenersatzpflichten gegenüber der Gesellschaft sowie eine Haftung für die Kapitalerhaltung in der Komplementärgesellschaft, wenn der qualifizierte Treugeber an einer Kapitalgesellschaft & Co. KG als Treugeberkommanditist beteiligt ist und sein wirtschaftliches Interesse sowie seine Einwirkungsmöglichkeiten auf die KG mit der Stellung eines typischen Kommanditisten vergleichbar sind.

c. Im Kapitalgesellschaftsrecht ist eine Haftung gegenüber der Gesellschaft hingegen häufiger zwingend.
Zunächst ist der Anwendungsbereich der Gründerhaftung nach den §§ 9a GmbHG, 46 AktG auch für qualifizierte Treugeber eröffnet. Für die Einlageverpflichtung ist hingegen weder im GmbH-Recht noch im Aktienrecht eine zwingende Haftung des qualifizierten Treugebers angezeigt. Dasselbe gilt für eine Ausfallhaftung nach § 24 GmbHG, für eine Vorbelastungs- sowie für eine Verlustdeckungshaftung.
Der qualifizierte Treugeber haftet jedoch nach § 31 Abs. 1 GmbHG, und zwar zumeist neben dem Treuhänder als Gesamtschuldner. Er kann sich gegebenenfalls auf die Anspruchsbeschränkung des § 31 Abs. 2 GmbHG berufen. Allerdings ist ihm eine Bösgläubigkeit des Treuhänders zuzurechnen, wenn er die das Stammkapital schmälernde Zahlung aus vom Treuhänder abgetretenem Recht empfängt. Weiter haftet der qualifizierte Treugeber auch im Rahmen der Ausfallhaftung des § 31 Abs. 3 GmbHG, wobei sich dessen Quote nach der Höhe des vom Treuhänder für ihn gehaltenen Kapitalanteils ergibt. In diesem Umfang haftet er gesamtschuldnerisch mit dem Treuhänder. Für die Kapitalerhaltungshaftung im Aktienrecht gilt im Wesentlichen das gleiche.
Zuletzt kann der qualifizierte Treugeber auch gegenüber der Kapitalgesellschaft, an der er mittelbar beteiligt ist, zum Beispiel im Falle eines Treuepflichtverstoßes oder im Rahmen der Existenzvernichtungshaftung, zum Schadenersatz verpflichtet sein.

d. Einer zwingenden Haftung gegenüber Gesellschaftern und Mitttreugebern unterliegt der qualifizierte Treugeber in der Regel nur, wenn er diesen ausnahmsweise aufgrund einer (Treue-)Pflichtverletzung aus dem Gesellschaftsverhältnis zum Schadenersatz verpflichtet ist. Abzulehnen ist die von der Rechtsprechung angenommene direkte Ausgleichshaftung gegenüber Gesellschaftern und Mittreugebern in einer Personengesellschaft, nachdem jene etwaige Gesellschaftsgläubiger befriedigt haben.

9. Den qualifizierten Treugeber trifft eine Insolvenzantragspflicht sowohl nach § 15a Abs. 1 InsO, sollte er Mitglied des vertretungsberechtigten Organs der dort genannten Gesellschaften sein, als auch nach § 15a Abs. 3 InsO im Falle der qualifizierten mittelbaren Beteiligung an einer führungslosen GmbH. Im letzten Fall bleibt auch der Treuhänder zur Antragstellung verpflichtet. Darlehen eines qualifizierten Treugebers an die Gesellschaft unterliegen in der Regel dem Anwendungsbereich des § 39 Abs. 1 Nr. 5 InsO und sind somit in der Insolvenz nachrangig. Etwas anderes gilt nur, falls sich die Einbeziehung des Treugebers auf eine rein vermögensrechtliche Gleichstellung unter weitgehendem Ausschluss von direkten und auch indirekten Mitwirkungsmöglichkeiten beschränkt.

Literatur

Altmeppen, Holger, Anmerkung zu BGH, Urteil vom 27.1.1997 - II ZR 123/94, NJW 1997, 1509

Altmeppen, Holger, „Dritte“ als Adressaten der Kapitalerhaltungs- und Kapitalersatzregeln in der GmbH, Festschrift für Bruno Kropff, Aktien- und Bilanzrecht, 1997, S. 461, zit. *Altmeppen*, FS Kropff (1997), 461

Altmeppen, Holger, Verwirrung über die gesamtschuldnerische Kommanditistenhaftung, NJW 2016, 1761

Altmeppen, Holger, Kernbereichslehre, Bestimmtheitsgrundsatz und Vertragsfreiheit in der Personengesellschaft, NJW 2015, 2065

Altmeppen, Holger, Pflicht zur Herausgabe der Gesellschafterliste einer Fondsgesellschaft?, NZG 2010, 1321

Altmeppen, Holger, Gesetz betreffend die Gesellschaften mit beschränkter Haftung, 11. Aufl. 2023, zit. *Altmeppen*, GmbHG

Armbrüster, Christian, Die treuhänderische Beteiligung an Gesellschaften, 2001, zit. *Armbrüster*

Armbrüster, Christian, Zur Wirkung von Treuhandabreden in der Insolvenz des Treuhänders, DZWiR 2003, 485

Armbrüster, Christian, Treuhänderische GmbH-Beteiligungen (II) – Rechte und Pflichten von Treuhänder und Treugeber in der Gesellschaft, GmbHR 2001, 1021

Armbrüster, Christian, Haftung des Treugebers für Gesellschaftsschulden bei fehlerhaftem Fondsbeitritt, NJW 2009, 2167

Armbrüster, Christian, Grundlagen und Reichweite von Wettbewerbsverboten im Personengesellschaftsrecht, ZIP 1997, 261

Armbrüster, Christian, Der Gesellschafter hinter dem Gesellschafter – zur Treugeberhaftung in der Personengesellschaft, ZIP 2009, 1146

Armbrüster, Christian, Abtretung künftiger gesellschaftsrechtlicher Vermögensansprüche bei anschließendem Verlust der Gesellschafterstellung, NJW 1991, 606

Armbrüster, Christian, Auskunftsansprüche des Treugebers gegen Treuhänder und Fondsgesellschaft, Festschrift für Rainer Kanzleiter zum 70. Geburtstag am 17. Juni 2010, 2010, S. 31, zit. *Armbrüster*, FS Kanzleiter (2010), 31

Armbrüster, Christian, Auskunftsanspruch des Anlegers in Publikums-KG hinsichtlich Namen und Anschriften der anderen Anleger auch gegen

Mitgesellschafter, hier: den das Anlegerregister führenden Treuhänder, EWiR 2015, 137

Asmus, Thomas; Markwardt, Karsten, Der anonyme Quasi-Gesellschafter, ZIP 2012, 1581

Assmann, Heinz-Dieter (Hrsg.); *Schütze, Rolf A.* (Hrsg.); *Buck-Heeb, Petra* (Hrsg.), Handbuch des Kapitalanlagerechts, 5. Aufl. 2020 [!], zit. Assmann/Schütze/Buck-Heeb/*Bearbeiter*, KapitalanlageR

Assmann, Heinz-Dieter (Hrsg.); *Wallach, Edgar* (Hrsg.); *Zetzsche, Dirk* (Hrsg.), Kapitalanlagegesetzbuch, 2. Aufl. 2022, zit. Assmann/Wallach/Zetzsche/*Bearbeiter*, KAGB

Ballerstedt, Kurt, Zur Rechtsstellung des Auftraggebers eines Strohmannes nach GmbH-Recht, JZ 1960, 513

Bälz, Ulrich, Treuhandkommanditist, Treuhänder der Kommanditisten und Anlegerschutz – Für eine organschaftliche Publikumstreuhand – Ludwig Raiser zum 75. Geburtstag am 27.10.1997, ZGR 1980, 1

Baur, Fritz (Bgr.)*; Baur, Jürgen; Stürner, Rolf*, Sachenrecht, 18. Aufl. 2009, zit. *Baur/Stürner*, SachenR

Baur, Jürgen (Hrsg.); *Tappen, Falko* (Hrsg.); u.a., Investmentgesetze, Bd. 2, 4. Aufl. 2020, zit. Baur/Tappen/*Bearbeiter*

Bayer, Walter, Zur Dogmatik der unwiderruflichen Vollmacht, DNotZ 2020, 373

Bayer, Walter; *Hommelhoff, Peter*; *Kleindiek, Detlef*, Lutter/Hommelhoff, GmbH-Gesetz, 21. Aufl. 2023, zit. Lutter/Hommelhoff/*Bearbeiter*, GmbHG

Bayer, Walter; *Pielka, Hendrik*, Anmerkung zu BGH, Urteil vom 19.3.2001, LM, § 11 GmbHG, Nr. 42 (LM H. 8/2001 Bl. 1576)

Berger, Christian, Insolvenzantragspflicht bei Führungslosigkeit der Gesellschaft nach § 15a Abs. 3 InsO, ZInsO 2009, 1977

Bergmann, Andreas, Der Kommanditist als Vertretungsorgan der Kommanditgesellschaft, Zugleich Besprechung OLG Frankfurt/M. v. 26.9.2005 – 20 W 192/05, ZIP 2006, 904 (LS), ZIP 2006, 2064

Berninger, Axel, Keine Haftung des atypisch stillen Gesellschafters im Außenverhältnis für Verbindlichkeiten des Handelsgeschäftsinhabers nach §§ 128, 171 HGB; Zugleich Anmerkung zum Beschluss des BGH vom 1.3.2010, II ZR 249/08, DStR 2010, 1489

Beuthien, Volker, Treuhand an Gesellschaftsanteilen, ZGR 1974, 26

Beuthien, Volker, Warum eigentlich keine GbR mbH? – Zum Haftungssystem der nichteingetragenen Vereinigungen, WM 2012, 1

Beuthien, Volker, Zur Mitgliedschaft als Grundbegriff des Gesellschaftsrechts – Subjektives Recht oder Stellung im pflichthaltigen Rechtsverhältnis?,

Festschrift für Herbert Wiedemann zum 70. Geburtstag, 2002, S. 755, zit. *Beuthien*, FS Wiedemann (2002), 755

Bieder, Marcus, Gesellschaftsvertragliche Inhaltskontrolle und AGB-Recht, ZHR 174 (2010), 705

Bitter, Georg; Thelen, Martin, Entscheidungsanmerkung zu BGH, Urteil vom 24.6.2012 – WM 2012, 1664, WuB II E. § 128 HGB 1.12, WuB 2012, 745

Blasche, Sebastian, Die uneinheitliche Abgabe der Stimmen aus GmbH-Geschäftsanteilen, GmbHR 2016, 99

Blath, Simon, Das Mehrheitsprinzip im GmbH-Recht – Grundlegendes und Gestaltungsfragen, RNotZ 2017, 218

Blaurock, Uwe, Haftung eines atypischen stillen Gesellschafters, NZG 2010, 974

Blaurock, Uwe, Unterbeteiligung und Treuhand an Gesellschaftsanteilen, Formen mittelbarer Teilhabe an Gesellschaftsverhältnissen, 1981, zit. *Blaurock*

Blaurock, Uwe (Hrsg.), Handbuch Stille Gesellschaft, 9. Aufl. 2020, zit. Blaurock/*Bearbeiter*, Hdb. Stille Gesellschaft

Boesebeck, Ernst, Anmerkung zu OLG Celle, Urt. v. 22. März 1938, 3 U 339/37, JW 1938, 1592

Bork, Carsten, Der Schutz des Gesellschaftsinteresses bei der Ausübung individueller Informationsrechte, 2019, zit. *C. Bork*

Brandis, Peter (Hrsg.); *Heuermann, Bernd* (Hrsg.), Ertragsteuerrecht, 171. Erglf. 2024, zit. Heuermann/Brandis/*Bearbeiter*

Braun, Eberhard (Hrsg.), Insolvenzordnung, 10. Aufl. 2024, zit. Braun/*Bearbeiter*, InsO

Breuer, Johannes, Treuhandverhältnisse im Gesellschaftsrecht, MittRhNotK 1988, 79

Brömmelmeyer, Christoph, Fehlerhafte Treuhand? – Die Haftung der Treugeber bei der mehrgliedrigen Treuhand an Beteiligungen, NZG 2006, 529

Brox, Hans, Zur Gesamtvertretung einer Kommanditgesellschaft durch den Komplementär und den Kommanditisten, Festschrift für Harry Westermann zum 65. Geburtstag, 1974, S. 21, zit. *Brox*, FS H. Westermann (1974), 21.

Burmeister, Christian, Einlagepflicht eines Treugeberkommanditisten einer Publikums-GmbH & Co. KG trotz Widerrufs des Beitritts, DB 2018, 1135

Canaris, Claus-Wilhelm, Die Rückgewähr von Gesellschaftereinlagen durch Zuwendungen an Dritte, Festschrift für Robert Fischer, 1979, S. 31, zit. *Canaris*, FS Fischer (1979), 31

Casper, Matthias, Die Investmentkommanditgesellschaft: große Schwester der Publikums-KG oder Kuckuckskind?, ZHR 179 (2015), 44

Chatard, Yannick; Horn, Konstantin, Der Auskunftsanspruch von Anlegern einer Publikums-KG im Spannungsfeld von Gesellschaftsrecht und DSGVO, ZIP 2019, 2242

Coing, Helmut, Die Treuhand kraft privaten Rechtsgeschäfts, 1973, zit. *Coing*

Dogan, Sait, Der stille Kommanditist in der Publikums-KG, Die Dogmatik der qualifizierten Treuhand, ihr Haftungsregime und Auskunftsansprüche, zit. *Dogan*

Drescher, Ingo (Hrsg.); *Fleischer, Holger* (Hrsg.); *Schmidt, Karsten* (Hrsg.), Münchener Kommentar zum Handelsgesetzbuch, Bd. 2, 5. Aufl. 2022, zit. MüKo/*Bearbeiter*, HGB

Dubovitskaya, Elena, Sind Vorstandsmitglieder einer AG wirklich Treuhänder?, NZG 2015, 983

Ebenroth, Carsten Thomas (Begr.); *Boujong, Karlheinz* (Begr.) *Joost, Detlev* (Begr.), Handelsgesetzbuch, Bd. 1, 5. Aufl. 2024, zit. EBJ/*Bearbeiter*, HGB

Eden, Siegfried, Treuhandschaft an Unternehmen und Unternehmensanteilen, 4. Aufl. 2023, zit. *Eden*

Ehlke, Michael, Zur Behandlung von Treugeber und Treuhänder an einem GmbH-Anteil – Zugleich Besprechung des Urteils OLG Hamburg vom 27.4.1984, DB 1984, 1515 –, DB 1985, 795

Ehmke, Torsten, Ende der Verlustzuweisungsmodelle und sonstige Änderungen des EStG, Steueranwalt 2006/2007, 119

Emde, Thomas (Hrsg.); *Dornseifer, Frank* (Hrsg.); *Dreibus, Alexandra* (Hrsg.), KAGB, 3. Aufl. 2023, zit. Emde/Dornseifer/Dreibus/*Bearbeiter*, KAGB

Esch, Günter, Das Dogma der Einheitlichkeit der Personengesellschaftsbeteiligung, BB 1996, 1621

Faerber, Georg; *Garbe, Sebastian*, Stimmverbote bei indirekten Interessenkonflikten, GWR 2012, 219

Faust, Florian, Der Regress gegen Mitgesellschafter bei Personenhandelsgesellschaften, Festschrift für Karsten Schmidt zum 70. Geburtstag, 2009, S. 357, zit. *Faust*, FS K. Schmidt (2009), 357

Fest, Timo, Gesellschaftsrechtliche Bindungen treuhänderischer Beteiligungen an Publikumsgesellschaften, Liber Amicorum Makoto Arai, 2015, S. 274, zit. *Fest*, FS Makoto Arai (2015), 274

Fischer, Robert, Die Pfändung und Verwertung eines GmbH-Geschäftsanteils, GmbHR 1961, 21

Fleck, Hans-Joachim, Stimmrechtsabspaltung in der GmbH?, Festschrift für Robert Fischer, 1979, S. 107, zit. *Fleck*, FS Fischer (1979), 107

Fleck, Hans-Joachim, Der Grundsatz der Kapitalerhaltung – seine Ausweitung und seine Grenzen, Festschrift 100 Jahre GmbH-Gesetz, 1992, S. 391, zit. *Fleck*, FS GmbHG (1992), 391

Fleck, Hans-Joachim, Kurzkommentar zu OLG Düsseldorf, Urt. v. 28.3.1991 – 6 U 163/90, EWiR 1991, 801 [§ 171 HGB 2/91]

Fleischer, Holger, Aufwendungs- und Verlustersatz im geltenden und künftigen Personengesellschaftsrecht, BB 2020, 2114

Fleischer, Holger (Hrsg.); *Goette, Wulf* (Hrsg.), Münchener Kommentar zum GmbHG, Bd. 1, 4. Aufl. 2022 / Bd. 2, 4. Aufl. 2023 / Bd. 3, 4. Aufl. 2022, zit. MüKo/*Bearbeiter*, GmbHG

Fleischer, Ottmar, Aktuelle Entwicklungen zum Stimmrecht des Nießbrauchers am Anteil einer Personengesellschaft im Zivil-, Ertrag- und Erbschaftsteuerrecht, ZEV 2012, 466

Flume, Werner, Allgemeiner Teil des Bürgerlichen Rechts, Erster Band / Erster Teil, Die Personengesellschaft, 1977, zit. *Flume*, Personengesellschaft

Flume, Werner, Allgemeiner Teil des Bürgerlichen Rechts, Erster Band / Zweiter Teil, Die juristische Person, 1983, zit. *Flume*, Juristische Person

Foerster, Max, Die Zuordnung der Mitgliedschaft, 2018, zit. *Foerster*

Frank, Johann, Der Nießbrauch an Gesellschaftsanteilen, MittBayNot 2010, 96

Geibel, Stefan, Die Lehre von der fehlerhaften Gesellschaft als Beschränkung von Schadensersatzansprüchen?, BB 2005, 1009

Gernhuber, Joachim, Die fiduziarische Treuhand, JuS 1988, 355

Gernhuber, Joachim, Die verdrängende Vollmacht, JZ 1995, 381

Giehl, Christopher, Formular 7.6.1.5.1 Gesellschaftsvertrag eines Fonds (GmbH & Co KG), Beck'sche Online-Formulare Vertrag, 68. Ed. 2024 Stand: 01.01.2023

Gieseke, Horst, Besondere Probleme bei der „mittelbaren Beteiligung“ an einer Publikums-KG durch einen Treuhand-Kommanditisten, DB 1984, 970

Goette, Wulf (Hrsg.); *Habersack, Mathias* (Hrsg.); *Kalss, Susanne* (Hrsg.), Münchener Kommentar zum Aktiengesetz, Bd. 1, 6. Aufl. 2024 / Bd. 3, 5. Aufl. 2022, zit. MüKo/*Bearbeiter*, AktG

Gottschalk, Eckart, Anleger können für die Schulden ihres Fonds haften: Praxisfolgen aus den Urteilen des BGH zu den Falk-Fonds, GWR 2011, 325

Grage, Katja, Ausgewählte Aspekte der Verwaltungstreuhand an Geschäftsanteilen, RNotZ 2005, 251

Grigoleit, Hans Christoph, Gesellschafterhaftung für interne Einflussnahme im Recht der GmbH, Dezentrale Gewinnverfolgung als Leitprinzip des dynamischen Gläubigerschutzes, 2006, zit. *Grigoleit*

Grigoleit, Hans Christoph (Hrsg.), Aktiengesetz Kommentar, 2. Aufl. 2022, zit. Grigoleit/*Bearbeiter*, AktG

Grüneberg, Christian, u.a., Bürgerliches Gesetzbuch, 83. Aufl. 2024, zit. Grüneberg/*Bearbeiter*, BGB

Grunewald, Barbara, Die in § 23 AGBG vorgesehene Bereichsausnahme für Gesellschaftsrecht, Festschrift für Johannes Semler zum 70. Geburtstag am 28. April 1993, S. 179, zit. *Grunewald*, FS Semler (1993), 179

Grunewald, Barbara (Hrsg.); *Maier-Reimer, Georg* (Hrsg.); *Westermann, Harm Peter* (Hrsg.), Erman BGB, 17. Aufl. 2023, zit. Erman/*Bearbeiter*, BGB

Gsell, Beate u.a. (Hrsg.), beck-online.GROSSKOMMENTAR, BGB, zit. beckOGK/*Bearbeiter*, BGB, Bearbeitungsstand

Gummert, Hans (Hrsg.), Münchener Anwalts Handbuch Personengesellschaftsrecht, 4. Aufl. 2023, zit. MAH Personengesellschaftsrecht/*Bearbeiter*

Gummert, Hans (Hrsg.); *Weipert, Lutz* (Hrsg.), Münchener Handbuch des Gesellschaftsrechts, Band 2, 6. Aufl. 2024, zit. MünchHdb. Bd. 2/*Bearbeiter*

Guntermann, Lisa Marleen, Das Beschlussmängelrecht in der GmbH nach dem MoPeG, GmbHR 2024, 397

Habersack, Mathias, Die Mitgliedschaft – subjektives und sonstiges Recht, 1996, zit. *Habersack*

Habersack, Mathias; Schäfer, Carsten, Das Recht der OHG, Kommentierung der §§ 105 bis 160 HGB, 2. Aufl. 2019, zit. Habersack/Schäfer/*Bearbeiter*, HGB

Hadding, Walter (Hrsg.); *Schneider, Uwe* (Hrsg.), Gesellschaftsanteile als Kreditsicherheit, 1979, zit. Hadding/Schneider/*Bearbeiter*, Gesellschaftsanteile als Kreditsicherheit

Hau, Wofgang (Hrsg.); *Poseck, Roman* (Hrsg.) Beck'scher Online-Kommentar BGB, 70. Ed., zit. BeckOK/*Bearbeiter*, BGB, Bearbeitungsstand

Häublein, Martin (Hrsg.); *Hoffmann-Theinert, Roland* (Hrsg.); *Poll, Jens* (Hrsg.), Beck'scher Online-Kommentar HGB, 42. Ed., zit. BeckOK/*Bearbeiter*, HGB, Bearbeitungsstand

Heckelmann, Dieter, Die uneinheitliche Abstimmung bei Kapitalgesellschaften, AcP 170 (1970), 306

Hecker, Andreas, Bericht über die Diskussion des Referats Tebben, Gesellschaftsrecht in der Diskussion 2010, herausgegeben von der Gesellschaftsrechtlichen Vereinigung, 2011, S. 181, zit. *Hecker*, Tagungsbericht VGR 2010 (2011), 181

Heidel, Thomas (Hrsg.), Gesellschaft bürgerlichen Rechts, Spezialkommentar zu den §§ 705–740c BGB, 2024, zit. Heidel/*Bearbeiter*, BGB

Henssler, Martin, Treuhandgeschäft – Dogmatik und Wirklichkeit, AcP 196 (1996), 37

Henssler, Martin (Hrsg.); *Strohn, Lutz* (Hrsg.), Gesellschaftsrecht, 6. Aufl. 2024, zit. Henssler/Strohn/*Bearbeiter*, GesR

Hermanns, Marc, Übertragung von Mitgliedschaftsrechten an Dritte – Gestaltungsmöglichkeiten und -grenzen, ZIP 2005, 2284

Hermanns, Marc, Treuhandvereinbarungen über Gesellschaftsanteile, notar 2014, 283

Hoeren, Thomas, Datenschutz und Auskunftsansprüche des Treugebers bei der Publikums-KG, ZIP 2010, 2436

Hoffmann-Becking, Michael (Hrsg.), Münchener Handbuch des Gesellschaftsrechts, Band 4, Aktiengesellschaft, 5. Aufl. 2020, zit. MünchHdb. Bd. 4/*Bearbeiter*

Holler, Lorenz, Der „gläserne" Treugeber-Kommanditist? – Zum Anspruch des Kapitalanlegers auf Anonymität im Gesellschafts- und Kapitalmarktrecht, ZIP 2010, 2429

Hölters, Wolfgang (Hrsg.); *Weber, Markus* (Hrsg.), Aktiengesetz Kommentar, 4. Aufl. 2022, zit. Hölters/Weber/*Bearbeiter*, AktG

Hopt, Klaus, u.a., Handelsgesetzbuch, 43. Aufl. 2024, zit. Hopt/*Bearbeiter*, HGB

Huber, Ulrich, Anmerkung zu BGH, Urteil v. 4.4.1968 – II ZR 26/67, JZ 1968, 792

Hueck, Alfred, Anmerkung zu BGH, Urteil v. 10.11.1951 – II ZR 111/50, JZ 1952, 114

Hueck, Alfred, Anmerkung zu BGH, Urteil v. 22.2.1960 – VII ZR 83/59, JZ 1960, 491

Kampshoff, Matthias, Behandlung von Bankdarlehen in der Krise der GmbH, GmbHR 2010, 897

Kapitza, Martin, Die Rechtsstellung der Treugeber in geschlossenen Immobilienfonds in der Form der kupierten Publikumskommanditgesellschaft, 1996, zit. *Kapitza*

Kaulbach, Ann-Marie, Typenzwang im BGB?, JuS 2011, 397

Kayser, Godehard (Hrsg.); *Thole, Christoph* (Hrsg.), Insolvenzordnung (Heidelberger Kommentar), 11. Aufl. 2023, zit. Kayser/Thole/*Bearbeiter*, InsO

Kindl, Johann (Hrsg.); *Meller-Hannich, Caroline* (Hrsg.), Gesamtes Recht der Zwangsvollstreckung, 4. Aufl. 2021, zit. Kindl/Meller-Hannich/Wolf/*Bearbeiter*, ZPO

Kindler, Peter, Der Kommanditist hinter dem Kommanditisten – Zur Treugeberhaftung in der Insolvenz der Publikums-GmbH & Co. KG, Festschrift für Karsten Schmidt zum 70. Geburtstag, 2009, S. 871, zit. *Kindler*, FS K. Schmidt (2009), 871

Kindler, Peter, Der Gesellschafter hinter dem Gesellschafter – Zur Treugeberhaftung in der Personengesellschaft, Zugleich Besprechung BGH v. 11.11.2008 – XI ZR 468/07, ZIP 2008, 2354, ZIP 2009, 1146

Kindler, Peter, Der Kommanditist hinter dem Kommanditisten (II) – Qualifizierte Treugeber und Haftungsregress, Festschrift für Karsten Schmidt zum 80. Geburtstag, 2019, Band I, S. 641, zit. *Kindler*, FS K. Schmidt (2019), Bd. I, 641

Klöckner, Stefan, Wirksamkeit der Stimmabgabe eines Treuhänders in der Publikums-Gesellschaft, BB 2009, 1313

Klöhn, Lars, Treuhandkonstruktionen bei Publikumspersonengesellschaften – Das Aufrechnungsverbot nach BGHZ 189, 45 und BGH NZG 2012, 1024, Gesellschaftsrecht in der Diskussion 2012, herausgegeben von der Gesellschaftsrechtlichen Vereinigung (VGR), 2013, S. 143, zit. *Klöhn*, Gesellschaftsrecht in der Diskussion 2012 (2013), 143

Koch, Jens, Aktiengesetz, 18. Aufl. 2024, zit. *Koch*, AktG

Koch, Raphael; *Kruse, Cornelius*; *Wiese, Matthias*, Vertragsgestaltung, 5. Aufl. 2024, zit. *Koch/Kruse/Wiese*, Vertragsgestaltung

Köhl, Dietmar, Die Ausfallhaftung von Hintermännern bzw. Treugebern für nicht geleistete Stammeinlagezahlungen, GmbHR 1998, 119

Krenzel, Joachim, Treuhand an Kommanditanteilen, Unter besonderer Berücksichtigung der Pflichtenbindung des Treuhänders in der kupierten Publikums-Kommanditgesellschaft, 1991, zit. *Krenzel*

Krolop, Kaspar, Zur Anwendung der MoMig-Regelungen zu Gesellschafterdarlehen auf gesellschaftsfremde Dritte, Von der Finanzierungsfolgenverantwortung des Gesellschafters zur Risikoübernahmeverantwortung des Risikokapitalgebers?, GmbHR 2009, 397

Kruse, Viola, Nießbrauch an der Beteiligung an einer Personengesellschaft, RNotZ 2002, 69

Kübler, Friedrich; *Assmann, Heinz-Dieter*, Gesellschaftsrecht, Die privatrechtlichen Ordnungsstrukturen und Regelungsprobleme von Verbänden und Unternehmen, 6. Aufl. 2006, zit. *Kübler/Assmann*, GesR

Kübler, Friedrich; Waltermann, Jens, Geschäftschancen der Kommanditgesellschaft, Besprechung der Entscheidung BGH ZIP 1989, 986 ff., ZGR 1991, 162

Kühling, Jürgen (Hrsg.); *Buchner, Benedikt* (Hrsg.), Datenschutz-Grundverordnung – BDSG, Kommentar, 4. Aufl. 2024, zit. Kühling/Buchner/*Bearbeiter*, DS-GVO

Kümmerlein, Hartmut, Erscheinungsformen und Probleme der Verwaltungstreuhand bei Personenhandelsgesellschaften, 1971, zit. *Kümmerlein*

Larenz, Karl, Lehrbuch des Schuldrechts, Bd. I Allgemeiner Teil, 14. Aufl. 1987, zit. *Larenz*, SchuldR AT

Lockowandt, Peter, Stimmrechtsbeschränkungen im Recht der Personengesellschaften, Kernbereichslehre und Stimmrechtsausschluß, 1996, zit. *Lockowandt*

Löhnig, Martin, Treuhand, Interessenwahrnehmung und Interessenkonflikte, 2006, zit. *Löhnig*

Lüdicke, Jochen (Hrsg.); *Arndt, Jan-Holger* (Hrsg.), Geschlossene Fonds, Rechtliche, steuerliche und wirtschaftliche Aspekte von Immobilien-, Schiffs-, Flugzeug-, Solarenergie- sowie Private-Equity-Fonds und anderen geschlossenen Fondsprodukten mit einem Exkurs Offene Fonds, 6. Aufl. 2013, zit. Lüdicke/Arndt/*Bearbeiter*, Geschlossene Fonds

Lutter, Marcus, Theorie der Mitgliedschaft – Prolegomena zu einem Allgemeinen Teil des Korporationsrechts, AcP 180 (1980), 84

Lüttge, Jörg, Die zulässige Mehrfachbeteiligung an einer Personengesellschaft, NJW 1994, 5

Markwardt, Manfred, Rechtsgeschäftliche Treuhandverhältnisse bei Personenhandelsgesellschaften, 1973, zit. *M. Markwardt*

Maulbetsch, Hans-Christoph, Beirat und Treuhand in der Publikumspersonengesellschaft, 1984, zit. *Maulbetsch*

Medicus, Dieter; Petersen, Jens, Bürgerliches Recht, Eine nach Anspruchsgrundlagen geordnete Darstellung zur Examensvorbereitung, 29. Aufl. 2023, zit. *Medicus/Petersen*

Medicus, Dieter; Petersen, Jens, Allgemeiner Teil des BGB, 12. Aufl. 2024, zit. *Medicus/Petersen*, BGB AT

Menkel, Andreas, Gesamtschuldnerische Haftung von Treugeber-Kommanditisten?, NZG 2016, 261

Menkel, Andreas, Die Aufrechnungsbefugnis der Treugebergesellschafter gegen den Zessionar bei Abtretung des Freistellungsanspruchs durch die Treuhandgesellschafterin, NZG 2014, 1253

Merkel, n.a., Treuhänder eines Personengesellschafters, NJW 1954, 338

Merkt, Hanno, Entwicklungen in Theorie und Praxis der Verbandsmitgliedschaft, ZfPW 2018, 300

Michalski, Lutz (Hrsg.), GmbHG, 4. Aufl. 2023, zit. Michalski/*Bearbeiter*, GmbHG

Milde, Thomas, Die Stellung des Treugebers in Kapitalgesellschaften am Beispiel der Anfechtungsbefugnis, Festschrift für Horst Konzen zum siebzigsten Geburtstag, 2006, S. 541, zit. *Milde*, FS Konzen (2006), 541

Moritz, Joachim (Hrsg.); *Klebeck, Ulf* (Hrsg.); *Jesch, Thomas A.* (Hrsg.), Frankfurter Kommentar zum Kapitalanlagerecht, Band 1: KAGB, 2016, zit. FK-KapAnlR/*Bearbeiter*, KAGB

Noack, Max, Adieu „Feststellungsmodell", bonjour „Anfechtungsmodell" – über den Systemwechsel im Beschlussmängelrecht der Personengesellschaften, ZIP 2020, 1382

Noack, Ulrich; Haas, Ulrich; Servatius Wolfang, u.a., GmbHG, 23. Aufl. 2022, zit. Noack/Servatius/Haas/*Bearbeiter*, GmbHG

Oetker, Hartmut (Hrsg.), Handelsgesetzbuch, 8. Aufl. 2024, zit. Oetker/*Bearbeiter*, HGB

Paul, Wolfgang, Sanieren oder Ausscheiden (Teil 1) – Grundlagen und Anwendungsprobleme bei geschlossenen Fonds, GWR 2015, 419

Paul, Wolfgang, Sanieren oder Ausscheiden (Teil 2) – Aufsichts- und kapitalanlagerechtliche Problemfelder, GWR 2015, 463

Paulick, Heinz, Handbuch der stillen Gesellschaft, 4. Aufl. 1988, zit. *Paulick*, Hdb. der stillen Gesellschaft

Pentz, Andreas, Abgetretene Forderungen aus Gesellschafterdarlehen und Zurechnung in der Insolvenz, Zugleich Anmerkungen zum BGH-Urteil vom 21.2.2013 – IX ZR 32/12, GmbHR 2013, 393

Peters, Freia, Treuhand und Unterbeteiligung an Gesellschaftsanteilen, Eine vergleichende Betrachtung für den Bereich des Gesellschafts- und des Steuerrechts, 2003, zit. *Peters*

Petzold, Rolf, Nießbrauch an Kommanditanteilen und GmbH-Geschäftsanteilen – Zivil- und Steuerrecht (I), GmbHR 1987, 381

Pfeifle, Dorothee; Heigl, Ilka, Treugeberhaftung, WM 2008, 1485

Pöschke, Moritz; Steenbreker, Thomas, Kapitalerhaltung in der GmbH & Co. KG, NZG 2015, 614

Priester, Hans-Joachim, Die zwingende Einheitlichkeit des Personengesellschaftsanteils – ein überholtes Prinzip, DB 1998, 55

Priester, Hans-Joachim, Gespaltene Stimmabgabe bei der GmbH, Gesetzliche Rechtslage und Satzungsgestaltung, Freundesgabe für Wille Weichler zum 70. Geburtstag, 1997, S. 101, zit. *Priester*, FS Weichler (1997), 101

Priester, Hans-Joachim, Transparenz contra Anonymität bei Treugeber-Innengesellschaften, ZIP 2011, 697

Priester, Hans-Joachim, Ausschüttungen aus der Liquidität bei der KG, Zulässigkeit – Haftung – Rückforderbarkeit, DStR 2013, 1786

Rauscher, Thomas (Hrsg.); *Krüger Wolfgang* (Hrsg.), Münchener Kommentar zur Zivilprozessordnung mit Gerichtsverfassungsgesetz und Nebengesetzen, Bd. 2, 6. Aufl. 2020, zit. MüKo/*Bearbeiter*, ZPO

Reemann, Jörg L., Zur Ausfallhaftung des Gesellschafters für verbotene Auszahlungen der GmbH an andere Gesellschafter, ZIP 1990, 1309

Reichert, Jochem (Hrsg.), GmbH & Co. KG, 8. Aufl. 2021, zit. Reichert/*Bearbeiter*, GmbH & Co. KG

Reif, Sebastian; Walter, Tim, Die gesellschaftsrechtliche Treuepflicht, JuS 2021, 630

Retzlaff, Björn, Innenausgleich zwischen mittelbaren Fonds-Gesellschaftern, juris PraxisReport Handels- und Gesellschaftsrecht, 3/2016, Anm. 4, zit. *Retzlaff*, jurisPR-HaGesR 3/2016, Anm. 4

Reuter, Dieter, Stimmrechtsvereinbarungen bei treuhänderischer Abtretung eines GmbH-Anteils, ZGR 1978, 633

Röhl, Klaus; *Röhl, Hans Christian*, Allgemeine Rechtslehre, 3. Aufl. 2008, zit. *Röhl/Röhl*

Roth, Günter; *Thöni, Wilfried*, Treuhand und Unterbeteiligung, Festschrift 100 Jahre GmbH-Gesetz, 1992, S. 245, zit. *Roth/Thöni*, FS GmbHG (1992), 245

Rowedder, Heinz (Begr.); *Pentz, Andreas* (Hrsg.), GmbHG, 7. Aufl. 2022, zit. Rowedder/Pentz/*Bearbeiter*, GmbHG

Rüthers, Bernd; *Fischer, Christian*; *Birk, Axel*, Rechtstheorie und Juristische Methodenlehre, 12. Aufl. 2022, zit. *Rüthers/Fischer/Birk*, Rechtstheorie

Rutschmann, Frank, Inanspruchnahme des mittelbaren Gesellschafters aus abgetretenem Recht durch Gläubiger der Fondsgesellschaft, NZG 2010, 776

Säcker, Franz Jürgen u.a. (Hrsg.), Münchener Kommentar zum Bürgerlichen Gesetzbuch, Bd. 1, 9. Aufl. 2021 / Bd. 2, 9. Aufl. 2022 / Bd. 3, 4–2 und 6, 9. Aufl. 2023 / Bd. 7, 9. Aufl. 2024 / Bd. 8, 9. Aufl. 2023 zit. MüKo/*Bearbeiter*, BGB

Saenger, Ingo, Gesellschaftsrecht, 6. Aufl. 2023, zit. *Saenger*, GesR

Saenger, Ingo (Hrsg.), Zivilprozessordnung, 9. Aufl. 2021, zit. Saenger/*Bearbeiter*, ZPO

Saenger, Ingo (Hrsg.); *Aderhold, Lutz* (Hrsg.), Handels- und Gesellschaftsrecht, Praxishandbuch, 2. Aufl. 2011, zit. Saenger/Aderhold/*Bearbeiter*

Saenger, Ingo (Hrsg.); *Inhester, Michael* (Hrsg.), GmbHG Handkommentar, 4. Aufl. 2020, zit. Saenger/Inhester/*Bearbeiter*, GmbHG

Schäfer, Carsten, Der täuschungsbedingte Beitritt zur (Personen-) Gesellschaft und die Lehre vom fehlerhaften Verband – Vorrang von Schadensersatzansprüchen?, ZHR 177 (2006), 373

Schäfer, Carsten, Kapitalmarktinformationshaftung und die Lehre vom fehlerhaften Verband, ZIP 2012, 2421

Schäfer, Carsten, Gibt es noch einen Schutz des Kernbereichs der Mitgliedschaft?, Nachlese zu BGH v. 21.10.2014 – II ZR 84/13, ZIP 2014, 2231, ZIP 2015, 1313

Schäfer, Carsten, Der stimmrechtslose GmbH-Geschäftsanteil, 1997, zit. *Schäfer*, Der stimmrechtslose GmbH-Geschäftsanteil

Schäfer, Carsten, Gutachten E zum 71. Deutschen Juristentag – Empfiehlt sich eine grundlegende Reform des Personengesellschaftsrechts?, 2016, zit. *Schäfer*, Gutachten

Schäfer, Carsten, Gesellschaftsrecht, 6. Aufl. 2023, zit. *Schäfer*, GesR

Schäfer, Carsten, Zu Fragen der Treugeberhaftung bei qualifizierten Treuhandbeteiligungen an Publikumspersonengesellschaften, ZHR 177 (2013), 619

Schäfer, Carsten (Hrsg.), Das neue Personengesellschaftsrecht – Einführung zum MoPeG, 2022, zit. Schäfer/*Bearbeiter*, Neues PersGesR

Scharpf, Christian, Vertragsgestaltung im Zivilrecht: Die Wahl des sicheren Weges bei der Vertragsgestaltung, JuS 2002, 878

Schaub, Bernhard, Treuhand an GmbH-Anteilen – Treuhandgefahren für den Treugeber, DStR 1996, 65

Schaub, Bernhard, Treuhand an GmbH-Anteilen, DStR 1995, 1634

Schauf, Maximilian, Die (un-)einheitliche Stimmrechtsausübung in der Gesellschafterversammlung im Falle einer Treuhandkonstruktion, GmbHR 2015, 799

Schiemann, Gottfried, Haftungsprobleme bei der Treuhand an Gesellschaftsanteilen, Festschrift für Wolfgang Zöllner zum 70. Geburtstag, Bd. I, 1998, S. 503, zit. *Schiemann*, FS Zöllner (1998), 503

Schilling, Wolfgang, Zur Ausübung fremder Gesellschafterrechte im eigenen Namen, Festschrift für Walter Schmidt zum 70. Geburtstag, 1959, S. 208, zit. *Schilling*, FS Walter Schmidt (1959), 208

Schlick, Wolfgang, Die aktuelle Rechtsprechung des III. Zivilsenats des BGH zum Kapitalanlagerecht, Teil I, WM 2014, 581

Schmidt, Andreas (Hrsg.), Hamburger Kommentar zum Insolvenzrecht, 10. Aufl. 2024, zit. HambInsOK/*Bearbeiter*, InsO

Schmidt, Karsten, Gesellschaftsrecht, 4. Aufl. 2002, zit. *K. Schmidt*, GesR

Schmidt, Karsten, Handelsrecht, Unternehmensrecht I, 6. Aufl. 2014, zit. *K. Schmidt*, HandelsR

Schmidt, Karsten, Struktur und Transparenz einer Treugeber-Innengesellschaft, Thesen zum Urteil des BGH vom 11.1.2011 – II ZR 187/09, NZG 2011, 276, NZG 2011, 361

Schmidt, Karsten, Die Innenkommanditgesellschaft – wirklicher Verband und virtueller Rechtsträger, ZHR 178 (2014), 10

Schmidt, Karsten, Stimmrecht beim Anteilsnießbrauch, Besprechung des Urteils BGH NJW 1999, 571, ZGR 1999, 601

Schmidt, Karsten, Mehrheitsbeschlüsse in Personengesellschaften, Stand und Fortbildung des Innenrechts der Personengesellschaften nach dem „Otto"-Urteil des Bundesgerichtshofs, ZGR 2008, 1

Schmidt, Karsten, Zur Gesellschafterhaftung in der „Innen-KG" – Bemerkungen zur typisch-atypischen stillen Gesellschaft, NZG 2009, 361

Schmidt, Karsten (Hrsg.), Münchener Kommentar zum Handelsgesetzbuch, Bd. 3, 4. Aufl. 2019, zit. MüKo/*Bearbeiter*, HGB

Schmidt, Karsten (Hrsg.), Insolvenzordnung, 20. Aufl. 2023, zit. K. Schmidt/*Bearbeiter*, InsO

Schmidt, Karsten (Hrsg.); *Lutter, Marcus* (Hrsg.), Aktiengesetz, 5. Aufl. 2024, zit. K. Schmidt/Lutter/*Bearbeiter*, AktG

Scholz, Franz (Begr.), GmbHG, Bd. I, 13. Aufl. 2022 / Bd. II, 13. Aufl. 2024 / Bd. III, 12. Aufl. 2021, zit. Scholz/*Bearbeiter*, GmbHG

Schön, Wolfgang, Der Nießbrauch am Gesellschaftsanteil, ZHR 158 (1994), 229

Schulze, Reiner u.a. (Hrsg.), Handkommentar BGB, 12. Aufl. 2024, zit. Schulze/*Bearbeiter*, BGB

Schürnbrand, Jan, Publikumspersonengesellschaften in Rechtsprechung und Literatur, ZGR 2014, 256

Schwarz, Philip, Bericht über die Diskussion des Referats Klöhn, Gesellschaftsrecht in der Diskussion 2012, herausgegeben von der Gesellschaftsrechtlichen Vereinigung (VGR), 2013, S. 165, zit. *Schwarz*, Tagungsbericht VGR 2012 (2013), 165

Seibt, Christoph H., Verbandssouveränität und Abspaltungsverbot im Aktien- und Kapitalmarktrecht – Revisited: Hidden Ownership, Empty Voting und andere Kleinigkeiten, ZGR 2010, 795

Seitz, Georg, Die InvestmentKG, Bereichsspezifisches Sonderrecht für die InvestmentKG und deren Verortung im Gefüge des (Personen-)Gesellschaftsrechts, 2017, zit. *Seitz*

Servatius, Wolfgang, Verbesserter Anlegerschutz bei geschlossenen Fonds nach dem KAGB, ZfIR 2014, 134

Siebert, Wolfgang, Das rechtsgeschäftliche Treuhandverhältnis: Ein dogmatischer und rechtsvergleichender Beitrag zum allgemeinen Treuhandproblem, 1933, zit. *Siebert*

Simitis, Spiros (Hrsg.); *Hornung, Gerrit* (Hrsg.); *Spiecker, Indra* (Hrsg.), Datenschutzrecht, DSGVO mit BDSG, 2019, zit. Simitis/Hornung/Spiecker/*Bearbeiter,* DS-GVO

Singhof, Bernd; Seiler, Oliver; Schlitt, Michael, Mittelbare Gesellschaftsbeteiligungen, 2004, zit. Singhof/Seiler/Schlitt, Mittelbare Gesellschaftsbeteiligungen

Sojka, Jürgen, Der Schutz mittelbarer Gesellschaftsbeteiligungen gegen beeinträchtigendes Verwaltungshandeln der Gesellschafter, 1992, zit. *Sojka*

Spindler, Gerald (Hrsg.); *Stilz, Eberhard* (Hrsg), beck-online.GROSSKOMMENTAR, AktG, zit. BeckOGK/*Bearbeiter,* AktG, Bearbeitungsstand

Ständige Deputation des Deutschen Juristentages (Hrsg.), Verhandlungen des 71. Deutschen Juristentages Essen 2016, Band II/2, Sitzungsberichte – Diskussion und Beschlussfassung, 2017, zit. Verhandlungen des 71. Deutschen Juristentages

Staub, Hermann (Begr.), Handelsgesetzbuch, Großkommentar der Praxis, Bd. 4, 5. Aufl. 2015, zit. Staub/*Bearbeiter,* HGB

Staudinger, Julius von (Begr.), J. von Staudingers Kommentar zum Bürgerlichen Gesetzbuch: Staudinger BGB, zit. Staudinger/*Bearbeiter,* BGB, Bearbeitungsstand

Stern, Klaus, Das Staatsrecht der Bundesrepublik Deutschland, Band II, 1. Aufl. 1980, zit. *Stern,* StaatsR II

Stöber, Michael, Die Haftung der Anleger notleidender Immobilienfonds in der Rechtsform einer Personengesellschaft, NZG 2011, 738

Stumpf, Wolf, Rechtsprobleme bei der Inanspruchnahme des (mittelbaren) Kommanditisten aus § 172 Abs. 4 HGB, BB 2012, 1429

Stürner, Rolf, Dienstbarkeit heute, AcP 194 (1994), 265

Stürner, Rolf (Hrsg.), Jauernig, Bürgerliches Gesetzbuch, 19. Aufl. 2023, zit. Jauernig/*Bearbeiter,* BGB

Stürner, Rolf (Hrsg.); *Eidenmüller, Horst* (Hrsg.); *Schoppmeyer, Heinrich* (Hrsg.), Münchener Kommentar zur Insolvenzordnung, Bd. 1, 4. Aufl. 2019, zit. MüKo/*Bearbeiter,* InsO

Sudhoff, Heinrich, Der Nießbrauch am Anteil einer Personengesellschaft, NJW 1971, 481

Tassius, Isabelle, Die Innen-KG – Analyse einer neuen Interpretation von stillen Gesellschaftern und Treuhandkonstruktionen, 2019, zit. *Tassius*

Tebben, Joachim, Unterbeteiligung und Treuhand an Gesellschaftsanteilen, 2000, zit. *Tebben*

Tebben, Joachim, Die qualifizierte Treuhand im Personengesellschaftsrecht, ZGR 2001, 586

Tebben, Joachim, Der Treuhandkommanditist, Gesellschaftsrecht in der Diskussion 2010, herausgegeben von der Gesellschaftsrechtlichen Vereinigung, 2011, S. 161, zit. *Tebben*, Gesellschaftsrecht in der Diskussion 2010 (2011), 161

Teichmann, Arndt, Der Nießbrauch an Gesellschaftsanteilen – gesellschaftsrechtlicher Teil, ZGR 1972, 1

Teichmann, Arndt, Gestaltungsfreiheit in Gesellschaftsverträgen, 1970, zit. *Teichmann*, Gestaltungsfreiheit

Theobald, Wolfgang, Vor-GmbH und Gründerhaftung, 1984, zit. *Theobald*

Timm, Wolfram, Kurzkommentar zu BGH, Urteil vom 13.4.1992 – II ZR 225/91, EWiR 1992, 995

Tröger, Tobias, Kollektive Einheit, Haftungsverfassung und ökonomische Theorie des Unternehmens, Festschrift für Harm Peter Westermann zum 70. Geburtstag, 2008, S. 1533, zit. *Tröger*, FS H. P. Westermann (2008), 1533

Tröger, Tobias; *Happ, Benedikt*, Beschlussmängelrecht nach dem MoPeG: Bestandsaufnahme, Kritik und Fortentwicklung, ZIP 2021, 2059

Ulmer, Peter, Zur Treuhand an GmbH-Anteilen: Haftung des Treugebers für Einlageansprüche der GmbH?, ZHR 156 (1992), 377

Ulmer, Peter, Zur Treuhand an GmbH-Anteilen, Notwendige Differenzierung zwischen einfacher (verdeckter) und qualifizierter (offener) Treuhand, Festschrift für Walter Odersky zum 65. Geburtstag am 17. Juli 1996, 1996, S. 873, zit. *Ulmer*, FS Odersky (1996), 873

Ulmer, Peter, Zur Bedeutung des gesellschaftsrechtlichen Abspaltungsverbots für den Nießbrauch am OHG (KG)-Anteil, Festschrift für Hans-Joachim Fleck zum 70. Geburtstag am 30. Januar 1988, 1988, S. 383, zit. *Ulmer*, FS Fleck (1988), 383

Ulmer, Peter, Begründung von Rechten für Dritte in der Satzung einer GmbH?, Festschrift für Winfried Werner zum 65. Geburtstag am 17. Oktober 1984, 1984, S. 911, zit. *Ulmer*, FS Werner (1984), 911

Ulmer, Peter, Gesellschafterpflicht zur Erhaltung des satzungsmäßigen Haftungsfonds der GmbH?, Besprechung der Entscheidung BGH WM 1985, 194, ZGR 1985, 598

Ulmer, Peter, Mehrheitsbeschlüsse in Personengesellschaften: definitiver Abschied vom Bestimmtheitsgrundsatz, Randbemerkungen zu BGH v. 21.10.2014 – II ZR 84/13, ZIP 2014, 2231 (Anteilsabtretung), ZIP 2015, 657

Ulmer, Peter, Nochmals: Begründung von Rechten für Dritte in der Satzung einer GmbH?, Festschrift für Herbert Wiedemann zum 70. Geburtstag, 2002, S. 1279, zit. *Ulmer,* FS Wiedemann (2002), 1297

Veith, Julian, Die Haftung des aus der geschlossenen Publikumskommanditgesellschaft ausgeschiedenen Treugebers für Gesellschaftsverbindlichkeiten, BKR 2015, 233

Vetter, Jochen, Die neue dogmatische Grundlage des BGH zur Existenzvernichtungshaftung, BB 2007, 1965

Vosberg, Till; Klawa, Patrick, Auskunftsanspruch über Namen und Anschriften der Mitgesellschafter auch unter Geltung der DSGVO, EWiR 2019, 231

Wagner, Klaus-R., Haften an geschlossenen GbR-Fonds mittelbar Beteiligte persönlich?, BKR 2008, 57

Walch, Mathias, Treuhandbeteiligung und die Transparenz der Anteilseignerstrukturen im GmbH-Recht, NZG 2015, 1259

Walter, Tim, Die Publikumspersonengesellschaft, JuS 2020, 14

Weber, Christoph, Privatautonomie und Außeneinfluß im Gesellschaftsrecht, 2000, zit. *C. Weber,* Privatautonomie

Weber, Helge, Anmerkung zu BGH, Urt. v. 27.9.1999 – II ZR 371/98 – BGH: (Beschränkte) Haftung der Gesellschaft einer GbR, NZG 2000, 30

Weber, Martin, Vormitgliedschaftliche Treubindungen, 1999, zit. *M. Weber,* Treubindungen

Wedemann, Frauke, Ist der Nießbraucher eines Gesellschaftsanteils wie ein Gesellschafter zu behandeln?, ZGR 2016, 798

Wedemann, Frauke, Das Stimmrecht beim Anteilsnießbrauch im Spiegel von Rechtsvergleichung und Rechtssetzungslehre, NZG 2013, 1281

Weipert, Lutz, Zum Problem der Bedingungskongruenz im Verhältnis zwischen Publikums-Kommanditgesellschaft, Treuhandkommanditist und Kapitalanleger, Eine Anmerkung zu BGH, Urteil v. 24. Februar 1992 – II ZR 89/91 – „HTG III“, ZHR 157 (1993), 513

Weitnauer, Wolfgang (Hrsg.); *Boxberger, Lutz* (Hrsg.); *Anders, Dietmar* (Hrsg.), KAGB, 3. Aufl. 2021, zit. WBA/*Bearbeiter,* KAGB

Weller, Marc-Philippe, Die Neuausrichtung der Existenzvernichtungshaftung durch den BGH und ihre Implikationen für die Praxis - Zugleich Besprechung BGH v. 16.7.2007 - II ZR 3/04, ZIP 2007, 1552 (“Trihotel”), ZIP 2007, 1681

Werra, Matthias, Zum Stand der Diskussion um die Selbstorganschaft, Die Einflußnahme von Nichtgesellschaftern und Kommanditisten auf die Geschäftsführung und Vertretung von Personengesellschaften, 1991, zit. *Werra*

Wertenbruch, Johannes, Status und Haftung des Treugebers bei der Personengesellschafts-Treuhand, NZG 2013, 285

Wertenbruch, Johannes, Das Stimmrecht von Treugebern, stillen Gesellschaftern und Unterbeteiligten in der Personengesellschaft, NZG 2017, 81

Wertenbruch, Johannes, Rückabwicklung einer Kapitalanlage in Form einer stillen Gesellschaft – Urteilskomplex „Göttinger Gruppe", NJW 2005, 2823

Wertenbruch, Johannes, Gesamtschuldnerregress sanierender Treugeber und stiller Gesellschafter – „Sanierung ohne Ausscheiden", NZG 2016, 401

Westermann, Harm Peter, Vertragsfreiheit und Typengesetzlichkeit im Recht der Personengesellschaften, 1970, zit. *H. P. Westermann*, Vertragsfreiheit

Westermann, Harm Peter (Hrsg.); *Wertenbruch, Johannes* (Hrsg.), Handbuch Personengesellschaften, I. Teil Gesellschaftsrecht, Werkstand 89. Erglf. 4/2024, zit. H. P. Westermann/Wertenbruch/*Bearbeiter*, Dokumentstand

Westphalen, Friedrich Graf von (Hrsg.); *Thüsing, Gregor* (Hrsg.), Vertragsrecht und AGB-Klauselwerke, 2024, zit. Graf von Westphalen/Thüsing/*Bearbeiter*, Vertragsrecht und Klauselwerke, Bearbeitungsstand

Wicke, Harmut, Gesetz betreffend die Gesellschaften mit beschränkter Haftung (GmbHG), Kommentar, 5. Aufl. 2024, zit. *Wicke*, GmbHG

Wiedemann, Herbert, Gesellschaftsrecht Band I, Grundlagen, 1980, zit. *Wiedemann*, GesR I

Wiedemann, Herbert, Gesellschaftsrecht Band II, Recht der Personengesellschaften, 2004, zit. *Wiedemann*, GesR II

Wiedemann, Herbert, Treuhand an einer Mitgliedschaft – Gedanken zur Einzel- und Sammeltreuhand im Personengesellschaftsrecht, ZIP 2012, 1786

Wiedemann, Herbert, Alte und neue Kommanditgesellschaften, NZG 2013, 1041

Wiedemann, Herbert, Die Übertragung und Vererbung von Mitgliedschaftsrechten bei Handelsgesellschaften, 1965, zit. *Wiedemann*, Mitgliedschaft

Wiedemann, Herbert, Rechtsverhältnisse der BGB-Gesellschaften zu Dritten, WM 1994, 4. Sonderbeilage

Wiesner, Georg, Zur Haftung des Treugeber-Kommanditisten bei der qualifizierten Treuhand, Festschrift für Peter Ulmer zum 70. Geburtstag am 2. Januar 2003, 2003, S. 673, zit. *Wiesner*, FS Ulmer (2003), 673

Winter, Henning (Hrsg.); *Henning, Christian* (Hrsg.); *Gerhard, Markus* (Hrsg.), Grundlagen der Schiffsfinanzierung, Bd. 2, 4. Aufl. 2013, zit. *Bearbeiter*, in Grundlagen der Schiffsfinanzierung

Winter, Michael (Hrsg.), Beratungspraxis GmbH & Co. KG, Gesellschafts- und Steuerrecht, 2017, zit. Winter/*Bearbeiter*, Beratungspraxis GmbH & Co. KG

Witt, Carl-Heinz, Dogmatische Grundlage der Existenzvernichtungshaftung, Anm. zu BGH, Urt. vom 16.7.2007 – II ZR 3/04, DNotZ 2008, 213

Wolff, Heinrich Amadeus (Hrsg.); *Brink, Stefan* (Hrsg.); *v. Ungern-Sternberg* (Hrsg.), Beck'scher Online-Kommentar Datenschutzrecht, 48. Ed., 2024, zit. BeckOK/*Bearbeiter*, DS-GVO, Bearbeitungsstand

Ziemons, Hildegard (Hrsg.); *Jaeger, Carsten* (Hrsg.); *Pöschke, Moritz* (Hrsg.), Beck'scher Online-Kommenbar GmbHG, 60. Ed., 2024, zit. BeckOK/*Bearbeiter*, GmbHG, Bearbeitungsstand

Zinger, Georg, Die Haftung des Treugebers bei der Treuhand an Personengesellschaftsanteilen, BB 2014, 458

Zöllner, Wolfgang, Gläubigerschutz durch Gesellschafterhaftung bei der GmbH, Festschrift für Horst Konzen zum siebzigsten Geburtstag, 2006, S. 999, zit. *Zöllner*, FS Konzen (2006), 999

www.ingramcontent.com/pod-product-compliance
Ingram Content Group UK Ltd.
Pitfield, Milton Keynes, MK11 3LW, UK
UKHW021929290926
8980IPUK00016B/1530

9 783631 926529